大卒程度　　　　　　　TAC公務員講座 編

公務員試験

基本　ゼロ　から合格　過去　問題集

空間把握・資料解釈

JN073468

TAC出版
TAC PUBLISHING Group

はしがき

- 問題集を買ったのに、解けない問題ばかりで実力がついている気がしない…
- 難しい問題が多くて、途中で挫折してしまう…
- 公務員試験は科目が多いから、せめて1科目1冊の本で済ませたい…

『ゼロから合格 公務員基本過去問題集』（以下、『ゼロ過去』）は、このような読者の声に応えるために開発された公務員過去問題集です。問題集といっても、ただ過去問とその解説が並んでいるだけの本ではなく、「過去問」の前に、「その過去問に正解するために必要な知識やテクニック」が必ず載っています。この科目の学習を全くしたことない方も、本書で知識やテクニックを身につけながら、同時にそれらを使って問題を解く練習を積むことができる構成になっています。

『ゼロ過去』には、「しっかり読んでじっくり考えれば解ける問題」しか載っていません。それでいて、実際の試験で合格ラインを超えるのに十分な問題演習を積むこともできます。つまり、「ゼロから始めて1冊で合格レベルにたどり着く」ための問題集なのです。

せっかくやるのだから、最後までやり遂げてほしい。最後まで「つづく」ためには、問題が「解ける」という達成感もきっと必要。『ゼロ過去』は、きちんとがんばった読者にきちんと結果がついてくるように、どの問題も必ず解けるように工夫して配置しています。また、その名のとおり「知識ゼロ」の状態からいきなり取り組んでも支障がないよう、基本的な知識やテクニックのまとめが過去問より先に掲載されているので、「全く何も知らない」状態で、前から順番に取り組むだけで学習が進みます。

本書を十分に活用して、公務員試験の合格をぜひ勝ち取ってください。

TAC公務員講座

本書の利用方法

　本書は、大卒程度・行政職の各種公務員試験の対策を、「知識ゼロから始められる問題集」です。何であれ、問題を解くには知識やテクニックが必要です。

- 知識・テクニックの**インプット**（新しい情報を入れる）
- 問題演習を通じた**アウトプット**（入れた情報を使って問題が解けるかどうか試してみる）

　試験対策はこの反復で進めていくのが王道です。『ゼロ過去』は、この科目について全く学習したことのない方でも、知識とテクニックを身につけながら問題が解けるように作られています。

　ここで説明する効果的な利用方法を参考にしながら学習を進めていきましょう。

1　まずは試験をよく知ることから！　出題傾向を知る

● 国家一般

		2011	2012	2013	2014	2015	2016	2017	2018	2019	2020
正多面体の性質	正多面体の種類と性質							●	●		
	展開図										
	多面体の切断		●		●						
立体の平面化	投影図					●					●
	スライス法	●			●						
	五面図						●				
図形の移動	軌跡		●						●	●	
	図形の回転・回転体										
その他の問題	平面パズル	●									
	一筆書き・位相	●									
	平面の分割・図形の数										
	折り紙				●		●	●			●
	最短経路（道順）										

　巻頭には、出題分野ごと・受験先ごとに過去10年間の出題傾向がまとめられています。

　多くの方は複数の試験を併願すると思われるため、網羅的に学習するのが望ましいですが、受験先ごとの出題の濃淡はあらかじめ頭に入れたうえで学習に着手するようにしましょう。

2 問題を解くのに必要なことはすべてここにある！　imput編

　一般的な公務員試験の問題集では、初めて取り組んだ時点では「解けない問題」がたくさんあるはずです。最初は解けないから解説を読んでしまい、そのことで理解し、何度も何度も同じ問題を周回することによってだんだん正答率が高まっていくような仕組みになっていることが多いです。

　『ゼロ過去』では、このimput編をしっかり使いこなせば、最初から全問正解することもできるはず。そのくらい大事な部分ですから、しっかり学習しましょう。

学習のポイント
その単元の位置づけや学習に当たっての心構えです。
まずはここを確認しよう！

例題
知識やテクニックをどのように使えばいいのか、具体的な例題を通じて確認できます。

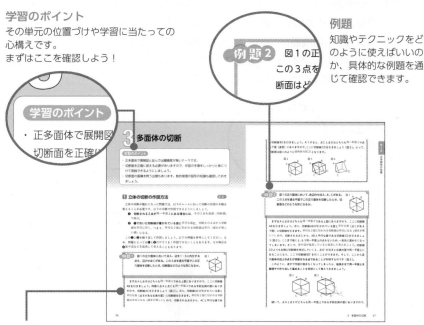

要点整理
問題を解くのに必要なことが、すべてここに詰まっています。
重要なことは強調して表現されているので、メリハリをつけて頭に入れていきましょう。

★その他のお役立ちアイテム

補足：少し発展的な知識を解説しています。

ヒント：問題を解くための助けになる情報や、情報を覚えやすくするためのポイントをまとめています。

重要！：特に押さえておいてほしい知識・テクニックであることを示しています。

3　典型問題で実践！　解法ナビゲーション

知識やテクニックが身についても、それを活用して問題を解くためには、「コツ」や「慣れ」が必要になります。問題の解法は一つではありませんが、どの解法がどの問題に向いているか（どの解法がその問題に最適であるか）を見極めるには、実際に解きながら着眼点を養っていくしかありません。

「解法ナビゲーション」の目的は2点あります。まず、「問題のどういう点に注目して、どのアプローチを試すべきか」がわかるようになること。これがわかると、1人で新しい問題を解くときにも、当てはめる解法の指針を得ることができます。

もう1点は、比較的易しい問題を通じて、正解に至る道筋をトレースすること。「解法ナビゲーション」の問題は、自分の力だけで解けなくてもかまいません。次の「過去問にチャレンジ」に挑むうえで必要な、問題を解いていくステップを自分のものにするために、解説をじっくり読んで理解しましょう。

問題編
出題された試験と出題年度（西暦）を記載してあります。

解説編
段階を追って思考手順を詳しく説明していますので、「なぜ、そうなるのか」、「なぜ、そう考えてみるべきなのか」という点を理解できるように、じっくり学習しましょう。

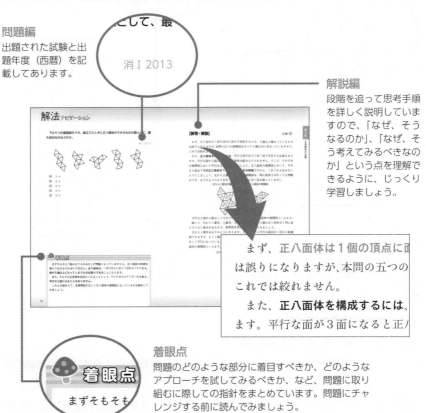

まず、正八面体は1個の頂点に面は誤りになりますが、本問の五つのこれでは絞れません。

また、**正八面体を構成するには**、ます。平行な面が3面になると正ハ

着眼点
問題のどのような部分に着目すべきか、どのようなアプローチを試してみるべきか、など、問題に取り組むに際しての指針をまとめています。問題にチャレンジする前に読んでみましょう。

4 知識を活用して問題演習！　過去問にチャレンジ

　「解法ナビゲーション」で学んだことを、次は別の問題で実践できるか試す段階
です。「過去問にチャレンジ」の解説は別冊子にまとめていますので、問題を解い
た後、それぞれ並べて答え合わせしてみてください。

　『ゼロ過去』は、やさしい問題（必ず正解したい問題）から、やや歯ごたえのあ
る問題（試験で差がつく問題）までバランスよく収録しているので、1科目1冊で
試験対策が完結します。場合によっては20科目以上に及ぶ公務員試験だからこそ、
必要な問題のみを厳選し、これ1冊で合格レベルに届く本を意識しました。

難易度
各問題の難易度を3段階
で表記しています。
　★　　　易しい
　★★　　標準
　★★★　やや難〜難

問題編
出題された試験と出題年
度（西暦）を記載してあ
ります。

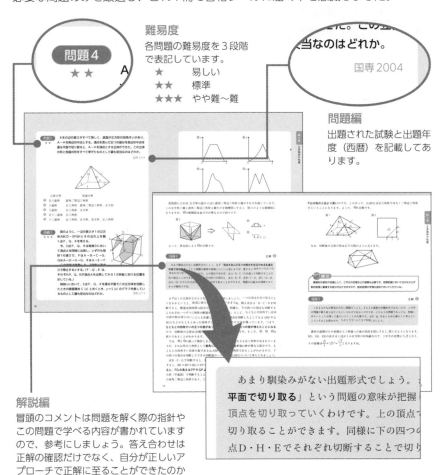

解説編
冒頭のコメントは問題を解く際の指針や
この問題で学べる内容が書かれています
ので、参考にしましょう。答え合わせは
正解の確認だけでなく、自分が正しいア
プローチで正解に至ることができたのか
について、しっかり確認してください。

● 掲載した過去問題の表記について

表記	該当試験
国般	国家一般職 大卒程度 行政 (旧・国家Ⅱ種を含む)
国般 (高卒程度)	国家一般職 高卒程度 事務 (旧・国家Ⅲ種を含む)
国専	国家専門職共通問題
裁判所	裁判所職員一般職 大卒程度 (旧・裁判所事務官Ⅱ種を含む)
都Ⅰ	東京都Ⅰ類
都Ⅱ	東京都Ⅱ類
区Ⅰ	特別区Ⅰ類
警Ⅰ	警視庁警察官Ⅰ類
消Ⅰ	東京消防庁消防官Ⅰ類

過去10年の出題傾向

●国家一般

		2011	2012	2013	2014	2015	2016	2017	2018	2019	2020
正多面体の性質	正多面体の種類と性質							●	●		
	展開図										
	多面体の切断		●		●						
立体の平面化	投影図						●				●
	スライス法	●			●						
	五面図						●				
図形の移動	軌跡		●							●	●
	図形の回転・回転体										
その他の問題	平面パズル	●									
	一筆書き・位相	●									
	平面の分割・図形の数										
	折り紙				●		●	●			●
	最短経路（道順）										
資料解釈の基本	実数の資料	●			●		●	●			
	構成比の資料	●	●	●	●	●	●	●		●	
	指数の資料										
	増加量・増加率の資料	●									
	単位量当たりの資料										
その他の資料解釈	さまざまな資料		●	●		●		●	●		
	複数の資料	●	●	●	●	●	●	●	●	●	●

●国家専門職

		2011	2012	2013	2014	2015	2016	2017	2018	2019	2020
正多面体の性質	正多面体の種類と性質										
	展開図	●				●					●
	多面体の切断				●		●		●		
立体の平面化	投影図		●					●			
	スライス法										
	五面図	●									
図形の移動	軌跡					●			●		●
	図形の回転・回転体										
その他の問題	平面パズル			●	●		●	●			
	一筆書き・位相			●							
	平面の分割・図形の数										
	折り紙										
	最短経路（道順）										
資料解釈の基本	実数の資料	●			●		●	●	●		
	構成比の資料				●		●				
	指数の資料			●							
	増加量・増加率の資料										
	単位量当たりの資料				●						
その他の資料解釈	さまざまな資料	●	●		●					●	●
	複数の資料	●	●		●	●	●	●	●		●

● 裁判所

		2011	2012	2013	2014	2015	2016	2017	2018	2019	2020
正多面体の性質	正多面体の種類と性質		●				●	●		●	
	展開図	●					●		●	●	
	多面体の切断				●	●					●
立体の平面化	投影図		●					●			●
	スライス法				●			●			
	五面図		●				●				●
図形の移動	軌跡				●						●
	図形の回転・回転体			●		●		●			
その他の問題	平面パズル						●				
	一筆書き・位相								●	●	
	平面の分割・図形の数										●
	折り紙										
	最短経路（道順）										
資料解釈の基本	実数の資料								●		
	構成比の資料						●			●	●
	指数の資料										
	増加量・増加率の資料										
	単位量当たりの資料							●			
その他の資料解釈	さまざまな資料				●						
	複数の資料	●	●	●		●					

● 東京都Ⅰ類B

		2011	2012	2013	2014	2015	2016	2017	2018	2019	2020
正多面体の性質	正多面体の種類と性質										●
	展開図		●			●					●
	多面体の切断					●	●			●	
立体の平面化	投影図	●		●			●				
	スライス法										
	五面図							●	●		
図形の移動	軌跡	●	●	●			●	●	●	●	
	図形の回転・回転体				●					●	●
その他の問題	平面パズル	●	●	●						●	
	一筆書き・位相					●					
	平面の分割・図形の数							●			●
	折り紙				●				●		
	最短経路（道順）	●									
資料解釈の基本	実数の資料	●	●	●	●	●	●	●	●	●	●
	構成比の資料	●	●	●	●	●	●	●	●	●	●
	指数の資料										
	増加量・増加率の資料	●	●	●	●	●	●	●	●	●	●
	単位量当たりの資料										
その他の資料解釈	さまざまな資料										
	複数の資料	●	●	●	●	●	●	●	●	●	●

目　次

第1章

正多面体の性質

正多面体の種類と性質

展開図

多面体の切断

1 正多面体の種類と性質

学習のポイント

・空間把握の問題を解くうえで頻出となる「正多面体」について慣れていきましょう。

・出題テーマとしての頻出度はそこまで高くありませんが、ここで勉強する知識は空間把握の他の出題テーマでも利用することがあります。

1 正多面体

正多面体とは、どの面もすべて合同な正多角形で構成され、**各頂点に集まる面の数がすべて等しい**多面体のことをいいます。特にどの面も合同な正多角形であることは最低限押さえてください。

2 正多面体の種類

正多面体は正四面体（**正三角形4個**）、正六面体（**正方形6個**）、正八面体（**正三角形8個**）、正十二面体（**正五角形12個**）、正二十面体（**正三角形20個**）の5種類です。最も出題が多いのは正六面体（立方体）と正八面体ですから、まずはこの二つを中心に押さえるとよいでしょう。

| 正四面体 | 正六面体 | 正八面体 | 正十二面体 | 正二十面体 |

3 正多面体の性質 (面・頂点・辺の数)　　　　重要！

正多面体の頂点と辺の数については次のように求めることができます。内容を理解しておきましょう。

　正多面体の頂点の数

　　＝構成する正多角形の頂点の数×面の数÷各頂点に集まる面の数

　正多面体の辺の数＝構成する正多角形の辺の数×面の数÷2

例 正六面体は、正方形6面で構成されています。そして、正方形は1面に頂点が4個あって、6面だと全部で$6 \times 4 = 24$（個）存在するわけですが、正六面体は3面、つまり3個の頂点が1か所に集まって1個の頂点ができあがります。よって、正六面体の頂点の数は$24 \div 3 = 8$（個）となることがわかります。

正六面体の頂点の数＝$4 \times 6 \div 3 = 8$（個）

例 正六面体は、正方形6面で構成されています。そして、正方形は1面に辺が4本あって、6面だと全部で$6 \times 4 = 24$（本）存在するわけですが、正六面体は2面、つまり2本の辺が接して1本の辺ができあがります。よって、正六面体の辺の数は$24 \div 2 = 12$（本）となることがわかります。

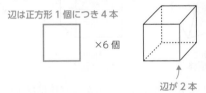

正六面体の辺の数＝$4 \times 6 \div 2 = 12$（本）

ただし、実際には計算で求めるよりも以下の表の内容そのものを覚えてしまったほうがよいでしょう。過去の本試験では、正多面体5種類の面・頂点・辺の数の知識だけで解ける問題が出題されたこともあります。なお、**正六面体と正八面体**、また、**正十二面体と正二十面体**は面の数と頂点の数が真逆で、辺の数が同じというのが特徴です。次項で学習する双対性ともリンクしますが、イメージとして、「**正六面体と正八面体はセット**」、「**正十二面体と正二十面体はセット**」と認識しておくとよいでしょう。

	面の数	頂点の数	辺の数	面＋頂点ー辺
正四面体	4	4	6	2
正六面体	6	8	12	2
正八面体	8	6	12	2
正十二面体	12	20	30	2
正二十面体	20	12	30	2

補足

「面+頂点−辺」の欄に着目すると、いずれの数字も2となります。このように、一般にあらゆる多面体（凸型多面体）において、「面+頂点−辺＝2」が成り立つことを、オイラーの多面体定理と呼びます…が、本試験で問われることはほとんどないので、特に覚える必要はないでしょう。

④ 正多面体の双対性

ある正多面体のすべての面の重心（中心）を新たな頂点として、正多面体の内部で頂点どうしを結んだときにできる立体は、**正多面体となります**。例えば、以下のように正四面体、正六面体、正八面体の各面の重心（中心）どうしを内側で結んでいくと、内側にそれぞれ正四面体、正八面体、正六面体ができあがるのです。

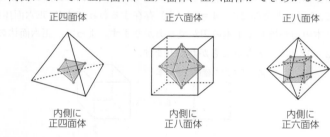

正四面体	正六面体	正八面体
内側に 正四面体	内側に 正八面体	内側に 正六面体

正多面体ごとに重心を頂点としてできあがる立体は以下の表のようになります。正六面体の内部には正八面体、正八面体の内部には正六面体ができます。同様に、正十二面体の内部には正二十面体、正二十面体の内部には正十二面体ができます。このように、**正六面体と正八面体**、**正十二面体と正二十面体**がそれぞれ対になっており、このような性質を**正多面体の双対性**といいます。最近はあまり本試験で問われることがなくなりましたが、念のため覚えておくとよいでしょう。

もとの正多面体	重心を頂点としてできる立体
正四面体	正四面体
正六面体	正八面体
正八面体	正六面体
正十二面体	正二十面体
正二十面体	正十二面体

その他、これは重心に限らず正多面体の内部でできる特徴的な正多面体ですが、以下も問題で使えることがありますので、余裕があれば覚えておくとよいでしょう。

① 正四面体の各辺の中点を結ぶと、正八面体ができます（図1）。

② 正六面体の8個の頂点のうち4個を図のように結ぶと、正四面体ができま

4

す（図2）。

図1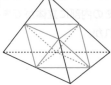

図2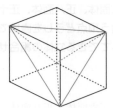

解法ナビゲーション

正六面体、正八面体、正十二面体のそれぞれについて、各面の中心を頂点として隣り合う頂点どうしを直線で順に結んでいくと、その内部に立体ができる。このようにしてできる立体の組合せとして正しいのはどれか。

国般2001

	正六面体	正八面体	正十二面体
❶	正六面体	正六面体	正二十面体
❷	正六面体	正八面体	正八面体
❸	正八面体	正六面体	正十二面体
❹	正八面体	正八面体	正十二面体
❺	正八面体	正六面体	正二十面体

 着眼点

　かなり昔の問題ですが、過去にはこのような知識そのものの問題も出題されています。空間把握は原則として真正面から知識が問われることはないのですが、知識を使って選択肢を絞ることができる問題は多く出題されています。ですから、問題を解く際に必要な知識は必ずインプットすることが重要です。

【解答・解説】

　本問でいう「各面の中心」とは**重心**のことです。したがって、正多面体の各面の重心を結んでできる正多面体について考えればよいでしょう。正多面体の双対性の知識を確認しておきましょう。以下のようになります。

　まず、正六面体は正八面体と対になりますので、正六面体の各面の重心を結んでできる正多面体は**正八面体**です。逆に、正八面体の各面の重心を結んでできる正多面体は**正六面体**です。同様に、正十二面体は正二十面体と対になりますので、正十二面体の各面の重心を結んでできる正多面体は**正二十面体**です。

　以上より、正六面体：正八面体、正八面体：正六面体、正十二面体：正二十面体という組合せであり、正解は❺となります。

過去問にチャレンジ

問題1
★

下図のような、正八面体がある。この正八面体の辺ABとねじれの
位置にある辺の本数として、最も妥当なのはどれか。

警Ⅰ 2019

❶ 4本
❷ 5本
❸ 6本
❹ 7本
❺ 8本

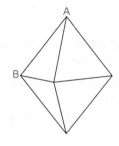

2 展開図

学習のポイント

・ 正多面体で特に出題頻度が高いテーマの一つです。展開図の問題は直接問われることも多く、見取図から正しい展開図を答えさせる問題、逆に展開図から正しい見取図を答えさせる問題など、さまざまな出題形式があります。
・ 問題を解くために必須の知識がありますから、これらは必ず覚えるようにしましょう。

1 展開図の基本 　　　　　　　　　　　　　　　　　　　　　　　重要！

　展開図とは、**ある立体を切り開いて平面上に広げたもの**です。一方、見取図とは、立体の全体像を見たままの形で平面上に表した図です。正多面体では展開図を題材にした問題の出題頻度が非常に高いので、理解しておくべきテーマです。

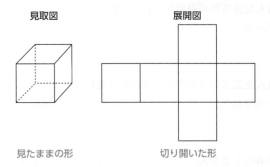

見取図	展開図
見たままの形	切り開いた形

　まず、正多面体の展開図を検討する際には、次の三つのポイントを押さえてください。

---

❶ **展開図において、平行な2面になるのはどの面か**

　なお、見取図の場合、**平行な2面を同時に見ることはできず、必ずどちらか1面だけが見える**ことになります。これをヒントに問題を解くケースもあります。

❷ **展開図において、組み立てる際に頂点が重なる（辺が接する）部分の角度は何度か**

　後で紹介する「**展開図の変形**」でも必要な知識となります。なお、原則と

して、頂点が重なる（辺が接する）部分の角度は最も狭いところです。角度を忘れてしまったら、そこからアプローチしましょう。

❸ 1個の頂点に集まる正多角形の面の数（**正多角形の種類**）は何個か
　これは展開図に限らず見取図にもいえることです。1個の頂点に集まる面の数は決まっていますから、これも覚えてください。

　なお、展開図は特に指定のない限り、見えている面が表になるように**山折り**に組み立てて立体にしますので、その点も注意しましょう。

2 正多面体の展開図　　　　　　　　　　　　　重要！

　正六面体と正八面体が特に頻出となるので、まずは最優先で押さえましょう。なお、展開図のパターンはいくつかありますので、代表的な形は覚えておくとよいでしょう。

(1)　正六面体

　1列に3個並んだ正方形の両端が平行な2面になります。頂点が重なる（辺が接する）部分の角度は90°で、1個の頂点に集まる正方形の数は3個です。

(2)　正八面体

　1列に4個並んだ正三角形の両端が平行な2面になります。頂点が重なる（辺が接する）部分の角度は120°で、1個の頂点に集まる正三角形の数は4個です。

(3)　正四面体

　平行な2面は**存在しません**。頂点が重なる（辺が接する）部分の角度は180°で、1個の頂点に集まる正三角形の数は3個です。

(4)　正十二面体

　1列に4個並んだ正五角形の両端が平行な2面になります（ただし、横1列にまっすぐ並ぶのではなくS字にジグザグに並ぶので注意しましょう）。頂点が重なる（辺が接する）部分の角度は36°で、1個の頂点に集まる正五角形の数は3個です。

(5)　正二十面体

　1列に6個並んだ正三角形の両端が平行な2面になります。頂点が重なる（辺が接する）部分の角度は60°で、1個の頂点に集まる正三角形の数は5個です。

正六面体

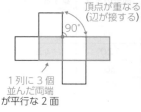

頂点が重なる
（辺が接する）

90°

1列に3個
並んだ両端
が平行な2面

正八面体

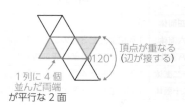

頂点が重なる
（辺が接する）

120°

1列に4個
並んだ両端
が平行な2面

正四面体

180°

頂点が重なる
（辺が接する）

正十二面体

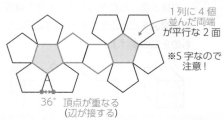

1列に4個
並んだ両端
が平行な2面

※S字なので
注意！

36° 頂点が重なる
（辺が接する）

正二十面体

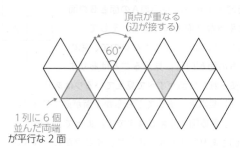

頂点が重なる
（辺が接する）

60°

1列に6個
並んだ両端
が平行な2面

　なお、正十二面体と正二十面体における基本となる展開図について、平行な2面の組合せをすべて書き表すと、以下のようになります（同じアルファベットが平行な2面です）。

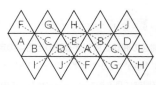

　ここまでを表にまとめると以下のようになります。以下の知識は問題を解く際に頻繁に使うことになりますので、しっかり覚えておきましょう。

	平行な2面	頂点が重なる部分の角度	1個の頂点に集まる面の数
正四面体	なし	180°	3面
正六面体	1列に並んだ3個の正方形の両端	90°	3面
正八面体	1列に並んだ4個の正三角形の両端	120°	4面
正十二面体	1列に並んだ4個の正五角形の両端	36°	3面
正二十面体	1列に並んだ6個の正三角形の両端	60°	5面

例題1 右は3面に着色をした正六面体の展開図である。この展開図を組み立てたときの見取図としてあり得ないものを二つ挙げよ。

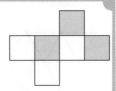

ア イ ウ エ

　正六面体の展開図において、平行な2面は**1列に並んだ3個の正方形の両端**ですから、右図のAの面とBの面は組み立てたときに平行な2面となります。そして、平行な2面は見取図において同時には見えないので、色の塗られたAとBの両方の面が同時に見えることはありま 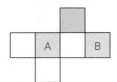 せん。つまり、色の塗られた3面がすべて見えているウはあり得ないことになります。また、平行な2面は見取図においてどちらか1面が必ず見えているので、AとBのどちらか片方は必ず見取図で見えるはずです。よって、3面すべてが色の塗られていないイの見取図もあり得ません。よって、**イとウ**があり得ないことがわかります。

　展開図の問題を検討する際の定番中の定番が「平行な2面に着目すること」です。平行な2面は必ず1組ずつしかできず、平行な3面になることはありません。また、見取図においては平行な2面が同時に見えることもありません。このあたりから絞り込みをかけていきましょう。

例題2　以下の図の中で正八面体の展開図としてあり得ないものを二つ挙げよ。

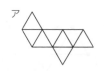 ア　　 イ　　 ウ　　 エ

　正八面体において、1個の頂点に集まる正三角形の数は4個です。そこでウに着目すると、1個の頂点に5個の正三角形が集まっている部分があるので、これは正八面体の展開図としてはあり得ません。

 ウ　　 エ

　また、正八面体の展開図において、平行な2面は**1列に並んだ4個の正三角形**の両端です。そこでエに着目すると、上の図のように面Aと平行な面Bが二つ存在してしまい、平行な3面になってしまうので、これもあり得ません。よって、**ウとエ**があり得ないことになります。

　ヒント

　正八面体の性質を押さえておくことと、展開図に関する知識も押さえておきましょう。本試験の問題でも、明らかに知識で切れる選択肢は少なからず出てきますから、気づけるようにしましょう。

例 題 3 右図は正八面体の展開図である。面Ｐと平行になる面をＡ～Ｃから、頂点Ｑと重なる頂点をＤ～Ｆから選べ。

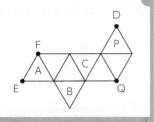

　正八面体の展開図において、平行な２面は４個の**正三角形を１列に並べたときの両端です。**まずＡとＣが平行な２面であることがわかるので、この時点で消去法により面Ｐと平行な面は面Ｂとなります。

　また、正八面体の展開図において、頂点が重なる部分の角度は120°です。したがって、右図の矢印部分が重なることになるので、頂点Ｑと頂点Ｅが重なることがわかります。

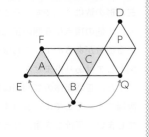

3 展開図の変形 　　　　　　　　　　重要!

　展開図がそのままの形ですべて検討できることはほとんどなく、問題を解く際には変形（回転移動）させることが必要になります。**展開図を変形させることで面の位置をさらに詳細に確認することができる**ので、変形の方法も必ず押さえましょう。

(1) 重なる頂点（接する辺）に着目した変形

　展開図の面は、重なる頂点（接する辺）に移動して変形させることができます。例えば、正六面体の展開図において重なる頂点（接する辺）の角度は90°ですから、以下のように面を90°回転させて移動することができます。２個以上をまとめて移動することもできますが、面がちぎれてしまうと展開図としてあり得ない形になるので注意しましょう。

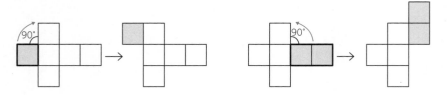

(2) 両端が接する点に着目した変形

　展開図において正多角形を1列に並べられるだけ並べると、組み立てた際にその1列の両端が接することになります。したがって、ある箇所で展開図を切り離して、その端と端をつなぎ合わせる（反対側に移動させる）こともできます。**正六面体の展開図では1列に4個まで正方形が並び、正八面体の展開図では1列に6個まで正三角形が並びます。**したがって、以下のように切り離して反対側に移動できます。

例 　左の図の正八面体の展開図のままでは、頂点①と②が重なるかどうかがわかりにくいのですが、右の図のように移動させると①と②が重なることがわかります。このように変形させることで展開図をさらに細かく検討できます。

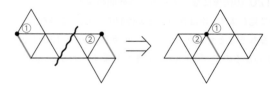

　なお、問われる頻度は低いのですが、正四面体は「1列に4個並んだ正三角形」、正十二面体は「1列（S字・ジグザグ）に6個並んだ正五角形」、正二十面体は「1列に10個並んだ正三角形」の両端が接します。まれに出題されることもありますので、学習がある程度進んだら覚えてもよいでしょう。

補足

　上記のように面を移動させずに、重なる頂点を矢印で結んで考えることもできます。例えば右図の正六面体の展開図の場合、すでに3個の正方形が集まっている部分（●）を始点として、ここから90°の位置関係にある一つ外側の頂点①と①′ を矢印で結び、次はさらにその外側の②と②′、③と③′…と結んでいくと、矢印で結んだところが重なる頂点であることがわかります。

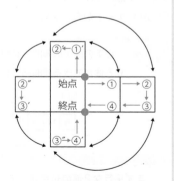

　ただし、同じ2面に辺が2本以上接することはないですし、正六面体の場合は4個以上の頂点が1か所に集まることもないので、その頂点は重ならないことに注意してください。この検討方法はケアレスミスが起きやすいので、原則として面を移動させてしまうことをお勧めします。

例題 右図の正八面体の展開図において、頂点Xと重なる頂点として、正しいものを一つ挙げよ。

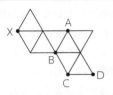

面を移動させずに、**展開図から重なる頂点を矢印で結んで考える方法**で検討してみましょう。右図のようになります。

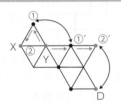

この正八面体の展開図では、すでに**4個の正三角形が集まっている部分**として始点Yに着目するとよいでしょう。ここから120°の関係になっている一つ外側の頂点①と①′を矢印で結びます。次はさらにその外側の②と②′を結びます。そうすると、頂点Xは②′と重なることがわかり、また、頂点Dも②′と120°の関係になっていて重なることがわかるので、頂点XとDが重なります。よって、正解は頂点Dです。

4 展開図の着眼点　重要!

　平行な2面の組合せがすべて同じであっても、問題によっては並び方が異なっていたり、描かれた印や図柄の向きが異なっていたりすることも多くあります。その際には、接する面の数字や色・柄などの組合せ、1個の頂点や面を基準にしたときの集まる面の並び方などに着目することになります。面の並びにはさまざまな検討手段がありますから、実際に問題を解きながら身につけていくとよいでしょう。

例題 以下の図1の展開図を組み立ててできる小立方体と、同じ色分けとなる小立方体ができる展開図として正しいのはAとBのどちらか。

図1

		黄		
赤	緑	青	白	
		紫		

A

	白		
青	黄	赤	紫
	緑		

B

	白		
赤	黄	青	紫
	緑		

　まず**平行な2面の組合せ**をチェックしてみましょう。正六面体の展開図において、平行な2面は**3個の正方形が1列に並んだときの両端**です。したがって、図1によれば赤と青、緑と白、黄と紫が平行な2面の組合せであることがわかります。これを踏まえて展開図A、Bを見ると、どちらも平行な2面の組合せは図1で与え

られた展開図とすべて等しいことがわかり、絞り込みができません。

　そこで、**1個の頂点に着目したときの色の並び方**についてチェックしてみましょう。例えば図1の展開図は、下図のように1個の頂点に集まった3個の正方形が「**白→青→黄**」の順番で時計回りに並んでいることがわかります。しかし展開図Aは、「**白→青→黄**」の順番で反時計回りに並んでいます。一方、展開図Bは図1と同様に「**白→青→黄**」の順番で時計回りに並んでいることがわかります。よって、正解はBとなるわけです。

5　正多面体以外の多面体の展開図

　正多面体であれば1個の頂点に集まる面の数などが決まっていますから、展開図も検討しやすいのですが、それ以外の多面体が題材になった場合、問題で与えられた**見取図から特徴を読み取っていくしかありません**。正多面体以外の多面体になると、**頂点によって集まる面の種類や形、個数などが異なります**。よって、特徴をつかみやすそうな頂点や面に着目して、その周囲に集まる面の種類などを検討しながら解いていくとよいでしょう。

　右図の四角すいの展開図としてあり得ないものは、以下のア〜ウのうちではどれか。

ア　　　　　イ　　　　　ウ

　特徴をつかみやすいところとして、底面の正方形の頂点に着目してみましょう。例えば下の図の頂点Xなどのように、**どの頂点も2個の正三角形が集まってできている**ことがわかります。ということは、正方形のどの頂点についても、2個の正三角形だけが集まることになりますが、イの展開図では右図の頂点Yの部分に3個の正三角形が集まっていることがわかります。よって、イの展開図はあり得ません。

下の5つの展開図のうち、組立てたときに正八面体ができるものの数として、最も妥当なのはどれか。

消Ⅰ 2013

❶ 1つ
❷ 2つ
❸ 3つ
❹ 4つ
❺ 5つ

🍄着眼点

　まずそもそも「組み立てられるか」が問題になっていますから、正八面体の特徴を覚えておかなければいけません。**正八面体は、1個の頂点に面が4個集まりますから、面が5個以上になってしまうものは誤りである**ことになります。

　また、そもそも正多面体全体にいえることとして、**平行な面は必ず2面1組であり、平行な3面になることはありません。**

　これらを踏まえて、各展開図が正しい正八面体の展開図になっているかを検討してみましょう。

【解答・解説】

まず、**正八面体は1個の頂点に面が4個集まる**ので、5個以上集まっているもの
は誤りになりますが、本問の五つの展開図はすべて4個以内に収まっていますから、
これでは絞れません。

また、**正八面体を構成するには、平行な面が必ず2面1組で存在する必要もあり
ます。** 平行な面が3面になると正八面体は組み立てられません。そこで、それぞれ
の展開図において平行な2面を確認しましょう。正八面体の展開図において、平行
な2面は**4個の正三角形が1列に並んだときの両端**ですから、くれぐれも忘れない
ようにしましょう。左から2番目、3番目の展開図は、特に変形させなくても判断
ができ、以下のようになります（平行な面ごとに①〜④を振っています）。

左から2番目の展開図 　　　左から3番目の展開図

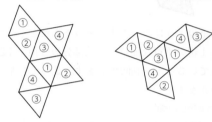

平行な2面が4組正しくできていますから、正しい正八面体の展開図といえます。
　続いて、左から1番目、4番目、5番目の展開図は、4個の正三角形が1列に並
んでいない部分があるので、展開図を変形させて考えてみましょう。

　左から1番目は以下のようになります。そのままだと平行な面は①〜③の3組確
認できますが、もう1組の平行な面は太線部分の2面を**120°回転**させると、④が
正しく平行になっていることが判断できます。よって、左から1番目も正しい正八
面体の展開図といえます。

左から1番目の展開図

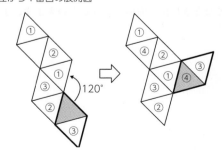

左から4番目は以下のようになります。そのままだと平行な面は①と②の2組確認できますが、もう2組の平行な面は、太線部分の3面を**120°回転**させると、③と④が正しく平行になっていることが判断できます。よって、左から4番目も正しい正八面体の展開図といえます。

左から4番目の展開図

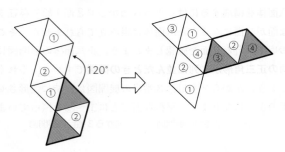

　左から5番目は以下のようになります。そのままだと平行な面は①〜③の3組確認できますが、もう1組の平行な面は、太線部分の3面を**120°回転**させると、④が正しく平行になっていることが判断できます。よって、左から5番目も正しい正八面体の展開図といえます。

左から5番目の展開図

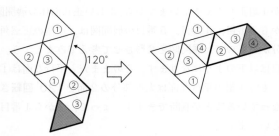

　以上のように、五つの展開図はすべて、平行な2面が正しく存在しており、どの展開図も組み立てたときに正八面体ができるといえます。よって、正解は❺です。

過去問にチャレンジ

問題1
★★

図Ⅰのように、中空の正四面体は三つの辺をカッターで切ると平面図形に展開できる。図Ⅱのような中空の正十二面体を一つの平面図形に展開するために切る必要がある辺の数として正しいのはどれか。

国般 2008

- ① 14辺
- ② 15辺
- ③ 16辺
- ④ 19辺
- ⑤ 20辺

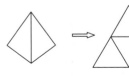

図Ⅰ

図Ⅱ

問題2
★

右図のようなサイコロの展開図として、正しいのはどれか。ただし、サイコロの相対する面の目の数の和は7である。

都Ⅱ 2005

①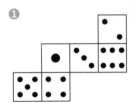

②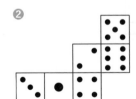

③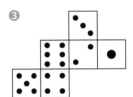

④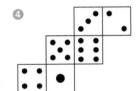

⑤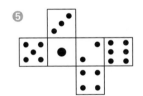

問題3
★★　　展開図の点線を山折りにして組み立て、できあがった立方体をある方向から眺めたとき、右図のようになりうるものとして最も妥当なのは次のうちではどれか。

国専 2005

❶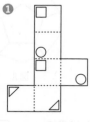

❷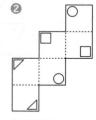

❸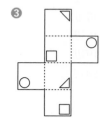

❹

❺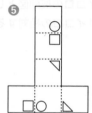

問題4
★

　　　下図のように、2つの表面の一部が着色された正八面体の展開図として、正しいのはどれか。

都Ⅰ2003

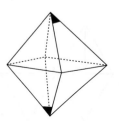

❶ 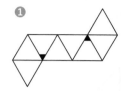　　❷ 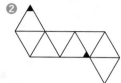　　❸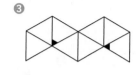

❹ 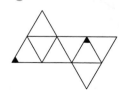　　❺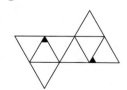

次の図は、正八面体の展開図のうちの1つの面に●印、3つの面に矢印を描いたものであるが、この展開図を各印が描かれた面を外側にして組み立てたとき、正八面体の見え方として、有り得るのはどれか。

区I 2019

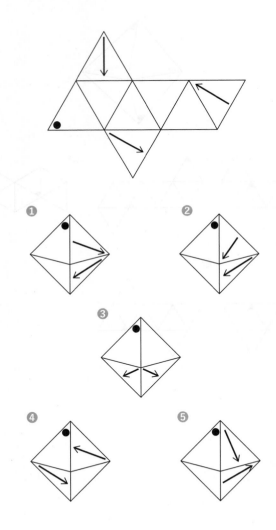

問題6
★★

下図のような正方形と正六角形からなる図形A～E
を、点線を山にして折り立体をつくるとき、右図のよ
うな4面が着色された立体ができる図形として、正し
いのはどれか。

都Ⅰ 2006

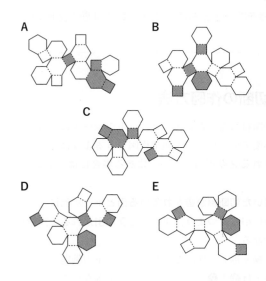

A

B

C

D

E

① A

② B

③ C

④ D

⑤ E

3 多面体の切断

学習のポイント

・ 正多面体で展開図と並んで出題頻度が高いテーマです。

・ 切断面を正確に捉える必要がありますので、作図の手順をしっかりと身につけて実践できるようにしましょう。

・ 切断面の面積を問う出題もあります。数的推理の図形の知識も確認しておきましょう。

1 立体の切断の作図方法　　　　重要！

　立体の切断が題材になった問題では、以下のルールに沿って切断の作図の手順を覚えることが必要です。以下の手順で作図できるようにしましょう。

❶ 切断される2点が同一平面上にある場合には、その2点を直線（切断線）で結ぶ。

❷ ❶で引いた切断線が書かれている面と平行な面に、切断される点から切断線を平行に引く。つまり、平行な2面に引かれる切断線は平行（傾きが等しい線）になる。

　この❶と❷を繰り返して作図しましょう。以下の例題を参考にしてください。なお、問題によっては❶と❷だけでうまく作図できないこともあります。その場合は❸面や辺などを延長して考えることもあります。

例題1　図1の正六面体において点A、辺を1：3に内分する点B、辺の中点Cがある。この3点を通る平面でこの正六面体を切断したとき、切断面はどのような形になるか。

図1

　まず点Aと点Bはどちらも同一平面上である上面にありますので、ここに切断線ABを引きましょう。同様に点Aと点Cも同一平面上である手前左側の面にありますので、切断線ACを引きましょう（図2）。次に、切断線ACが引かれている面と平行な面（点Bがある右奥の面）に切断線を引きます。平行な2面に引かれる切断線は平行になる（傾きが等しい）ので、切断される点Bから、ACと平行な線であ

る切断線BDを引きましょう。そうすると、点Cと点Dはどちらも同一平面上である下面（底面）にありますので、ここに切断線CDを引きましょう（図3）。よって、切断面は図4のように四角形ABCDとなります。

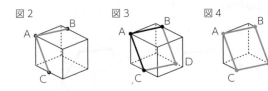

図2　　　　図3　　　　図4

例題2　図1の正六面体において、各辺の中点A、B、Cがある。この3点を通る平面でこの正六面体を切断したとき、切断面はどのような形になるか。

図1

まず点Aと点Bはどちらも同一平面上である上面にありますので、ここに切断線ABを引きましょう。次に、切断線ABが引かれている面と平行な面（点Cがある下面）に切断線を引きます。平行な2面に引かれる切断線は平行になる（傾きが等しい）ので、切断される点Cから、ABと平行な線である切断線CDを引きましょう（図2）。ここまで描くと、もう同一平面上の点もないため、一見先に進めなくなってしまいます。そこで、面や辺が延長していると仮定して考えましょう。切断線CDよりも右側に切断線を伸ばしていくと、点D′が点Bと右奥の面で同一平面上にあることになり、ここで切断線BD′を引くことができます。そして、ここから**正六面体の辺上の点Eが切断される点である**ことが判明するのです（図3）。

このように、途中で作図が進まなくなってしまったら、**延長させて同一平面上を無理やり作り出して進める**ことを発想として覚えておきましょう。

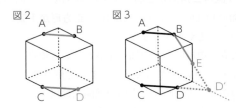

図2　　　　図3

続いて、点Dと点Eがどちらも同一平面上である手前右側の面にありますので、

ここに切断線DEを引きます（図4）。そして、切断線DEが引かれている面と平行な面（点Aがある左奥の面）に切断線を引きます。切断される点Aから、DEと平行な線である切断線AFを引きましょう。最後に、点Fと点Cが同一平面上にありますから、ここに切断線FCを引きましょう（図5）。

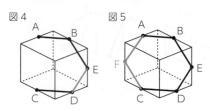

以上で切断線の作図が完成です。できあがる断面は六角形AFCDEBとなります。なお、点A～Fはすべて辺の中点であり、このような切断面は**正六角形**になります。

切断線を作図する際によくありがちなのが、立体の内部を突っ切るように切断線を引いてしまうミスです。あくまで切断線は立体の表面上に引いていくものですから、必ず書き方の手順を守ってくださいね。

② 切断された立体の展開図　[重要！]

切断された後の立体の展開図を考える問題も、典型の出題形式です。この場合は、**立体を構成する面の形の種類と数に着目する**とよいでしょう。面の形の種類については、**できる限り細かい部分（1辺の長さや角度など）**まで確認してください。

例えば前述の例題1の立体を例にすると、切断面ACDBを除けば、形の異なる**直角三角形が2個**（左手前のAFC、上面のAEB）、形の異なる**台形が2個**（下面のFCDG、右奥のEGDB）、**正方形が1個**（左奥のAFGE）の5個で構成されていることがわかります。

なお、切断された立体の展開図が問題に示されている場合、問題によってはもとの図形の展開図になるように書き加えて復元すると解きやすくなることもあります。例えば、前述の例題1で切断した立体の展開図は以下の図1のような形で、これを図2のようにもとの正六面体の展開図に復元することができます。

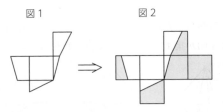

図1　　　　　図2

　このように、もとの正六面体の展開図に復元することで、平行な２面の関係や、組み立てるときに重なる頂点や辺の関係などがわかりやすくなるのですね。

3 正多面体の切断面の代表例

　正多面体の切断面の代表例として、以下のような特徴的な多角形に関しては把握しておくとよいでしょう。事前に知っていると解きやすくなる問題もあります。特に正六面体は出題頻度が比較的高いので、ある程度覚えておくことが望ましいといえます。

　なお、**1個の頂点に集まる面の数よりも小さい多角形が切断面になることはない**ことを覚えておくとよいでしょう。例えば、1個の頂点に4面が集まる正八面体で、切断面に三角形ができることはありません。

(1)　正四面体

　正三角形、**正方形**（図のように辺の中点を結ぶ）ができます。また、**直角三角形**も可能です。

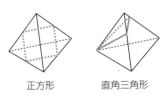

正方形　　　　　直角三角形

(2)　正六面体

　正三角形、**正方形**、**ひし形**、**五角形**（ただし、正五角形はできない）、**正六角形**ができます。なお、**正六角形は各辺の中点を6か所通る**ことでできあがります。

正三角形　　　　ひし形　　　　五角形　　　　正六角形

⑶ 正八面体

正方形、ひし形、五角形（ただし、正五角形はできない）、**正六角形**ができます。また、１個の頂点に４面が集まっているので、**三角形はできません**。

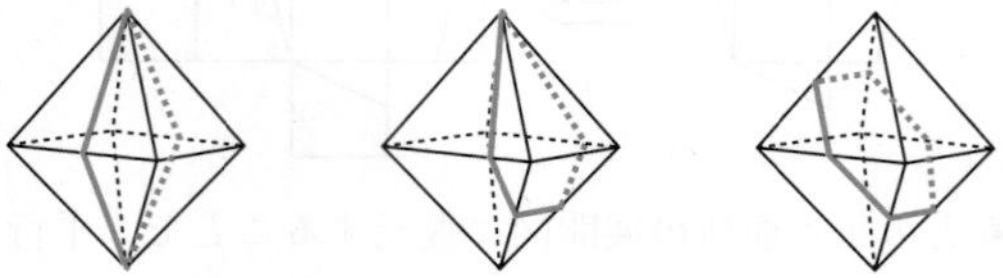

ひし形　　五角形　　正六角形

⑷ 正十二面体

正三角形、**正方形**、正五角形、**正六角形**、正十角形ができます。

⑸ 正二十面体

正五角形、**正十角形**ができます。なお、１個の頂点に５面が集まっているので、**三角形や四角形はできません**。

解法ナビゲーション

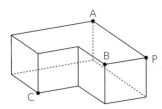

　左図のように、3つの立方体をL字形に並べた形状をした立体を、頂点A、B及びCの3点を通る平面で切断したとき、頂点Pを含む側の立体にできる切断面の形状として、妥当なのはどれか。

都Ⅰ 2016

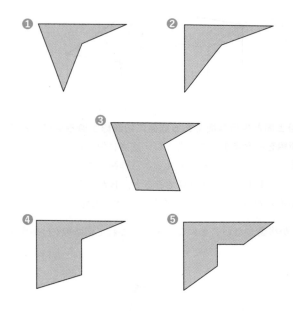

 着眼点

　切断線の作図の方法を確認しましょう。本問は特にひねりがあるわけではありませんが、注意点としては**傾きを正しく把握すること**です。ちょうど対角線を通るなど、わかりやすい切断線であれば苦労しないのですが、**本試験で出てくる切断線は微妙な傾きであるケースが大半**です。切断線の傾きを把握するためにも、切断線の両端に着目して「上下・左右・前後にどれくらいずれるのか」を確認しましょう。

　切断面の作図の仕方を忠実に守っていきましょう。まずは、❶点AとBが上の
面で同一平面上にあるので、これを切断線で結びます（図1）。

図1

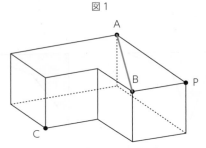

　続いて、❷上面と平行な面である底面に切断線が通る点Cがあるので、ここか
ら平行な切断線を引きます。このときに、適当に何となく平行線を作図すると形が
変わってしまいます。傾きを常に考えながら作図しましょう。まずは先ほどの切断
線ABを参考にします。B→Aを見てみると、Bから右に1辺、奥に2辺移動した
ところにAがあるわけです。だとすると、Cからは奥に1辺しか移動しないので、
右には$\frac{1}{2}$辺しか移動しないことになります。これで切断線CDが作図できます（図

図2

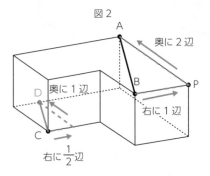

2）。

　このように、前後左右のずれを確認しながら作図すると正確に書けると思います。
❸点Aと点Dが左奥の面で同一平面上になりましたので、AとDを切断線で結びま
す（図3）。

図3

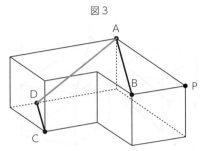

続いて、また先ほどと同様に、❹左奥の切断線ADが引かれた面と平行な面である手前のへこんだ面にやはり切断線が通る点Cがあるので、ここから平行な切断線を引きます。作図の方法は❷と同じです。まずは切断線ADを参考にします。D→Aを見てみると、Dから上に1辺、右に1.5辺（$=\dfrac{3}{2}$辺）進んだところにAがあります。だとすると、Cからは右に1辺しか進まないので、上には$\dfrac{2}{3}$しかずれな

$$\times\dfrac{2}{3}\left(\begin{array}{l}\text{右に 1.5辺→上に 1辺}\\\text{右に 1辺　→上に}\dfrac{2}{3}\text{辺}\end{array}\right)\times\dfrac{2}{3}$$

いことになります。つまり同じ割合でずれるのが平行（＝傾きが等しい）ということですから、右に1.5辺（$=\dfrac{3}{2}$辺）で上に1辺ということは、右に1辺であれば1.5：1＝1：xという比が成り立ち、$x=\dfrac{2}{3}$（辺）ずれることになるわけです。

これで切断線CEが作図できます（図4）。

図4

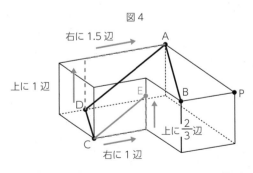

最後に❺点BとEが同一平面上になったので、これを切断線で結んで完成です（図5）。

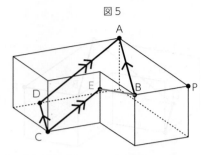

図5

　よって、ABとDC、ADとECがそれぞれ平行であることを踏まえて選択肢を見ると、❸が正解です。

過去問にチャレンジ

問題1
★

下図のように同じ大きさの立方体を互いの面同士をぴったり合わせて6個積み上げてできた立体がある。この立体を頂点A、B、Cを通る平面で切断した時の断面として、最も妥当なのはどれか。

警I 2017

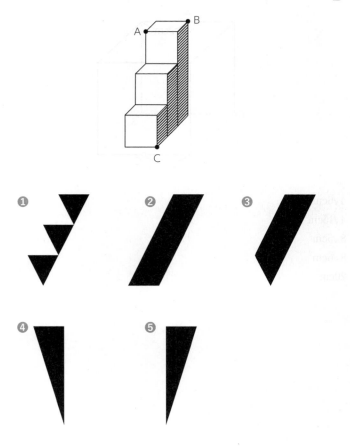

次の図のような、1辺4cmの立方体がある。この立方体を点A、B、Cを通る平面で切断したとき、その断面の面積はどれか。

区Ⅰ 2010

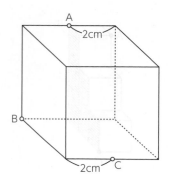

① $4\sqrt{6}\text{cm}^2$

② $4\sqrt{15}\text{cm}^2$

③ $8\sqrt{5}\text{cm}^2$

④ $8\sqrt{6}\text{cm}^2$

⑤ 20cm^2

問題3
★★

　立方体ABCDEFGHにおいて、図のように頂点Aを通り、底面EFGHの対角線FHを通る面で切断し、さらに、頂点Cを通り対角線FHを通る面で切断した。このとき、斜線部分の二つの三角すいを取り除いた、残りの立体の展開図として正しいのはどれか。

国般2000

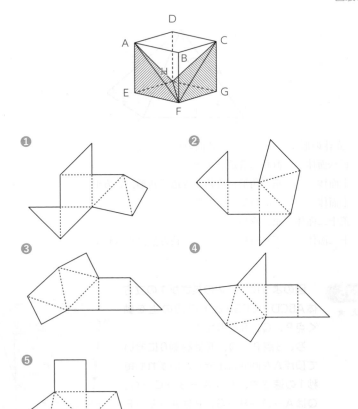

問題4
★★

8本の辺の長さがすべて等しく、底面が正方形の四角すいがあり、A〜Hを各辺の中点とする。頂点を含んだ五つの部分を各辺の中点を通る平面で切り取ると、A〜Hを頂点とする立体ができた。この立体の形と各面の形をすべて挙げたものとして最も妥当なのはどれか。

国専2004

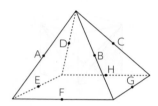

	立体の形	各面の形
❶	正八面体	直角二等辺三角形
❷	十面体	正三角形、直角二等辺三角形、正方形
❸	十面体	正三角形、正方形
❹	正十二面体	正三角形
❺	十二面体	正三角形、正方形、長方形、正八角形

問題5
★★★

図のように、一辺の長さが1の立方体ABCD−EFGHとその辺の上を動く点P、Q、Rを考える。

今、3点P、Q、Rは時刻0において頂点Aを同時に出発し、いずれも毎秒1の速さで、PはA→B→C→G、QはA→D→H→G、RはA→E→F→Gの経路で移動して、3秒後に頂点Gで停止するとする。(P´、Q´、R´は、それぞれP、Q、Rが頂点Aを出発してから1.5秒後における位置を示している。)

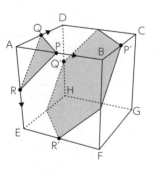

時刻xにおいて、3点P、Q、Rを通る平面でこの立方体を切断したときの断面積をS (x) とおくとき、y＝S (x) のグラフを表しているものとして最も妥当なのはどれか。

国般2014

❶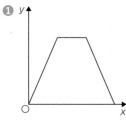

❷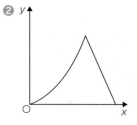

❸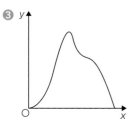

❹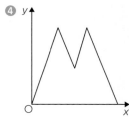

❺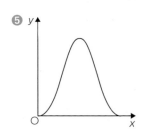

第 2 章

立体の平面化

投影図
スライス法
五面図

1 投影図

- 空間把握の中でも特に厄介なテーマがこの投影図です。本試験の問題ではかなり難易度の高いものも多く、ここに時間を取られすぎないように注意が必要です。
- 投影図から見取図を推測させる問題、小立方体の積み上がった個数を問う問題が定番の出題形式なので、まずはこの二つを押さえましょう。

1 投影図の基本　　　　　　　　重要!

　投影図（**正面図、平面図、側面図**）とは、立体図形を真正面・真上・真横から見て、これを平面図形として表したものです。平面図形にすると奥行きや高さを表すことができなくなるので、上下・左右・前後のいずれかの位置関係が把握できなくなります。ですから、投影図の問題では、ケアレスミスを防ぐためにも**上下・左右・前後を図の中に書き込む**とよいでしょう。

正面図	正面から見た図 … 左右と上下がわかるが、**前後はわからない**
平面図	真上から見た図 … 前後と左右がわかるが、**上下はわからない**
側面図	真横から見た図 … 上下と前後がわかるが、**左右はわからない**

　特に、①正面から見た場合と裏面から見た場合では、左右の向きが逆になること、②右側面から見た場合と左側面から見た場合では、前後の向きが逆になることに注意しましょう。どの視点からその立体を見ているのか、常に確認することが必要です。

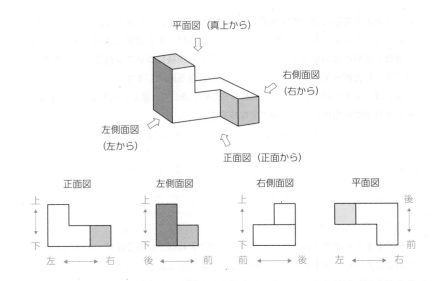

1辺の長さが1の透明な小立方体が63個、着色された小立方体が1個ある。この小立方体64個を積み上げて1辺の長さが4の立方体を作ったところ、正面図および右側面図が以下のようになった。このとき、平面図として正しいものはどれか。

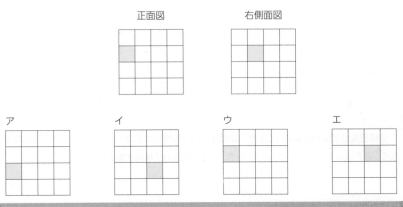

着色された小立方体がどの位置にあるかを把握する問題です。正面図からわかる情報、右側面図からわかる情報を踏まえて、これが平面図だとどうなるかを確認していきましょう。

正面図からは**左右**と上下の情報、平面図からは前後と**左右**の情報がわかりますか

ら、両者とも**左右については共通してわかる**わけです。したがって、正面図からは左右の情報を確認します。同様に、右側面図からは上下と**前後**の情報、平面図からは**前後**と左右の情報がわかりますから、両者とも**前後については共通してわかる**わけです。したがって、右側面図からは前後の情報を確認します。

　まずは、以下の図のように上下・左右・前後を図の中に書き込むとよいでしょう。それぞれの位置関係がわかりやすくなります。

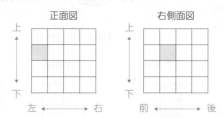

　そうすると、着色された小立方体は正面図によれば**上から2段目・左から1列目**にあることがわかります。また、右側面図によれば**上から2段目・前から2列目**にあることがわかります。よって、平面図によれば**左から1列目・前から2列目**にある**ア**が正解です。

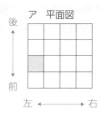

　空間把握全般にいえることですが、問題を検討する際には全体を一気に見ようとするのではなく、選択肢の中で異なる部分に着目して、そこを重点的に検討するようにしましょう。

2 見取図と投影図

　見取図をもとに投影図を考える場合には1通りの投影図しか描けませんが、逆に投影図をもとに見取図を考える場合には見取図として複数のパターンが考えられます。直観だけで決めつけないように注意しましょう。

右の図はある立体の正面図である。この立体はどのような
立体か。

以下のように何通りもの立体が考えられます。正面から見て縦長の長方形の形が
見えている、というだけでは立体の形が特定できないので気をつけてください。

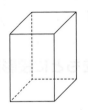 

3 実線と点線

投影図の描かれ方のルールについては、以下の点に注意してください。見取図と
基本的には同じです。

❶ 実線で囲まれている部分は一つの面を表しています。

❷ 実線は直接見えている辺（山折りか谷折りのどちらかに面が折れ曲がって
できた辺）を、点線は見取図から直接は見えない辺（手前からは見えないが、
奥に面が折れ曲がってできた辺があること）を表しています。

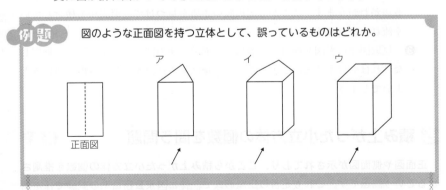

例題　図のような正面図を持つ立体として、誤っているものはどれか。

ア　　　　イ　　　　ウ

正面図

正面図を見ると、縦長の長方形で、真ん中に縦の点線が見えます。そして、この
点線は見取図では直接見えない奥のほうに辺が存在していることを意味していま

す。そうすると、ウの直方体は左右のちょうど真ん中の部分に縦の辺がないので、ウが誤りです。

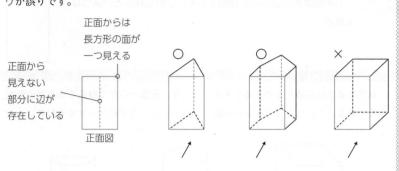

正面からは
長方形の面が
一つ見える

正面から
見えない
部分に辺が
存在している

正面図

○　○　×

4 「投影図をもとに見取図」、「見取図をもとに投影図」を推測させる問題 重要!

　投影図と見取図を行き来させるだけでなく、**投影図から別方向の投影図を推測させる**問題も定番の出題形式の一つです。検討する際には以下のコツを押さえておきましょう。この形式は本試験でも難易度が高くなることが多いので、くれぐれも気をつけてください。

❶　投影図では、最も外側の部分の形（輪郭）からおおまかな全体像がわかります。したがって、ここから見取図のベースとなる形が推測できます。見取図を作図する一つの方法として押さえておきましょう。

❷　投影図では、**実線で囲まれている面の形**から実際の面の形がわかります。また、**点線が引かれている辺**から、直接見えない部分（奥の部分）に存在する辺がわかります。ここから選択肢の矛盾を見つけて、消去法で検討していく流れもあります。

❸　見取図や投影図を検討する際は、正面図、側面図、平面図を正しく把握しなければいけません。上下・左右・前後は書き込みを入れる習慣をつけるとよいでしょう。

5 積み上がった小立方体の個数を問う問題 重要!

　正面図や側面図が示されており、ここから積み上がった小立方体の個数を推測させるという問題です。これも定番の出題形式で、特に国家公務員系の試験では定期的に見られます。定番の検討の流れがありますから、以下を押さえて問題を解いてみましょう。

❶ まずは正面図や側面図から各列に積み上がっている小立方体の個数を確認します。

❷ 平面図を書いて、各列に積み上がっている小立方体の個数を平面図のそばに書き入れます。

❸ 最も多く積み上がっている列から、各マスに積み上がっている小立方体の個数を書き入れて、矛盾が出ないかどうかチェックします。

実際に、以下の例題で確認してみましょう。

例題 1辺の長さが1の小立方体をいくつか積み上げたところ、正面と右側面から見えた形が以下のようになった。このとき、積み上げた小立方体の個数として考えられる最少の個数はいくらか。

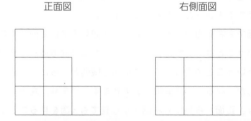

正面図　　　　　　　右側面図

積み上げた小立方体の個数を調べるために、**平面図でカウント**していきます。正面図は右端から左端まで**左右に3個**、右側面図は手前から奥まで**前後に3個**並んでいますから、これを真上から見れば、**3×3＝9（個）の正方形が見える**ことがわかります。したがって、**3×3の9マスの平面図**を書きましょう。そして、正面図によれば、**左の列には3個、真ん中の列には2個、右の列には1個**、小立方体が積み上がっていることがわかります。同様に、右側面図によれば**手前の列には2個、真ん中の列には2個、奥の列には3個**、小立方体が積み上がっていることがわかります（図1）。そこで、これを平面図における各列のそばに書き込みます（図2）。

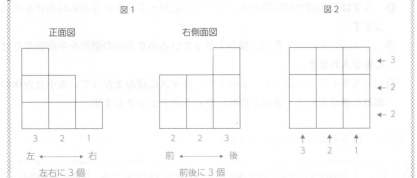

図1

正面図　　　　　　　　右側面図　　　　　　　図2

3　2　1　　　　　　　2　2　3

左 ←―→ 右　　　　　前 ←―→ 後　　　　　　←3
　　　　　　　　　　　　　　　　　　　　　　←2
左右に3個　　　　　　前後に3個　　　　　　　←2

　　　　　　　　　　　　　　　　　　　　↑　↑　↑
　　　　　　　　　　　　　　　　　　　　3　2　1

　ここから積み上げた個数を検討していきます。投影図に積み上がった小立方体が見えているということは、その列のどこかにその個数分だけ積み上がっている箇所があるということです。そして、これが最少個数になるようにしていけばよいので、なるべく最低限で済ませることを考えましょう。

　まずは正面図でも右側面図でも小立方体が3個見えている列に着目します。3個見えているということは、それぞれの列のどこかに小立方体が3個積み上がっている箇所があるということですね。ここで縦列と横列どちらにも3個置いても間違いではありませんが、なるべく最低限で済ませます。つまり、左上の1か所にだけ3個積み上げれば、正面から見ても右側面から見ても3個を見ることができます。したがって、図3のように左上のマスに3個積み上げて、他は0個にしてしまうわけです。最小個数なので、「1か所置けば2方向からその個数分の小立方体が見える」という部分を探していくのがポイントになります。

図3

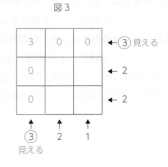

　　　　　　　　3　　0　　0　　←③見える
　　　　　　　　0　　　　　　　←2
　　　　　　　　0　　　　　　　←2

　　　　　　　　↑　　↑　　↑
　　　　　　　　③　　2　　1
　　　　　　　見える

　続いて正面図でも右側面図でも小立方体が2個見えている列（それぞれの真ん中の列）に着目します。ここも最低限で済ませたいので、ちょうど中央のマス1か所にだけ2個積み上げれば、正面から見ても右側面から見ても2個を見ることができます。したがって、中央に2個積み上げて、他は0個にしましょう（図4）。

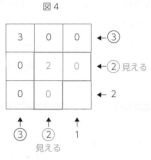

図4

以上のように、最大個数が積まれていて、2方向どちらからも同じ最大個数が見えているところを順に検討しましょう。

では右下のマスに小立方体が何個積み上がるかを考えてみましょう。正面からは1個、右側面からは2個見えているので、ここに1個しか置かないと、右側面から2個見えている事実に反しますし、ここに2個置くと、正面から1個しか見えていない事実に反します。このように、**正面と右側面の2方向で異なる見え方をしているところについては、別途修正を加えましょう。**

右下のマスに2個置いてしまうと、どうしても正面の1個しか見えていない事実と矛盾してしまうので、**ここは1個にします。**そして、**右側面から見えている2個については、同じ列の他のマスで修正しましょう。**同じ列の他のマスA、Bのどちらかに2個置けば、右側面から2個見ることは可能です。そして、マスA、Bについては、どちらに2個置いたとしても、正面からは左の列が3個、真ん中の列が2個見えていますから、特に矛盾は起きません。このように、矛盾が生じないか、という観点からチェックしてみましょう。

例えばBのマスに置けば、正面と右側面すべての見え方に矛盾が生じません（図5）。

図5

3	0	0	←③
0	2	0	←②
A 0	B 2̶0̶	1	←② 見える

↑③ ↑② 矛盾なし ↑① 見える

第2章 立体の平面化

1 投影図 49

よって、積み上げた小立方体の個数として考えられる最少の個数は 3 ＋ 2 ＋ 2 ＋ 1 ＝ 8（個）ということになります。

形式的に最少個数を求めるだけなら、最多個数の数字がぶつかるところから数字を埋めていくことで求めることもできます。

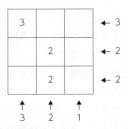

なお、1はどこに置いても右側面から矛盾はしないので、どこでも構いません。しかし本試験ではひねった出題となるケースもあるので、前述の解説の手順を確認しておきましょう。

解法ナビゲーション

　図 I のように立方体の形をしたガラスがあり、内部には 4 つの円錐が様々な向きで、埋め込まれている。図 II はこのガラスを真正面から、図 III は真上から見た図である。このガラスを図 I の真横から見た図として、最も妥当なのはどれか。

警 I 2018

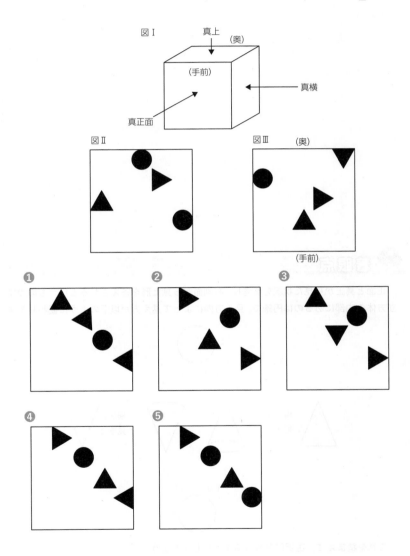

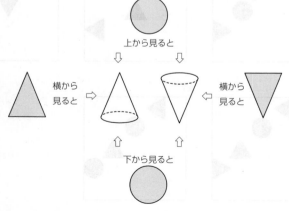

🍄 着眼点

　正面と真上から見た状況を参考に、右側面から見た形を答えさせるというものです。
立方体の内部にあるのは円錐で、見る方向によって見え方が以下のように変わります。

上から見ると

横から
見ると　⇒

⇐　横から
見ると

下から見ると

　これを踏まえて、選択肢を絞れるようにしましょう。

【解答・解説】

　投影図から異なる方向の投影図を推測させる問題です。このように見取図や投影図を行き来させる問題は典型の出題形式の一つなので、ぜひ理解しておきましょう。まずは上下・左右・前後を書き込んでおきましょう。以下のように、**正面図も平面図もどちらも左右の位置関係はわかるので、どれが同じ円錐かわかるようにナンバリングしておきましょう。**

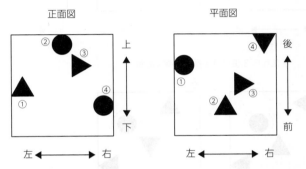

　そして、ここから特徴的な把握しやすい部分に着目して検討します。選択肢に並んでいるのは右側面から見た図なので、上下・前後の関係は以下のように示されます。これを踏まえて検討していきましょう。

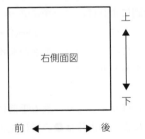

　まずは上下の高さから絞ってみましょう。選択肢の中で大きく二つに分かれるのが、四つの円錐の上下の位置関係です。❶、❹、❺は、手前の円錐が最も高く、奥に行くにつれて順番に低くなっていることがわかります。しかし、❷、❸は、手前の円錐が最も高いのは同じですが、次に高いのは手前から３番目（奥から２番目）の円錐になっています。

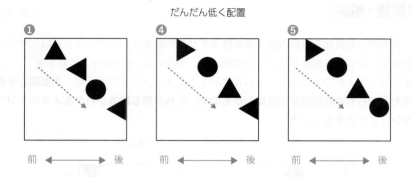

だんだん低く配置

❶ 前 ←→ 後　❹ 前 ←→ 後　❺ 前 ←→ 後

手前から3番目が2番目に高く配置

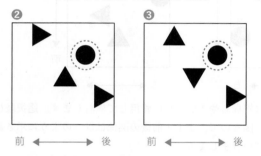

❷ 前 ←→ 後　❸ 前 ←→ 後

　前述の**書き込みした正面図によれば、高い順に❷→❸→❶→❹と並んでおり、書き込みした平面図によれば、手前から順に❷→❸→❶→❹と並んでいる**ことがわかります。つまり、手前から奥に行くにつれて高さが順番に低くなっていることがわかるので、❷、❸は誤りだとわかります。

　では、❶、❹、❺の検討に移りましょう。最も手前にある❷の円錐の見え方から考えてみましょう。正面図によれば円錐は●の形に見えていますが、これは底面か尖った方向のどちらかから見ているために●に見えているわけです。これを右側面から回り込んで見るのであれば、以下のような形になるはずです。

54

底面を正面に見た状態で、右側面から回り込んで見てみると…

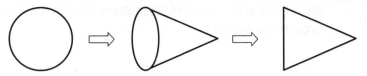

尖ったほうを正面に見た状態で、右側面から回り込んで見てみると…

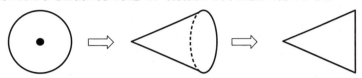

　どちらにしても見え方としては**右か左に頂角がくる二等辺三角形**になるのですね。しかし、❶は▲のように**上に頂角がくる二等辺三角形**の見え方になっているので、これは誤りです。

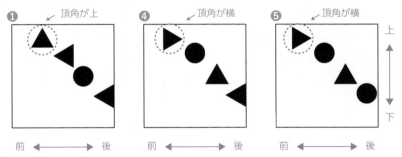

　残りは❹と❺で、最も奥の低いところにある円錐④の見え方が異なっているので、ここを検討しましょう。正面図によれば円錐は先ほどと同様に●の形に見えています。これは前述のとおり、右側面から回り込んで見ると**右か左に頂点がくる三角形**が見えるはずです。❺は●が見えているので、これは誤りです。

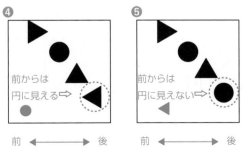

　よって、消去法により正解は❹です。

過去問にチャレンジ

問題1
★ ★ ★

次の図は、ある立体について正面から見た図及び真上から見た図を示したものである。この立体を正面に向かって左の側面から見た図として、有り得るのはどれか。

区Ⅰ 2015

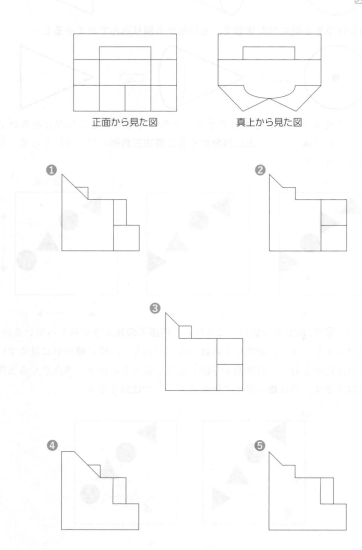

正面から見た図　　　　　真上から見た図

❶

❷

❸

❹

❺

問題2
★ ★

　ある立体があり、正面図と側面図がそれぞれ図Ⅰ、図Ⅱで示される。この立体の平面図として正しいのはどれか。

　なお、正面図、側面図、平面図とは図Ⅲにおいて、それぞれ矢印の方向から見たものをいう。

国般2001

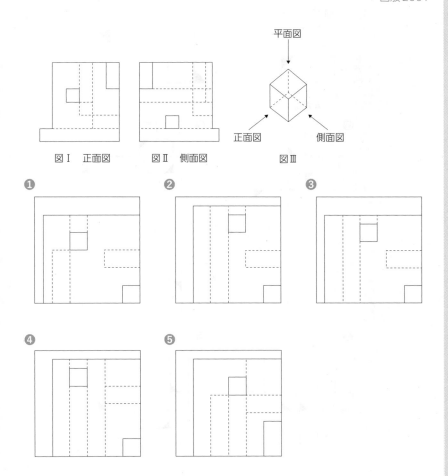

図Ⅰ　正面図　　図Ⅱ　側面図　　図Ⅲ

図1は、3つの表面の一部が着色されたある立体の平面図であり、図2、図3は、それぞれ、この立体を平面図のA方向、B方向から見たときの立面図である。この立体の展開図として、正しいのはどれか。

都Ⅰ 2004

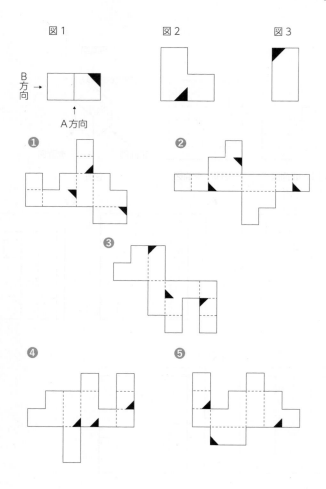

問題4
★ ★

　　同じ大きさの立方体の積み木を使い、積み上げた後、正面、右側、真上の3方向から眺めると、それぞれ次の図の形に見えた。このように見える立体を最も少ない数の積み木で作ったとすると、積み木は何個か。

　　ただし、下の段の積み木の面と上の段の積み木の面が互いにはみ出さないようにぴったりと重ねて積み上げたものとする。

国専 2017

正面図

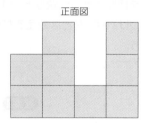

右側から見た図

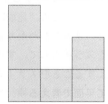

真上から見た図

❶　17個
❷　19個
❸　21個
❹　23個
❺　25個

2 スライス法

学習のポイント

- 「各段を分割して、平面図などで表して検討しましょう」というのがスライス法です。
- 積み上がった小立方体に関する問題でよく使われます。穴を開けて貫通させるような問題、切断して切断された小立方体の個数を数える問題、表面に色を塗って、塗られた箇所を把握させる問題などですね。
- ケアレスミスにさえ気をつければ、あとは数えるだけという問題も多いので、ぜひ練習しておきましょう。

1 スライス法とは　　　重要!

すでに組み上がっている立体の見取図、例えば右図のような**小立方体を積み上げた立体**があるとしましょう。この大きな立体の中身を検討しようとしても、見取図からでは表面に見えている小立方体の状況しかわかりません。そこで、以下のように各段をスライスして、すべての小立方体の状況がわかるようにすることをスライス法といいます。要は**立体を分割して平面で考える**検討方法

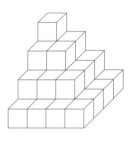

です。例えば右の小立方体の集まりを上から各段でスライスして平面図にすると、以下のように4段に分けることができます。これで内部の状況も把握ができるのですね。

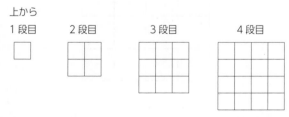

上から
1段目　2段目　　3段目　　　4段目

なお、スライス法は小立方体を積み上げた立体を貫通、切断する問題で特に用いることが多いので、注意しておきましょう。

例題 小立方体を図のように64個積み上げた立体がある。着色された面に対して垂直な方向に貫通口を空けるとき、穴の空いた小立方体の個数は何個か。

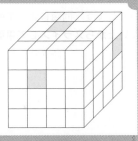

　見取図のままでは64個すべての小立方体の状況がわかりにくいので、スライス法を用いて各段の状況を表します。まずは上の面の着色部分に対して、上から下に貫通口を空けると以下のようになります。着色した小立方体が穴の空いたところです。

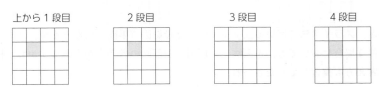

　また、手前の面の着色部分については前から後ろに、右側面の着色部分については右から左に貫通口を空けると、以下のようになります。

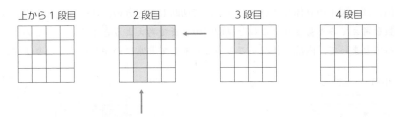

　上の図より、10個が正解です。

2 スライスの仕方

　ある特定の方向から見た図を考えるときは、その方向から見た状況がわかりやすいようにスライスするとよいでしょう。例えば、次の見取図の場合、もしA方向から見たときの各小立方体の状況を考える問題であれば、前から1列目、2列目…とスライスしたほうがよいですし、B方向から見たときの各小立方体の状況を考え

る問題であれば、左から1列目、2列目…とスライスしたほうが状況は把握しやすいでしょう。問題によって臨機応変に対応する必要がありますが、本試験ではだいたい**上からスライスして平面図にするケースが多い**と思っておけばよいでしょう。

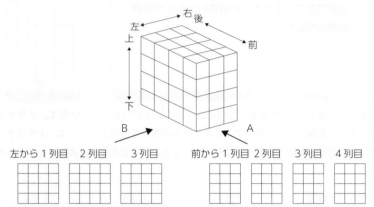

左から1列目　2列目　3列目　　前から1列目　2列目　3列目　4列目

なお、**スライス法で用いる図は基本的には投影図（平面）になります**。スライス法を使う場合においても、正面図、平面図、側面図の考え方が重要ですから、投影図の考え方も復習してくださいね。

3 積み上げた小立方体の切断　重要!

例えば、図1の立体を4点を通る平面で切断したときの、切断された小立方体の個数を考えてみましょう。これを見取図のままで考えようとすると、図2のようになってしまって、内部の状況がごちゃごちゃして非常にわかりにくくなります。

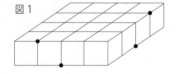

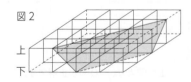

そこで、**スライス法**を用いて考えます。実際には図2の着色部分のように、**立体の上の面を通る切断線と、下の面を通る切断線に挟まれている小立方体が切断される**ことになりますが、これを平面図で表すと図3のように描くことができます。上の面を通る切断線と、下の面を通る切断線に挟まれているのは、着色部分で示された5個の正方形（実際の形は小立方体）ですので、切断された小立方体の個数は5個とわかります。**上の面の切断線と下の面の切断線に一部分でも挟まっていれば、その小立方体は切断されます**から注意してください。切断される小立方体の数が出

題された場合、**数え間違いも起こりやすい**ですから注意しましょう。

図3

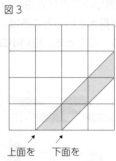

　上面を　　下面を
　通る線　　通る線

解法ナビゲーション

　図のような、合計125個の黒い小立方体と白い小立方体を積み上げて作った大立方体がある。黒い小立方体が見えているところは、反対の面まで連続して黒い小立方体が並んでいるものとする。このとき、<u>白い</u>小立方体の数はいくらか。

国専 2010

❶　51個

❷　55個

❸　57個

❹　61個

❺　66個

　いわゆる「**貫通型**」の問題です。この手の問題は、ケアレスミスさえしなければ、ある程度安定して正解にたどり着けます。ただ、**個数が多くなると時間がかかりやすい**ので注意しましょう。また、問題の設定にも注意してください。本問は白い小立方体の個数を問われています。問題文に下線が引いてあるので親切ですが、特に強調して書かれていないために気づきにくいケースもあります。どの個数を聞いているのか、**注意して検討するようにしましょう。**

【解答・解説】

いわゆる「貫通型」の問題です。黒い小立方体が1列にすべて並んでいるので、一直線に貫通させるタイプの問題と同様に考えることができます。**小立方体を積み上げた立体において、見取図からは見えない小立方体の個数を答えさせる問題**であることから、スライス法を使って数えることに気づくべきでしょう。

では上の面から1段ずつスライスして、以下のように平面図を描いていきましょう。

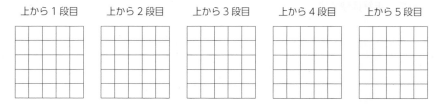

まずは上の面に着目するとよいでしょう。**黒い小立方体は連続して並んでいる**ので、一番上の面から読み取れる黒い小立方体は、その下の段にもそのまま続いていきます。以下のようにどの段にも共通して黒い小立方体が入るわけですね。

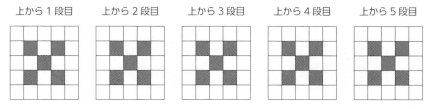

さらに、手前の面に着目して黒い部分を書き加えていきます。上から1段目は手前がすべて白い面ですが、2〜5段目は一部に黒い面があるので、ケアレスミスのないように作図しましょう。また、黒が見えている部分はその1列すべてが黒いので、それを踏まえて書き加えます。そうすると、以下のようになりますね。

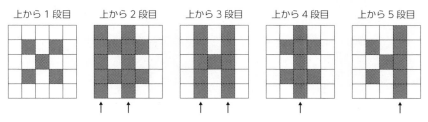

続いて右側面に着目します。ここも先ほどと同様に、間違えないように作図してください。以下のようになります。

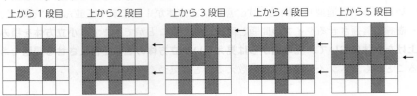

上から1段目　　上から2段目　　上から3段目　　上から4段目　　上から5段目

これで完成です。本問で問われているのは「白い**小立方体の数**」なので、各段の白い小立方体の数を数えると、合計で20＋9＋11＋12＋14＝66（個）となります。よって、正解は❺です。

過去問にチャレンジ

問題1
★

　下図のように、同じ大きさの黒い小立方体と白い小立方体を合計343個すき間なく積み重ねてできた立方体があり、黒い小立方体が、立方体の一方の面から反対の面まで一直線に連続して7個並んでいるとき、白い小立方体の数として、正しいのはどれか。

都Ⅰ 2006

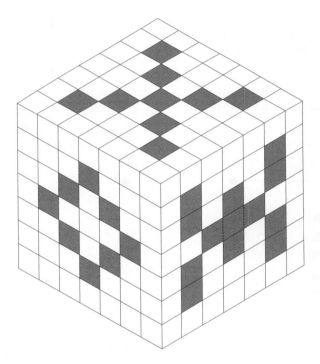

❶　190個
❷　191個
❸　192個
❹　193個
❺　194個

下の図のように、同じ大きさの27個の小立方体を積み上げた2つの立方体Ⅰ、Ⅱがある。それぞれ点A、B、Cと点D、E、Fを通る平面で切断したとき、切断される小立方体の個数の和として最も妥当なのはどれか。ただし、点Eは立方体Ⅱの辺の中点に位置している。

消Ⅰ2019

立方体Ⅰ

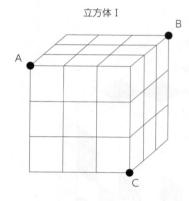

立方体Ⅱ

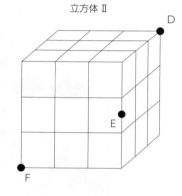

❶ 16個
❷ 18個
❸ 20個
❹ 22個
❺ 24個

問題3
★★

　　20個の同じ大きさの立方体を貼り合わせて、上下左右前後のどの方面から眺めても図Ⅰの形に見える図Ⅱのような立体を作った。図Ⅱの立体を頂点A、B、Cを通る平面で切ったときの断面として最も妥当なのはどれか。

国専2019

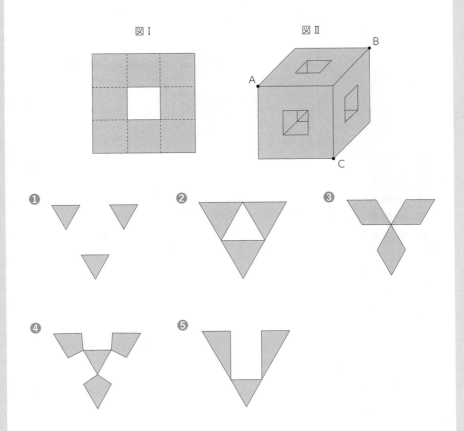

| 問題4 | 下の図は同じ大きさの立方体を35個積み上げて作ったものである。この立体で立方体の面どうしが接している数として、正しいのはどれか。 |

★

ただし、2枚の面が接しているところを1箇所と数え、立方体は互いに辺どうしが重なるように積み上げている。

警Ⅰ 2011

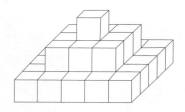

① 52箇所
② 56箇所
③ 58箇所
④ 62箇所
⑤ 66箇所

3 五面図

- ・サイコロが題材になった問題で頻出の解法パターンが「五面図」を描くことです。
- ・サイコロに限らず、面の状況を一度に把握したい状況が出てきたときに使われることがあります。正六面体以外に正四面体や正八面体などでも使うことがあるので、注意しましょう。

1 五面図の基本　重要!

　サイコロなどの正六面体（立方体）の各面に書かれた数字や図柄などを考えるとき、**見取図のままでは同時に3面しか見ることができず、状況が把握しにくいこと**があります。そこで、**正六面体の各面の状況がわかりやすくなるように平面化した**ものが**五面図**です。6面のうち下面以外の5面の状況を図に書き込んで、下面の状況は図の外側にカッコで書いて示します。見取図ではわかりにくい各面の状況も、五面図であれば6面すべてを一度に視覚的に把握することができるのですね。特に**サイコロの問題（並べる・積み上げる・転がすなど）では必須**といってよいでしょう。それ以外の問題でも使われる検討手段ですので、ぜひ覚えておきましょう。

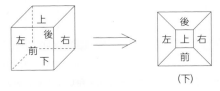

　なお、サイコロの問題で注意してほしい点として、一般的なサイコロは平行な2面の目の和は7になりますが、問題で題材になるサイコロは、特に明示がない限りはそのようなルールはないと思ってください。**平行な2面の目の和が7になると勝手に決めつけることのないようにしましょう。**

　また、サイコロの問題は正六面体の問題と通じるため、正六面体の基本知識も使って解いていくことになります。**正六面体の展開図などで紹介した知識や解法パターンも必ず確認しておきましょう。**

2 立方体を並べる・積み上げる問題 重要!

並べたり積み上げたりした立方体の各面の状況を考えていく問題形式が、五面図を用いる典型パターンです。例えば以下のように積み上げた立方体の問題であれば、各段の状況がわかりやすくなるように、スライス法を用いて1段ずつ考えていくとよいでしょう。

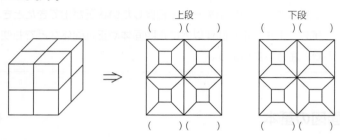

例題　図1の展開図のサイコロを3個用いて、図2のように並べた。このとき、図2のサイコロについて、他のサイコロと接している面の数字の和はいくらになるか。ただし、数字の向きは考えなくてもよいものとする。

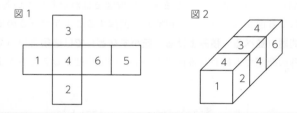

図2の状態ではサイコロの面の状況がわからないので、五面図を使いましょう。すでに図2からわかる部分について、五面図を用いて表すとあとに示す図3のようになります。なお、（　）は下面の数字を表し、求める部分を色付きで示しています。

正六面体の展開図における平行な2面は、**1列に並んだ3個の正方形の両端です**から、図1の展開図より平行な2面の組合せは1と6、2と3、4と5であることがわかり、図3にさらに平行な面を書き入れると図4のようになります。

ここで、最も奥のサイコロについて、残った2と3の面の配置を考えてみましょう。以下のように位置関係を把握してください。見取図にすると以下のような面の並びです。図1の展開図から、5、6、4、1の順で時計回りに並んだとき、上の面が3、下の面が2となっていることが読み取れるので、これを五面図に当てはめて考えればよいでしょう。

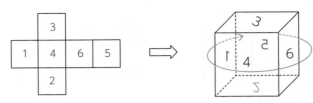

　そうすると、5、6、4、1の順で下、右、上、左で時計回りに並んでいるので、後ろの面が3、手前の面は2となりますね（図5）。

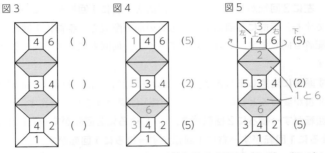

図3　　　　　　　図4　　　　　　　図5

　なお、真ん中のサイコロについては、**手前と後ろの面が（1,6）、（6,1）のどちらの場合でも、両方の面が隣のサイコロと接しているので、どちらがどの面かを特定しなくても正解を出すことができます。**よって、他のサイコロと接している面の数字の和は、6 + 1 + 6 + 2 = 15です。

🍎 ヒント

　図2の見取図では隠れている面が多く、サイコロのすべての面の状況がわかりません。そこで、こういう問題で使われるのが五面図です。正多面体の展開図で学習した内容もよく登場します。
　1個の頂点や面を基準に見たときの面の並びの検討手段については、五面図でも通用します。五面図の状態でも面の並びが確認できるようにしてください。

---

3 立方体を転がす問題　　重要！

　サイコロなどの立方体を転がす問題については、以下のことを覚えておきましょう。

❶　**前後方向に転がすときには、左右の数字は変わりません。また、左右方向に転がすときには、前後の数字は変わりません。**以下の五面図で表すと、矢印の方向に転がすとき、着色された面の数字は変わりません。

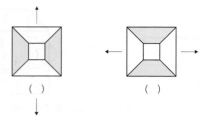

( )　　　　( )

❷ 　同じ方向に4回転がすともとの面の配置に戻ります。4回転がって1周します。例えば、**左に3回転がした**ときの面の配置と、**右に1回転がした**ときの面の配置は同じですし、**手前に5回転がした**ときの面の配置と、**手前に1回転がした**ときの面の配置も同じです。これを覚えておくと、何回も転がす手間が省けることがあります。

❸ 　**転がす順番に注意しましょう。**サイコロを転がしてたどり着く場所は同じでも、転がす順番が変わると目の出方（面の配置）は変わってしまいます。例えば、（ア）**右に1回転がす→後ろに2回転がす**、（イ）**後ろに2回転がす→右に1回転がす**、（ウ）**後ろに1回転がす→右に1回転がす→後ろに1回転がす**、という3通りの転がし方は、転がった後に同じ場所に来ますが、目の出方は異なります。くれぐれも注意しましょう。

例題　図のサイコロを、右に5回、後ろに4回、左に3回転がしたとき、下の面の数字はいくつになるか。ただし、このサイコロは平行な2面の和が7となっている。

　各面の状況をわかりやすくするために、**五面図**を用いて考えましょう。転がす前の状況を五面図に表すと、図1のとおりです。右に5回転がしたときの面の配置は、右に1回転がしたときの面の配置と同じですので、図2のようになります。さらに図2から後ろに4回転がしたときの面の配置はもとの面の配置と同じですので、図2と同じ状態です。最後に図2の状態から左に3回転がしたときの面の配置は右に1回転がしたときの面の配置と同じですので、図3のようになります。よって、下の面の数字は3です。

図1　　　　　　図2　　　　　　図3

(4)　　　　　　(2)　　　　　　(3)

解法 ナビゲーション

次の図Ⅰのような展開図のサイコロがある。このサイコロを図Ⅱのとおり、互いに接する面の目の数が同じになるように4個並べたとき、A、B、Cの位置にくる目の数の和はどれか。

図Ⅰ 2017

図Ⅰ

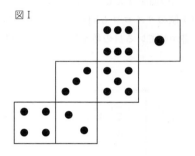

図Ⅱ

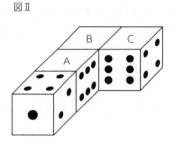

❶   7

❷   9

❸   11

❹   13

❺   15

 着眼点

　サイコロの問題としては定番の「**並べる**」タイプです。並べて他のサイコロに隠れて見えない面が多く登場するので、このような問題では必ず**五面図**を使って面の状況を把握するようにしましょう。また、正多面体の展開図のところでも紹介した、**面の並びに着目する方法**も復習しましょう。以下の解説では、上面を基準に検討していますが、頂点を基準にして検討する方法も考えられます。面の並びは自由自在に検討できるように練習する必要があります。

サイコロを並べて目の位置を答えさせる問題です。このタイプの問題はたいてい五面図で検討していく流れになりますから、**五面図を使う問題の典型**として覚えておきましょう。まずは図Ⅰのサイコロを、上の面を3として五面図にすると、以下の図1のようになります。また、図Ⅱの4個のサイコロも同様に五面図にすると、以下の図2のようになります。ここから、書かれている目の数を推測していきましょう。

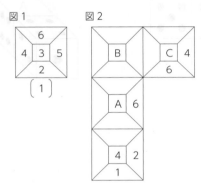

まず、問題の図Ⅰの展開図や上記図1の五面図から、**平行な2面の目は2と6、4と5、1と3の組合せ**であることがわかります。また、互いに接する面の目の数が同じであることも踏まえると、以下の図3のように目の数を入れることができます。

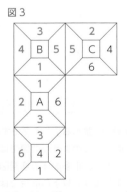

問題は、残ったA、B、Cの面の目の数についてですね。これについては、周囲の面の目の並びから推測していきましょう。推測の方法はいろんなパターンがあり

ますので、問題を解きながら身につけるようにしてください。

　まずAについて見ると、図3の最も手前のサイコロの五面図が参考になります。ここは**上面の周囲が時計回りに1→6→3→2と並んでいて、上面は4になっています**（図4）。そして、Aの周囲も同様に時計回りに1→6→3→2と並んでいることがわかります。つまり、上面であるAの目は同じく4であることがわかるのですね。ここで**A＝4**が確定します。

図4

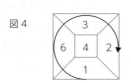

周囲が時計回りに1→6→3→2 ⇒ 上面が4

　では同様にBについても検討しましょう。**Bの周囲は時計回りに1→4→3→5**と並んでいます。周囲に1、4、3、5が並んだ五面図はここまでに出ていないので、**図1の五面図を転がして周囲に1、4、3、5を並べてみましょう**。周囲に1、4、3、5を並べるためには、図1で周囲にある2、6が上面か底面にあればいいので、前後に転がすとよいでしょう。例えば図1のサイコロの五面図を、手前に1回転がしてみましょう（図5）。

図5

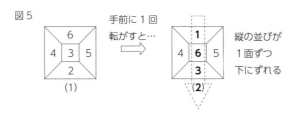

　上記図5のように手前に1回転がって、これで周囲に1、4、3、5が並んだ五面図になりました。これについても面の並びを把握します。**上面の周囲が反時計回りに1→4→3→5と並んでいて、上面が6になっています**（図6）。

図6

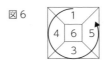

周囲が反時計回りに1→4→3→5 ⇒ 上面が6

　しかし、**Bの周囲は時計回りに1→4→3→5**と並んでいることがわかります。時計回りと反時計回りとで逆になるのはなぜかというと、サイコロの上下がひっく

り返っているからです。つまり、上面であるBの目は6の反対にある下面の2であることがわかります（図7）。ここでB＝2が確定します。

図7

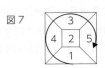

周囲が時計回りに**1→4→3→5 ⇒ 上面が2**

最後にCを検討します。Cの周囲は**時計回りに2→4→6→5**と並んでいますね。これについては図1の五面図が同じように、周囲が**時計回りに2→4→6→5と並んで上の面が3**ですので、これをそのまま使えばよいでしょう。これで**C＝3**が確定します。

以上よりA、B、Cの目の和は4＋2＋3＝9となるので、**❷**が正解です。

過去問にチャレンジ

問題1
★

次の図Ⅰのような図面のA面上に、図Ⅱのように一つの面がマス目と同じ大きさで、相対する面の目の数の和が7のサイコロが置かれている。このサイコロを図Ⅰの図面の上をA面から矢印の順にマス目に合わせてすべることなく転がしていき、B面まできたとき、サイコロの上の面の目の数として、正しいものはどれか。

警Ⅰ 2011

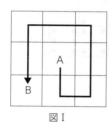

図Ⅰ

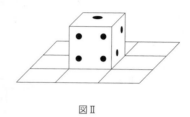

図Ⅱ

❶ 1

❷ 2

❸ 3

❹ 4

❺ 5

問題2 ★★ Ⅰ図のような展開図を持つサイコロ5個を、接し合う面の目の和が8になるようにⅡ図のように積んだ。Xの目はいくつか。

裁判所2020

Ⅰ図

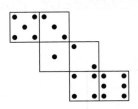

Ⅱ図

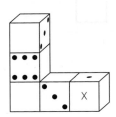

❶ 2
❷ 3
❸ 4
❹ 5
❺ 6

問題3
★ ★

図1のような展開図を持つ5種類のさいころを用意し、同じ種類の
さいころ4つを1の面を上にして図2のように並べる。ただし、接し
ている面は同じ目であるとする。このとき、図1のうち側面の8つの
面の和が最大となるように並べることができるさいころはどれか。

裁判所 2009

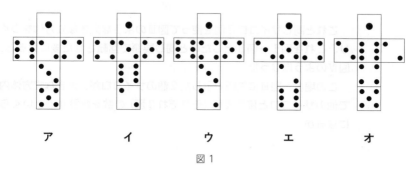

ア　　　　　イ　　　　　ウ　　　　　エ　　　　　オ

図1

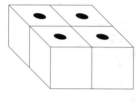

図2

❶　ア

❷　イ

❸　ウ

❹　エ

❺　オ

<table>
<tr><td>問題4
★ ★ ★</td><td>図Ⅰは、相対する面の数の和が7となるサイコロであり、これを前後、左右に何回か回転させた後に見ると、図Ⅱのようになった。</td></tr>
</table>

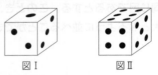

図Ⅰ   図Ⅱ

これと同じサイコロ8個を使って図Ⅲのような大きな立方体をつくり、これを図Ⅰ→図Ⅱとしたのと同じ要領で回転させた後に見ると、図Ⅳのようになった。

この場合、図Ⅲに矢印で示した2個のサイコロが、大きな立方体内で他のサイコロと接する面(それぞれ3面)の数を合計するといくらになるか。

国般2001

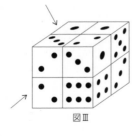

図Ⅲ

図Ⅳ

❶ 26
❷ 27
❸ 28
❹ 29
❺ 30

問題5

★ ★ ★

図1のような展開図を持つさいころ3個を図2のように並べる。上面の目の和の最大値をAとし、隣のさいころと接している面の目が同じである場合の上面の目の和の最大値をBとする。A、Bの値の組合せとして最も適当なのはどれか。

裁判所2012

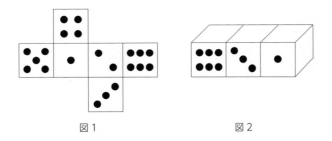

図1   図2

	A	B
❶	15	13
❷	15	15
❸	16	14
❹	16	16
❺	17	15

図1のようなさいころを横につないで3個を図2のように並べる。上面の目の和を最大にする人をA、側面の目の和を最大にしている目の向きを問う。上面の目の和と側面の目の和の最大値をもとめる。A、Bの目の組合わせとして最も適当なのはどれか。

図1

図2

	A	B
①	15	13
②	15	16
③	16	13
④	16	15
⑤	17	15

第3章

図形の移動

軌　跡

図形の回転・回転体

1 軌　跡

1 多角形の軌跡　　　　　　　　　　　　　　　　　重要！

　軌跡の問題は、公務員試験全般で出題頻度が高いテーマです。その中でもまず基
本となるのが**多角形の軌跡**です。多角形が直線上などを回転して進む場合に、その
多角形上や多角形内に打たれた点の動いた軌跡を題材にした問題です。軌跡には必
ず特徴があるので、そこを見抜くことが大切です。

　例えば、正方形の左上の頂点に点Pがあり、この正方形が直線上を右に1回転が
ることを考えてみましょう。そうすると、以下のように**正方形の一つの頂点を回転
の中心として、直線上に着地するまでに90°回転する**ことがわかります。その結果、
点Pの軌跡として**中心角が90°のおうぎ形の弧**が描かれます。このように頂点を中
心にして多角形を転がすと、描かれる軌跡はおうぎ形の弧になります。

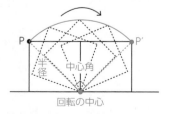

　また、その際にできる**おうぎ形の半径は回転の中心から軌跡を描く点Pまでの長**

さになります。上図の例でいえば、**正方形の対角線**が半径になっていますね。回転の中心となる頂点と軌跡を描く点との間の距離によって、軌跡のおうぎ形の半径が決まるわけです。

以上を踏まえて、多角形の軌跡を検討する場合には以下の3点に着目しましょう。

❶ **どの頂点（角）が中心（支点）となって転がるか**（直線上で転がるときに支えになる場所はどこか）をチェックします。**次に直線と接する頂点・辺がどこになるか**も合わせて確認するとよいでしょう。

❷ **回転の中心となる頂点から軌跡を描く点までの長さ**（半径）**はどれくらいか**を確認しましょう。これによって、軌跡の描かれる位置が回転の中心となる頂点（直線）から近いか遠いかがわかります。

❸ **回転するときの角度は何度か**（回転する頂点の**外角は何度か**）を確認しましょう。これによっておうぎ形の中心角を求めることができます。

軌跡を作図しなければならない問題が多いため、上記の**中心・半径・中心角**を確認しておうぎ形を描いていくことが必要になります。

第3章 図形の移動

例題 右図のような台形（内角がそれぞれ45°、90°、90°、135°）の対角線の交点をPとしたとき、この台形を滑ることなく1回転させたときにPが描く軌跡はどのようになるか。

台形の回転する軌跡を描いていくと、以下のようになります。

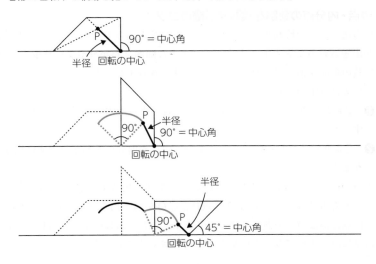

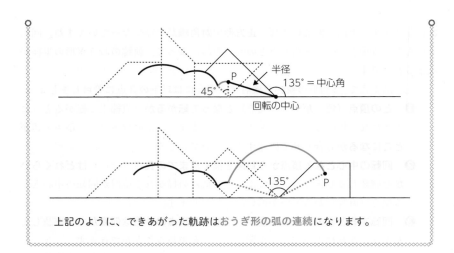

半径
135° = 中心角
回転の中心

45°

135°

P

P

上記のように、できあがった軌跡はおうぎ形の弧の連続になります。

なお、描かれる軌跡の正しい形を選択肢から選ぶような問題であれば、軌跡を一つひとつ作図せずに済むこともあります。中心・半径・中心角さえわかれば、弧の大きさや中心角の大きさが推測できるからです。ただし、軌跡の長さなどを求める場合は作図したほうが無難でしょう。

2 中点・内分点の軌跡

(1) 中点・内分点の軌跡を検討する際のコツ

図形の辺上などを移動する2点があり、その2点間の中点や内分点の軌跡を問う問題が出題されることもあります。このような問題は**わかりやすい状況**で考えて、各選択肢の軌跡があり得るかどうかを**消去法**で確認するとよいでしょう。特にわかりやすいのは以下のような状況です。

❶ 2点が重なる（同じ場所にある）場合、中点や内分点も**同じ場所**にあります。

❷ 2点がいずれかの頂点にある場合、中点や内分点も**わかりやすい場所**にあります。

例 以下の図1のように、点Pや点Qが中途半端な場所で中点Mを考えるとわかりにくくなります。図2のように点Pと点Qが同じ頂点にいる場合、中点Mも同じ頂点にあるので把握しやすくなります。また、図3のように点Pと点Qが別の頂点にある場合でも、中点Mはわかりやすいところにあります。

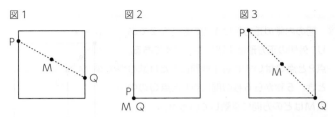

図1　図2　図3

　特に凹型ではない多角形の辺上を2点が移動するような問題では、上の例の図2のように、多角形の頂点に中点（内分点）の軌跡がくるのは2点が頂点で重なる場合のみです。

⑵　中点・内分点の軌跡の描かれ方の特徴

　中点・内分点の軌跡は、移動する2点の移動方向と移動距離によって決まります。移動する2点の速さが一定で直線的な動きのときには、**描かれる中点の軌跡も直線的な動き**になります。以下のポイントは、余裕があれば押さえておきましょう。

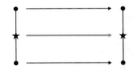

2点が同じ方向へ移動すれば、中点も同じ方向へ移動する

2点が反対方向へ移動すれば、中点は移動した距離の大きい方向へ移動する

2点が異なる方向へ移動すると、中点は、2点が移動した方向の要素を含む方向へ移動する
例えば1点が上、もう1点が右に移動すれば、中点は右上に移動する

図の内側の正方形は1辺の長さが2であり、外側の正方形は1辺の長さが4である。点Pと点Qはいずれも1秒間に1だけ進むとき、5秒から6秒の間に点Pと点Qの中点Mはどの方向に移動しているか。

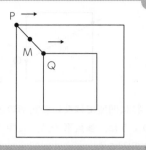

　点Pについて見ると、外側の正方形の1辺の長さが4なので、5秒から6秒では右の辺にいて**上から下**に移動するところです。点Qについて見ると、内側の正方形は1辺の長さが2なので、5秒から6秒では下の辺にいて**右から左**に移動するところです。よって、中点Mは**下と左の両方の要素を含んだ左下**に移動するところであるとわかります。具体的には下の図のようになります。

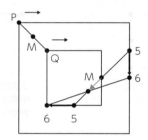

3 円弧を含んだ図形の軌跡 重要!

(1) 円の軌跡

　円が直線上を滑らずに1回転すると、円周上にある点は以下のような軌跡を描きます。この軌跡を**サイクロイド曲線**といいます。直線上を回転させる問題で、円弧（おうぎ形の弧）ではなくサイクロイド曲線の一部と思われる軌跡がある場合は、**回転させた図形に円の一部（弧）が含まれている**と推測されます。純粋な多角形ではなく弧も含まれるような図形には注意しましょう。

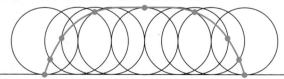

⑵ おうぎ形の軌跡

おうぎ形を直線上で転がしたとき、軌跡を描く点が**おうぎ形の頂点（中心）**にある場合には、**軌跡の一部が**直線と平行になることがあります。弧の部分が直線上に接して回転している間は、**おうぎ形の中心から**直線上までの距離が半径の長さそのもので一定になるためです。

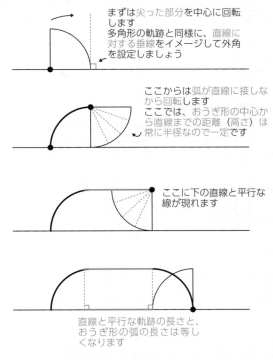

まずは尖った部分を中心に回転します
多角形の軌跡と同様に、直線に対する垂線をイメージして外角を設定しましょう

ここからは弧が直線に接しながら回転します
ここでは、おうぎ形の中心から直線までの距離（高さ）は常に半径なので一定です

ここに下の直線と平行な線が現れます

直線と平行な軌跡の長さと、おうぎ形の弧の長さは等しくなります

おうぎ形において典型的ですが、多角形の部分と円弧の部分と、両方を含む図形を回転させる場合、両方の要素を持っているため作図が難しくなることがあります。まずは以下のように二つに分けて考えましょう。

❶ **頂点などの**尖った箇所が直線上（回転の土台）で支えになって回転していく**ときは、多角形の軌跡と同様に考えて、中心・半径・中心角で処理しましょ**う。前述のおうぎ形も、円弧が直線に接する直前までの90°の回転は多角形と同様に考えます。

❷ 円弧が直線（回転の土台）に接して回転していくときは、そのおうぎ形の中心に軌跡を描く点がある場合（前述のおうぎ形のようなケース）は軌跡が**直線**になります。それ以外の場合は、サイクロイド曲線などの**楕円**になりますが、その場合まで作図させることはほとんどありません。

(3) 内接円・外接円の軌跡

❶ 小円が大円の**内側**を回転するとき

小円の円周上にある点Pの軌跡は以下のようになります。

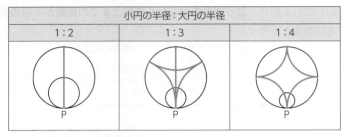

小円の半径:大円の半径		
1:2	1:3	1:4

❷ 小円が大円の**外側**を回転するとき

小円の円周上にある点Pの軌跡は以下のようになります。

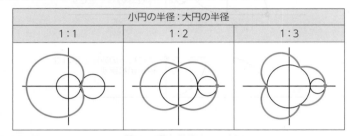

小円の半径:大円の半径		
1:1	1:2	1:3

特に❶は比較的出題されることが多いので、覚えておいてもよいでしょう。ただ、できれば円周の長さに着目して考えられるようにしてください。次の例題を参照してください。

例題 右のように半径1の小円が半径4の大円の内側を回転するとき、小円上の点Pの軌跡はどうなるか。

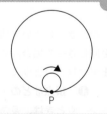

小円の半径は1なので、円周の長さは $1 \times 2 \times \pi = 2\pi$、大円の半径は4なので、円周の長さは $4 \times 2 \times \pi = 8\pi$ となります。ということは、小円が 2π 転がって進むごとに点Pは大円と接することになるので、以下の図のように等間隔で $8\pi \div 2\pi = 4$（回）接することがわかります。あとは小円の転がり方から、以下のような軌跡を描くことができます。

前述のように軌跡の形自体を暗記してしまってもよいのですが、小円の半径、大円の半径から**円周の長さ**を求め、点Pが**大円に接する**タイミングをチェックして軌跡が描けるようにしておきましょう。

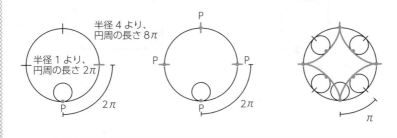

4　軌跡の範囲・図形の移動の状況

　図形の移動自体に着目する問題も本試験では定期的に出題があります。軌跡の描かれる範囲を考える問題では、中点の軌跡の問題と同じように、わかりやすい状況、極端な状況を読み取っていきましょう。また、図形の移動後の状況に着目する問題では、実際に移動させて検討することになります。辺や頂点などに記号を振って移動させるなど、わかりやすい検討手段を考えてみましょう。

> **例題**　1辺の長さが4の正方形の内側に半径1の円がある。この円が正方形の内側からはみ出さないように移動することを考えるとき、円の動ける範囲はどのようになるか。
>
>

　中途半端な場所を考えても動ける範囲は判断しにくいので、わかりやすい状況や極端な状況を考えていきます。最もわかりやすいのは円が正方形の四隅にいるような状況でしょう。円が正方形の四隅についてどの部分まで動けるかを考えると、図1のように着色部分よりも外側（斜線部分）までは動くことができません。よって、動ける範囲は図2の着色部分のようになりますね。

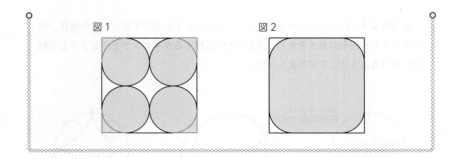

図1　　　　　　　　図2

94

　次の図は、ある図形が直線上を滑ることなく1回転したとき、その図形上の点P
が描く軌跡であるが、この軌跡を描くものはどれか。

区Ⅰ 2014

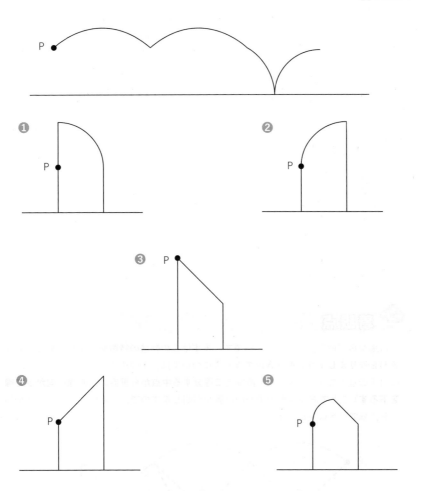

着眼点

　軌跡から図形を推測させる問題です。まずはこの軌跡の特徴をつかむために、おうぎ形を作りましょう。おうぎ形の作り方については、①弧の両端を直線で結んで、この直線の垂直二等分線を引く（**直線を二等分する中点から垂直に、直線に向かって線を下ろす**）ことでおうぎ形の中心の位置が判明しますので、あとは②中心から弧の両端を直線で結べば完成です。

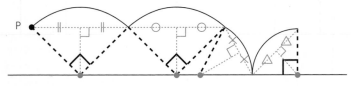

　もちろん定規や分度器で測れるわけではないので、だいたいで構いません。細かく計測しないと解けないような問題は出題されません。ただ、あまりにも歪みすぎた作図だと間違えてしまいます。それなりにしっかり描くようにしてくださいね。

【解答・解説】

　軌跡から回転する図形を推測させる問題です。軌跡の問題の出題形式としては定番といえるでしょう。まずはこの問題を題材にして、軌跡の問題の処理の仕方を確認してください。

　まずは問題に点Pの軌跡が示されていますから、この弧からおうぎ形を作っていきましょう。おうぎ形にすることで、弧の特徴をつかむことができます。中心・半径・中心角に着目することが重要です。そうすると、以下のような四つのおうぎ形を描くことができます。

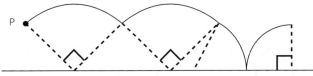

　この軌跡の特徴として、最初の二つの弧が2回連続でほぼ中心角90°で同じ、しかも半径の長さもほぼ同じおうぎ形になっていて、下の直線に着地しないあたりに着目できるとよいでしょう。以上を踏まえて選択肢を検討していきます。

　まずは❸、❹を検討しましょう。これらは**純粋な多角形**ですので、**中心・半径・中心角**を確認していけばよいでしょう。❸の図形を回転させると、以下のように2回目の回転の中心角が90°より明らかに小さく、しかも2回目の回転で軌跡が下の直線に接してしまうことがわかります。よって、❸は誤りです。

 ❸

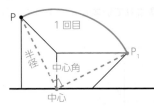

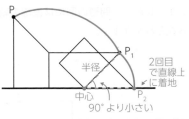

　同様に❹の図形を回転させると、以下のように2回目の回転の中心角が90°より明らかに大きく、しかも2回目の回転で軌跡が下の直線に接してしまうことがわかります。よって、❹は誤りです。

97

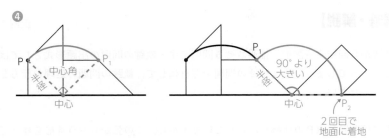

❹

2回目で
地面に着地

なお、原則としておうぎ形の中心角は外角になるので、❸、❹は作図をしなくて**も外角を読み取れば中心角が90°でないものが出てくることは判断できます**。慣れてきたら、作図しなくても判断できるようにしましょう。

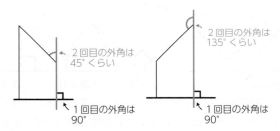

続いて、❶を検討しましょう。❶の図形は多角形だけでなく、円弧が含まれた形になっていますね。そして気づいてほしいのが以下の部分です。この図形を回転させると、以下のように**点Pがおうぎ形の中心になって、弧が直線に接しながら回転していく部分**があります。このとき、点P→P′と移動すると、回転の中心である直線上と点Pまでの距離が常に半径になるので、軌跡は下の直線と平行な直線になることがわかります。おうぎ形と似たような形になっていることに気づけるとよいでしょう。しかし、**問題の図には直線の軌跡は含まれていません**。よって、❶は誤りであるとわかります。

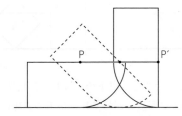

さらに、❺を検討しましょう。❺の図形はやや中途半端な形で、やはり円弧が含まれています。ただ、弧の含まれた部分まで回転させなくても、**その手前までは通常の多角形と同じ**ですので、中心・半径・中心角で確認しましょう。❺の図形を回

転させると、2回目の回転の中心角が90°より明らかに小さく、しかも2回目の回転で軌跡が下の直線に近づいていることもわかります。よって、❺も誤りです。

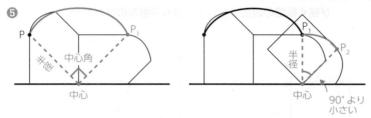

よって、消去法により正解は❷です。参考までに、❷の図形を回転させてみましょう。以下のとおりですね。

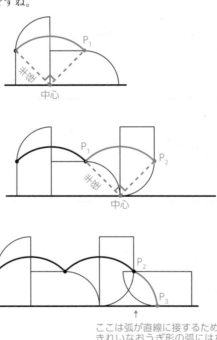

ここは弧が直線に接するため、きれいなおうぎ形の弧にはならないので注意！

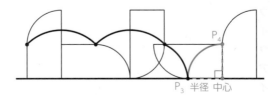

過去問にチャレンジ

問題1 下の図のように、3種類の図形を矢印の方向に直線上を滑ることなく回転させた。次のア〜ウの中で、それぞれの図形の頂点A、B、Cが描く軌跡の組合せとして、最も妥当なのはどれか。

消Ⅰ 2016

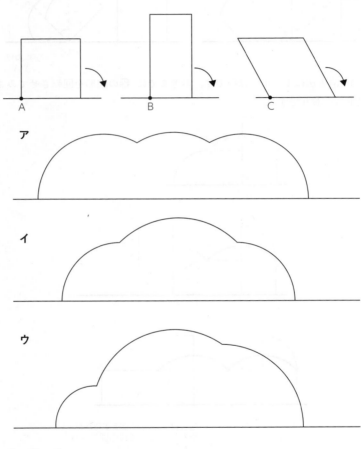

	A	B	C
❶	ア	イ	ウ
❷	ア	ウ	イ
❸	イ	ア	ウ
❹	イ	ウ	ア
❺	ウ	ア	イ

問題2
★

　　下の図は半円の直径と直角二等辺三角形の斜辺を重ねてできたもの
で、点Pは半円の中心である。この図形を直線上を滑ることなく転が
したときの点Pの軌跡として、最も妥当なのはどれか。

警Ⅰ 2018

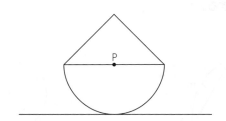

❶

❷

❸

❹

❺

下の図のような、直径 2 cm の半円と一辺の長さが 2 cm の正三角形 ABC を組み合わせた図形が、直線に接しながら、かつ直線に接している部分が滑ることなく矢印の方向に 1 回転するとき、辺 BC の中点 P の描く軌跡の長さとして、正しいのはどれか。ただし、円周率は π とする。

都Ⅰ 2019

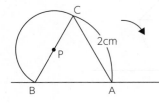 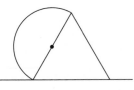

❶ $\dfrac{2+\sqrt{3}}{4}\pi$ cm

❷ $\dfrac{2+\sqrt{3}}{3}\pi$ cm

❸ $\dfrac{2+\sqrt{3}}{2}\pi$ cm

❹ $\dfrac{2(2+\sqrt{3})}{3}\pi$ cm

❺ $\dfrac{3(2+\sqrt{3})}{4}\pi$ cm

問題4 半径1cmの円が、図のAの位置からHの位置まで滑らかに回転しながら移動するとき、円の中心の軌跡の長さとして、最も妥当なのはどれか。ただし、AB、BC、CD、EF、GHの長さは5cm、DEは10cm、曲線FGは半径5cmで中心角が90°の扇形の円弧であり、円周率はπであるものとする。

警Ⅰ 2019

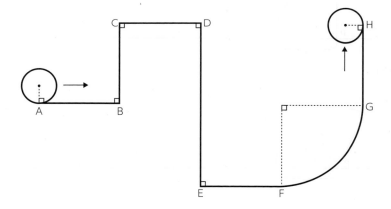

❶ $(28 + 3\pi)$ cm

❷ $(28 + 4\pi)$ cm

❸ $(31 + 3\pi)$ cm

❹ $(35 + 3\pi)$ cm

❺ $(35 + 4\pi)$ cm

★

図Ⅰ、図Ⅱのように中心角90度、半径 r の扇形Aと、中心角120度、半径 r の扇形Bが、直線 l 上をすべることなく左から右へ1回転したとき、それぞれの扇形の中心Pが描く軌跡と直線 l で囲まれた面積の差として正しいのはどれか。

国般 2008

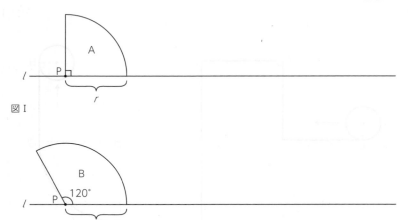

図Ⅰ

図Ⅱ

❶ $\dfrac{1}{12}\pi r^2$

❷ $\dfrac{1}{6}\pi r^2$

❸ $\dfrac{1}{4}\pi r^2$

❹ $\dfrac{1}{3}\pi r^2$

❺ $\dfrac{1}{2}\pi r^2$

問題6
★ ★

下図のように、斜辺の長さ $2a$ の直角三角形が、Aの位置からBの位置まで線上を滑ることなく矢印の方向に回転するとき、頂点Pが描く軌跡の長さとして、正しいのはどれか。ただし、円周率は π とする。

都Ⅰ 2011

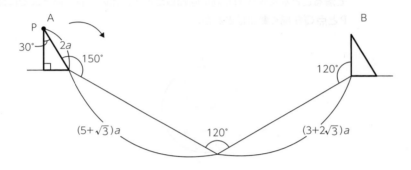

❶ $(\dfrac{13}{6}+\dfrac{5\sqrt{3}}{6})\pi a$

❷ $(\dfrac{5}{3}+2\sqrt{3})\pi a$

❸ $(\dfrac{13}{3}+\dfrac{5\sqrt{3}}{3})\pi a$

❹ $(\dfrac{17}{3}+\dfrac{11\sqrt{3}}{6})\pi a$

❺ $(\dfrac{14}{3}+2\sqrt{3})\pi a$

問題7
★
次の図のように、大円の半径を直径とする円Aと大円の半径の $\frac{1}{2}$ を直径とする円Bがあり、大円と円Aが内接する点をP、大円と円Bが内接する点をQとする。今、円Aと円Bが大円の内側を円周に沿って滑ることなく矢印の方向に回転したとき、元の位置に戻るまでに点Pと点Qが描く軌跡はどれか。

区 I 2017

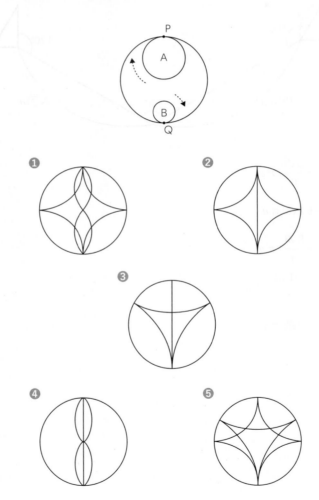

問題8
★

正三角形ABCの辺上において、動点Pは点Aを、動点Qは点Bを同時に出発し、反時計回りにそれぞれ一定の速さで移動していく。動点Qが動点Pの速さの2倍で移動するとき、動点Pと動点Qを結ぶ線分PQの中点Rが描く軌跡として、最も妥当なのはどれか。

警I 2017

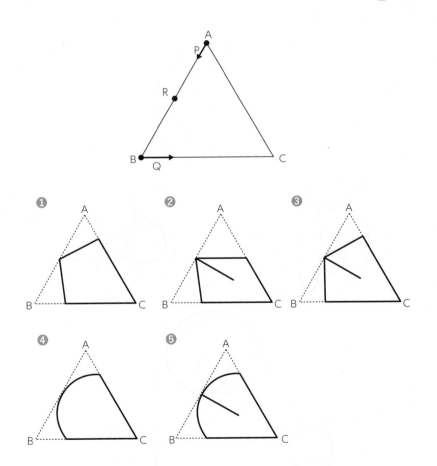

★★ 　次の図のように、半径$3r$の大円の中央に半径$2r$の小円があり、中心から大円の円周に引いた線分との交点に点Pが、小円の円周と線分との交点に点Qがある。今、点P及び点Qが、大円及び小円の円周上を、図中の矢印の方向に同時に動き出し、かつ、点Pは点Qの3倍の速さで動くとき、線分PQの中点Mの描く軌跡はどれか。

図Ⅰ 2005

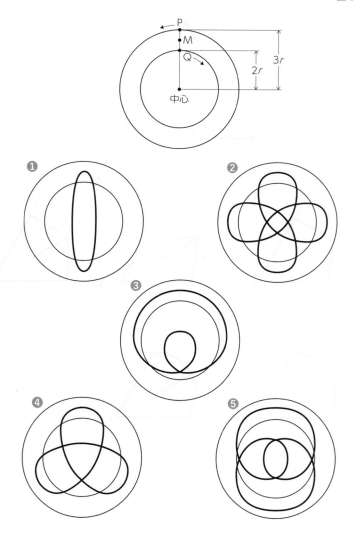

問題10
★★

次の図のように、A～Hの8個の点が、1辺を3cmとする正方形の頂点とその各辺の中点の位置に並んでおり、また、直径1.5cmの円が点Aと点Bに接する位置にある。円が、この位置から点Bに接しながら時計回りに移動し、点Bと点Cを結ぶ線上に円の中心がきたら、次は点Cに接しながら時計回りに移動する。このように円が次々に8個の点に接しながら、8個の点の周囲を1周し、元の位置に戻ってきたとき、この円の軌跡が作った図形の外側の周囲の長さはどれか。

区Ⅰ 2012

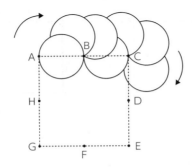

① 5π
② 6π
③ 7π
④ 8π
⑤ 9π

縦20cm、横30cmの長方形の中に、下の図のように、1辺の長さが10cmの正方形とその頂点Pがある。この正方形を長方形の周に沿ってすべることなく転がすとき、Pが初めて元の位置まで戻る間に描く軌跡の長さはいくらか。

裁判所 2014

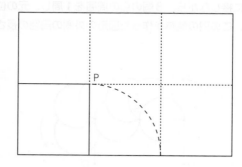

❶ $(5 + \dfrac{5\sqrt{2}}{2})\,\pi\,\mathrm{cm}$

❷ $(10 - \dfrac{5\sqrt{2}}{2})\,\pi\,\mathrm{cm}$

❸ $(5 + 5\sqrt{2})\,\pi\,\mathrm{cm}$

❹ $(10 + 5\sqrt{2})\,\pi\,\mathrm{cm}$

❺ $(10 - 5\sqrt{2})\,\pi\,\mathrm{cm}$

問題12
★★

下の図のように、直径 a の円が長方形の内側を辺に接しながら1周したとき、円が描いた軌跡の面積として、正しいのはどれか。ただし、円周率は π とする。

都Ⅰ 2018

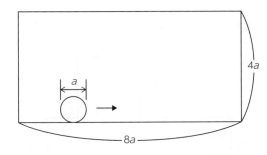

❶ $(16+\pi)\,a^2$

❷ $(19+\dfrac{\pi}{4})\,a^2$

❸ $(20+\dfrac{\pi}{4})\,a^2$

❹ $(21+\dfrac{\pi}{4})\,a^2$

❺ $(24+\pi)\,a^2$

次の図のような、正方形と長方形を直角に組み合わせた形がある。今、この形の内側を、一部が着色された一辺の長さaの正三角形が、矢印の方向に滑ることなく回転して1周するとき、A及びBのそれぞれの位置において、正三角形の状態を描いた図の組合せはどれか。

区 I 2020

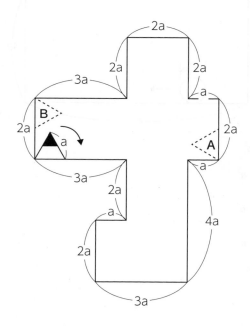

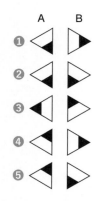

112

2 図形の回転・回転体

学習のポイント

・ 図形の回転の中でも、特に円盤の回転は出題頻度が高いテーマです。同じような問題が繰り返し出題されていますから、処理の方法を身につければ得点源にはしやすいだろうと思います。

・ 回転体は、引っ掛けの問題も多く、正答率もそこまで上がりにくいテーマです。頭の中で想像して解くと安定しませんので、しっかり作図して考えるようにしましょう。

1 図形の回転　　　　　　　　　　　　　　　　　　　　　重要!

(1) 多角形の回転

　多角形を回転させるタイプの問題は、**基本的には軌跡の問題と同様**の解き方になります。辺の長さや内角・外角に注意しつつ、一つひとつの回転の過程を描いていくことが基本です。

(2) 円盤の回転

　特に図形を回転させるときの一大テーマが円盤の回転です。円盤の回転とは、円が転がって移動していくときの**回転数**を求める問題です。

　具体的に考えてみましょう。例えば図1のように円を直線上に1回転、転がしてみます。矢印が描かれた円が**直線上**を転がる場合、**円周の長さの分だけ転がったときに円が1回転**します。円の半径が1だとすれば、円周の長さは$1 \times 2 \times \pi = 2\pi$ですから、この円が$2\pi$の長さだけ転がれば1回転するわけですね。

　しかし、他の円の円周上など、円弧（曲線）に外接・内接して転がる場合（図2・図3）、円盤自身の回転だけでなく、**円が転がる直線が曲がっていることから、そこから生じる回転も考慮しなければならない**わけです。直線をゴムのようなものと考えてイメージするとわかりやすいでしょうか。図2であれば外側、図3であれば内側に直線を曲げてしまったので、図1の場合と**矢印の向きが変わった**ことが確認できますね。

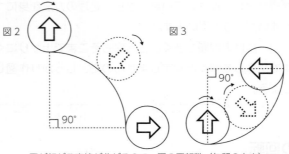

図1

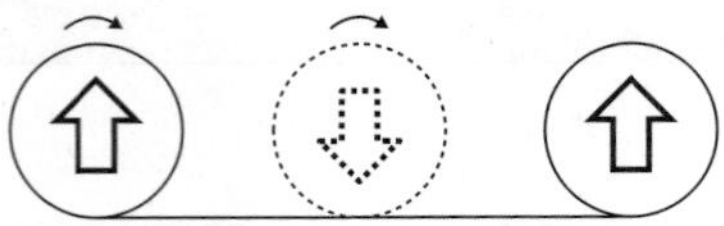

図2

図3

円が転がる直線が曲がるので、円の回転数（矢印の向き）
も変わる

　図2のように円弧（曲線）に**外接**して転がる場合、直線上を転がる場合の回転数よりも**回転が先に進む**ことになります。一方、図3のように円弧（曲線）に**内接**して転がる場合、直線上を転がる場合の回転数よりも**回転が戻される**ことになります。

　そこで、直線上での回転数から修正していきましょう。**外接した場合、直線の回転数に**$\dfrac{曲がった角度}{360}$を足す必要があります。図2であれば、直線上の回転数に$\dfrac{90}{360}$

$=\dfrac{1}{4}$（回転）を足すことになるので、実際には$1+\dfrac{1}{4}=1\dfrac{1}{4}$（回転）していることになるのです。一方、**内接した場合、直線の回転数から**$\dfrac{曲がった角度}{360}$を引く必要

があります。図3であれば、直線上の回転数から$\dfrac{90}{360}=\dfrac{1}{4}$（回転）を引くことになるので、実際には$1-\dfrac{1}{4}=\dfrac{3}{4}$（回転）しかしていません。

　円周上を1周した場合を前提にすると、以下のように公式化することもできます。例えば円Aが円Bの円周上を1周する場合、「円Aの回転数」は以下のようになります。以下の公式は「$\dfrac{円Bの半径}{円Aの半径}$」としていますが、これは「$\dfrac{円Bの直径}{円Aの直径}$」や

「$\dfrac{円Bの円周}{円Aの円周}$」であっても同じです。「直径＝半径×2」、「円周＝直径×π」ですべ

て連動していますから、「$\dfrac{円\,B\,の半径}{円\,A\,の半径}$」のところで直線上を転がる場合の回転数を計算しているわけです。

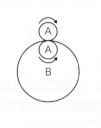

- 円Aが円Bの**外周**を**1周**するとき

  ⇒円Aの回転数は$\dfrac{円\,B\,の半径}{円\,A\,の半径}+1$となる

- 円Aが円Bの**内周**を**1周**するとき

  ⇒円Aの回転数は$\dfrac{円\,B\,の半径}{円\,A\,の半径}-1$となる

　例えば、円Aが円Bの外側を半周するのであれば、$\dfrac{曲がった角度}{360}=\dfrac{180}{360}=\dfrac{1}{2}$ですから、

$$円\,A\,の回転数=\left(\dfrac{円\,B\,の半径}{円\,A\,の半径}+1\right)\times\dfrac{1}{2}=\dfrac{円\,B\,の半径}{円\,A\,の半径}\times\dfrac{1}{2}+\dfrac{1}{2}$$

となります。円Aが円Bの内側を$\dfrac{1}{4}$回転するのであれば、$\dfrac{曲がった角度}{360}=\dfrac{90}{360}=\dfrac{1}{4}$ですから、

$$円\,A\,の回転数=\left(\dfrac{円\,B\,の半径}{円\,A\,の半径}-1\right)\times\dfrac{1}{4}=\dfrac{円\,B\,の半径}{円\,A\,の半径}\times\dfrac{1}{4}-\dfrac{1}{4}$$

とすればよいわけです。なお、「$\dfrac{円\,B\,の半径}{円\,A\,の半径}$」の部分は、半径の具体的な数値がわからなくても、**二つの半径の比さえわかれば、これを代入して回転数を求めることができます。**

⑶　移動した距離・曲がった角度の把握の注意点

　円の周囲を内接／外接して円が回転していく場合、**どれだけ移動したのか、どれだけ曲がったのかがわかりにくい場合**があります。その際は、円の中心どうしを直線で結んで考えてみましょう。特に、円の周りを回転する際に、円と円のすき間にピタッと挟まって止まる部分があります。そのあたりも作図をしたうえで、円の中心から把握していくと解きやすくなります。以下の例題で確認しましょう。

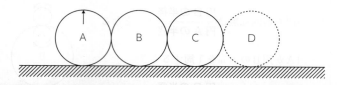

例題　図のように半径1の同じ大きさの三つの円A・B・Cが接している。円A
が円B、円Cの周りを滑ることなく回転してDの位置まできたとき、円Aの
矢印の向きを答えなさい。ただし、円B、円Cは固定されているものとする。
（区Ⅰ 2004・改題）

　円が円の周りを回転するというパターンです。このタイプの問題は出題頻度もそ
れなりに高いので、確実に押さえておきたいところです。ポイントは、曲がった角
度をどう把握するかです。前述のとおり、円の中心どうしを捉えて判断してみま
しょう。

　まず、円Aが円Dの位置に移動するまでに、円Aがどう動いていくかを描いてみ
ましょう。ポイントとしては、円B上を通っている間と、円C上を通っている間に、
いったん円Bと円Cの間に挟まるところがあることです。このように異なる円弧に
移っていくタイミングで分けて考えることです。実際に描いてみると、以下のよう
になります。

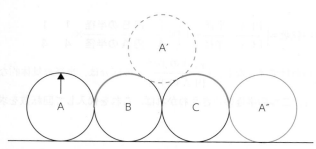

　円Aが円B、円Cと接する弧を、赤の太線で示しました。この部分の距離を求め
ないと、直線での回転数もわかりませんし、ここで曲がった角度も確認しないとい
けません。そこで、以下のように円の中心どうしを直線で結んで考えてみましょう。

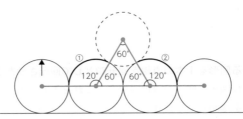

　このように結んでいくと、真ん中に三角形ができます。この三角形はどの辺も長さが円の半径二つ分ですから、3辺の長さが等しい**正三角形**となります。したがって、内角が**60°**であることがわかるので、円Aが円B上の弧①を通るのに曲がった角度は**120°**、さらに円C上の弧②を通るのに曲がった角度も**120°**となります。

　では、以上を踏まえて計算しましょう。まずは**直線での回転数**を考えます。円Aの円周は「円周＝直径×π」より$1 \times 2 \times \pi = 2\pi$です。また、①②はいずれも同じ中心角・長さの弧で、「弧の長さ＝直径×π×$\dfrac{中心角}{360}$」より、$1 \times 2 \times \pi \times \dfrac{120}{360} = \dfrac{2}{3}\pi$となります。これが①②の二つ分なので、$\dfrac{2}{3}\pi \times 2 = \dfrac{4}{3}\pi$です。ということは、直線での回転数は$\dfrac{4}{3}\pi \div 2\pi = \dfrac{2}{3}$（回転）です。

　続いて曲線（円弧）での回転数を考えます。円Aは円B、円Cに外接しており、曲がった角度は$120 + 120 = 240$（°）ですから、「**直線での回転数＋$\dfrac{240}{360}$**」とすればよいのですね。したがって、円AからDの位置に移動するまでに$\dfrac{2}{3} + \dfrac{240}{360}$

$= \dfrac{2}{3} + \dfrac{2}{3} = \dfrac{4}{3} = 1\dfrac{1}{3}$（回転）となります。

　よって、まず1回転して矢印が上を向いてから、さらに$\dfrac{1}{3}$回転、つまり$360 \times \dfrac{1}{3} = 120$（°）回転するので、以下のように右下を向いた形になります。

2 回転体

(1) 回転体とは

　回転体とは、**ある図形を1本の直線を回転軸として回転させたときにできる立体**のことです。例えば図形の底辺が直線の場合、これを1回転させると底面は円になります。以下の図を参照してください。

　多角形を回転させると、以下のように円柱や円すいができます。また、半円の直径を軸として回転させると、以下のように球ができます。

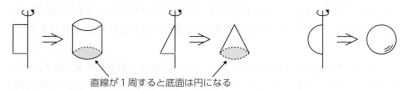

直線が1周すると底面は円になる

(2) 回転体の描き方

　回転体を描く際には、回転させる図形について、**軸を中心に線対称な図形を描く**とよいでしょう。

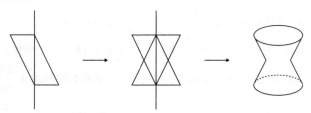

　また、異なる回転軸で2回以上回転させる場合は、最初の回転でできた回転体を描いてから、改めて回転させましょう。その際には、**どの部分が最も長いか、大きいかに着目**する必要があります。ここはよくひっかけが出題されやすいところですね。

(3) 回転体の体積の求め方

　回転体の体積を求める問題なども出題されることがありますが、基本的には**通常の体積を求める問題と同様**です。全部を一度に求めるのは難しいので、**求めやすいパーツに分けて、これらを足したり引いたりする**ことで求めていくとよいでしょう。

図のような平行四辺形について、軸を中心に1回転させた
ときの回転体の体積はいくらか。ただし、円周率はπとする。

　まずは回転軸を中心に左右対称の形（図1）を描いたうえで、その回転体（図2）
を考えましょう。図2の立体は円すいを上下ひっくり返して組み合わせたような形
になっていることがわかります。図2の立体について考えると、図3の円すいの
尖った部分を取り除いた太線部分を2個上下に組み合わせた立体であることがわか
るので、この部分の体積を求めるとよいでしょう。そうすると、図3の円すい全体
の体積から、上半分の小さな円すいの体積を引けばよいので、

$$1 \times 1 \times \pi \times 2 \times \frac{1}{3} - \frac{1}{2} \times \frac{1}{2} \times \pi \times 1 \times \frac{1}{3}$$

$$= \frac{2}{3}\pi - \frac{1}{12}\pi$$

$$= \frac{7}{12}\pi$$

となります。回転体の体積は図3の太線部分二つ分なので、$\frac{7}{12}\pi \times 2 = \frac{7}{6}\pi$ が

回転体の体積となります。

図1

図2

図3

 補足

円すいの体積は底面積×高さ×$\frac{1}{3}$で求められます。これも数的推理で学習する知識です。

⑷　回転体の切断面

　回転体の切断面として、以下のような特徴的な図形については覚えておくとよいでしょう。ただし、出題頻度はかなり低いので、念のため押さえておく程度で十分だと思われます。

球	どのような平面で切断した場合でも円になる
円柱	円、楕円、長方形（直径と高さが等しいときは**正方形**）、放物線になる
円すい	円、楕円、放物線、双曲線、二等辺三角形（母線と直径が等しいときには**正三角形**）になる

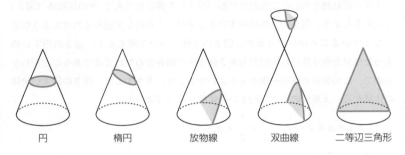

| 円 | 楕円 | 放物線 | 双曲線 | 二等辺三角形 |

解法ナビゲーション

　下図のように、同一平面上で、直径$4R$の円Zに、半分が着色された直径Rの円X及び直径$\dfrac{3}{2}R$の円Yが、アの位置で接している。円X及び円Yが、それぞれ矢印の方向に円Zの円周に接しながら滑ることなく回転し、円Xは円Zを半周してイの位置で停止し、円Yは円Zを$\dfrac{3}{4}$周してウの位置で停止したとき、円X及び円Yの状態を描いた図の組合せとして、正しいのはどれか。

都 I 2014

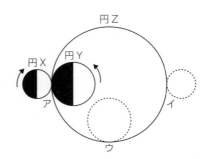

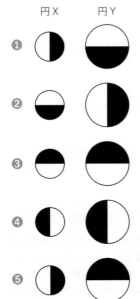

着眼点

　まずは直線上での回転数を求め、さらに円周上を移動するための回転数を考慮しましょう。もちろん、前述したような公式を使っても構いません。正しく使えるように練習してください。円周上を外接して回転しているのか、内接して回転しているのかをしっかり区別しましょう。本問はそこまで複雑な回転の仕方ではないので、確実に理解しておきたい問題です。

【解答・解説】

　直線上を回転する場合の回転数を求めて、その後**曲線（円弧）上の回転数**に修正する、という流れで検討していきましょう。

　まずは円Zに外接する円Xから確認します。円Zのアの位置からイの位置までの距離（弧の長さ）は半周（$\frac{1}{2}$周）なので、$4R \times \pi \times \frac{1}{2} = 2R\pi$です。一方、円Xの円周の長さは$R \times \pi = R\pi$ですから、もしこれが直線上だとすれば、アの位置からイの位置までは$2R\pi \div R\pi = 2$（回転）することになります。しかし、実際には円Zの円弧上を外接して半周、つまり$180°$移動しているので、$\frac{180}{360} = \frac{1}{2}$回転を足しましょう。したがって、アの位置からイの位置までは$2 + \frac{1}{2} = 2\frac{1}{2}$（回転）していることがわかります。ちょうど2回転すると色の向きはアの位置の状態と同じですが、さらに$\frac{1}{2}$回転、つまり$180°$回転しているので、着色の向きはアの位置の状態と比べて左右が逆になり、右側が黒色に見えることになります。この時点で①か⑤のいずれかが正解となります。

　続いて円Zに内接する円Yを確認します。円Zのアの位置からウの位置までの距離（弧の長さ）は$\frac{3}{4}$周なので$4R \times \pi \times \frac{3}{4} = 3R\pi$です。一方、円Yの円周の長さは$\frac{3}{2}$ $R \times \pi = \frac{3}{2}R\pi$ですから、もしこれが直線上だとすれば、アの位置からウの位置まで$3R\pi \div \frac{3}{2}R\pi = 2$（回転）することになります。しかし、実際には円Zの円弧上を内接して$\frac{3}{4}$周、つまり$270°$移動しているので、$\frac{270}{360} = \frac{3}{4}$回転を引きましょう。したがって、アの位置からウの位置までは$2 - \frac{3}{4} = 1\frac{1}{4}$（回転）していることがわかります。ちょうど1回転すると色の向きはアの位置の状態と同じですが、さらに$\frac{1}{4}$回転、つまり$90°$回転しているので、着色の向きはアの位置の状態と比べて黒色が真下に見えることになります。

　よって、①が正解です。

補足

なお、公式を用いれば、以下のようになります。それぞれの円の半径を比にすると、Z：X：Y ＝8：2：3となりますから、これをそのまま公式に当てはめましょう。

円Xの回転数は $\left(\dfrac{8}{2}+1\right)\times\dfrac{1}{2}=\dfrac{5}{2}=2\dfrac{1}{2}$ （回転）となります。

円Yの回転数は $\left(\dfrac{8}{3}-1\right)\times\dfrac{3}{4}=\dfrac{5}{4}=1\dfrac{1}{4}$ （回転）となります。

過去問にチャレンジ

問題1
★ ★

　下図のように矢印の描かれた円が、固定された2つの円に接している。矢印の描かれた円が固定された円の周に沿って時計まわりに滑らずに回転し、1周してもとの位置に戻った時の矢印の向きとして、最も妥当なのはどれか。ただし、この3つの円の半径は等しいものとする。

警Ⅰ 2017

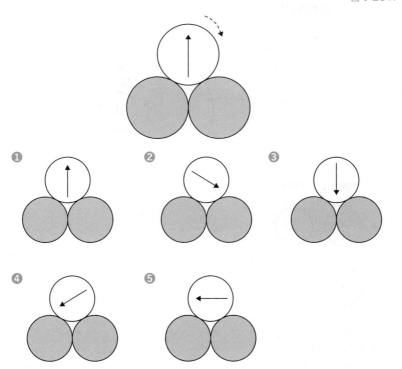

下の図のように、同一平面上で直径3aの大きい円に、「A」の文字が描かれた直径aの円盤Aが外接し、「B」の文字が描かれた直径aの円盤Bが内接している。円盤Aと円盤Bがそれぞれ、アの位置から大きい円の外側と内側に接しながら、かつ、接している部分が滑ることなく矢印の方向に回転し、大きい円を半周してイの位置に来たときの円盤A及び円盤Bのそれぞれの状態を描いた図の組合せとして、妥当なのはどれか。

都Ⅰ2019

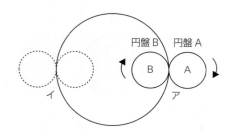

円盤A	円盤B
❶	
❷	
❸	
❹	
❺	

問題3
★

　下図のようなAB＝BC、∠B＝90°の直角二等辺三角形がある。この直角二等辺三角形をまず辺BCを軸に一回転させた後に、辺ABを軸に一回転させてできる立体として、最も妥当なのはどれか。

警Ⅰ2017

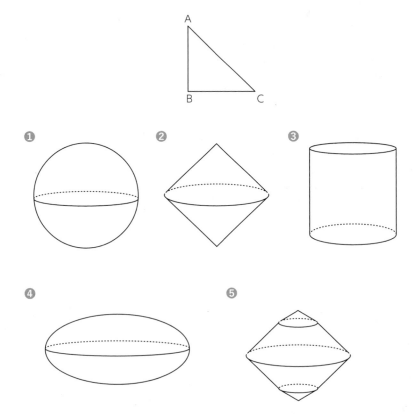

第 **4** 章

その他の問題

平面パズル

一筆書き・位相

平面の分割・図形の数

折り紙

最短経路（道順）

1 平面パズル

学習のポイント

- ここではいわゆるジグソーパズルのような、複数のピースを組み合わせて図形を作るもの全般を扱います。パズルの問題としては「立体パズル」も出題されることがありますが、基本的な解き方はほぼ同様です。圧倒的に平面の出題頻度が高いので、このタイプの問題の解法手順を押さえましょう。
- 何より「直観に頼って解かないこと」が大事です。まずは客観的に示されたヒントから選択肢が絞れないか、考えてみましょう。解く際のカギになるのは「数値」です。

1 平面パズルの着眼点 重要!

平面パズルで最初に着目すべきポイントは面積や長さなどの数値です。**数値に着目して、組み立てる前に明らかにおかしい選択肢を消去法で切っていく**ことが重要です。また、いざパズルを組み立てるとなった場合には、特徴的な形（組み立てるパターンが少なそうなパーツ）に着目して組み立てる発想も持っておきましょう。

例題 以下のような5×5のマス目がある。これをAからGの7個の図形のうち6個を使ってすき間なく埋めるとすると、使わない図形はどれか。なお、AからGは回転させることはできるが、裏返してはならないものとする。

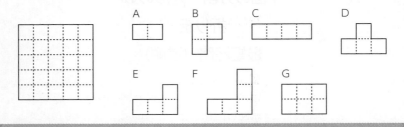

まずは、1マスの面積を1として各図形の面積を確認します。そうすると、AからGの面積は、Aが2、Bが3、Cが4、Dが4、Eが4、Fが5、Gが6となります。ここで、5×5のマス目の面積が25であることに着目して、当てはまる組合せを考えてみましょう。

AからGまでをすべて足すと2 + 3 + 4 + 4 + 4 + 5 + 6 = 28となりますが、5 × 5のマス目の面積は25ですから、**使わない図形の面積は3**であることがわかります。よって、使わない図形は面積が3である**B**となります。なお、B以外の図形を使うと、右図のように5 × 5のマス目を埋めることができます。

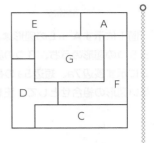

2 面積などで選択肢の絞れない問題　重要！

第4章　その他の問題

　面積や辺の長さだけで選択肢が絞れない問題については、以下のような点に着目して、実際に組み立てる作業を行う必要があります。

❶　特徴的な図形、特に**縦や横の長さが極端に長いような図形**に着目しましょう。このような図形は組み立てるパターンが少ないため、検討しやすくなります。また、図形の向きにも着目してください。例えば、裏返して用いることができない問題において、以下の二つの図形は別物として扱われます。左右反転・上下反転は裏返さない限り不可能なのですね。

　　なお、図形を回転してよいケース、裏返してよいケースなどがありますが、特に問題文に指示がなければ、**原則として回転させることは可能**です。

❷　多くの図形を組み立てにくい場所（狭いところなど）に着目しましょう。組み立てるパターンが複数出てくるような場合は、丁寧に場合分けをしてください。

❸　検討途中であっても、面積や辺の長さによって選択肢が絞り込めないか、常に意識しましょう。

　なお、上記のように面積や辺の長さだけでは選択肢が絞れない問題の場合、実際に組み立てる必要が出てきます。組み立てやすい問題であればよいのですが、特徴的な図形や組み立てにくい場所などで絞り込みができない場合は、時間がかかり、組み立てる際のケアレスミスが多くなる可能性があります。その場合は後回しにしたほうが無難でしょう。

解法ナビゲーション

　図Iに示すA〜Eの図形は、一辺がaの正方形を組み合わせたものである。これら5つの図形のうち、3つの図形をすき間なく、かつ、重ねることなく並べて、図IIに示す長辺7a、短辺5aの長方形における斜線部分をすべて埋めるとき、必要でない図形の組合せとして、正しいのはどれか。

都I 2011

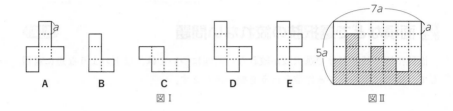

A　　**B**　　**C**　　**D**　　**E**　　　　　図I　　　　　　　　図II

❶　A、B

❷　A、E

❸　B、D

❹　C、D

❺　C、E

🍄 着眼点

　まずパーツの埋め方を考えるのではなく、冷静に面積から絞り込みをかけましょう。本問は斜線部分も狭いですし、凸凹が多いので組み立てるパターンもそこまで多くありません。本試験の問題としてはかなり解きやすい部類といえるでしょう。

【解答・解説】

まずは**面積に着目**して選択肢が絞れないかを考えましょう。一辺がaの正方形の面積を1とすると、図Iの各図形の面積は**A**が6、**B**が4、**C**が5、**D**が6、**E**が6であり、図IIの斜線部分の面積は**16**であることがわかります。ここで**A**〜**E**の面積をすべて足すと6＋4＋5＋6＋6＝**27**ですから、不要な二つの図形の面積は合計27－16＝**11**であることがわかりますね。

そして、二つの図形の面積が合計11になる組合せを考えると、**A**〜**E**の面積を踏まえると**5＋6＝11しかあり得ない**ことがわかりますので、**C**と**A**、**D**、**E**のうちのいずれかであることが判断できます。ここで選択肢をチェックすると、必要でない図形は❹、❺から考えて**C**と**D**か**E**のいずれかだとわかります。この段階で正解は❹か❺のいずれかですね。

ここまでだと絞り切れないので、それでは**実際に図形を組み立ててみましょう**。上記のとおり、必要でない図形二つの組合せは**C**と**D**か**C**と**E**のどちらかですから、裏を返せば**A**と**B**は確実に必要な図形であることがわかります。そこで、**まずはAとBの並べ方から考えていくとよいでしょう**。特に**A**は組み立てにくそうな特徴的な形なので、**まずはAの並べ方から考えていく**と検討しやすいと思います。**A**は、横にしてしまうと組み立てられたとしても、微妙なすき間ができてしまい、他の図形と組み合わせるのは厳しいでしょう。縦にして図のような並べ方にすれば、斜線部分にちょうど**A**、**B**、**D**の三つの図形を埋めることができます。したがって、不要な図形は**C**と**E**ですから、正解は❺です。

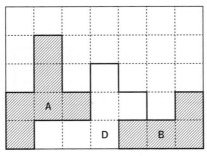

・Aを横にするとうまく組み立てられないので、
　Aは縦のまま使うと推測する
・Bはいくつか組み立て方があるが、右端に
　寄せれば真ん中にDを入れることができる

過去問にチャレンジ

問題1
★

正方形3個からなる図形（図Ⅰ）を組み合わせて長方形を作る。このとき、作られた長方形を図Ⅰの図形を2個組み合わせた長方形（図Ⅱ）で分割し得る場合と、分割し得ない場合がある。例えば、図Ⅰの図形を組み合わせて図Ⅲのような長方形を作れば、この長方形は図Ⅱの図形で分割することができる。

それでは、図Ⅰの図形を組み合わせて作ることのできる長方形で、かつ、図Ⅱの図形では分割し得ないのはどれか。

国般2000

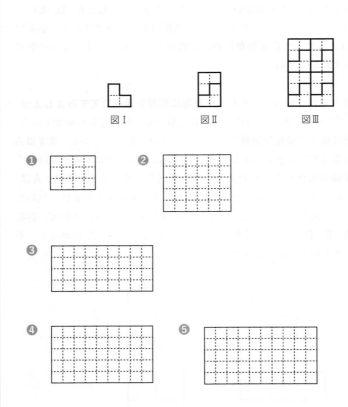

134

問題2
★★

次の図のような、小さな正方形を縦に4個、横に5個並べて作った長方形がある。今、小さな正方形を5個並べて作った1〜5の5枚の型紙のうち、4枚を用いてこの長方形を作るとき、使わない型紙はどれか。ただし、型紙は裏返して使わないものとする。

区Ⅰ 2003

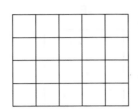

❶ 　　❷ 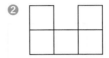　　❸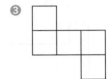

❹ 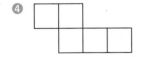　　❺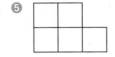

問題3
★ ★
次のA〜Eのうち、の型5枚をすきまなく並べることに

よって作ることができる形のみをすべて挙げているのはどれか。

国専 2010

A

B

C

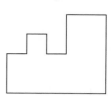

D

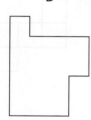

E

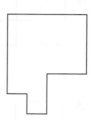

① A、B、E
② A、D
③ B、C、D
④ B、E
⑤ C、D

問題4
★ ★

次の図Ⅰのようなピースが置かれたパネルがある。今、図Ⅰから始めて図Ⅱのような模様のパネルを完成させるとき、使わないピースはどれか。ただし、ピースは1度だけ使うこととし、裏返したり、重ねて使うことはできない。

図Ⅰ 2017

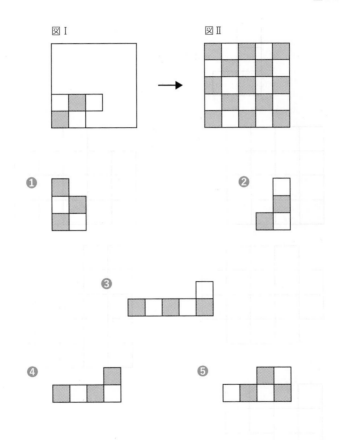

★ ★

下の図のような4つの正方形をつないだL字型のピースが4枚ある。この4枚のL字型ピースを裏返さずそのままの向きで使うと作れないが、4枚のうちの何枚かのL字型ピースを裏返して使えば作ることができる図形はどれか。

裁判所 2016

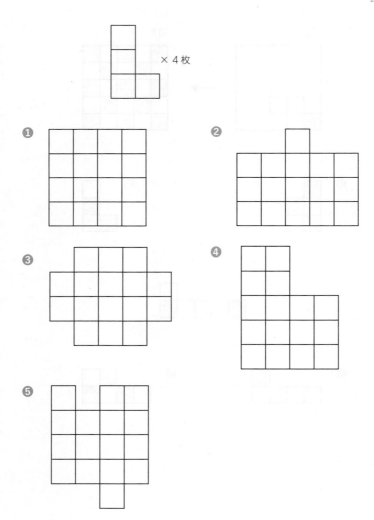

2 一筆書き・位相

学習のポイント

・ 一筆書きの問題では、見るべきポイントが決まっています。知識を覚えて、問題を解きながら使い方を押さえてください。

・ 位相の問題にはいろいろなバリエーションがあります。定番の着眼点を身につけてください。

1 一筆書き

(1) 一筆書きの着眼点

　図形が「**一筆書き**」できるかどうかを問う問題です。一筆書きできるかどうかを判断するためには、奇点と偶点の数に着目しましょう。一つの点（**線の端も含む**）に集まっている線の数が奇数本ある点を奇点、偶数本ある点を偶点といい、一筆書きが可能なのは、以下の場合に限られます。

❶ **奇点が0個（すべて偶点）の場合**

　　始点はどの点でもよく、始点と終点が同じ場所になります。つまり、一筆書きをすると必ず始点に戻ってきます。

❷ **奇点が2個の場合**

　　始点は奇点の一方となり、終点は奇点のもう一方となります。つまり、一筆書きをすると始点に戻ることはありません。

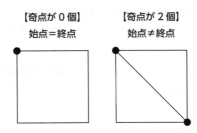

【奇点が0個】　　　　【奇点が2個】
始点＝終点　　　　　始点≠終点

(2) 一筆書きの出題パターン

　一筆書きの出題形式としては、ある図形について「一筆書きができるかどうか」を答えさせる問題がポピュラーですが、それ以外にもいくつか出題形式があります。例えば一筆書きの問題として有名なのが、「ケーニヒスベルクの橋」と呼ばれるも

ので、「7本の橋すべてを1回だけ渡ってもとの場所に戻ってくることができるか」という問題です。「**すべての橋を1回だけ使って…**」、「**すべての出入口を1回だけ通って…**」といった問題では、一筆書きの発想が前提になっている可能性が高いと考えてください。

例えば、以下の図において、7本の橋をすべて1回だけ渡ってもとの場所に戻ってくることができるかどうかを考えてみると、奇点が4個あることがわかるため、不可能だと判断できます。

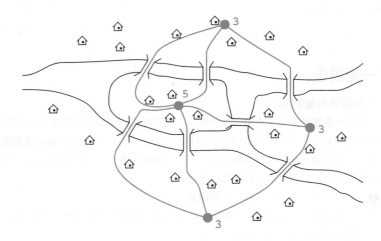

2 位 相

(1) 位相の基本

位相とは、**実際の形や長さなどを無視した、点や線のつながりの関係**のことをいいます。前述の一筆書きも、点や線のつながりの関係が題材になっているので、位相の問題の一種ということができます。

例えば普段の生活で馴染みがあるものとして、**電車の路線図**などが挙げられます。路線図を見ると、実際に線路が敷かれた形とはもちろん異なりますが、「どの駅の隣がどの駅か」や「降りる駅が今の駅から何駅目か」などが判断しやすくなりますね。このような図を「位相図」などと呼びます。

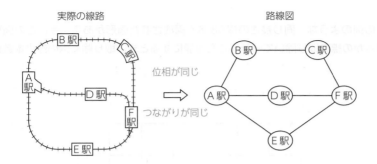

実際の線路　　　　　　　　　　　路線図

位相が同じ

つながりが同じ

(2) 位相の着眼点

　位相を題材にした問題が出題された際は、いくつかの解法が考えられますが、以下の点に注意して検討してみましょう。

❶ 前述した電車の路線図のように、**ある特定の点から他の点まで、最短で何個の点を通ればたどり着くか（電車になぞらえれば、今いる駅から目的の駅まで最短で何駅目で着くか）を考えて検討する**ことがあります。

❷ **交点や線の数が同じかどうか、交点によってできる空間の数が同じかどうかなどに着目することで、位相が同じか（同じつながり方か）を検討する**ことがあります。

　なお、前述した**一筆書きの発想を使って解く問題**もありますので、一筆書きも併せて押さえておきましょう。

解法ナビゲーション

次の図のような、同じ長さの線68本で構成された図形がある。今、この図形から何本かの線を取り除いて一筆書きを可能にするとき、取り除く線の最少本数はどれか。

区Ⅰ 2010

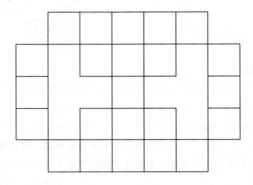

① 6本
② 7本
③ 8本
④ 9本
⑤ 11本

 着眼点

　一筆書きを題材にした問題ですが、ただ単に「一筆書きできるか」が問われているわけではありません。一筆書きできるのはどういう状況かを踏まえて、「取り除く線の最少本数」である点にも注意しましょう。なるべく効率よく奇点2個にするにはどうしたらよいかを考えてみてください。

【解答・解説】

　一筆書きができるのは、奇点が０個か２個の場合に限られます。そこで、現時点での奇点の個数を数えてみましょう。以下の図１のとおり、16個あることがわかります。

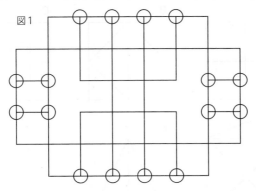

図１

　最少本数を取り除いて一筆書きできるようにするので、ここから奇点を14個減らして２個にすることを考えましょう。

　そして、なるべく取り除く本数を少なくして、多くの奇点を偶点にするのであれば、**両端が奇点になっている線を取り除く**のが得策です。**両端が奇点になっている線を取り除けば、２個の奇点が一度に偶点になる**からです。つまり、**１本取り除いて奇点が２個減る部分に着目**していけばよいのですね。

　この点を踏まえて奇点が２個になるまで消していくと、例えば以下の図２のようになります。

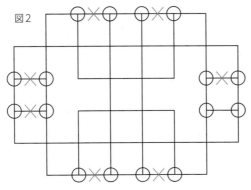

図２

　つまり、１本取り除けば奇点が２個ずつ減るので、14個減らすには14÷2＝7（本）取り除けばよいことがわかります。よって、正解は❷です。

過去問にチャレンジ

区Ⅰ 2003

問題1
★

次の図形A〜Eのうち、一筆書きができるものを選んだ組合せはどれか。

A

B
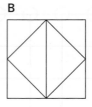

C
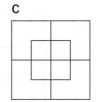

D
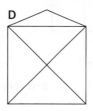

E
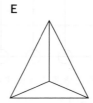

❶ A　C
❷ A　D
❸ B　D
❹ B　E
❺ C　E

問題2
★

下の図は一筆書きができない図形である。この図形に1本の線を加
えて一筆書きができるようにした図形として、最も妥当なのはどれか。

警Ⅰ 2017

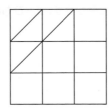

❶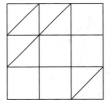

❷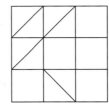

❸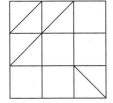

❹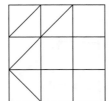

❺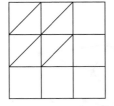

<table>
<tr><td>問題3
★ ★</td><td>左図は、ゴムひもの結び目を平板にピンで留めて作った図形であり、線はゴムひもを、点は結び目を表している。結び目とピンをともに動かしたときにできる図形として、妥当なのはどれか。ただし、ピンは他のピンと同じ位置又はゴムひも上に動かさず、ゴムひもは他のゴムひもと交差しない。</td></tr>
</table>

都Ⅰ 2015

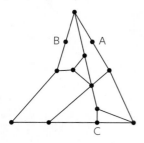

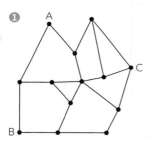

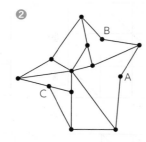

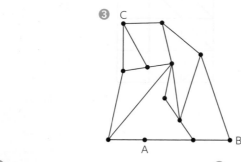

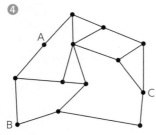

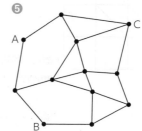

3 平面の分割・図形の数

学習のポイント

・ 平面の分割は、基本的に「規則性」の問題と考えてよいでしょう。階差数列
が隠れているケースが大半なので、そのタイプの問題として理解しておきま
しょう。

・ 図形の数は、平面図形内に特定の図形が隠れており、その数を答える問題で
す。整理して数えるのが一般的な解き方ですが、数的推理で学習する場合の
数における「組合せの公式」を使って解ける問題が出題されることがありま
す。この解き方も覚えておくとよいでしょう。

1 平面の分割

平面や図形を分割したときに、分割できる個数を求めさせるような問題です。こ
のタイプの問題は、多くの場合、**わかりやすい部分**から**書き出してみて、最終的に
規則性が見つかる**のが定番の解法パターンです。

なお、規則性がうまく見つからない場合には、1ではなく**0から規則性を考える**
と見つかりやすくなることがあります。

例題 以下のような正方形に線を加えることによって、いくつかの図形に分割し
ていくことを考える。例えば、1本の線では2個の図形に、2本の線では3
個または4個の図形に分割することができる。このとき、4本の線によって
分割すると、分割してできる図形の数の最大と最小は何個になるか。

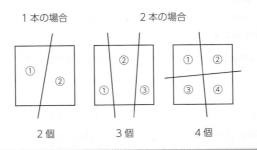

少し書き出してみてその後の規則性に着目しましょう。まずは簡単な最小から検

討してみます。分割される数を最小にするのであれば、線を入れることによって図形ができるだけ分かれなければよいわけですから、線が正方形上で交わらないようにしましょう。そうすると、線が1本増えることによって、分割される図形も1個ずつ増えることになります。以下の図のとおりですね。

よって、4本の線では最小で5個に分割することができます。

直線	0本	1本	2本	3本	4本
図形	1個	2個	3個	4個	5個
図形の増加数		+1	+1	+1	+1

　一方、最大の個数であれば、なるべく多くに分割したいので、線どうしを交わらせていきましょう。実際に書き出してみると、以下のようになります。

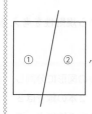 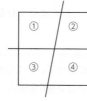 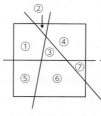 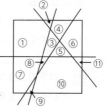

1本で2個　　　2本で4個　　　3本で7個　　　4本で11個

直線	0本	1本	2本	3本	4本
図形	1個	2個	4個	7個	11個
図形の増加数		+1	+2	+3	+4

よって、4本の線では最大で11個に分割することができます。

　最小個数の分割であれば、1ずつ増えていくだけですが、最大個数の分割であれば、増える数は階差数列になっています。増える数自体が1個、2個、3個、4個…と増えていくわけですね。**本試験では特に最大個数を問うケースが大半なので、この階差数列に気づけるようにしましょう。**

2 平面図形内に含まれる図形の数

(1) 平面図形内に含まれる図形の数

　ただひたすら平面図形内に含まれる特定の図形をカウントしていくというタイプの問題です。**地道に数えていく**のが原則の解法になります。ケアレスミスをなくすためにも、**整理しながら数えていく**ことが重要です。ポイントとしては、❶**面積や長さが大きい／小さい順に数える**、❷**左から右へ、上から下へと数えていく順番を決める**ことなどが挙げられます。数えていくと規則性が見つかるケースもありますから、最初だけ少し数えてみて、規則性に気づければ時間短縮になります。

　なお、同じ形の図形であっても、異なる向きであれば異なる図形として数えるのが通常です。向きにも注意しながらカウントしましょう。

> **例題**　右図の中にある四角形は何個か。
>
>

　最も小さい直角二等辺三角形を基準として、少ない個数でできる四角形から整理して個数を数えていくと、以下のようになります。なお、**向きの異なる図形**も効率よく数えていきましょう。

▷×2　　　　　　　　▷×3　　　　　　　　　　　　▷×4

▷×6　　　　　　　▷×8

　よって、正解は**14個**となります。

(2) 場合の数における「組合せ」の公式

　ある図形を縦と横で等分するような線が入っている問題では、数的推理で学習する「組合せ」の公式を使うことによって計算できるものもあります。もちろん地道に数えてもよいのですが、もし気づければ大きくショートカットできます。

解法ナビゲーション

　下の図のように、円を1本の直線で仕切ると、円が分割される数は2である。円を7本の直線で仕切るとき、円が分割される最大の数として、正しいのはどれか。

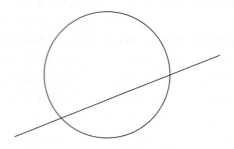

都Ⅰ2020

1. 20
2. 23
3. 26
4. 29
5. 32

 着眼点

　分割する問題では、実際に書き出して分割される数に何らかの規則性がないかどうか調べてみましょう。ただし、通常は分割される数は階差数列になるケースが大半です。

【解答・解説】

　図形や領域を分割するタイプの問題は、**規則性が隠れている可能性が高い**といえます。そこで、円がどのような規則性で分割されるか、実際に試して考えてみるとよいでしょう。例えば、直線が1本もない場合（0本の場合）は、平面の数は1個です（図1）。次に、直線が1本入ると、平面が二つに分かれて2個になります（図2）。

　続いて、直線が2本入りますが、直線が複数入る場合は注意しましょう。直線が2本入る場合、平面が3個になるときと4個になるときがあります（図3）。ここから、**円内で直線が交わることにより、平面の個数は増える**ということがわかります。

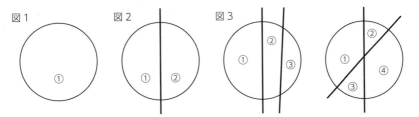

　さらに直線が3本入る場合で考えると、例えば以下の図4のようなパターンが考えられます。ここからわかるのは、**円内で多くの直線と交わることによって平面の個数は増える**一方、ちょうど交点と重なってしまうと平面は最大にはならないということですね。

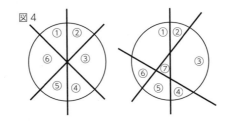

　これらについて表にまとめると、以下のようになります。

直線の本数	0本	1本	2本	3本	4本	5本	6本	7本
平面の数	1個	2個	4個	7個	11個	16個	22個	29個

+1　　+2　　+3　　+4　　+5　　+6

このように、平面の数の差は階差数列になっており、階差は初項1、公差1の等差数列になっていることがわかります。そこまで数は多くないので、階差数列の公式などを知らなくても、そのまま足していけばよいでしょう。7本の場合は1+1+2+3+4+5+6+7＝29（本）となるので、正解は❹です。

過去問にチャレンジ

問題1
★

平面上にそれぞれ平行でない7本の直線があり、3本以上のどの直線も1点で交わらないとき、これらの直線によって平面はいくつに分けられるか。

区Ⅰ 2002

1. 27個
2. 28個
3. 29個
4. 30個
5. 31個

問題2
★★

下図の中にある三角形の数として、正しいのはどれか。

都Ⅰ 2002

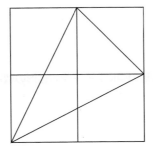

1. 12
2. 13
3. 14
4. 15
5. 16

問題3
★ ★

下のように同じ正方形が集まってできた図形がある。この図形の中にある長方形の個数として、最も妥当なのはどれか。ただし、正方形は長方形に含まれるものとする。

警 I 2019

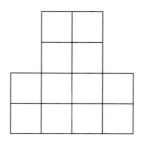

① 48個
② 49個
③ 50個
④ 51個
⑤ 52個

問題4
★ ★

下図のひし形の中にある平行四辺形の数として、最も妥当なのはどれか。

消 I 2018

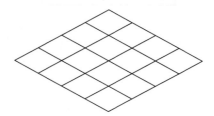

① 60
② 80
③ 100
④ 120
⑤ 160

4 折り紙

1 折り紙の問題

　折り紙の問題で多い出題形式が、「折り紙を折った後に一部分を切り落として、 これをまた広げるとどういう形になるか」、「透明なセロファンに図柄が書き込まれ ており、これを折っていくとどういう図柄が見えるか」などです。このタイプの問 題では、**折り目を中心に**線対称**に広げたり**、線対称**に折っていく**ことで検討してい きます。

2 折り紙の広げ方

　折り紙を広げる際は、問題に掲載されている図を回転させながら、折り目を**自分 の見やすい向きに変えて**考えましょう。そのままだと作図のミスが起こる可能性も あります。例えば、以下の図を太線部分の折り目に対して線対称に広げるとき、そ のままの向きで見づらいのであれば、問題冊子を回転するなどして問題の図の向き を変えて、折り目を自分の見やすい向きに向けるとよいでしょう。

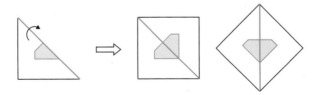

3 折り紙の問題での着眼点

　基本的には**ひたすら線対称に作図をすれば解くことはできます**が、単純な問題であれば、折り畳んだ最後の状態に着目して、最初の状態ではどの場所に位置するかを確認することでも解くことができます。

　逆に、複雑な図形が出題されるケースもあります。折り紙を広げる問題では、**図柄は折り目に対して必ず線対称になっている**ので、折り目と線対称になっていない図柄が選択肢にあれば、消去法で絞ることも可能です。作図が原則ではあるのですが、なるべく作図しないで明らかにおかしいところを探す視点も持っておくとよいでしょう。

解法ナビゲーション

次の図のように、正方形の紙を点線に従って4回折り、斜線部を切り落として、残りの部分を元のように開いたときにできる図形はどれか。

区Ⅰ 2005

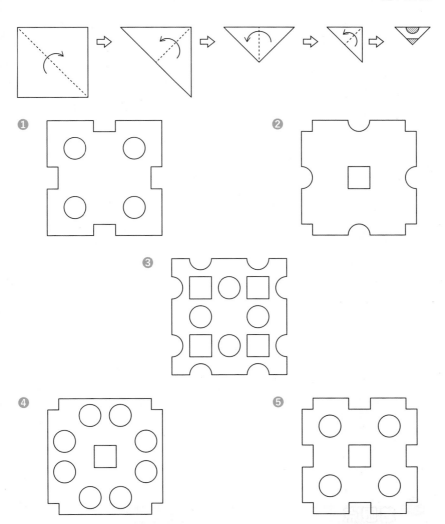

着眼点

　折り紙の問題の中でも最も定番の形式です。折り紙に対して線対称に開いて戻すことを押さえましょう。なお、選択肢には、向きが変わって回転した形で開いた図形が挙げられている場合もあるので、注意が必要です。

切り取った部分を斜線で表して、最後の状態から**折り目を中心に線対称に広げていく**と以下のようになります。

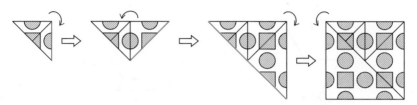

本問は切り取った形が非常に単純なので、作図しやすいだろうと思います。正解は❸です。

なお、本問は折り畳んだ最後の状態に着目して、これが最初の正方形の状態でどこに位置するかをチェックすることでも解くことができます。

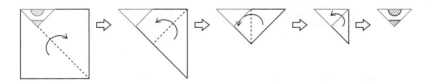

ややこしい切り取り方をした問題などでは通用しないことも多いので、万能な方法ではありませんが、一応押さえておくとよいでしょう。

過去問にチャレンジ

下図のように、星形の紙を点線を谷にして矢印の方向に5回折り畳み、できあがった図形の斜線部分を切り取った場合、残った紙を広げたときの形として、正しいのはどれか。

都Ⅰ 2007

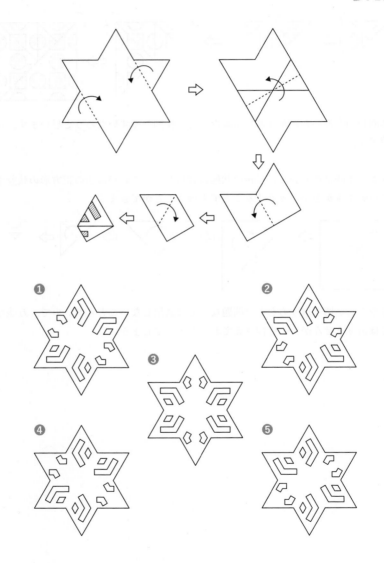

160

下図のように、透明なセロハン紙でつくった同じ大きさの正方形9枚をつなぎ合わせて模様を描き、点線を谷にして①から⑧の矢印の方向に順に折り畳んでいくとき、⑧を折ったときに見える正方形の模様として、正しいのはどれか。

都Ⅰ 2002

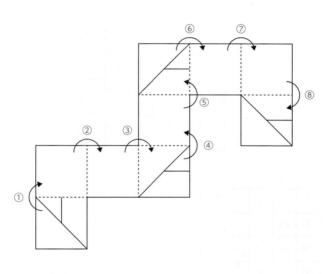

❶

❷

❸

❹

❺

　　ある正方形の紙の表裏には、同じ大きさのマス目が描かれている。
今、図Ⅰのように1〜36の数字を表面に記入した後、図Ⅱのように
点線に従って4回折り、斜線部を切り取ったとき、切り取った紙片の
数字の和はどれか。

区Ⅰ 2018

1	2	3	4	5	6
20	21	22	23	24	7
19	32	33	34	25	8
18	31	36	35	26	9
17	30	29	28	27	10
16	15	14	13	12	11

図Ⅰ

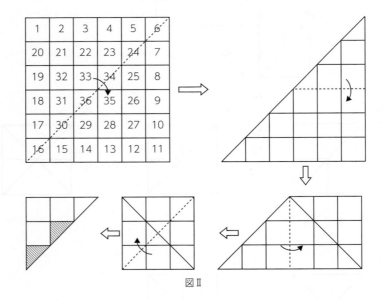

図Ⅱ

最短経路（道順）

学習のポイント

・ このタイプの問題はとにかく「経路加算法」が万能な解法パターンです。場合の数を足して検討する方法を覚えておきましょう。

1 最短経路（道順）の問題とは

碁盤の目状に道路があり、「**スタート地点からゴール地点まで移動するのに最短経路で進むには何通りの進み方があるか**」を答えさせる問題です。場合の数の問題であるため、数的推理の出題テーマとして紹介されることもあります。

2 経路加算法

最短経路の進み方が何通りあるかを求める問題は、組合せの公式を使って解く方法もありますが、ややこしい問題になると式が非常に立てにくくなります。そこで、最短経路の方向をチェックして、1通りしか進み方がないところを確定したら、各交差点・曲がり角で場合の数を足していくという方法で検討するとよいでしょう。

> **例題** X地点からY地点まで最短経路で行く方法は何通りあるか。
>
> Y地点
>
> X地点

まずはX地点からY地点まで、最短で進む方向を考えます。X地点からY地点までは右上の方向ですから、縦の道は必ず**下から上**に移動しないと最短になりません。同様に、横の道は必ず**左から右**に移動しないと最短になりません。ですから、最短で進むには上方向か右方向のいずれかとなります。図に書き加えてみましょう。

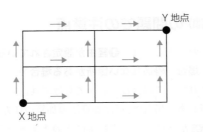

続いて、X地点から1方向しか進み方がない交差点や曲がり角のところに「1」と書き加えます。**1方向しか進み方がない場合は、同じ数字を書きましょう。**

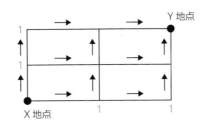

さらに、**矢印がぶつかるところ（2方向から向かってくるところ）では、それぞれの矢印の数字を足します。**例えば、③の交差点には①と②の2方向から向かってくるので、1+1で「2」と書きます。これを繰り返すと以下のようになります。

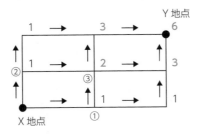

よって、正解は6通りとなります。実際には、矢印を引かなくても数字を書き込めるように練習しておきましょう。

3 最短経路（道順）の問題での注意点

最短経路の問題のひねりとしては、**❶経由が設定されている（必ず通らなければいけない箇所がある）場合**、**❷通れない箇所がある場合**の二つが定番です。

❶ 経由が設定されている場合は、前後で分けて検討するとよいでしょう。

❷ 通れない箇所がある場合は、経路加算法の加算の仕方に注意してください。1方向しか進み方がないところの数字はそのままキープですが、2方向の進み方があるところは数字を足していきます。通らない道が設定されているケースもあるので、最短経路の方向を踏まえて検討しましょう。

解法 ナビゲーション

次の図のような、A駅からB駅に至る複数のルートがある。最短ルートで、A駅からXを通ってB駅に行く経路は何通りか。

区Ⅰ 2005

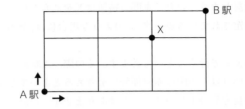

① 6通り
② 8通り
③ 10通り
④ 12通り
⑤ 14通り

着眼点

本試験の問題としては、かなり基本のレベルだと思われます。経由が設定されている場合は、**経由地点の前後で分けて検討する**のが定番です。「A駅→X」、「X→B駅」それぞれが**対角線をなすように長方形を考えましょう**。それ以外の道を通ると遠回りになってしまって、最短ルートになりません。

【解答・解説】

　経路加算法を使って検討していきます。最短の方向としては、A駅からB駅まで右上の方向に移動していくので、**縦の道は上、横の道は右に進む**ことになります。これを踏まえて検討します。ただ、本問の特徴はXを通らなければならないという経由地の条件が設定されている点です。このような場合には、**その前後で分けましょう**。

　まず、A駅からXまで行くことを考えます。その際、A駅からXまでがちょうど対角線になる長方形（以下の図の赤線部分）を考えるとよいでしょう。最短で行くのであれば、この長方形の中しか通ることはありません。これより上や右に行ってしまうと、下や左に戻らなくてはならず、遠回りになってしまいます。まずはこの長方形の中でA駅からXまで進む最短経路を考えます。そうすると、以下のとおり、6通りの進み方があることになります。

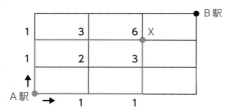

　続いて、同様にXからB駅までを考えます。ここも、Xから左や下に行くことはありません。右や上に進むしかありませんから、以下の図の長方形部分に着目すればよいでしょう。そうすると、以下のとおり、2通りの進み方があることがわかります。

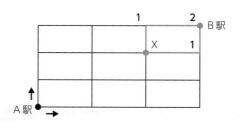

　よって、場合の数における積の法則より、A駅からXまで進み、さらにXからB駅まで進むので、6×2＝12（通り）となります。よって、正解は**4**です。

ちなみに、A駅からXまでで6通りであることが判明しているので、XからB駅までの進み方は6通りから検討をしてしまっても構いません。以下のように同時に検討してもよいでしょう。Xから右やXから上への行き方は最短方向で1方向しかないので、そのまま「6」と書き入れます。

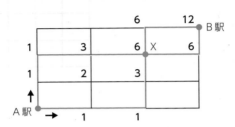

過去問にチャレンジ

問題1 ★★ 図のような経路で、点A を出発して点Pを通り点B へ行く最短経路は何通りあ るか。

国般2010

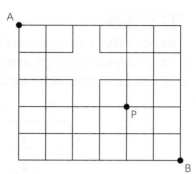

① 40通り
② 48通り
③ 54通り
④ 60通り
⑤ 72通り

問題2 ★★ 図のような道路がある町におい て、道路を進む際、進むことので きる道路の方向が東方向、北方向 及び北東方向の3方向に限られる とき、図のA地点からB地点を経 由してC地点へ行く道順は何通り あるか。

国般（高卒程度）2014

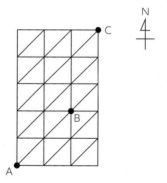

① 65通り
② 78通り
③ 84通り
④ 91通り
⑤ 98通り

170

問題3 ★★ 　図のような街路網がある。AからBまで行く最短経路は全部で何通りか。ただし、X地点は通行止めのため通ることができず、Y地点は直進しかできないものとする。

警 I 2018

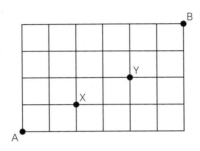

① 85通り
② 87通り
③ 89通り
④ 91通り
⑤ 93通り

第5章

資料解釈の基本

1 資料解釈の基本

> **学習のポイント**
>
> ・資料から確実に読み取れることを記述している選択肢を選ぶというのが、ここで学習する資料解釈の問題です。正確な計算ができれば誰でも正解にたどり着くことは可能ですが、制限時間という壁が立ちはだかります。「いかに効率よく処理していくか」が問われていると考えてください。
>
> ・資料解釈では多くが割合の計算になります。基本事項について確認しておくことと、さまざまな割合の表し方を学習していきましょう。

1 資料解釈の鉄則

(1) 資料の読み取り

　資料解釈の問題では、まず正確に資料の内容を読み取ることが重要です。実際の数値（実数）が掲載されている資料であればよいですが、それ以外に構成比や増加率など割合しか示されていない資料や、複数の資料が掲載されている問題など、さまざまな問題があります。求められる項目と求められない項目を判別できるようにしなければいけません。このあたりも今後練習して身につける必要があります。

(2) 計算の工夫

　正確に資料の内容を読み取って一つひとつの計算を正確に行えば、問題を解くことができます。その点では安定して得点することが可能な分野です。しかし、ただひたすら計算をしていくだけでは、1問解くのに10分以上の時間を要することもあります。ですから、資料解釈の問題においては、正確に筆算をするのは最終手段で、できる限り計算の手間を省くことが大きなポイントとなります。

　資料解釈の問題における選択肢で、「Aの数値はいくつになるか」のように、**具体的な数値を直接求めさせることはほとんどありません**。だいたいは「Aの数値は100以上である」のような選択肢の記述が正しいかどうか、つまり、基準より大きいか小さいかさえわかればよいような選択肢ばかりです。他にも、「Aに対するBの割合は年々増加している」などの割合の大小関係を調べる選択肢、「増加率が最も大きいのはAである」などの最も大きいかそうでないかが判断できればよい選択肢など、数値を直接求める必要のない選択肢が大半なのです。ですから、正解の選択肢が選べるような大ざっぱな計算の工夫が重要となるのですね。それでも計算

の工夫の仕方がわからないようなときだけ、細かく計算するようにしましょう。

　ちなみに、概算の目安としては、上から3桁を残して4桁目を四捨五入するという検討方法をお勧めしています。これであれば、実際の数値との誤差を1%未満に抑えることができ、本試験で選択肢を検討する際に間違えてしまうことはほぼないと思います。ただ、そうはいっても**細かい計算を要求する選択肢もないわけではない**ので、あくまで一つの目安と考えてくださいね。

(3)　選択肢の読み取り

　選択肢の読み取りも練習する必要があります。最初は**何をどう計算すればよいのかわからないような言い回し**が多いと思います。多くの問題、選択肢を検討することによって、慣れるようにしましょう。

　なお、選択肢を読む際には常に記述に反するものがないか（揚げ足取りの発想）を意識しましょう。例えば、「Aに対するBの割合は毎年増加している」という選択肢であれば、毎年増加していることをチェックしなくても、**1か所でも減少している年があること**がわかれば誤りだと判断できます。このような検討のテクニックも徐々に身につけるようにしてください。

② 割　合

(1)　割合の基本事項

　割合（分数）はほとんどの資料解釈の選択肢に関係する要素ですから、必ず理解しておかなければいけません。この点は数的推理で学習する内容ですから、数的推理の復習も進めておきましょう。

　「〇〇に対する（における、に占める、あたりの）××の割合」という表現では、「に対する（における、に占める、あたりの）」の直前の「〇〇」が基準、つまり分母となった分数になります。まずは**この分数を作って選択肢を検討していくことが多い**、という点を頭に入れておいてください。

例　「2019年に対する2020年の割合」は $\dfrac{2020\,年}{2019\,年}$ と表すことができます。つまり、2019年が**基準（もとにする量）**となるわけですね。

> **例題1** ある工場における商品について、2019年の生産量が200、2020年の生産量が300であるとき、2019年の生産量に対する2020年の生産量の割合はいくらになるか。

以下の2種類の考え方で検討できるとよいでしょう。

❶ 2019年が基準になっているので、2019年を分母とすると、$\dfrac{2020年}{2019年} = \dfrac{300}{200}$ = 1.5 となります。

❷ 2019年が200、2020年が300なので、2019年を基準とすると、2020年は200から300で300 ÷ 200 = 1.5（倍）となります。

❶と❷の割合の表し方は異なって見えますが、内容的には全く同じです。

（2）10%・1%の暗算

ある程度までは暗算で求められるようにしておくと、大まかな数を求めていくときに非常に便利です。以下の考え方はぜひ身につけておいてください。

① 10%

10%はもとの数（100%）の$\dfrac{1}{10}$です。つまり、小数点を左に1桁ずらした数です。

例えば12,987の10%は、小数点を左に1桁ずらした1,298.7です。概算の際にはおよそ1,300と考えればよいでしょう。

② 1%

1%はもとの数の$\dfrac{1}{100}$です。つまり、小数点を左に2桁ずらした数です。

例えば12,987の1%は、小数点を左に2桁ずらした129.87です。概算の際にはおよそ130と考えればよいでしょう。

③ 50%・5%

50%はもとの数の半分であり、5%は10%の半分です。

例えば12,987の5%は、もとの数の10%のさらに半分なので、1,300の半分のおよそ650と考えればよいでしょう。

補足

10%、1%、50%を組み合わせて使うと、さまざまな値を求めることができます。

❶ 12,987の90%

→ 90%は100%−10%なので、12,987−1,298≒13,000−1,300＝11,700

❷ 12,987の30%

→ 30%は10%の3倍なので、1,298×3≒1,300×3＝3,900

❸ 12,987の1.1%

→ 1.1%＝1%＋0.1%なので、129.87＋12.987≒130＋13＝143

さらに、33%はおよそ $\dfrac{1}{3}$、25%は $\dfrac{1}{4}$、12.5%は $\dfrac{1}{8}$ ですので、ここまで使えればおおよその値が求めやすくなります。

例題2　(1)　11,300は70,000の15%以上かどうか答えなさい。

(2)　12,581は232,130の5%未満かどうか答えなさい。

(3)　36,400は50,012の70%以上かどうか答えなさい。

(1)　70,000×0.15という計算を実際にするよりも、まずは70,000の10%を考えましょう。70,000の10%は7,000であり、5%は10%の半分なので、7,000の半分の3,500が5%です。よって、70,000の15%は7,000＋3,500＝10,500ですから、**11,300は70,000の**15%以上**であることがわかります。**

(2)　232,130の10%は23,213であり、約23,200です。5%はその半分ですから、23,200÷2＝11,600です。以上より、232,130の5%は12,000よりも小さいので、**12,581は**5%未満ではない**ことがわかります。**

(3)　50,012の10%は約5,000であり、70%はその7倍ですから約35,000です。よって、**36,400は**70%以上**であることがわかります。**

3 指　数

　指数とは、基準となる値（もとにする量）を「100」とおいたときに、比べる量の値を割合で表した数値のことです。百分率（パーセント）も基準を「100%」とおくので、ほぼ同じような概念と考えてよいでしょう。ただし、百分率（パーセント）は「全体とその中の一部」というケースで使うことが多い一方で、指数の場

合は全体ではなく、**他の項目を基準「100」とおく**ケースが大半です。

　指数の計算は、後述する **4** 増加数・増加率の計算と関連させて理解するとよいでしょう。表し方は違いますが、実質的に内容は同じものです。

例　ある年の基準の値を100としたとき、今年の指数が125の場合と、指数が75の場合、以下のような意味になります。

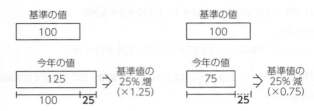

　指数が125というのは「25％の増加率」、「基準に対して1.25倍」というのと同じ意味です。同様に、指数が75というのは「－25％の増加率（25％の減少率）」、「基準に対して0.75倍」というのと同じ意味です。

4 増加数・増加率

(1)　増加数・増加率とは

　増加数（量、額）とは、ある時点を基準にして、他のある時点までに**数値そのものがどれだけ増えたか**を表すものです。一方、**増加率**とは、ある時点を基準にして、他のある時点までに**増えた割合がどれだけか**を表すものです。まずは増加数と増加率は**別のもの**であることを確認しましょう。増加数が多いからといって、増加率が大きいとは限らないわけです。

　なお、マイナスの増加率のことを**減少率**といい、両者を合わせて「**増減率**」、「**変化率**」、「**伸び率**」などということもあります。

> **例題1**　プロ野球選手Aの年俸は1億円から3億円に、Bの年俸は1,000万円から4,000万円になった。年俸の増加率は選手A、Bどちらのほうが大きいか。

　年俸の増加額はAのほうが2億円で明らかに大きいのですが、増加率はあくまで「増えた割合」であって別物ですから注意しましょう。Aの年俸は1億円から3億円で3倍ですが、Bの年俸は1,000万円から4,000万円で4倍ですから、増加率はBのほうが大きいのです。このように、**増加量が多いからといって、増加率が大きいとは限りません**。

(2) 増加数と増加率の求め方

ここでは、**対前年増加数**と**対前年増加率**を例にして考えてみましょう。「**対前年**」とは、**前年に対する（前年を基準にする）今年の値**などのことを指します。

対前年増加数	前年に対して（前年を基準にして）数そのものがいくら増えたかを表します。 「**前年の値＋増加量＝今年の値**」という関係です。 今年－前年で求められます。
対前年増加率（%）	前年に対して（前年を基準にして）何%増えたかを表します。 「**前年の値×（1＋増加率）＝今年の値**」という関係です。 $=\dfrac{今年－前年}{前年}\times 100$ 式変形すると… $=\dfrac{今年}{前年}\times 100 - 100$

例題2　ある学校の2019年度の生徒数は1,000人、2020年度の生徒数は1,200人であった。このとき、2020年度の対前年度増加率と対前年度増加数はいくらか。

対前年度増加数は**今年－前年**で求められます。1,200 − 1,000 = 200（人）となります。

対前年度増加率は $\dfrac{今年}{前年}\times 100 - 100$ で求められます。$\dfrac{1,200}{1,000}\times 100 - 100 =$ 20（%）となります。

[2019年度]　　　　　　　[2020年度]
1,000人　　　　　　　　1,200人

+200人……増加数
＝
+20%　……増加率

補足

なお、減少数や減少率も、増加数や増加率と同じ式を使って考えて構いません。例えば、増加率が−10%であるとき、−10%増えるというのは10%減ることと同じことです。このように増加率である−10%は、減少率であれば10%と表すことができます。ただし、減少率をマイナスにすることは通常ありません。マイナスの減少率とは増加率のことだからです。

ちなみに、増加率と割合はそれぞれ形式が違って見えますが、**内容的には同じもの**です。前掲の例題で提示したシチュエーションを使って考えてみましょう。

例題3 ある工場における商品について、2019年の生産量が200、2020年の生産量が300であるとき、2020年の生産量の対前年増加率はいくらになるか求めなさい。

❶ $\dfrac{今年}{前年} \times 100 - 100$ の式を使えば、$\dfrac{2020年}{2019年} \times 100 - 100 = \dfrac{300}{200} \times 100 - 100 = 50$（%）となります。50%の増加率というのは、つまり $1 + 0.5 = 1.5$ 倍という意味ですね。

「$\dfrac{2020年}{2019年} \times 100 - 100$」の「$\dfrac{2020年}{2019年}$」に着目すると、これは2019年に対する2020年の割合のことですね。そして、後の「$\times 100 - 100$」はこれを増加率（50%）の形に直すための計算です。「$\times 100$」はパーセント（%）に直すための計算、100%を上回った部分が増加率になるので「-100」という計算をしています。

❷ 2019年が200、2020年が300であるので、増加量は $300 - 200 = 100$ です。2019年の200を基準にすると、増えた量である100は $\dfrac{100}{200} = 50\%$ ですから、増加率は50%となります。

増加率の求め方としては、上記の❶と❷のどちらも理解しておくとよいでしょう。**❶の状態で分数を作って増加率の大小を比較する**という検討の流れもありますし、**❷で直接増加率を数値として求めてしまう**こともできます。増加率は資料としても選択肢としても出てくる考え方ですから、慣れておくことが重要です。

5 構成比

(1) 構成比の基本事項

構成比とは、全体の総数を基準（もとにする量）としたとき（1や100%とおいた場合）に、「当該項目はどれだけの割合か」を表したものです。全体の総数がわかっていれば、「ある項目の実数＝全体の総数×構成比」で表すことができます。本試験では**「総数と構成比の資料」**がよく出題されますので、典型的な処理手順を押さえておきましょう。

例題1 ある大学における学生の人数全体が30,000人であり、女子の人数が12,000人であったとすると、学生の人数全体に対する女子の人数の構成比はいくらか。

「ある項目の実数＝全体の実数×構成比」で表すことができるので、30,000×（女子の人数の構成比）＝12,000より、女子の人数の構成比は12,000÷30,000＝0.4＝40%となります。

(2) 総数と構成比の大小比較

総数と構成比の資料では、ある項目の実数を確認するために「**総数×構成比**」という式がよく登場します。この大小比較をさせる選択肢もよくあるのですが、このような選択肢を検討する際には、いきなり計算をせずに「総数×構成比」の形のままで検討できないかを考えてみましょう。例えば、以下の例であれば計算は不要です。

- 100×50%と100×30%
  →基準となる数が等しく、構成比は50%のほうが大きいので、
    100×50%＞100×30%
- 200×50%と100×50%
  →構成比が等しく、基準となる数は200のほうが大きいので、
    200×50%＞100×50%
- 150×60%と100×30%
  →基準となる数も構成比も150×60%のほうが大きいので、
    150×60%＞100×30%

また、「総数×構成比」の比較をする際には、総数か構成比のいずれかを近い数

字に揃えると大小関係がわかりやすくなる場合もあります。

例題 2 7,151の12.4%と3,510の22.6%はどちらが大きいか。

3,510のおよそ2倍が7,151なので、まずは3,510×22.6%のほうではもとの数を2倍します（もとの数を揃える）。その分、7,151×12.4%のほうでは構成比を2倍すると、以下のようになります。

7,151 × 24.8% > 7,020 × 22.6%

このように揃えると、基準となる数も構成比も左辺のほうが大きいので、7,151の12.4%のほうが大きいとわかります。

2 実数の資料

- 実際の数値そのものが表された資料ですから、変わった表やグラフでもない限り、読み取りに苦労することはあまりないでしょう。典型的な選択肢の記述がありますので、問題を解きながら処理手順を確認していきましょう。
- 基本的には概算で選択肢の正誤が判断できますから、検討方法を覚えて使えるようにしましょう。ただし、実数の資料は単純であるがゆえに、試験種によっては細かい計算をしないと判断できない選択肢も登場します。テクニックに振り回されすぎず、場合によっては「開き直って細かく計算すること」も求められます。

1 割合の選択肢の着眼点

割合についての選択肢で、次のような検討が必要になった場合、以下の点に目をつけると検討しやすくなります。

① 割合（分数の値）が大きいものを見つける場合

→ なるべく分子が大きくて、分母が小さい項目を探すとよい

② 割合（分数の値）が小さいものを見つける場合

→ なるべく分子が小さくて、分母が大きい項目を探すとよい

分数の値が大きくなるのは、分子がなるべく大きいもの、分母がなるべく小さいものですから、その点から検討していけばよいのですね。以下の例で練習してみましょう。

例題 以下はA〜E国の総人口と公務員の人数に関する表である。総人口に対する公務員の人数の割合が最も大きい国はどこか。

	A国	B国	C国	D国	E国
総人口	8,000万人	2,600万人	7,500万人	3,000万人	9,000万人
公務員の人数	100万人	70万人	250万人	60万人	220万人

「総人口に対する公務員の割合」ですから、分数を作って $\dfrac{公務員の人数}{総人口}$ で検討するとよいでしょう。この割合が大きい国を探したいので、なるべく分母の「総人口」

が小さく、分子の「公務員の人数」が大きくなるような国を探すわけですね。

　まず、分母の「総人口」に着目すると、分母が最も小さい国はB国であり、その次に小さいD国と比較すると、**B国のほうが分母が小さく分子が大きいので**、$\dfrac{\text{公務員の人数}}{\text{総人口}}$はB国のほうが大きくなることがわかります。

[B国]　　　　　　　　[D国]

$$\dfrac{70万人}{2,600万人} \quad > \quad \dfrac{60万人}{3,000万人}$$

　続いて、分子の「公務員の人数」に着目すると、分子が最も大きい国はC国であり、その次に大きいA国やE国と比較すると、**C国のほうが分母が小さく分子が大きいので**、$\dfrac{\text{公務員の人数}}{\text{総人口}}$はC国のほうが大きくなることがわかります。

[C国]　　　　　　　　[A国]

$$\dfrac{250万人}{7,500万人} \quad > \quad \dfrac{100万人}{8,000万人}$$

[C国]　　　　　　　　[E国]

$$\dfrac{250万人}{7,500万人} \quad > \quad \dfrac{220万人}{9,000万人}$$

　そこで、B国の$\dfrac{70万人}{2,600万人}$とC国の$\dfrac{250万人}{7,500万人}$を比較してみましょう。

[B国]　　　　　　　　[C国]

3倍以上

$$\dfrac{70万人}{2,600万人} \quad < \quad \dfrac{250万人}{7,500万人} \quad \boxed{大}\;\boxed{小}$$

3倍未満

　B国→C国で、分母は2,600万人→7,500万人で3倍未満の増加ですが、分子は70万人→250万人で3倍以上の増加になっているので、$\dfrac{70万人}{2,600万人} < \dfrac{250万人}{7,500万人}$となり、**C国のほうが大きくなる**ことがわかります。後述**3**分数の大小関係の比較を参照してください。よって、最も割合が大きい国はC国です。

2 増加率の選択肢の着眼点

よく登場するのが、「増加率が最も大きいもの」や「最も小さいもの」を検討させる選択肢です。基準（もとにする量）が小さい数ほど、わずかな数の変化で増加率（減少率）は大きくなります。逆に、基準（もとにする量）が大きい数ほど、わずかな数の変化では増加率に影響を与えなくなります。

> **例題❶** 年収300万円の人、年収1,000万円の人、年収1億円の人、いずれの人も年収が300万円上がった。このときの年収の増加率はそれぞれ何％になるか。

年収300万円→年収600万円

$\dfrac{600}{300} \times 100 - 100 = 100$（％）…　つまり、増加率100%となります。

年収1,000万円→年収1,300万円

$\dfrac{1,300}{1,000} \times 100 - 100 = 30$（％）…　つまり、増加率30%となります。

年収1億円→年収1億300万円

$\dfrac{10,300}{10,000} \times 100 - 100 = 3$（％）…　つまり、増加率3%となります。

簡単にいうと、もともと年収が高い人であれば、300万円の増加くらいではほとんど増えた感じがしませんが、もともと年収が低い人であれば、300万円の増加は一気に増えた感じがするわけですね。

以上を踏まえて、増加率（減少率）についての選択肢で、次のような検討が必要になった場合、以下の点に着目しましょう。

① **増加率が大きいもの**を探す場合
　→　**基準となる数が小さく、そこから数が大きく増えている**項目に着目

② **増加率が小さいもの**を探す場合
　→　**基準となる数が大きく、そこから数があまり増えていない**項目に着目

①′ **減少率が大きいもの**を探す場合
　→　**基準となる数が小さく、そこから数が大きく減っている**項目に着目

②′ **減少率が小さいもの**を探す場合
　→　**基準となる数が大きく、そこから数があまり減っていない**項目に着目

例題2 以下はある企業の2019年度と2020年度の売上に関する表である。これをもとに、以下の（1）、（2）の記述について答えなさい。

2019年度	2020年度
2,000億円	2,400億円

（1）　2020年度の売上の対前年度増加額はいくらか。

（2）　2020年度の売上の対前年度増加率はいくらか。

（1）　2019年度から2020年度にかけて、2,000億円から2,400億円になっているので、2,400億円 − 2,000億円 = 400（億円）増えています。つまり、**対前年度増加額は** 400 億円です。

（2）　2019年度から2020年度にかけて400億円増えています。2019年度の売上である2,000億円の10%は200億円ですから、400億円は20%であることがわかり、2019年度から2020年度にかけて**20%増加**しています。なお、$\dfrac{2,400\text{億円}}{2,000\text{億円}} \times 100 - 100 = 20$（%）と計算してもよいでしょう。

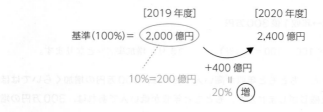

例題3 以下はある大学に在籍する学生の人数に関する表である。2016年度から2020年度において、在籍する学生の対前年度増加率が最も大きい年度はどれか。

2015年度	2016年度	2017年度	2018年度	2019年度	2020年度
34,000人	41,000人	47,000人	52,000人	59,000人	66,000人

　増加数が大きいだけでは、増加率が大きいとはいえません。対前年度増加率が大きいのは、基準（もとにする量）が小さく、増加数が大きいところ、要は「一気に増えたところ」です。まず、各年度を見ると、前年度からの増加数が最大の7,000人である年が2016年度、2019年度、2020年度の3年度あります。そして、基準

が最も小さいのは2016年度ですから、**対前年度増加率が最も大きい年度は**2016年度であると考えられます。

では、実際に検証してみましょう。2015年度から2016年度にかけて着目すると、基準となる2015年度は34,000人で、増加した人数は7,000人です。このとき、34,000人の10％は3,400人であり、20％は2倍の6,800人ですから、7,000人はこれを上回ります。つまり、2016年度の対前年度増加率は20％以上であることがわかります。

一方、2018年度から2019年度にかけて着目すると、基準となる2018年度は52,000人で、増加した人数は7,000人です。このとき、52,000人の10％は5,200人であり、20％は2倍の10,400人ですから、7,000人はこれを下回ります。つまり、2019年度の対前年度増加率は20％未満であることがわかります。2020年度の対前年度増加率も同様です。

3 分数の大小関係の比較

実数の資料に限らず、**割合を分数で表して大小を比較させる選択肢**は非常に多く出題されます。ですから、分数の大小関係を比較するテクニックも押さえておきましょう。数学などでは通分や約分をして大小を比較したと思いますが、資料解釈では細かい数値の分数が多いため、通分や約分では処理しづらいケースが多いです。以下の検討の仕方は確実にマスターしてください。

まず、分数の通分について復習しましょう。例えば $\frac{2}{5}$ の**分子と分母をそれぞれ2倍**した $\frac{4}{10}$ は、同じ大きさの数ですね。ここで、$\frac{2}{5}$ の分母を2倍、分子を3倍すると、$\frac{6}{10}$ となり、もとの数より大きくなります。また、$\frac{2}{5}$ の分母を2倍、分子を1.5倍すると、$\frac{3}{10}$ となり、もとの数より小さくなります。

$$\frac{2}{5} \xlongequal{\ ×2\ (同じ)\ } \frac{4}{10}$$

$$×2\ (同じ)$$

$$\frac{2}{5} \xrightarrow{\ ×3\ (大きい)\ } < \frac{6}{10}$$

$$×2\ (小さい)$$

$$\frac{2}{5} \xrightarrow{\ ×1.5\ (小さい)\ } > \frac{3}{10}$$

$$×2\ (大きい)$$

　ここから、二つの分数の分母と分子それぞれの増加率（掛ける数）を比較したとき、以下のことがいえます。

　　①　分子の増加率（掛ける数）のほうが大きければ、分数の値は大きくなる
　　②　分母の増加率（掛ける数）のほうが大きければ、分数の値は小さくなる

　また、計算をしなくても一見して明らかなこととして、以下のことがいえます。

　　③　分子が増加し、分母が減少すると、分数の値は大きくなる
　　④　分子が減少し、分母が増加すると、分数の値は小さくなる

　このように、大小を比較するには、二つの分数の分子どうし、分母どうしの増加率や減少率（増加・減少した割合）に着目して判断するというのが原則です。

例題1　$\dfrac{4,150}{123,100}$ と $\dfrac{4,130}{124,050}$ を比較すると、どちらのほうが大きいか。

　　分子は4,150から4,130に減少しており、分母は123,100から124,050に増加しているので、分数の値は小さくなります。よって、$\dfrac{4,150}{123,100} > \dfrac{4,130}{124,050}$ となります。

例題2　$\dfrac{3,090}{105,280}$ と $\dfrac{4,110}{124,260}$ を比較すると、どちらのほうが大きいか。

　　分子は3,090から4,110に約1,000増加しています。3,090→4,110で増加した割合について見ると、3,090の10％は309なので、1,000の増加は30％以上の増加率であることがわかります。

　　同様に分母は105,280から124,260に約19,000増加しています。105,280→124,260で増加した割合について見ると、105,280の10％は10,528なので、19,000の増加は20％未満の増加率であることがわかります。よって、分子の増加

した割合のほうが大きいので、$\dfrac{3,090}{105,280} < \dfrac{4,110}{124,260}$ となります。

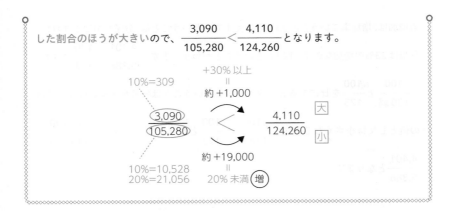

なお、**分子どうし、分母どうしで見ていくと数値の開きが大きく、計算しづらい場合もあります。**分母と分子の数がそれなりに近い分数であれば、それぞれ一つの分数の中で分母→分子や分子→分母の増加率・減少率から判断することもできます。要するに「**概数で約分する**ことで判断しやすくする」というイメージです。以下の例題を考えてみましょう。

例題3 $\dfrac{113,190}{145,116}$ と $\dfrac{4,401}{5,386}$ を比較すると、どちらのほうが大きいか。

　　分子どうし・分母どうしを見るとかなり数字に差があるので、今回は「一つの分数の中で、分子→分母でどれくらいの割合で増えているか」を考えてみましょう。

　まず $\dfrac{113,190}{145,116}$ に着目して、分子→分母、つまり113,190→145,116でどれくらいの割合で増えたかを考えてみましょう。113,190→145,116を概数で113,000→145,000と捉えると、増加数は約32,000です。113,190の10％は11,319ですから、32,000の増加は、増加率でいうと30％弱といえます。ということは、分子を100とすれば、分母は30％弱の増加なので、130弱だということがわかります。$\dfrac{113,190}{145,116} \fallingdotseq \dfrac{100}{130\,弱}$ ですね。

　同様に $\dfrac{4,401}{5,386}$ に着目して、分子→分母、つまり4,401→5,386でどれくらいの割合で増えたかを考えてみましょう。4,401→5,386を概数で4,400→5,400と捉えると、増加数は約1,000です。4,400の10％は440、1％は44ですから、1,000

の増加は、増加率でいうと約23%といえます。ということは、分子を100とすれば、分母は23%の増加なので、123だということがわかります。$\dfrac{4,401}{5,386} \fallingdotseq \dfrac{100}{123}$ですね。

$\dfrac{100}{130弱}$と$\dfrac{100}{123}$を比較すると、分子が同じということは分母が大きいほうが分数の値としては小さくなるので、$\dfrac{100}{130弱} < \dfrac{100}{123}$となります。よって、$\dfrac{113,190}{145,116} < \dfrac{4,401}{5,386}$となります。

上記の方法で大小関係を調べても数値にほとんど差がないような場合には、判断が微妙になることもあります。その際は筆算で正確な値を求めるようにしましょう。ただし、時間のかかる筆算はなるべく後回しにしたほうがよいでしょう。他の選択肢で正解がわかれば、あえて計算する必要はないからです。

例題4 (1)〜(6)について、二つの分数のうち、どちらが大きいか。

(1) $\dfrac{33}{341}$ と $\dfrac{90}{701}$ (2) $\dfrac{1,675}{352}$ と $\dfrac{210}{51}$ (3) $\dfrac{19,471}{1,316}$ と $\dfrac{19,581}{1,216}$

(4) $\dfrac{1,401}{214,316}$ と $\dfrac{1,390}{231,340}$ (5) $\dfrac{120}{1,310}$ と $\dfrac{130}{1,470}$ (6) $\dfrac{483}{420}$ と $\dfrac{78,213}{73,166}$

(1) $\dfrac{33}{341}$ と $\dfrac{90}{701}$ を比較すると、分母は左から右に341→701で約2倍（小）、分子は左から右に33→90で約3倍（大）になっているので、$\dfrac{33}{341} < \dfrac{90}{701}$ となります。

(2) $\dfrac{1,675}{352}$ と $\dfrac{210}{51}$ を比較すると、分子は右から左に210→1,675で約8倍（大）、分母は右から左に51→352で約7倍（小）になっているので、$\dfrac{1,675}{352} > \dfrac{210}{51}$ となります。

(3) $\dfrac{19,471}{1,316}$ と $\dfrac{19,581}{1,216}$ を比較すると、分子は左から右に19,471→19,581で増加し、分母は左から右に1,316→1,216で減少しているので、$\dfrac{19,471}{1,316} < \dfrac{19,581}{1,216}$ となります。

(4) $\dfrac{1,401}{214,316}$ と $\dfrac{1,390}{231,340}$ を比較すると、分子は左から右に1,401→1,390で減少し、分母は左から右に214,316→231,340で増加しているので、$\dfrac{1,401}{214,316} > \dfrac{1,390}{231,340}$ となります。

(5) $\dfrac{120}{1,310}$ と $\dfrac{130}{1,470}$ を比較すると、分子は左から右に120→130で10増加しており、120の10%は12なので、10の増加は**10%未満の増加**（小）です。一方、分母は左から右に1,310→1,470で160増加しており、1,310の10%は131なので、160の増加は**10%以上の増加**（大）です。よって、$\dfrac{120}{1,310} >$

$\dfrac{130}{1,470}$ となります。

(6) 分母どうし、分子どうしの開きが大きいので、**一つの分数の中で分母→分子の増加率で判断**してみましょう。$\dfrac{483}{420}$ について見ると、分母→分子で 420→483 に増加しており、増加数は 63 です。420 の 10％は 42、5％は 21 ですから、63 の増加は増加率でいうと 15％です。ということは、分母を 100 とすれば、分子は 15％の増加なので、115 だということがわかります。$\dfrac{483}{420}=\dfrac{115}{100}$ ですね。一方、$\dfrac{78,213}{73,166}$ について見ると、分母→分子で 73,166→78,213 に増加しており、増加数は約 5,000 です。73,166 の 10％は約 7,317 ですから、5,000 の増加は増加率でいうと 10％未満です。ということは、分母を 100 とすれば、分子は 10％未満の増加なので、110 未満だということがわかります。$\dfrac{78,213}{73,166}≒\dfrac{110\text{ 未満}}{100}$ ですね。$\dfrac{115}{100}$ と $\dfrac{110\text{ 未満}}{100}$ を比較すると、分母が同じということは分子が大きいほうが分数の値としては大きくなるので、$\dfrac{115}{100}>\dfrac{110\text{ 未満}}{100}$ となります。よって、$\dfrac{483}{420}>\dfrac{78,213}{73,166}$ となります。

ヒント

増加率をチェックする際は、上記例題 4（2）解説のように原則として増えていく方向で検討したほうが計算しやすいと思います。やりやすい方法を考えてみるとよいでしょう。

解法ナビゲーション

次の図から確実にいえるのはどれか。

区Ⅰ 2004

我が国の内水面養殖業における「うなぎ」、
「にじます」及び「こい」の生産量の推移

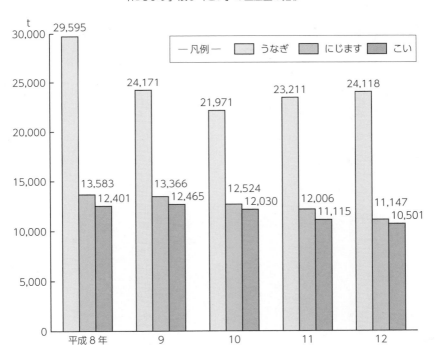

① 平成 9 年から平成 12 年までの各年とも、「にじます」の生産量の対前年減少量は、年の経過とともに順次増加している。

② 平成 8 年の「こい」の生産量を 100 としたときの平成 12 年のそれの指数は、80 を下回っている。

③ 図中の各年とも、「うなぎ」の生産量は、「こい」のそれの 2 倍を上回っている。

④ 平成 8 年から平成 12 年までの 5 年の「うなぎ」の生産量の 1 年当たりの平均は、25,000t を下回っている。

⑤ 「にじます」の生産量の平成 9 年に対する平成 12 年の減少率は、10% より小さい。

着眼点

　実数の資料の注意点としては、計算が面倒になりやすい、ということが挙げられます。資料の形態がひねられない限り、数値の読み取りは簡単です。したがって、計算を面倒にすることで難易度を上げてくるケースがあります。なかには細かい計算をしないと判断できないような選択肢も紛れ込むことがあるので、くれぐれも注意したいところです。

　本問はそのようなシビアな数値もなく、至って平易なレベルといえます。❷のような増減率の判断は、今後も頻繁に登場しますので、ぜひ押さえておきましょう。

❶✕　後のほうの年で「にじます」の減少量が多くないところを探してみましょう。そうすると、平成10年から11年にかけて12,524から12,006に減っており、約500の減少です。一方、平成9年から10年にかけて13,366から12,524に減っており、大ざっぱに見ても約800の減少です。したがって、平成10年から11年にかけてのほうが減少量は小さいといえます。

❷✕　「指数」とは基準値を100としたときの値のことです。百分率（パーセント）と同じようなものだと考えてください。以下のように減少率で考えてみましょう。

　　「こい」の生産量は、平成8年が12,401、平成12年が10,501です。概算すると12,400－10,500＝1,900の減少量です。12,401の10％は1,240.1ですから、1,900の減少量は多くても20％までいかないことがわかりますね。つまり、**12,401から10,501の減少率は20％未満の減少率**だということになります。

　　だとすれば、12,401を指数100とおくと、10,501の指数は100の20％未満の減少なので、80以上だということがわかります。

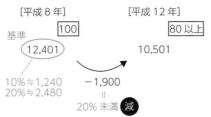

❸✕　「各年とも」という記述なので、1年でもこの記述に反するものがあれば誤りとなります。そこで、**なるべく「うなぎ」の生産量が少なく、「こい」の生産量が多い年**に着目しましょう。例えば平成10年に着目すると、「こい」の生産量は12,030で、これを2倍すると24,000を超えることがわかります。しかし、「うなぎ」の生産量は21,971ですから、2倍を下回っていることがわかります。

❹○　平均の話が出てきたら、合計でチェックすると検討しやすくなります。「**合計＝平均×個数や人数**」ですので、5年平均が25,000tを下回っているということは、**5年合計が125,000tを下回っている**ことになります。5年の「うなぎ」の生産量を合計して125,000tを下回るか確認しましょう。以下のように概算で処理するとよいでしょう。

　　　　29,595 ＋ 24,171 ＋ 21,971 ＋ 23,211 ＋ 24,118
　　≒ 29,600 ＋ 24,200 ＋ 22,000 ＋ 23,200 ＋ 24,100

＝123,100（t）

　よって、1年当たりの平均は、25,000tを下回っていることになります。

❺✕　平成9年の「にじます」の生産量は13,366ですが、ここから仮に10％減少するとなると、約1,337減少することになるので、概算しても約12,000となることがわかります。しかし、平成12年の「にじます」の生産量は11,147ですから、10％よりも多く減少していることがわかります。

過去問にチャレンジ

問題1
★

下の表は、世界のゲーム業界の市場規模をまとめたものである。この表から判断できることとして、最も妥当なのはどれか。

消Ⅰ 2019

	家庭用ゲーム	スマホゲーム
日　　本	3,302	9,453
北　　米	12,259	8,932
ヨーロッパ	10,879	4,627
そ　の　他	6,977	21,675

(単位：億円)

❶ 世界合計に占める家庭用ゲームの割合に関して、日本の割合は20％を超える。

❷ 家庭用ゲームの世界合計は、スマホゲームの世界合計を上回る。

❸ 家庭用ゲームに対するスマホゲームの割合に関して、その他よりも日本の方が高い。

❹ 家庭用ゲームとスマホゲームの合計に関して、世界合計に占める日本の割合は20％を下回る。

❺ 家庭用ゲームとスマホゲームの合計に関して、北米はヨーロッパの2倍を上回る。

下の表は、2006年と2016年の年代別完全失業者数をまとめたものである。この表から判断できることとして、最も妥当なのはどれか。

消Ⅰ 2017

		15～24歳	25～34歳	35～44歳	45～54歳	55～64歳	65歳以上
2006年	男	28	45	27	24	35	9
	女	22	32	22	16	14	2
2016年	男	16	29	25	21	23	12
	女	12	21	19	16	11	4

(単位：万人)

❶ 2016年の男の完全失業者数の合計は、2006年と比較すると20%以上増加した。

❷ 2016年の女の完全失業者数の合計は、2006年と比較すると40万人以上減少した。

❸ 年代別に男女の完全失業者数を合計した場合、2006年と比較した2016年の減少率が最も大きいのは「15～24歳」である。

❹ 年代別に男女の完全失業者数を合計した場合、2006年と比較した2016年の減少数が最も大きいのは「15～24歳」である。

❺ 2006年の男女の完全失業者数の合計を100とすると、2016年の男女の完全失業者数の合計は80を上回っている。

次の表から確実にいえるのはどれか。

区Ⅰ 2020

酒類の生産量の推移

(単位　1,000kL)

区　　分	平成24年度	25	26	27	28
ビ　ー　ル	2,803	2,862	2,733	2,794	2,753
焼 ち ゅ う	896	912	880	848	833
清　　　酒	439	444	447	445	427
ウイスキー類	88	93	105	116	119
果 実 酒 類	91	98	102	112	101

❶ 平成27年度のビールの生産量の対前年度増加量は、平成25年度のそれを下回っている。

❷ 表中の各区分のうち、平成25年度における酒類の生産量の対前年度増加率が最も小さいのは、焼ちゅうである。

❸ 平成24年度のウイスキー類の生産量を100としたときの平成26年度のそれの指数は、120を上回っている。

❹ 平成25年度から平成28年度までの4年度における果実酒類の生産量の1年度当たりの平均は、10万3,000kLを上回っている。

❺ 表中の各年度とも、ビールの生産量は、清酒の生産量の6.2倍を上回っている。

問題4　★★　次の表から確実にいえるのはどれか。

区Ⅰ 2019

パルプ、くず紙の輸入額の推移

（単位　100万米ドル）

国	2012年	2013	2014	2015	2016
中　　　国	17,248	17,306	17,413	18,040	17,230
ド　イ　ツ	4,404	4,457	4,319	3,943	3,787
ア　メ　リ　カ	3,502	3,619	3,753	3,431	3,141
イ　タ　リ　ア	2,211	2,388	2,290	2,277	2,011
イ　ン　ド	1,285	1,370	1,657	1,609	1,622
韓　　　国	1,872	1,931	1,832	1,813	1,576

❶ 2012年のアメリカのパルプ、くず紙の輸入額を100としたときの2016年のそれの指数は、90を上回っている。

❷ 表中の各年とも、ドイツのパルプ、くず紙の輸入額は、イタリアのパルプ、くず紙の輸入額の1.8倍を上回っている。

❸ 表中の各国のうち、2014年におけるパルプ、くず紙の輸入額の対前年減少率が最も大きいのは、ドイツである。

❹ 2014年において、インドのパルプ、くず紙の輸入額の対前年増加額は、中国のそれの2倍を上回っている。

❺ 2012年から2016年までにおける5年の中国のパルプ、くず紙の輸入額の1年当たりの平均は、175億米ドルを上回っている。

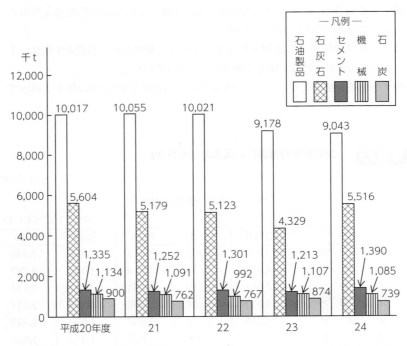

鉄道貨物の主要品目別輸送量の推移

問題5	次の図から確実にいえるのはどれか。

★★

区Ⅰ 2017

❶ 平成24年度における石灰石の輸送量に対するセメントの輸送量の比率は、前年度におけるそれを上回っている。

❷ 平成24年度における石炭の輸送量の対前年度減少率は、15%より大きい。

❸ 平成21年度において、石灰石の輸送量の対前年度減少量は、機械のそれの10倍を上回っている。

❹ 平成20年度から平成24年度までの5年度のセメントの輸送量の1年度当たりの平均は、135万tを上回っている。

❺ 平成20年度の石油製品の輸送量を100としたときの平成24年度のそれの指数は、85を下回っている。

問題6
★ ★

次の図から正しくいえるのはどれか。

都Ⅰ 2017

日本の血液事業における 20 歳以上の年代別献血者数の推移

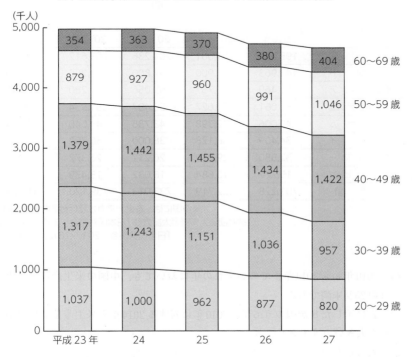

① 平成23年から25年までの各年についてみると、年代別の献血者数の合計に占める40～49歳の割合は、いずれの年も30％を下回っている。

② 平成23年における20～29歳の献血者数を100としたとき、27年における20～29歳の献血者数の指数は75を下回っている。

③ 平成24年から26年までの各年についてみると、30～39歳の献血者数に対する60～69歳の献血者数の比率は、いずれの年も0.3を上回っている。

④ 平成25年から27年までの3か年における50～59歳の献血者数の年平均は、1,000千人を上回っている。

⑤ 平成27年における献血者数の対前年増加率を年代別にみると、最も大きいのは60～69歳であり、次に大きいのは40～49歳である。

第5章 資料解釈の基本

問題7
★ ★

次の表は、世界の米生産量の推移を示したものである。この表から確実に言えることとして最も妥当なものはどれか。

裁判所 2018

世界の米生産量 (モミ量)

(単位：千t)

	2010年	2011年	2012年	2013年	2014年
中　　　国	195,761	201,001	204,236	203,612	206,507
イ　ン　ド	143,963	157,900	157,800	159,200	157,200
インドネシア	66,469	65,757	69,056	71,280	70,846
バングラデシュ	50,061	50,627	50,497	51,534	52,326
ベ　ト　ナ　ム	40,006	42,398	43,738	44,040	44,974
タ　　　イ	34,409	36,128	38,000	36,762	32,620
ミャンマー	32,580	29,010	26,217	26,372	26,423
フィリピン	15,772	16,684	18,032	18,439	18,968
世　界　計	701,228	722,719	733,013	739,120	741,478

※中国には、香港、マカオ及び台湾を含まない。
(公益財団法人矢野恒太記念会『日本国勢図会　2015/16年』、
『日本国勢図会　2017/18年』より作成)

❶　2010年から2014年までのいずれの年においても、中国の米生産量は世界計の25％未満である。

❷　表に示した8か国のうちで、2010年に対する2014年の米生産量増加率が最も大きいのはインドである。

❸　表に示した8か国のうちで、2012年における米生産量の対前年増加率が最も大きいのはインドネシアである。

❹　2010年から2014年にかけて、ベトナムにおける年平均米生産量は、43,000千tを超えている。

❺　2010年から2014年までのいずれの年においても、バングラデシュの米生産量はフィリピンの米生産量の3倍未満である。

問題8
★★

表は、我が国における刑法犯等の認知件数及び検挙件数を示したものである。これから確実にいえるのはどれか。

ただし、検挙率とは、同じ年次の認知件数に対する検挙件数の割合である。

国専2019

（単位：千件）

年次	認　知　件　数				検　挙　件　数			
	全体	過失運転致死傷等	刑法犯	窃盗	全体	過失運転致死傷等	刑法犯	窃盗
平成5	2,437	636	1,801	1,583	1,359	636	723	553
10	2,690	656	2,033	1,789	1,429	656	772	597
15	3,646	855	2,790	2,235	1,504	855	648	433
20	2,541	714	1,826	1,379	1,288	714	573	379
25	1,917	603	1,314	981	997	603	394	254

❶　五つの年次についてみると、刑法犯の検挙件数に占める窃盗の割合が70%を上回ったのは、平成10年のみである。

❷　平成10年と平成20年についてみると、認知件数全体に占める過失運転致死傷等の割合は、どちらの年も30%を下回っている。

❸　平成25年における、認知件数全体に占める刑法犯の割合と検挙件数全体に占める刑法犯の割合では、前者の方が低い。

❹　五つの年次についてみると、全体の検挙率が最も低いのは、平成25年である。

❺　平成15年と平成20年の刑法犯の検挙率（%）の差は、10ポイントより大きい。

3 構成比の資料

・「全体に占める割合」を題材にした資料です。だいたいが総数も示されている
　資料になりますから、実数が「総数×構成比」で求められることを押さえて
　おきましょう。また、「実数の倍率＝総数の倍率×構成比の倍率」もよく使う
　検討手段です。

・構成比のみの資料は、出題頻度がかなり下がります。大小関係を比較できる
　のかできないのか、正しく判断できるようにしてください。

・特に構成比の値は概算がシビアになりがちなので注意しましょう。例えば
　「12.6％」を「13％」として計算してしまうと、選択肢の判断を間違えるケー
　スが起こります。本試験などで微妙な値になったら、ひとまず暫定的に正誤
　の判断をつけておいて、時間があれば後から戻ってきて細かく計算すること
　も視野に入れておいたほうがよいでしょう。

1 総数と構成比の資料における選択肢の着眼点

　総数と構成比の資料で、次のような検討が必要になった場合、以下の点に着目し
ましょう。

　　① 実数が大きい項目を見つける場合

　　　→ 基準となる総数が大きく、構成比が大きい項目に着目する

　　② 実数が小さい項目を見つける場合

　　　→ 基準となる総数が小さく、構成比が小さい項目に着目する

2 総数と構成比の資料における倍率

　ある項目の実数の倍率は、「総数の倍率×構成比の倍率」で求めることができます。
選択肢を検討するうえで頻繁に使う検討手段ですので、ぜひ覚えておきましょう。
以下の例題を参考にしてください。

例題 1 ある商店では、2019年の全体の売上は1,100万円で、全体の売上に占めるA製品の売上の割合は15%、2020年の全体の売上は1,210万円で、全体の売上に占めるA製品の売上の割合は18%であった。このとき、2019年から2020年にかけて、A製品の売上の対前年増加率は25%を超えているか。

　まずはオーソドックスに、1,100（万円）の15%、1,210（万円）の18%を計算して、どれだけ増えているかを検討してみましょう。1,100の15%は1,100 × 0.15 = 165（万円）、1,210の18%は1,210 × 0.18 = 217.8 ≒ 218（万円）となります。165→218の増加額は53（万円）で、165の10%は16.5ですから、例えば30%は16.5 × 3 = 49.5（万円）です。増加額は53（万円）なので、増加率でいうと30%以上になることがわかります。

　しかし、これだと計算が面倒なので、全体の売上（総数）と構成比の倍率をそれぞれ計算して、A製品の売上（実数）の倍率を検討してみましょう。1,100→1,210の倍率は1,210 ÷ 1,100 = 1.1より、総数は**1.1倍**になっています。また、15%→18%の倍率は18 ÷ 15 = 1.2より、構成比は**1.2倍**になっています。これをトータルで考えると、「1,100の15%」→「1,210の18%」は**1.1 × 1.2 = 1.32**より**1.32倍**になっているので、これを増加率で考えると1.32 − 1 = 0.32 = 32%増えていることがわかります。

　以上のように、「**倍率 ＝ 1 ＋ 増加率 ＝ 1 − 減少率**」ですから、これを踏まえて倍率から増加率や減少率も検討することができます。

補足

倍率の掛け算です。増加率の掛け算ではないのでくれぐれも注意してください。

　また、以上のことから、ある項目の実数の増加率を比較するとき、例えば総数の増加率が等しい項目の大小関係を比較するようなケース（特に同じ年度間の増加率の比較などが多い）では、**構成比の増加率のみ**を比較すれば判断できることもわかります。問題を解く際に、このあたりも踏まえて時間短縮できるように練習していきましょう。

　右の表はある高校の生徒の総数およ
び、男子生徒と女子生徒の構成比を表し
たものである。このとき、2020年度に
おける対前年度増加率は男子生徒と女子
生徒でどちらが大きいか。

	男子	女子	総数(人)
2019年度	55%	45%	300
2020年度	57%	43%	400

　各年度の人数は、2019年度の男子が300×55%、2020年度の男子が400×
57%となりますから、2020年度における男子の対前年度増加率は300×55%
→400×57%を検討します。同様に、2019年度の女子が300×45%、2020年度
の女子が400×43%となりますから、2020年度における女子の対前年度増加率は
300×45%→400×43%を検討します。

　ここで、男子も女子も総数は300から400に増加していますから、総数の増加
率は等しいので検討する必要がないことがわかります。よって、構成比の増加率の
みを比較すればよいので、男子は55%から57%で大きく、女子は45%から43%
で小さくなっていますから、2020年度の対前年度増加率は男子生徒のほうが大き
いことがわかります。

3 総数と構成比の資料における増加数

　構成比の問題において、増加数・減少数の大小を問う選択肢では、構成比そのも
のの増減のみで判断しないようにしましょう。構成比だけでは判断できません。「総
数×構成比」の計算を行ったうえで、その増加数・減少数を判断してください。

例題　以下はあるテーマパークの2019年度と2020年度の入場者数と、入場者
数に占める大人と子どもの割合を表したものである。このとき、2020年度
における対前年度増加数は、大人と子どものどちらが大きいか。

	入場者数	大人の割合	子どもの割合
2019年度	50万人	80%	20%
2020年度	150万人	70%	30%

　一見すると子どもの割合が20%から30%に大きくなっているので、増加数も子
どものほうが大きくなっているように見えますが、くれぐれも惑わされてはいけま
せん。

実際に計算すると、大人の入場者数は2019年度が50 × 80％ = 40（万人）、2020年度が150 × 70％ = 105（万人）で105 − 40 = 65（万人）増えています。一方、子どもの入場者数は2019年度が50 × 20％ = 10（万人）、2020年度が150 × 30％ = 45（万人）で45 − 10 = 35（万人）しか増えていないことがわかります。よって、対前年度増加数は大人のほうが大きいのです。このように増加数・減少数の大小は総数も影響することになるため、構成比そのものの増減のみで判断しないようにしましょう。

4 構成比のみの資料

　構成比のみが与えられた資料も頻度はかなり低いですが出題されることがあります。この場合、**資料から実数そのものを読み取ることはできません。**ただし、実数の大小の比較だけなら可能な場合もあるので、注意する必要があります。実数の大小の比較に関しては、以下のことがいえます。

　　① 基準となる全体が同じである場合　→　実数の比較ができる
　　② 基準となる全体が異なる場合　→　実数の比較ができない

例題　以下の資料は、2019年度と2020年度におけるある商店での来店客の構成比を表している。

　（1）　2019年度の10代の来店客の人数と、2020年度の10代の来店客の人数はどちらが多いか。

　（2）　2019年度の10代の来店客の人数と、2019年度の20代の来店客の人数はどちらが多いか。

	10代	20代	30代	40代	50代以上	合計
2019年度	20％	45％	15％	10％	10％	100％
2020年度	25％	50％	15％	5％	5％	100％

（1）　2019年度の10代の構成比は20％、2020年度の10代の構成比は25％なので、一見すると2020年度の10代の来店客の人数のほうが多いようにも見えます。しかし、仮に来店客の人数の合計が2019年度は2,000人、2020年度は1,000人だとすると、2019年度は2,000 × 20％ = 400（人）、2020年度は1,000人 × 25％ = 250（人）となり、2019年度のほうが来店客の人数が多くなってしまいます。もちろん、来店客の人数の合計次第では、逆に2020年度のほうが来店客の人数は多くなる可能性もあります。このように構成比のみ

の資料の場合、基準となる全体が異なるときは、実数の比較をすることができないのです。

(2) 2019年度の10代の構成比は20%、2019年度の20代の構成比は45%です。(1)同様、実数の大小の比較ができないようにも思えますが、(2)の場合は大小の比較が可能です。例えば、2019年度の来店客の人数の合計が2,000人だとすると、10代の来店客の人数は2,000 × 20% = 400（人）、20代の来店客の人数は2,000 × 45% = 900（人）となり、20代の来店客の人数のほうが多いですね。また、2019年度の来店客の人数の合計が20,000人だとしても、10代の来店客の人数は20,000 × 20% = 4,000（人）、20代の来店客の人数は20,000 × 45% = 9,000（人）となり、やはり同様に**20代の来店客の人数のほうが多い**のです。これはなぜかといえば、同じ年度の比較をしているので、基準となる全体が同じになるからです。このように、基準となる全体が同じであるときは、実数の比較をすることができるのです。もちろん、構成比のみの資料ですから、10代の来店客の人数そのもの、つまり実数そのものを読み取ることはできません。

解法ナビゲーション

　下の表は、標的型メール攻撃の件数とその内訳の割合を示したものである。この表からいえることとして、最も妥当なのはどれか。

警 I 2019

	平成25年	平成26年	平成27年	平成28年	平成29年
標的型メール攻撃の件数（件）	492	1,723	3,828	4,046	6,027
ばらまき型の割合（%）	53	86	92	90	97
ばらまき型以外の割合（%）	47	14	8	10	3

❶　平成27年のばらまき型以外の標的型メール攻撃の件数は平成26年のそれよりも少ない。

❷　平成26年以降において、標的型メール攻撃の件数の対前年増加率が最も高いのは平成29年である。

❸　平成26年以降において、ばらまき型の標的型メール攻撃の件数の対前年増加率が最も高いのは平成26年である。

❹　平成26年以降において、標的型メール攻撃の件数が前年と比べて最も増加したのは平成29年である。

❺　平成26年以降において、ばらまき型以外の標的型メール攻撃の件数は、いずれの年も前年と比べ増加している。

着眼点

　総数と構成比の資料としてはかなり単純な部類の問題です。構成比が2項目（ばらまき型か、それ以外か）のみなので、検討するのは楽でしょう。

【解答・解説】

❶✕　平成27年のばらまき型以外の標的型メール攻撃の件数は3,828×8%、平成26年のそれは1,723×14%となります。これはそこまで細かいわけでもないので、そのまま計算してしまうとよいでしょう。3,828×8%≒3,800×0.08＝38×8＝304（件）、1,723×14%≒1,700×0.14＝17×14＝238（件）となるので、平成27年は平成26年よりも多いことがわかります。

❷✕　標的型メール攻撃の件数について、平成29年の対前年増加率を検討するために平成28年→平成29年の件数を見ると、4,046→6,027と増加しており、明らかに2倍までは増えていないことがわかります。一方、例えば平成26年→平成27年の件数を見ると、1,723→3,828と増加しており、1,723を1,800と多めに見積もって2倍しても1,800×2＝3,600（件）ですから、3,828件に増加しているということは2倍以上になっているということです。したがって、対前年増加率が最高なのは少なくとも平成29年ではありません。

❸◯　ばらまき型の標的型メール攻撃の件数は「総数×構成比」の計算をしないと求めることができません。そこで、まずは式を作って大小関係を考えてみましょう。平成25年からの件数について式を立てると、以下のようになります。

平成25年…492×53%
平成26年…1,723×86%
平成27年…3,828×92%
平成28年…4,046×90%
平成29年…6,027×97%

　ここでは「実数の倍率＝総数の倍率×構成比の倍率」で大小を検討してみましょう。選択肢の記述にある平成26年の対前年増加率は、平成25年→平成26年、つまり492×53%→1,723×86%の増加率です。総数を見ると492→1,723ですが、500×3でも1500ですから、492→1,723は明らかに3倍以上になっています。同様に、構成比は53%→86%ですが、これも33%の増加になっていて、53%の半分でも26.5%ですから、33%の増加は1.5倍以上になっています。つまり、トータルでは3×1.5＝4.5（倍）以上になっていることは確実です。

　では他にここまで増えている年があるかというと、平成26年→平成27年は1,723×86%→3,828×92%ですが、総数は2倍以上になっているものの、構成比がほとんど増えていません。平成27年→平成28年は3,828×92%→4,046×90%ですが、総数はほとんど増えておらず、構成比は減ってしまっています。平成28年→平成29年は4,046×90%→6,027×97%ですが、総数は1.5倍くらいで

すが、構成比がやはりそこまで増えていません。したがって、トータルで4.5倍以上になっているのは平成25年→平成26年しかありません。したがって、ばらまき型の標的型メール攻撃の件数の対前年増加率が最高なのは平成26年です。

❹✕　平成29年の対前年増加数は、平成28年→平成29年で4,046→6,027ですから、6,027－4,046＝1,981（件）です。一方、平成27年の対前年増加数は、平成26年→平成27年で1,723→3,828ですから、3,828－1,723＝2,105（件）です。したがって、前年と比べて最も増加したのは平成29年ではありません。

❺✕　「いずれの年も」という記述なので、1年でもこの記述に反するものがあれば誤りとなります。そこで、なるべく前年と比べて減少していそうな年に着目しましょう。例えば平成28年→平成29年が当てはまります。

　総数は4,046→6,027で1.5倍程度ですが、構成比が10％→3％で約$\frac{1}{3}$まで減っていることがわかります。したがって、「実数の倍率＝総数の倍率×構成比の倍率」より、$1.5 \times \frac{1}{3} = \frac{15}{10} \times \frac{1}{3} = \frac{1}{2}$（倍）となり、平成28年→平成29年は約$\frac{1}{2}$に減っているので減少しています。

　なお、実際に計算すると、平成28年は4,046×10％＝404.6（件）、平成29年は6,027×3％≒6,030×3％＝180.9（件）となるので、やはり減っていることが確かめられます。

解法ナビゲーション

次の図は平成7年（H7）から平成22年（H22）までの間、5年ごとに表わされた産業種別就業者割合に関する資料である。図から読み取れるア〜ウの記述の正誤の組合せとして、最も妥当なのはどれか。

警Ⅰ 2018

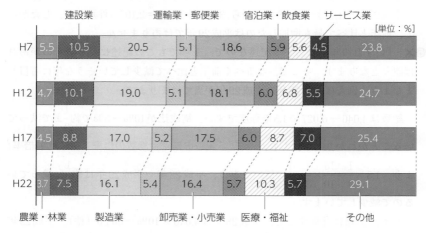

（※ 図中の割合は、端数処理により合計が100%にならない場合がある。）

ア 農業・林業について、前回調査に対する就業者割合の減少率が最も大きいのは、H22である。

イ H17において、前回調査に対する就業者割合の減少率が最も大きい業種は、卸売業・小売業である。

ウ H7に対するH22の就業者割合の減少率が最も大きい業種は、農業・林業である。

	ア	イ	ウ
❶	正	正	正
❷	正	正	誤
❸	正	誤	正
❹	誤	正	正
❺	誤	正	誤

［解説・答案］

🍄 着眼点

　構成比のみの資料は本試験ではほとんど出題されないのですが、万が一出てきたときのために対策しておくとよいでしょう。本問は構成比のみの資料ですが、記述が三つとも「就業者割合」の数値自体を題材にしているので、すべて判断できます。これが「就業者」の数値の大小を比較させる記述になると、**判断ができなくなります**。くれぐれも選択肢の記述には注意してください。

ア〇　農業・林業の就業者割合の推移を見ると、H7→H12→H17→H22で5.5→4.7→4.5→3.7と変化しています。減少率が大きくなるのは、基準となる値が小さく、減少量が大きいところです。H12→H17は4.7→4.5で、基準が4.7と大きく、そこから0.2しか減っていない一方、H17→H22は4.5→3.7で、基準が4.5と小さく、そこから0.8も減っています。したがって、H17よりもH22のほうが減少率は大きいといえます。また、H7→H12は5.5→4.7で減少量は0.8と同じですが、基準が5.5と大きいので、やはりH12よりもH22のほうが減少率は大きいといえます。したがって、減少率が最も大きいのはH22です。

イ✕　**ア**と同様に、基準となる値が小さく、減少量が大きいところを探してみるとよいでしょう。H12→H17で卸売業・小売業は18.1→17.5に減少しており、減少量は0.6です。これより基準が小さく減少量が大きいものとして、建設業が挙げられます。建設業は10.1→8.8に減少しており、基準となる値が10.1と小さいうえに、減少量は1.3ですから大きいですね。したがって、就業者割合の減少率が最も大きい業種は卸売業・小売業ではありません。

ウ〇　これもまずは**ア・イ**同様に、基準となる値が小さく、減少量が大きいところに目をつけます。H7→H22で農業・林業は5.5→3.7に減少しています。基準となる値が5.5、減少量は5.5－3.7＝1.8です。これを踏まえて他の項目を見ると、運輸業・郵便業、医療・福祉、サービス業、その他は増えているので減少率が最大になることはあり得ません。また、宿泊業・飲食業は5.9→5.7で減少していますが、基準となる値が5.9と大きく、5.9－5.7＝0.2しか減少していないので、これも候補にはならないと考えられます。そこで、残った建設業、製造業、卸売業・小売業を検討してみましょう。

　まず、農業・林業は5.5→3.7で1.8の減少であり、5.5の10%が0.55≒0.6なので、1.8の減少は少なくとも30%以上の減少率となります。

　建設業は10.5→7.5で3.0の減少であり、10.5の10%が1.05なので、3.0の減少は大きくても30%未満の減少率となります。

　製造業は20.5→16.1で4.4の減少であり、20.5の10%が2.05なので、4.4の減少は大きくても30%未満の減少率となります。

　卸売業・小売業は18.6→16.4で2.2の減少であり、18.6の10%が1.86なので、2.2の減少は大きくても20%未満の減少率となります。

　よって、減少率が最も大きいのは農業・林業です。

過去問にチャレンジ

問題1
★

下のグラフは、2006年と2016年における世界全体の国内総生産（GDP）の国別の構成比をまとめたものである。このグラフから判断できることとして、次のア～ウの正誤の組合せのうち、最も妥当なのはどれか。

消Ⅰ 2018

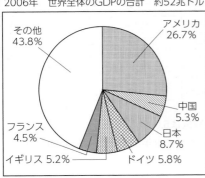

2006年 世界全体のGDPの合計 約52兆ドル

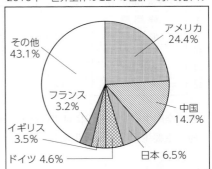

2016年 世界全体のGDPの合計 約76兆ドル

ア 日本の2016年のGDPは、2006年と比較して減少した。

イ 2006年から2016年までのGDP増加額を比較すると、アメリカよりも日本、ドイツ、イギリス、フランスの4か国の合計の方が高い。

ウ 中国の2016年のGDPは、2006年と比較して3倍以上増加した。

	ア	イ	ウ
❶	正	誤	正
❷	正	正	誤
❸	誤	正	正
❹	誤	正	誤
❺	誤	誤	正

問題2 ★ 下の表は、2010年から2014年までの養殖うなぎの全国生産量と、主要生産県４県とその他の都道府県の生産量占率をまとめたものである。この表から判断できることとして、最も妥当なのはどれか。

消Ⅰ2016

	年	2010年	2011年	2012年	2013年	2014年
全国生産量（単位：t）		20,533	22,028	17,377	14,204	17,627
主要生産県の占率	静岡県	8.8%	8.5%	9.4%	9.8%	8.5%
	愛知県	24.4%	26.3%	23.5%	22.1%	27.9%
	宮崎県	16.6%	18.6%	17.9%	20.0%	18.0%
	鹿児島県	39.9%	38.4%	41.3%	40.5%	38.8%
	その他の都道府県	10.3%	8.2%	7.9%	7.6%	6.8%

❶ 全国生産量の前年に対する最大の増減量は5,000t以上ある。

❷ 主要生産県４県の生産量の合計は、すべての年で全国生産量の90%以上ある。

❸ 主要生産県４県の生産量の順位はすべての年で変わらない。

❹ 静岡県と愛知県の生産量の合計は、すべての年で全国生産量の３分の１以上ある。

❺ 鹿児島県の生産量が最大であった年は、2010年である。

問題3
★

次の表は、我が国のバターの輸入量の推移について、輸入相手国別の構成比を示したものである。この表から確実にいえることとして、最も妥当なのはどれか。

警Ⅰ 2018

（単位：%）

	平成24年度	平成25年度	平成26年度	平成27年度	平成28年度
オーストラリア	18.0	8.9	4.6	3.2	3.6
ニュージーランド	45.0	68.8	58.6	65.3	47.6
ア メ リ カ	9.1	5.2	9.4	0.4	0.1
オ ラ ン ダ	26.2	10.8	20.9	13.0	25.3
ド イ ツ	0.4	0.1	4.5	9.5	14.1
そ の 他	1.3	6.2	2.0	8.6	9.3
合 計	100.0 (10,836)	100.0 (4,386)	100.0 (14,189)	100.0 (13,913)	100.0 (12,860)

（注）（ ）内の数値は、バターの輸入量の合計（単位：t）を示す。

❶ 平成26年度のニュージーランドからの輸入量は、前年度のそれの2倍を上回っている。

❷ 平成25年度以降のオーストラリアからの輸入量は毎年度減少している。

❸ 表中の全年度のオランダからの輸入量を合計しても10,000tに満たない。

❹ 平成25年度のアメリカからの輸入量は、平成28年度のオーストラリアからの輸入量よりも多い。

❺ 平成28年度のドイツからの輸入量は、前年度のそれと比べると1,000t以上増加している。

下の表は、平成23年における大豆の生産量の上位10県について、平成23年と平成28年の都道府県別生産割合と、全国の生産量の合計を表したものである。この表から言えることとして最も妥当なものはどれか。

裁判所 2019

大豆の生産量上位都道府県生産割合 (%)

	平成23年	平成28年
北海道	27.4	35.0
佐賀	8.8	5.3
福岡	7.6	5.1
宮城	7.4	7.8
秋田	4.6	5.4
新潟	4.1	4.2
滋賀	3.7	4.3
富山	3.2	2.6
山形	3.1	3.3
青森	2.9	3.1
全国生産量 (t)	218,769	235,462

(農林水産省「大豆関連データ集」『大豆生産都道府県順位』より作成)

❶ 平成23年の富山県の生産量は、平成28年の山形県の生産量よりも多い。

❷ 平成23年の秋田県の生産量は、平成28年の新潟県の生産量よりも多い。

❸ 平成23年、平成28年のどちらも、上位5県で全国の生産量の60%を超えている。

❹ 平成23年度の北海道と佐賀県を合わせた生産量は、平成28年の北海道の生産量よりも多い。

❺ 青森県の平成23年と平成28年の生産量を比べると、平成28年のほうが1,000t以上多い。

問題5

★★

次の図から正しくいえるのはどれか。

都Ⅰ 2013

建設機械の業種別購入台数の構成比の推移

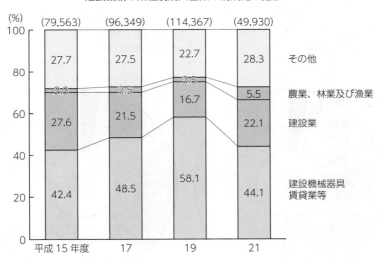

(注) ( ) 内の数値は, 購入台数の合計 (単位：台) を示す。

❶ 平成15年度から19年度までを2年度ごとにみると、建設業の購入台数が最も多いのは15年度であり、次に多いのは19年度である。

❷ 平成15年度から21年度までを2年度ごとにみると、その他の購入台数は、いずれの年度も26,000台を下回っている。

❸ 平成17年度における農業、林業及び漁業の購入台数を100としたとき、21年度における農業、林業及び漁業の購入台数の指数は120を上回っている。

❹ 平成17年度に対する19年度の購入台数の比率について業種別にみると、最も大きいのは建設機械器具賃貸業等であり、最も小さいのは建設業である。

❺ 平成21年度についてみると、建設機械器具賃貸業等の購入台数は建設業の購入台数を12,000台以上、上回っている。

次の図から確実にいえるのはどれか。

一次エネルギー供給量及びそのエネルギー源別構成比の推移

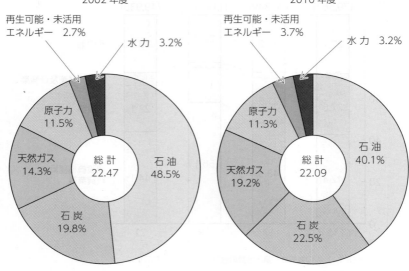

(注) 一次エネルギー供給量の単位　10^{18} J

❶　2002年度の天然ガスの供給量は、2010年度のそれの80%を超えている。

❷　一次エネルギー供給量の総計の2002年度に対する2010年度の減少量に占める水力の供給量のそれの割合は、5%を超えている。

❸　2002年度の石炭の供給量を100としたときの2010年度のそれの指数は、120を上回っている。

❹　「再生可能・未活用エネルギー」の供給量の2002年度に対する2010年度の増加率は、天然ガスの供給量のそれの1.5倍より大きい。

❺　石油の供給量の2002年度に対する2010年度の減少率は、原子力の供給量のそれの5倍より大きい。

問題7
★★
表は、A国の輸入相手国別の割合とA国の輸入総額の指数（2008年＝100）を示したものである。これから確実にいえるのはどれか。

国般2012

	2008年	2009年	2010年
日　本	13.3%	13.0%	12.6%
韓　国	9.9 %	10.2%	9.9 %
米　国	7.2 %	7.7%	7.3 %
ドイツ	4.9 %	5.6%	5.3 %
マレーシア	2.8 %	3.2%	3.6 %
その他	61.9%	60.3%	61.3%
輸入総額指数	100	89	123

❶　日本からの輸入額は、3年連続で減少している。

❷　韓国からの輸入額について、対前年変化率をみると、2009年と2010年はほぼ等しい。

❸　2009年について、前年と比べ輸入額が増加しているのは米国のみである。

❹　ドイツからの輸入額について、2008年を100とすると、2010年の指数は120を下回っている。

❺　2010年のマレーシアからの輸入額は、2008年の1.5倍以上となっている。

第5章 資料解釈の基本

図Ⅰは児童相談所における児童虐待に関する相談対応件数の推移を、図Ⅱはその相談種別構成割合の推移を示したものである。これらから確実にいえるのはどれか。

国専2018

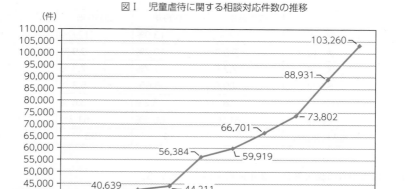

図Ⅰ　児童虐待に関する相談対応件数の推移

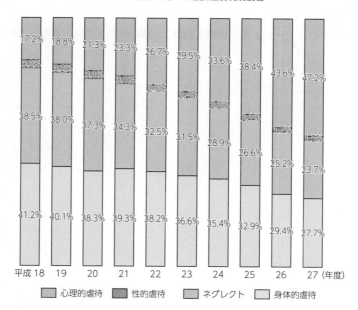

図Ⅱ　児童虐待に関する相談種別構成割合

心理的虐待　性的虐待　ネグレクト　身体的虐待

(注) 四捨五入の関係により構成割合の合計が100%にならない場合がある。

❶ 平成19～27年度における相談対応件数は、いずれの年度においても前年度と比べて1.2倍未満である。

❷ 平成19年度のネグレクトの相談対応件数は、平成23年度のそれより少ない。

❸ 平成22年度の身体的虐待の相談対応件数の対前年度増加率は、平成23年度のそれより小さい。

❹ 平成27年度の性的虐待の相談対応件数は、平成20年度のそれの1.5倍を上回っている。

❺ 平成27年度の心理的虐待の相談対応件数は、平成24年度のそれに比べ、3万件以上増加している。

問題9
★

下の表は、全国の朝食を食べる児童・生徒の割合をまとめたものである。この表から判断できることとして、最も妥当なのはどれか。

消Ⅰ 2017

年度	学年	毎日食べている	どちらかと言えば食べている	あまり食べていない	全く食べていない
平成13年度	小学6年生	74.4%	17.6%	5.4%	2.6%
	中学3年生	68.8%	18.2%	7.4%	5.6%
平成15年度	小学6年生	75.8%	16.7%	5.0%	2.5%
	中学3年生	70.2%	17.3%	7.0%	5.5%
平成20年度	小学6年生	87.2%	8.3%	3.7%	0.8%
	中学3年生	81.2%	10.8%	5.7%	2.3%
平成22年度	小学6年生	89.0%	7.4%	3.0%	0.6%
	中学3年生	83.7%	9.6%	4.8%	1.9%
平成24年度	小学6年生	88.7%	7.4%	3.1%	0.8%
	中学3年生	84.1%	9.6%	4.5%	1.8%
平成27年度	小学6年生	87.5%	8.1%	3.5%	0.9%
	中学3年生	83.8%	9.6%	4.7%	1.9%

❶ 小学6年生、中学3年生ともに朝食を「全く食べていない」児童・生徒の数は減少している。

❷ 平成15年度と比べ、平成20年度における「あまり食べていない」中学3年生の数は減少している。

❸ 平成15年度の「あまり食べていない」中学3年生の生徒数よりも平成24年度の「どちらかと言えば食べている」小学6年生の児童数のほうが多い。

❹ 全ての調査年度において「どちらかと言えば食べている」中学3年生の生徒数は、「あまり食べていない」中学3年生と「全く食べていない」中学3年生の生徒数の合計よりも多い。

❺ 「毎日食べている」児童・生徒の割合は、小学6年生も中学3年生も調査年ごとに増加し続けている。

4 指数の資料

学習のポイント

- 指数は選択肢の記述として登場することが多く、指数が資料として出題される頻度はそこまで高くありません。
- 指数の資料では、基準を惑わせる選択肢が多く登場しますので、大小関係などを比較する際に「基準が同じかどうか」は常に意識するようにしましょう。基準が同じであれば指数だけで大小関係を比較することができ、指数の差で増加量や減少量の大小も判断ができます。

指数の資料は多くの場合、**実数が明らかになっていません**。ですから、実数が明らかになっていない構成比の問題と同じく、**実数の大小の比較ができるのか、できないのかの区別**をしっかりと付けられるようにしておく必要があります。特に本試験で出題される指数の資料では、**基準の読み間違いを誘う出題**が多くなります。

例題 1

以下は、A、B、C県の2019年および2020年のコメの作況指数を、それぞれの県の2018年の生産量を100として表したものである。

	A県	B県	C県
2019年	100	105	95
2020年	110	98	105

(1) 2018年に対する2019年のA、B、C県の生産量の増加率を求めなさい。

(2) 2019年のA県、B県、C県、それぞれの県のコメの生産量を比べたとき、最も大きい県はどれか。

(3) C県について、2019年と2020年のコメの生産量を比べたとき、生産量が多いのはどちらか。

(1) A県は2018年が100、2019年も100です。よって、生産量は2018年と同じなので、増加率は0%です。

B県は2018年が100、2019年は105です。よって、生産量は2018年の5%増（×1.05）なので、増加率は5%です。

C県は2018年が100、2019年は95です。よって、生産量は2018年の5%減（×0.95）なので、増加率は−5%です。

(2)　一見すると、2019年はB県の生産量が最も多いように見えますが、A県、B県、C県それぞれの生産量を比較しようとしても、基準となる生産量（各県の2018年の生産量）が異なるので、実数の大小を比較することができません。例えば、2018年の生産量がA県は100万t、B県は10万tだったとすると、2019年の生産量はA県が100万t、B県が2018年より5％の増加率なので10.5万tとなり、A県のほうが多くなってしまいます。各県の2018年の生産量次第で、各県の2019年、2020年の生産量もばらばらに変わってしまうので、生産量の比較をすることができないわけです。

(3)　2018年のC県の生産量（実数）がわかっていないので、(2)と同様にC県の2019年と2020年の生産量を比較できないようにも見えるのですが、この場合は比較をすることができます。例えば、C県の生産量について2018年が100万tであれば、2019年は5％の減少率なので95万t、2020年は5％の増加率なので105万tとなります。C県の生産量について2018年が1,000万tであれば、2019年は5％の減少率なので950万t、2020年は5％の増加率なので1,050万tとなります。いずれにしても2020年のC県の生産量のほうが多いことがわかるのです。このように、どちらもC県の2018年が基準になっており、基準となる値が同じであるときは、実数の大小の比較をすることができるのです。

例題2　表はA国とB国のそれぞれについて、2016年の人口の指数を100としたときの、2017年から2020年の人口を指数で表したものである。この表から(1)～(4)が確実にいえるかどうか答えよ。

	2017年	2018年	2019年	2020年
A国	100.5	104.2	99.3	99.1
B国	102.7	102.1	99.7	98.9

(1)　2017年の人口についてA国とB国を比べると、B国のほうが多い。

(2)　A国の2017年の人口と2018年の人口を比較すると、2018年のほうが多い。

(3)　A国の2019年の人口の対前年減少数は、B国の2019年の対前年減少数よりも大きい。

(4)　B国の2020年の対前年減少数は、B国の2019年の対前年減少数よりも小さい。

(1)　×　基準となる値が異なるので、**判断できません**。例えば、2016年のA国

の人口が1億人、B国の人口が100万人であれば、A国のほうが2017年の人口は多くなってしまいます。これは、基準となる値がA国とB国で異なるためです。

(2) ○ 基準となる値が同じなので、判断できます。例えば、2016年のA国の人口が100万人であれば、2017年は100.5万人、2018年は104.2万人で、2018年のほうが多くなります。2016年のA国の人口が1,000万人であれば、2017年は1,005万人、2018年は1,042万人で、やはり2018年のほうが多くなります。これは、基準となる値がいずれも2016年のA国の人口で同じためです。

(3) × (1)と同様に、基準となる値が異なるので、判断できません。

(4) ○ (2)と同様に、基準となる値が同じなので、判断できます。B国の人口を表す指数は2018年→2019年→2020年で102.1→99.7→98.9となっており、減少数は2.4→0.8です。指数100がどんな実数だったとしても、2019年の減少数が大きく、2020年の減少数が小さくなります。

次の図から確実にいえるのはどれか。

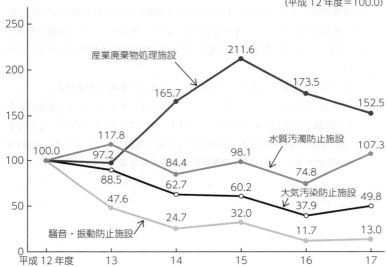

公害防止設備投資の施設別投資額の指数の推移
（平成 12 年度＝100.0）

① 平成13年度から平成16年度までの各年度のうち、大気汚染防止施設への投資額の対前年度減少率が最も少ないのは、平成13年度である。

② 平成13年度から平成17年度までの各年度とも、産業廃棄物処理施設への投資額は、大気汚染防止施設への投資額を上回っている。

③ 平成15年度の水質汚濁防止施設への投資額の対前年度増加額は、平成13年度のそれを下回っている。

④ 図中の各施設のうち、平成16年度における投資額の対前年度減少率が最も大きいのは、産業廃棄物処理施設である。

⑤ 平成17年度において、水質汚濁防止施設への投資額の対前年度増加率は、騒音・振動防止施設への投資額のそれの 6 倍より大きい。

🍄 **着眼点**

　一見すると、平成12年がどの施設も同じ値であるかのように見えてしまうグラフで、このグラフ自体がある意味引っ掛けといえるかもしれません。ここでの基準は「各施設での平成12年度の投資額」ですから、施設が異なれば投資額の大小の比較はできません。本問はまさに指数の資料における定着の引っ掛けが仕込まれている問題ですので、どの選択肢も確実に処理できるようにしましょう。

本問は平成12年度を指数100.0とおいています。つまり、違う年度であっても同じ施設であれば、基準となる値は平成12年度の同じ施設なので、比較することができます。

❶✕ 投資額の対前年度減少率は、同じ施設であれば基準となる値が共通しているので、指数でも比較することができます。

平成13年度の大気汚染防止施設への投資額の対前年度減少率を求めましょう。平成12年度→平成13年度の指数は100.0→88.5となるので、減少した指数は100.0−88.5＝11.5です。ここで基準となる値は前年の指数100.0なので、減少率はそのまま**11.5%**となります。

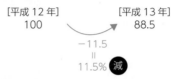

では、対前年度減少率がもっと少なそうな、つまりほとんど減っていなさそうな他の年度を探しましょう。例えば、前年から指数があまり減っていない平成15年度が挙げられます。平成15年度の大気汚染防止施設への投資額の対前年度減少率を求めると、平成14年度→平成15年度の指数は62.7→60.2になっており、減少した指数は62.7−60.2＝2.5です。ここで基準となる値は平成14年度の指数62.7ですが、62.7の1％は約0.6であり、0.6×4＝2.4ですから、2.5は約**4%**であり、減少率は約4％であることがわかります。

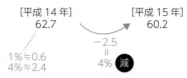

よって、平成13年度から平成16年度までの各年度のうち、大気汚染防止施設への投資額の対前年度減少率が最も少ないのは、平成13年度ではありません。

❷✕ 本問は平成12年度を指数100.0とした資料ですから、違う年度の同じ施設どうしでないと比較はできません。本肢のように、産業廃棄物処理施設への投資額と大気汚染防止施設への投資額とでは、基準となる値が異なるので、指数だけでは比較ができません。

❸○ 平成15年度と平成13年度の水質汚濁防止施設への投資額の対前年度増加額

は、同じ施設の違う年度の大小の比較だけなので、指数でそのまま比較することができます。

平成12年度→平成13年度の指数は100.0→117.8なので、平成13年度の投資額の対前年度増加額は指数でいうと117.8－100.0＝17.8となります。同様に、平成14年度→平成15年度の指数は84.4→98.1なので、平成15年度の投資額の対前年度増加額は指数でいうと98.1－84.4＝13.7となります。

［平成12年］　　　　　　　　［平成13年］　　　［平成14年］　　　　　　　　［平成15年］
100　　　　　　　　　　　　117.8　　　　　84.4　　　　　　　　　　98.1
　　　　　　+17.8　　　　　　　　　　　　　　+13.7

以上より、平成13年度よりも平成15年度のほうが対前年度増加額は下回っていることがわかります。よって、平成15年度の水質汚濁防止施設への投資額の対前年度増加額は、平成13年度のそれを下回っています。

④✕　**②**で説明したとおり、本問は平成12年度を指数100.0とした資料ですから、違う年度の同じ施設どうしでしか大小の比較はできません。ですが、投資額の対前年度減少率の比較であれば、減少率自体は施設ごとに求めることができ、その数値自体を比較するだけなので判断は可能です。ここは**②**と違う部分なので、区別できるようにしてください。平成16年度の投資額の対前年度減少率が最も大きそうなものとして、産業廃棄物処理施設以外に考えられるのは騒音・振動防止施設です。

平成16年度の産業廃棄物処理施設および騒音・振動防止施設へ投資額の対前年度減少率を検討すると、平成15年度→平成16年度で産業廃棄物処理施設は211.6→173.5、騒音・振動防止施設は32.0→11.7になっています。

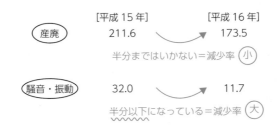

［平成15年］　　　　　　　　［平成16年］
産廃　　　211.6　　　　　　　　173.5
　　　　半分まではいかない＝減少率 小

騒音・振動　　32.0　　　　　　　11.7
　　　　半分以下になっている＝減少率 大

計算するまでもなく、産業廃棄物処理施設は半分以下になっていませんが、騒音・振動防止施設は半分以下になっていることが明らかです。よって、図中の各施設のうち、平成16年度における投資額の対前年度減少率が最も大きいのは、産業廃棄物処理施設であるとはいえません。

⑤✕　平成17年度の水質汚濁防止施設への投資額の対前年度増加率を求めて、平

成17年度の騒音・振動防止施設への投資額の対前年度増加率の6倍を上回るかどうかを調べましょう。

　平成17年度の水質汚濁防止施設への投資額の対前年度増加率を求めると、平成16年度→平成17年度の指数は74.8→107.3で、増加した指数は107.3－74.8＝32.5です。ここで基準となる値は平成16年度の指数74.8であり、74.8の10％は約7.5ですから、32.5は約40％強であり、増加率は約**40％強**となります。

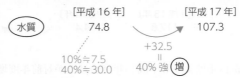

　平成17年度の騒音・振動防止施設への投資額の対前年度増加率を求めると、平成16年度→平成17年度の指数は11.7→13.0で、増加した指数は13.0－11.7＝1.3です。ここで基準となる値は平成16年度の指数11.7であり、11.7の10％は1.17、1％は0.117ですから、1.3は約11％で、増加率は約11％、その6倍は11×6＝**66**（％）となります。

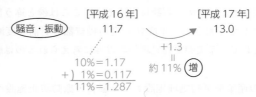

　よって、平成17年度において、水質汚濁防止施設への投資額の対前年度増加率は、騒音・振動防止施設への投資額のそれの6倍より小さいです。

過去問にチャレンジ

問題1
★

次の表から確実にいえるのはどれか。

区Ⅰ 2005

飲用牛乳等の生産量の指数の推移

（平成9年＝100.0）

区　　分	平成9年	10	11	12	13	14
飲 用 牛 乳	100.0	97.0	94.4	92.5	90.1	89.0
乳 飲 料	100.0	103.2	109.1	105.3	106.7	102.8
は っ 酵 乳	100.0	106.6	119.2	115.3	113.6	130.8
乳酸菌飲料	100.0	97.8	96.2	94.0	95.7	98.9

❶　平成10年から平成12年までの各年のうち、乳酸菌飲料の生産量の対前年
減少率が最も大きいのは、平成11年である。

❷　平成10年の飲用牛乳の生産量を100としたときの平成14年のそれの指数
は、90を下回っている。

❸　平成10年において、はっ酵乳の生産量の対前年増加量は、乳飲料のそれ
の2倍を上回っている。

❹　平成10年から平成14年までの各年のうち、飲用牛乳の生産量の対前年減
少量が最も大きいのは、平成10年である。

❺　表中の各区分のうち、平成12年における生産量の対前年減少率が最も大
きいのは、はっ酵乳である。

次の表から確実にいえるのはどれか。

区Ⅰ 2007

我が国における商品の特殊分類別輸入額の指数の推移

(平成12年＝100.0)

区　　　　　分	平成12年	13	14	15	16
総　　　　　額	100.0	103.6	103.2	108.4	120.2
食料・その他の直接消費財	100.0	106.3	107.1	104.5	109.2
工　業　用　原　料	100.0	101.6	98.9	108.8	125.1
資　　　本　　　財	100.0	101.2	102.3	106.6	118.0
非　耐　久　消　費　財	100.0	109.5	106.2	108.2	112.5
耐　久　消　費　財	100.0	109.0	112.4	115.5	124.0
そ　　　の　　　他	100.0	115.9	128.3	116.2	130.5

❶ 平成13年から平成16年までの各年とも、商品の特殊分類別輸入額の総額に占める耐久消費財の輸入額の割合は、前年のそれを上回っている。

❷ 資本財の輸入額の平成14年に対する平成16年の増加率は、食料・その他の直接消費財の輸入額のそれの5倍より小さい。

❸ 平成14年において、工業用原料の輸入額の対前年減少率は、非耐久消費財の輸入額のそれより大きい。

❹ 平成15年において、耐久消費財の輸入額の対前年増加額は、非耐久消費財の輸入額のそれを下回っている。

❺ 平成16年における資本財の輸入額の対前年増加率は、平成15年におけるそれの2倍より大きい。

★ ★ 次の表は、主な国の訪日外客数の推移について、2012年の値を100.0として示したものである。この表から言えることとして、最も妥当なのはどれか。

警Ⅰ 2017

	2012年	2013年	2014年	2015年	2016年
韓国	100.0	120.2	134.9	195.9	249.2
中国	100.0	92.2	169.1	350.4	447.2
台湾	100.0	150.8	193.1	250.9	284.3
香港	100.0	154.9	192.2	316.5	381.8
米国	100.0	111.5	124.6	144.2	173.4
総数	100.0	124.0	160.5	236.1	287.6

❶ 2012年から2016年にかけて、総数に占める台湾の訪日外客数の割合は毎年増加している。

❷ 2013年から2016年にかけて、韓国の訪日外客数の対前年増加率は毎年増加している。

❸ 2013年における韓国と中国の訪日外客数の合計は、2012年のそれを上回る。

❹ 2013年から2016年にかけて、香港の訪日外客数の対前年増加率が最も高かった年は、2015年である。

❺ 2014年における各国の指数を100.0に置き換え、それに対応した2016年の各国の指数を比べると米国が最も大きい。

5 増加量・増加率の資料

学習のポイント

- 増加量のみの資料はほとんど出題されることがないので、特に学習に時間を
  かける必要はないでしょう。このタイプの資料は、大半のことが資料から読
  み取れず、ただ対前年増加率が最大であるところが読み取れることがある程
  度です。そのあたりが正解に絡んでくることが多いと考えておきましょう。
- 増加率の資料は出題頻度が極めて高いといえます。選択肢の検討手順も必ず
  覚えて使えるようにしましょう。

1 増加量のみの資料

(1) 増加量のみの資料の基本

　対前年増加量などの、増えた量の実数のみが示された資料もあります。増加量は
確かに実数ではありますが、基準となる値が実数として示されていない場合、基準
となる値が同じでなければ、増加後の実数の大小の比較などはできません。このあ
たりの考え方は、構成比のみの資料や指数の資料と同じですね。

(2) 対前年増加量のみの資料における対前年増加率の読み取り

　対前年増加量のみが示された資料であっても、対前年増加率が最大になっている
部分がわかることがあります。そのためには、以下の2点を探しましょう。

　　① 基準となる値の実数が最小である
　　② 増加量が最大である

　前述した対前年増加率が最大のところを探す際にも説明しています。**基準がなる
べく小さくて、そこから大きく増えていればよい**わけですから、この2点を両方と
も満たせば、対前年増加率が最大であることは読み取れるのです。次の例題で考え
てみましょう。

例題1　以下はある企業において、2017年から2020年までのA製品の生産量の対前年増加量を表した資料である。このとき、対前年増加率が最も大きい年はどれか。

2017年	2018年	2019年	2020年
＋100	＋100	＋100	＋100

　わかりやすくするために、例えば2016年の生産量を100とおいて考えてみるとよいでしょう。そうすると、生産量は2016年から2020年まで、順に100、200、300、400、500となりますね。ここで対前年増加率に着目してみましょう。最も大きいのは2016年→2017年の100％（＝2倍）であることがわかります。そこから順番に50％、約33％、25％となります。

	[2016年]	[2017年]	[2018年]	[2019年]	[2020年]
生産量	100	200	300	400	500
増加量		＋100	＋100	＋100	＋100
増加率（倍率）		100％（×2）	50％（×1.5）	33％（約×1.33）	25％（×1.25）

基準となる値　⑩　──────────────────────▶　(大)

　なぜこのようになるかというと、まず①**2017年の対前年増加率の基準となる値が2016年の100で最小であること**、そして、②**（すべて同じではありますが）増加量が100で最大だからです**。この2点を満たすので、2017年が対前年増加率は最大だとわかるわけです。

　このように、対前年増加量のみが示されている資料で対前年増加率が最大であるというには、増加数が最大だということだけでは足りません。ここは間違えやすいので注意しましょう。特に引っ掛かりやすいのが、次の例題のようなケースです。

例題2　以下はある企業において、2019年と2020年のB製品の生産量の対前年増加量を表した資料である。このとき、対前年増加率が大きい年はどちらか。

2019年	2020年
＋100	＋200

　例えば、2018年の生産量の実数を以下のように①50、②100、③200の3通りに分けて考えてみましょう。

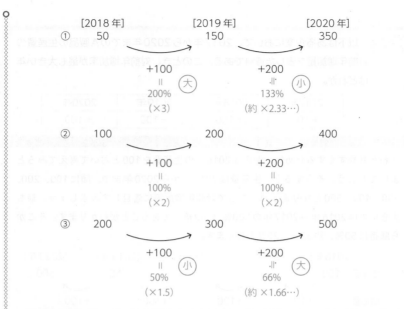

対前年増加率は①が2019年＞2020年、②が2019年＝2020年、③が2019年＜2020年となり、変わってしまうことがわかりますね。

このように、一見すると＋200で増加量の大きい2020年が増加率も大きいように見えるわけですが、実際には2018年の生産量の実数（基準となる値）がいくつであるかによって対前年増加率の大小が変わってしまい、増加率が最大になる年は判断ができないのです。これは、先ほどの「①基準となる値の実数が最小である」を満たしていないからなのです。

対前年増加量のみの資料で判断が難しい場合は、まず具体的に**極端に小さい数字と極端に大きい数字を当てはめて考えてみる**とわかりやすくなるでしょう。

2 対前年増加率の資料における計算

対前年増加率の資料の問題では、やはり多くの問題で実数が明らかになっていません。実数が示されていない構成比や指数の問題と同様に、**実数の大小の比較ができるもの、できないものを正しく区別できる**ようにしましょう。また、実数が示されていない対前年増加率の問題では、**基準となる値を100（指数）とおく**と検討しやすくなります。

以下の資料は、Ａ百貨店の売上の対前年増加率である。2017年から2020年について、それぞれ2016年を100とした値はいくらか。

2017年	2018年	2019年	2020年
＋3.0%	＋1.4%	－ 1.6%	－ 6.5%

　対前年増加率は、常に前年を基準とした増加率です。したがって、後ろの年になればなるほど、計算が面倒になってきます。それぞれの年は以下のように計算できます。

2017年…2016年の値×(1＋**0.03**)

$\underline{= 100 \times 1.03}_{\text{2016年の指数}} = 103$

2018年…2017年の値×(1＋**0.014**)

$\underline{= 100 \times 1.03}_{\text{2017年の指数}} \times 1.014 ≒ 104.4$

2019年…2018年の値×(1－**0.016**)

$\underline{= 100 \times 1.03 \times 1.014}_{\text{2018年の指数}} \times 0.984 ≒ 102.8$

2020年…2019年の値×(1－**0.065**)

$\underline{= 100 \times 1.03 \times 1.014 \times 0.984}_{\text{2019年の指数}} \times 0.935 ≒ 96.1$

わかりやすく図式化すると、以下のようになります。

[2016年]	[2017年]	[2018年]	[2019年]	[2020年]
100	103	104.4	102.8	96.1

＋3.0%	＋1.4%	－ 1.6%	－ 6.5%
＝	＝	＝	＝
×1.03	×1.014	×0.984	×0.935

このように、対前年増加率の資料の計算をする際には、前年の値を基準にしたときの増加率を一つひとつ処理していくことになります。

第5章
資料解釈の基本

3 増加率の資料における計算テクニック

(1) 近似法の計算

　前述の例題のように、2016年を100としたときに2020年の値を求める場合など
は、小数の掛け算の連続になってしまうため、**計算が非常に面倒**になります。そこ
で、このような増加率の計算で有効な方法として近似法があります。近似法とは、
おおよその値を求めるために増加率（減少率）の％（パーセント）の数字をそのま
ま加えてしまうという計算方法です。

> **例題1**　以下の資料は、A百貨店の売上の対前年増加率である。2017年から
> 2020年について、それぞれ2016年を100とした値はいくらか。
>
> | 2017年 | 2018年 | 2019年 | 2020年 |
> |--------|--------|--------|--------|
> | ＋3.0% | ＋1.4% | －1.6% | －6.5% |

> 　条件設定は先ほどの例題と全く同じですが、近似法で計算すると以下のようにな
> ります。前の計算結果と比べてみましょう。
> 2017年…2016年×**1.03** ＝ 100＋3.0 ＝ 103
> 2018年…2017年×**1.014** ≒ 103＋1.4 ＝ 104.4
> 2019年…2018年×**0.984** ≒ 104.4－1.6 ＝ 102.8
> 2020年…2019年×**0.935** ≒ 102.8－6.5 ＝ 96.3

　以上のように、ほぼ正確な値を求めることができます。ただし、近似法はあくま
で「近似値」を求める計算方法ですから、正確な値を求める方法ではありません。
したがって、以下の2点に注意してください。

> ① **選択肢の判断に困る微妙な値**になった場合は、正確に計算したほうがよい
> 　 です。ただし、その場合は基本的に後回しにしましょう。
> ② 　原則として増減率が10％未満の場合に使うようにしましょう。増減率が
> 　 10％以上になると誤差が大きくなりすぎます。その際には、次に紹介する
> 　 **10％単位の計算を併用**するとよいでしょう。

(2) 10％単位の計算

　増減率が10％以上になると、近似法の計算では大きな誤差が生じることになり
ます。そこで、10％単位の増減率については、基準となる値の10％単位の数量を
足す・引く方法で計算するとよいでしょう。これまでにも登場した「10％単位の計
算」を同時に使っていくわけです。

例題2 以下の資料は、B百貨店の売上の対前年増加率である。2016年の指数を100とすると、2020年の値はいくらか。

2017年	2018年	2019年	2020年
＋20%	＋40%	－10%	－30%

　正確に計算すると $100 × 1.2 × 1.4 × 0.9 × 0.7 = 105.84$ です。これを近似法で処理すると $100 + 20 + 40 - 10 - 30 = 120$ となり、約15も誤差が生じてしまいます。そこで、基準となる値の10％単位の計算で処理してみましょう。以下のようになります。

$100 × 1.2 × 1.4 × 0.9 × 0.7$

$= (100 \underline{+ 10 × 2}) × 1.4 × 0.9 × 0.7 →$ 100の20%（10%である10×2）を足す

$= 120 × 1.4 × 0.9 × 0.7$

$= (120 + 12 × 4) × 0.9 × 0.7 →$ 120の40%（10%である12×4）を足す

$= 168 × 0.9 × 0.7$

$= (168 - 17) × 0.7 →$ 168の10%（10%である16.8≒17）を引く

$= 151 × 0.7$

$= 151 - 15 × 3 →$ 151の30%（10%である15.1≒15×3）を引く

$= 151 - 45$

$= 106$

　このように、基準となる値の10％を足す・引くことで、計算の手間を省くこともできます。すでに計算方法として登場していますが、改めて確認しておきましょう。

(3) 近似法と10%単位の計算の併用例
　「近似法」と「10％単位の計算」は併用することもできます。ここでは併用の過程を説明しましょう。以下のようになります。

① 増減率の値を「10%単位」と「10%未満」に分ける
　例えば、「11.8%の増加率」であれば、これを「10％＋1.8%の増加率」に分

（第5章　資料解釈の基本）

けます。また、「**19.2%の増加率**」であれば、これを「**20%－0.8%の増加率**」に分けます。近似法で扱う数字は**なるべく小さいほうが誤差がより少なくなるの**で、19.2%の増加率は「10%＋9.2%」よりも「20%－0.8%」のほうがよいでしょう。

② 「10%未満」の増減率を先に近似法で計算する

「**111.2に対して11.8%の増加率**」であれば、**(111.2＋1.8)×1.1**のように計算します。まず1.8%の増加率の計算を近似法で行い、10%単位の計算（×1.1）は後回しにするわけです。

③ 最後に10%単位の計算を行う

「**111.2に対して11.8%の増加率**」であれば、$(111.2＋1.8)×1.1＝113×1.1$ $＝113＋11.3＝124.3$ のように計算します。113の10%に当たる11.3を足すわけですね。

なお、正確に計算すると、$111.2×(1＋0.118)＝111.2×1.118＝$ **124.3216** となり、ほとんど誤差が出ていないことがわかります。

例題3 以下の資料は、C百貨店の売上の対前年増加率である。2016年の指数を100とすると、2020年の値はいくらか。

2017年	2018年	2019年	2020年
＋20.3%	＋15.8%	－13.2%	－36.7%

正確に計算すると $100×1.203×1.158×0.868×0.633≒$ **76.5** です。すべて近似法で処理すると $100＋20.3＋15.8－13.2－36.7＝86.2$ となり、約10も誤差が生じてしまいます。そこで、**近似法と10%単位の計算の併用**で処理してみましょう。まずは増減率を「**10%単位**」と「**10%未満**」に分けると、以下のようになります。

2017年	2018年	2019年	2020年
＋20.3%	＋15.8%	－13.2%	－36.7%

↓　　　　　　↓　　　　　　↓　　　　　　↓

＋20%＋0.3%　＋20%－4.2%　－10%－3.2%　－40%＋3.3%

先に増減率を加えてから10%単位の計算をすると、以下のような式になります。

$(100 + 0.3 - 4.2 - 3.2 + 3.3) \times 1.2 \times 1.2 \times 0.9 \times 0.6$

$= 96.2 \times \underline{1.2} \times 1.2 \times 0.9 \times 0.6$

$\fallingdotseq (96.2 + 9.6 \times 2) \times 1.2 \times 0.9 \times 0.6$　　←96.2 × 10% ≒ **9.6 を二つ足す**

$= 115.4 \times \underline{1.2} \times 0.9 \times 0.6$

$\fallingdotseq (115.4 + 11.5 \times 2) \times 0.9 \times 0.6$　　←115.4 × 10% ≒ **11.5 を二つ足す**

$= 138.4 \times \underline{0.9} \times 0.6$

$\fallingdotseq (138.4 - 13.8) \times 0.6$　　←138.4 × 10% ≒ **13.8 を一つ引く**

$= 124.6 \times \underline{0.6}$

$\fallingdotseq 124.6 - 12.5 \times 4$　　←124.6 × 10% ≒ **12.5 を四つ引く**

$= 74.6$

　これである程度誤差を抑えつつ計算することができます。ちなみに、掛け算は順番を変えても計算結果は同じなので、計算しやすいところを「$1.2 \times 1.2 = 1.44$」「$0.9 \times 0.6 = 0.54$」のように計算するのもよいでしょう。

$96.2 \times 1.2 \times 1.2 \times 0.9 \times 0.6$

$= 96.2 \times 1.44 \times 0.54$

$\fallingdotseq 96.2 \times \underline{0.72}$　　←「1.44×0.54」を約半分として計算

$\fallingdotseq 100 \times 0.72$

$= 72$

　上記はかなり雑な計算ですが、「$\times 0.54$」を少し減らして「$\times 0.5$」、「96.2」を少し増やして「100」という感じで（多少強引ですが）バランスを取っています。計算しやすい方法を考えてみるとよいでしょう。

⑷　近似法の仕組み

　そもそも上記で説明した近似法はどのように誤差が生まれるのか、簡単に説明しておきましょう。以下の内容は応用なので、わからない場合は飛ばしてしまっても構いません。ただ、この仕組みを知っておくと、10%以上の増減率でも近似法の考え方を使って処理できるようになります。余裕があれば理解しておきましょう。

例題4 以下の資料は、D百貨店の売上の対前年増加率である。2018年を100としたとき、2020年の指数はいくらか。

2019年	2020年
x%	y%

正確に計算すると、以下のような式になります。

$$100 \times (1 + \frac{x}{100}) \times (1 + \frac{y}{100})$$

$$= 100 \times (1 + \frac{x}{100} + \frac{y}{100} + \frac{xy}{10000})$$

$$= 100 + x + y + \frac{xy}{100}$$

近似法というのは、上記の計算を $100 + x + y$ のみで済ませてしまう計算法です。つまり、最後の $\frac{xy}{100}$ を無視しても誤差が大して生じないのであれば、そのまま%で足し算・引き算をしても選択肢を判断することができるわけです。そこに着目したのが近似法の計算なのです。

上記を踏まえると、$\frac{xy}{100}$ を意識することさえできれば近似法で10%以上の増加率・減少率も扱うことが可能になります。次の例題で考えてみましょう。

例題5 以下の資料は、E百貨店の売上の対前年増加率である。2018年を100としたとき、2020年の指数はいくらか。

2019年	2020年
12%	18%

近似法であれば $100 + 12 + 18 = 130$ となりますね。さらに、$\frac{xy}{100}$ を意識しましょう。ここでの xy は12%×18%です。仮に10%×18%であれば、18%の10%ですから小数点が左に1桁ずれて1.8%です。実際には12%×18%ですから、だいたい2%くらいでしょう。これが近似法の計算結果に加わると考えて、$130 + 2 = 132$ と判断します。

実際に計算すると $100 \times 1.12 \times 1.18 = 132.16$ ですから、かなり近い数値になることがわかります。

　実際にはここまで厳密に考えなくても、xとyの①符号が同じであればxyはプラスになるので少し増やす、②符号が異なるのであればxyはマイナスになるので少し減らす、という意識を持っているだけでも選択肢が検討しやすくなります。また、次も余裕があれば身につけておきたいポイントです。

① 0%より大きいものどうしを掛け算すると、増加率を近似法で足すよりも実際の増加率は大きくなる
② 0%より小さいものどうしを掛け算すると、減少率を近似法で足すよりも実際の減少率は小さくなる

例題6 (1)「100から10%増加し、そこからさらに10%増加したときの値」はいくらか。
(2)「100から10%減少し、そこからさらに10%減少したときの値」はいくらか。

(1)　$100 \times (1 + 0.1) \times (1 + 0.1) = 100 \times 1.1 \times 1.1 = \mathbf{121}$ となり、増加率は21%です。近似法で増加率を足すと $10 + 10 = 20$（%）となりますが、**これより大きくなります。**
(2)　$100 \times (1 - 0.1) \times (1 - 0.1) = 100 \times 0.9 \times 0.9 = \mathbf{81}$ となり、減少率は19%です。近似法で減少率を足すと $-10 - 10 = -20$（%）となりますが、**これより小さくなります。**

4 選択肢を検討する際のコツ

(1) 同じ値の増加率と減少率の掛け算

　3(4)に前掲した例題6の延長線上の話になりますが、**同じ値の増加率と減少率を掛けると、基準となる値よりも小さくなる**ことも覚えておくとよいでしょう。いざというときに計算の手間が省けます。

例題1 (1)「100から1%減少し、そこから1%増加したときの値」を求めなさい。

(2)「100から5%増加し、そこから5%減少したときの値」を求めなさい。

(1) $100 \times (1 - 0.01) \times (1 + 0.01) = 100 \times 0.99 \times 1.01 = 99.99$ となるので、100より小さくなります。

(2) $100 \times (1 + 0.05) \times (1 - 0.05) = 100 \times 1.05 \times 0.95 = 99.75$ となるので、100より小さくなります。

例題2 以下の資料は、F百貨店の売上の対前年増加率である。2016年と2020年で売上が大きいのはどちらか。

2017年	2018年	2019年	2020年
＋1.0%	－ 1.0%	－ 1.5%	＋ 1.5%

2016年の売上を100とすると、2020年の指数は以下のように計算できます。

$100 \times (1 + 0.01) \times (1 - 0.01) \times (1 - 0.015) \times (1 + 0.015)$

$= 100 \times 1.01 \times 0.99 \times 0.985 \times 1.015$

ここで10%未満の増減率だからといって近似法で計算すると、$100 + 1.0 - 1.0 - 1.5 + 1.5 = 100$ となってしまい、大小の差が判断できません。しかし、同じ値の増加率と減少率を掛けると基準となる値よりも小さくなることがわかっていれば、＋1.0%と－1.0%の掛け算で基準となる値（2016年の100）より小さくなり、－1.5%と＋1.5%の掛け算でさらに基準となる値より小さくなるので、100より確実に小さくなることがわかります。よって、2016年の売上のほうが2020年よりも大きいことになります。

(2) 増加率の計算の大小比較

増加率（小数の掛け算の連続）によって示された二つの値の大小を比較する際には、同じような増加率の掛け算を省略できることがあります。これも覚えておくとよいでしょう。

以下の資料は人口の対前年増加率である。A国の2016年を100としたときの2020年の指数と、B国の2016年を100としたときの2020年の指数はどちらが大きいか。

	2017年	2018年	2019年	2020年
A国	＋3.0%	＋1.4%	− 1.6%	− 6.5%
B国	− 6.5%	＋1.5%	＋0.1%	＋3.0%

各国の2020年の指数は、以下の式で求めることができます。

A国の2020年…100 × **1.030** × **1.014** × 0.984 × **0.935** → 100 × 0.984

B国の2020年…100 × **0.935** × 1.015 × 1.001 × **1.030** → 100 × 1.001

＿＿部分の「×1.030」と　　部分の「×0.935」はどちらにも共通していて、＿部分の「×1.014」と「×1.015」はほぼ同じ数ですから、ここで差はつきません。そこで省略して残りの部分だけで比較をすれば、B国のほうが大きいことがわかります。

(3) 増加率の資料で頻出の選択肢の引っ掛け

対前年増加率がプラスであれば、実数値は前年よりも大きくなっていることがわかります。一方、対前年増加率がマイナスであれば、値は前年よりも小さくなっていることがわかります。ここを引っ掛けに利用する選択肢がよく出題されますので、すぐに見抜けるようにしましょう。

例題4 以下の資料は、G百貨店の売上の対前年増加率である。このとき、表中の年度で売上が最大になった年は2019年かどうか答えよ。

2017年	2018年	2019年	2020年
＋3.0%	− 1.4%	＋15.2%	＋6.1%

2019年の対前年増加率は＋15.2%ですから、一見すると売上も最大であるように見えますが、これはあくまでも対前年増加率です。翌年の2020年の対前年増加率は＋6.1%で、これは2019年からさらに6.1%増えているという意味ですから、2019年よりも2020年のほうが売上は大きいことがわかります。

表はＡ市とＢ市のそれぞれについて、人口の対前年増加率を表したものである。

	2017年	2018年	2019年	2020年
Ａ市	＋2.1%	－4.0%	＋10.1%	－1.1%
Ｂ市	＋4.0%	＋5.0%	＋2.1%	－3.5%

　このとき、以下の（1）〜（4）について、確実にいえるかどうか答えよ。

（1）　2020年の人口は、Ａ市とＢ市を比べると、Ａ市のほうが多い。

（2）　2016年から2020年の間でＡ市の人口が最も少ないのは、2020年である。

（3）　2016年から2020年の間でＢ市の人口が最も多いのは、2018年である。

（4）　Ｂ市の2019年の対前年増加数は、Ａ市の2019年の対前年増加数よりも少ない。

（1）　×　実数が何も示されておらず、Ａ市とＢ市では基準となる値が異なっているので確実にはいえません。例えば、Ａ市の2016年の人口が1万人、Ｂ市の2016年の人口が100万人だとすると、Ｂ市のほうが2020年の人口は多くなってしまいます。

（2）　×　－1.1％はあくまで前年に対しての増加率です。例えば、Ａ市の2018年の人口を100とすると、2019年の人口は $100 \times (1 + 0.101) = 100 \times 1.101 = 110.1$、2020年の人口は $110.1 \times (1 - 0.011) = 110.1 \times 0.989 ≒ 110 \times 0.99 = 108.9$ となり、**2020年より** 2018年の人口のほうが少ないことがわかります。

（3）　×　2019年の対前年増加率は＋2.1％です。対前年増加率がプラスということは、人口が前年よりも増えているということですから、**2018年よりも** 2019年のほうが多いことがわかります。

（4）　×　（1）と同様に、実数が何も示されておらず、Ａ市とＢ市では基準となる値が異なっているので確実にはいえません。

解法 ナビゲーション

次の図から正しくいえるのはどれか。

都Ⅰ 2013

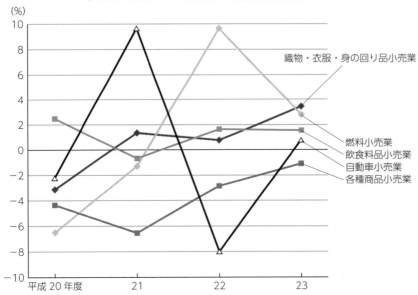

小売業5業種における販売額の**対前年度増加率**の推移

❶ 　平成19年度における織物・衣服・身の回り品小売業の販売額を100としたとき、22年度における織物・衣服・身の回り品小売業の販売額の指数は102を上回っている。

❷ 　平成20年度から22年度までの各年度についてみると、飲食料品小売業の販売額が前年度に比べて増加した年度は、いずれの年度も各種商品小売業の販売額が前年度に比べて増加している。

❸ 　平成21年度から23年度までの3か年における飲食料品小売業の販売額の1年当たりの平均は、20年度における飲食料品小売業の販売額を上回っている。

❹ 　平成21年度から23年度までのうち、燃料小売業の販売額が最も多いのは22年度であり、最も少ないのは21年度である。

❺ 　平成23年度における自動車小売業の販売額に対する燃料小売業の販売額の比率は、20年度における自動車小売業の販売額に対する燃料小売業の販売額の比率を下回っている。

着眼点

　対前年度増加率の資料は、あくまで前年から増えた割合を示していますから、基準となる値は常に前年であることに注意して検討しましょう。

　なお、対前年増加率の折れ線グラフでは、真ん中の0の線より上に点が打たれているときは、確実に前年より増加していること、0の線より下に点が打たれているときは、確実に前年より減少していることを読み取ってください。ですから、いくら折れ線グラフが右上に上がっていたとしても、0より下なら前年よりマイナスです。

　また、近似法の計算も練習しておきましょう。本問の資料は増減率がすべて10%以内に収まっていますから、近似法だけで検討することが可能です。

【解答・解説】

❶✕ 織物・衣服・身の回り品小売業の販売額について平成19年度を100とすると、以下のような増加率であることがわかります。

[平成19年度]　[20年度]　[21年度]　[22年度]
100　　　　　　　　　　　　　　　　　102より大?
　　　−3%　　　　+1.5%　　　　+1%

　平成19年度を100としたとき、平成22年度の指数を求めるには、$100 \times (1 - 0.03) \times (1 + 0.015) \times (1 + 0.01) = \mathbf{100 \times 0.97 \times 1.015 \times 1.01}$ と計算します。増加率はすべて10%未満なので、近似法を使いましょう。近似法を使うと**$100 - 3 + 1.5 + 1 = 99.5$**となりますから、平成22年度の販売額は指数で99.5と表せます。よって、平成19年度における織物・衣服・身の回り品小売業の販売額を100としたとき、22年度における織物・衣服・身の回り品小売業の販売額の指数は102を上回っているとはいえません。

❷✕ 平成20年度から22年度までで、飲食料品小売業の販売額が前年度に比べて増加した年度は、**＋2.3%**の平成20年度、**＋1.8%**の平成22年度です。しかし、平成20年度と平成22年度の各種商品小売業の販売額を見ると、**−4.2%、−3%**となっていて、**どちらも前年に比べて減少していることが明らか**です。よって、平成20年度から22年度までの各年度について見ると、飲食料品小売業の販売額が前年度に比べて増加した年度は、いずれの年度も各種商品小売業の販売額が前年度に比べて増加しているとはいえません。

❸◯ 平成20年度から23年度までの飲食料品小売業の販売額を、平成20年度を100として求めたうえで、平成21年度から23年度までの3か年における飲食料品小売業の販売額の1年当たりの平均の指数と平成20年度の飲食料品小売業の販売額の指数を比較しましょう。ここで比較するのは同じ項目ですから、実数がわからなくても大小の判断は可能です。平成20年度を100とおくと、以下のようになります。

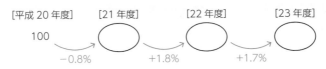

[平成20年度]　[21年度]　[22年度]　[23年度]
100
　　　−0.8%　　　　+1.8%　　　　+1.7%

　増加率はすべて10%未満なので、近似法を使いましょう。近似法を使うと、平成21年度は$100 \times (1 - 0.008) = 100 \times 0.992 \fallingdotseq \mathbf{100 - 0.8 = 99.2}$、平成22年

度は$99.2 \times (1 + 0.018) = 99.2 \times 1.018 \fallingdotseq \mathbf{99.2 + 1.8 = 101}$、平成23年度は101
$\times (1 + 0.017) = 101 \times 1.017 \fallingdotseq \mathbf{101 + 1.7 = 102.7}$となります。

　平均を検討するには、「合計＝平均×数量」より合計から考えるとよいでしょう。
平成20年度は100なので、**平成21年度から23年度までの3か年の合計が100**
×3＝300を上回っているかを考えましょう。そうすると、**99.2＋101＋**
102.7＝302.9となっており、300を上回ることがわかります。よって、平成
21年度から23年度までの3か年における飲食料品小売業の販売額の1年当たり
の平均は、20年度における飲食料品小売業の販売額を上回っているといえます。

❹✕　増加率の資料では定番の引っ掛けの選択肢です。平成21年度から23年度ま
でのうち、平成22年度と23年度は燃料小売業の販売額の対前年度増加率がプラ
スになっています。ということは、平成23年度は平成22年度よりも販売額が多
いことが確実にいえます。よって、平成21年度から23年度までのうち、燃料小
売業の販売額が最も多いのは22年度であるとはいえません。

❺✕　「自動車小売業の販売額に対する燃料小売業の販売額の比率」は、
$\dfrac{\textbf{燃料小売業の販売額}}{\textbf{自動車小売業の販売額}}$で表せます。これを使って大小を比較しましょう。

　ここでは、平成20年度における比率を$\dfrac{100}{100}$として、平成23年度における比率
を近似法を使って求めると、$\dfrac{100 \times 0.987 \times 1.095 \times 1.026}{100 \times 1.098 \times 0.92 \times 1.01} \fallingdotseq \dfrac{100 - 1.3 + 9.5 + 2.6}{100 + 9.8 - 8 + 1}$
$= \dfrac{\mathbf{110.8}}{\mathbf{102.8}}$となります。平成20年度の比率と比較すると、$\dfrac{100}{100} < \dfrac{110.8}{102.8}$ですから、
平成23年度のほうが比率は大きいといえますね。よって、平成23年度における
自動車小売業の販売額に対する燃料小売業の販売額の比率は、20年度における
自動車小売業の販売額に対する燃料小売業の販売額の比率を下回っているとはい
えません。

過去問にチャレンジ

問題1
★

次の図は、A県とB県の県内総生産額の対前年増加率を示したものである。この図からいえることとして、最も妥当なのはどれか。

警Ⅰ 2017

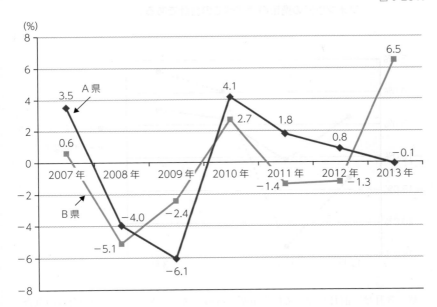

❶ 図中の期間において、A県の県内総生産額が最も大きいのは2010年である。

❷ A県の県内総生産額についてみると、2011年は2007年を上回っている。

❸ 2013年についてみると、B県の県内総生産額はA県の県内総生産額を上回っている。

❹ 2011年についてみると、A県もB県も前年の県内総生産額を下回っている。

❺ B県の県内総生産額についてみると、2012年は2008年を下回っている。

下のグラフは、携帯電話とスマートフォンの販売台数の対前月比をまとめたものである。このグラフから判断できることとして、最も妥当なのはどれか。ただし、携帯電話とは、スマートフォンとスマートフォン以外の携帯電話すべての合計である。

消 I 2019

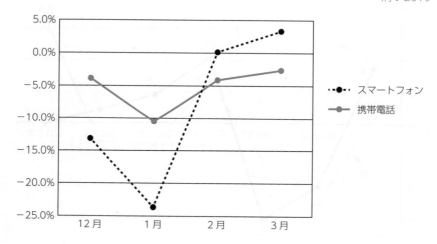

❶ 3月は、前月に比べて携帯電話に占めるスマートフォンの販売台数の割合が増加している。

❷ 2月は、前月に比べて携帯電話に占めるスマートフォン以外の携帯電話の販売台数の割合が増加している。

❸ 1月は、前月に比べて携帯電話に占めるスマートフォンの販売台数の割合が増加している。

❹ 12月は、前月に比べて携帯電話に占めるスマートフォン以外の携帯電話の販売台数の割合が減少している。

❺ 表中の期間において、携帯電話に占めるスマートフォンの販売台数の割合が最も低いのは12月である。

問題3 ★ 次の表から確実にいえるのはどれか。

区Ⅰ 2013

医薬品等の生産金額の対前年増加率の推移

(単位 %)

区 分	平成18年	19	20	21	22
医 薬 品	0.7	0.2	2.6	3.0	△ 0.6
医薬部外品	5.0	1.3	5.7	1.7	△ 1.6
衛 生 材 料	△ 8.1	△ 1.8	0.8	△ 0.6	△ 3.5
医 療 機 器	7.4	△ 0.2	0.5	△ 6.9	8.7

(注) △は、マイナスを示す。

❶ 表中の各年のうち、医療機器の生産金額が最も多いのは、平成18年である。

❷ 平成18年の医薬部外品の生産金額を100としたときの平成21年のそれの指数は、120を下回っている。

❸ 医療機器の生産金額の平成20年に対する平成22年の増加率は、医薬品の生産金額のそれより大きい。

❹ 平成20年において、医療機器の生産金額は、衛生材料のそれの50%を超えている。

❺ 平成21年の医薬品の生産金額の対前年増加数は、平成19年のそれの10倍を下回っている。

問題4 ★★　次の表から確実にいえるのはどれか。

区Ⅰ 2016

我が国のえびの国別輸入金額の対前年増加率の推移

(単位　%)

国　　　名	2011年	2012	2013	2014
ベ ト ナ ム	△11.1	△0.5	33.6	11.8
イ ン ド	8.6	△19.5	60.5	14.9
インドネシア	△0.5	△0.7	34.0	△6.7
アルゼンチン	78.4	46.2	29.1	34.8
タ　　イ	6.5	△3.6	△22.2	△28.7

(注) △は、マイナスを示す。

❶　ベトナムからのえびの輸入金額の2012年に対する2014年の増加率は、インドネシアからのえびの輸入金額のそれの2倍より大きい。

❷　2013年において、アルゼンチンからのえびの輸入金額は、タイからのそれの50%を超えている。

❸　2014年のインドからのえびの輸入金額の対前年増加額は、2013年のそれを下回っている。

❹　2010年のインドネシアからのえびの輸入金額を100としたときの2013年のそれの指数は、140を上回っている。

❺　ベトナムからのえびの輸入金額の2010年に対する2012年の減少率は、インドからのえびの輸入金額のそれより大きい。

次の表から確実にいえるのはどれか。

★ ★

用途別着工建築物床面積の対前年増加率の推移

(単位　％)

用　　　途	平成26年	27	28	29
居　住　専　用	△13.0	△ 1.2	4.3	△ 0.9
製　造　業　用	△ 2.7	14.9	△ 8.4	15.4
医療、福祉用	△ 5.3	△29.6	1.6	△ 6.4
卸売業、小売業用	△ 8.2	△20.0	6.1	△16.8
運　輸　業　用	12.1	15.4	10.2	0.6

(注) △は、マイナスを示す。

❶　平成29年において、「居住専用」の着工建築物床面積及び「医療、福祉用」の着工建築物床面積は、いずれも平成27年のそれを上回っている。

❷　平成26年の「卸売業、小売業用」の着工建築物床面積を100としたときの平成29年のそれの指数は、70を下回っている。

❸　表中の各年のうち、「製造業用」の着工建築物床面積が最も少ないのは、平成28年である。

❹　平成27年において、「製造業用」の着工建築物床面積の対前年増加面積は、「運輸業用」のそれの1.5倍を下回っている。

❺　「医療、福祉用」の着工建築物床面積の平成26年に対する平成29年の減少率は、「卸売業、小売業用」の着工建築物床面積のそれの1.1倍より大きい。

問題6 ★★ インドほか3か国へのわが国の輸出額に関して、次の図から正しくいえるのはどれか。

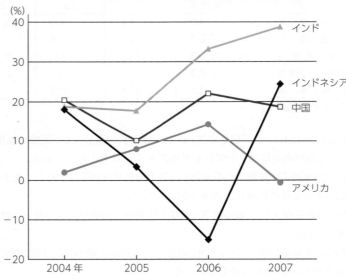

インドほか3か国へのわが国の輸出額の**対前年増加率**の推移

❶ 2004年におけるインドへの輸出額を100としたとき、2007年におけるインドへの輸出額の指数は200を上回っている。

❷ 2004年におけるインドネシアへの輸出額の対前年増加額は、2007年におけるインドネシアへの輸出額の対前年増加額を上回っている。

❸ 2004年から2007年までの各年のアメリカへの輸出額についてみると、最も多いのは2006年であり、最も少ないのは2007年である。

❹ 2005年から2007年までのうち、中国への輸出額が前年に比べて増加した年は、いずれの年もアメリカへの輸出額は前年に比べて増加している。

❺ 2005年から2007年までの3か年における、中国への輸出額の1年当たりの平均は、2004年における中国への輸出額を下回っている。

問題7 ★★

次の図から正しくいえるのはどれか。

都Ⅰ 2014

シリコンウエハのサイズ別生産量の**対前年増加率**の推移

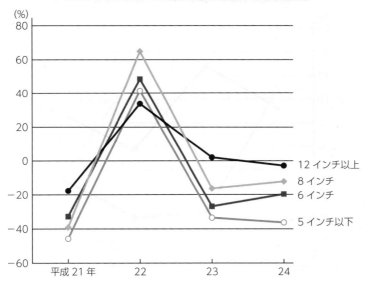

① 平成20年の5インチ以下のシリコンウエハの生産量を100としたとき、22年の5インチ以下のシリコンウエハの生産量の指数は70を下回っている。

② 平成20年から23年までのうち、6インチのシリコンウエハの生産量が最も多いのは20年であり、最も少ないのは21年である。

③ 平成21年から23年までの各年についてみると、8インチのシリコンウエハの生産量が前年に比べて減少した年は、いずれの年も12インチ以上のシリコンウエハの生産量は前年に比べて減少している。

④ 平成22年から24年までの各年についてみると、8インチのシリコンウエハの生産量に対する6インチのシリコンウエハの生産量の比率は、いずれの年も前年に比べて増加している。

⑤ 平成24年のシリコンウエハの生産量をサイズ別にみると、生産量が21年に比べて増加したのは12インチのシリコンウエハだけである。

次の図から正しくいえるのはどれか。

建築物の用途別の着工床面積の**対前年度増加率**の推移

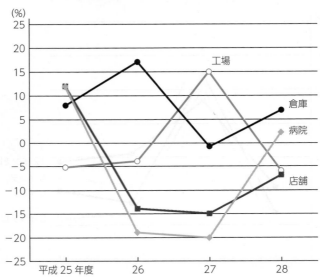

❶ 平成24年度から28年度までの各年度についてみると、倉庫の着工床面積に対する店舗の着工床面積の比率が最も小さいのは26年度である。

❷ 平成24年度における店舗の着工床面積を100としたとき、28年度における店舗の着工床面積の指数は70を下回っている。

❸ 平成25年度から28年度までのうち、工場の着工床面積が最も大きいのは27年度であり、次に大きいのは28年度である。

❹ 平成26年度から28年度までの3か年度における病院の着工床面積の年度平均は、25年度における病院の着工床面積の80%を上回っている。

❺ 平成28年度における建築物の用途別の着工床面積をみると、着工床面積が24年度に比べて増加したのは、倉庫と病院である。

問題9
★ ★

図は、被雇用者数の前年同期差を産業別に表したものである。この図からいえることはどれか。

国専1999

産業別被雇用者数の前年同期差

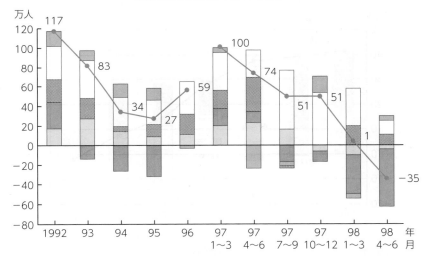

表中の数字は、産業全体の値を示したものである。

① 1998年1～3月期の被雇用者総数は前年同期より1万人増加しているが、97年10～12月期より50万人減少している。

② 製造業の被雇用者数は、1993年以降減少を続けている一方で、サービス業のそれは一貫して増加している。

③ 1997年の7～9月期と10～12月期の被雇用者総数の前年同期差は同じであるので、被雇用者総数も同じである。

④ 建設業の被雇用者数は、前年同期差が1997年10～12月期に減少に転じるまで増加を続け、97年だけで約30万人増加している。

⑤ 1996年の被雇用者総数は、93年のそれより120万人増加している。

第5章 資料解釈の基本

問題10
★ ★

図は、平成元年〜7年の地域A及びBのそれぞれの産業別就業者数の変化（前年の就業者数との差）を表したものである。これらの図に関する記述として正しいのはどれか。

国般1998

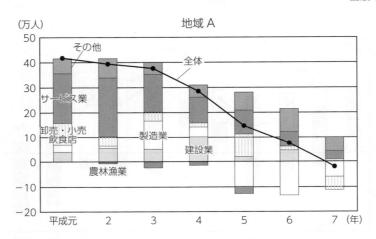

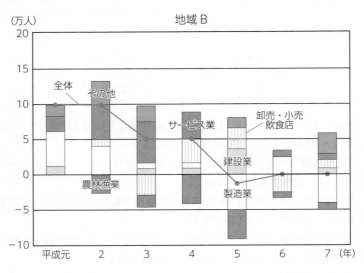

❶ 　地域Aの製造業就業者数についてみると、平成5年は平成元年よりも少ないが、平成元年の前年の昭和63年より多い。

❷ 　地域Bの製造業就業者数の伸び率（前年比）は、平成3年から平成4年にかけてよりも、平成5年から平成6年にかけての方が大きい。

❸ 　地域Bの農林漁業就業者数の減少率（前年比）は、平成3年から平成4年にかけての方が平成4年から平成5年にかけてよりも大きい。

❹ 　地域Aと地域Bそれぞれにおいて、平成7年の卸売・小売・飲食店就業者数を平成元年の前年の昭和63年のそれを100とする指数で表した場合、地域Aの指数の方が地域Bのそれより大きい。

❺ 　サービス業就業者数の伸び率（前年比）は、地域Aでは平成7年に全産業就業者数のそれを上回っているが、地域Bにおいてはそのような年はない。

単位量当たりの資料

学習のポイント

・ 単位量当たりの資料は、公務員試験全体ではそこまで出題されないのですが、主に国家公務員試験で散見される資料です。資料中の項目に一部でも含まれていれば、式変形で検討する可能性があります。分数を作る習慣をつけてください。

1 単位量当たりの資料の基本

「1日当たりの売上」や「1 km² 当たりの人口」などのように、まさに文字どおり単位量当たりの項目が含まれた資料です。選択肢の一つとしてもたまに登場することがありますが、資料の項目として出題されることもあります。

単位量当たりの資料が出題されると、**「単位量当たりの項目」**が基準（もとにする量）、つまり**分数の分母となった割合を問う選択肢になることが多い**ので、分数を作って検討するとよいでしょう。つまり、「〇〇当たりの□□」という記述が出てきた場合、「当たりの」の直前の「〇〇」の部分が分母となる分数として考えるのが典型的な検討パターンです。「単位量当たり」とは、要するに**平均**の話なのですが、やることはこれまでの割合・比率と同じく、分数を作ることなのです。

 ある家電量販店の1日の売上と従業員数が以下のようになっている。

1日の売上	従業員数
1,600万円	40人

このとき、(1) 1日の売上1万円当たりの従業員数、(2) 従業員1人当たりの1日の売上を求めよ。

(1) **1日の売上1万円当たりの従業員数**を求めるには「1日の売上」を分母にして、$\dfrac{\text{従業員数}}{\text{1日の売上（万円）}}$ と表すことができます。よって$\dfrac{40}{1,600} = 0.025$（人）となります。

(2) **従業員1人当たりの売上**を求めるには「従業員数」を分母にして、$\dfrac{\text{1日の売上（万円）}}{\text{従業員数}}$ と表すことができます。よって$\dfrac{1,600}{40} = 40$（万円）とな

ります。

単位量当たりの資料の問題については、このように分数の形で表して検討することが多くなります。ですから、第2節**3**で取り上げた分数の大小関係の比較などのテクニックも使っていきましょう。

2 単位量当たりの資料の着眼点

単位量当たりの資料では、資料に直接書かれていない項目であっても求めることができることがあり、その点について選択肢で問われます。選択肢を検討する際は、資料で示されている項目だけではなく、必ず**式変形**を行うことで求められないか判断するようにしましょう。次の例題で確認してみましょう。

例題

以下の表は、ある市の $1\,km^2$ 当たりの小中学校の数、小中学校1校当たりの図書館の数に関する資料である。このとき、$1\,km^2$ 当たりの図書館の数はいくらになるか。

$1\,km^2$ 当たりの小中学校の数	小中学校1校当たりの図書館の数
0.5	0.2

一見すると、「$1\,km^2$ 当たりの図書館の数」という項目は資料には示されていません。しかし、**資料で与えられた項目を**式変形することで求めることができます。

まず「$1\,km^2$ 当たりの小中学校の数」は分数で $\dfrac{\text{小中学校の数}}{\text{市の面積}}$ と表すことができ、

「小中学校1校当たりの図書館の数」は分数で $\dfrac{\text{図書館の数}}{\text{小中学校の数}}$ と表すことができます。

そして、本問で求めたい「$1\,km^2$ 当たりの図書館の数」は分数で $\dfrac{\text{図書館の数}}{\text{市の面積}}$ と表

すことができます。ここで $\dfrac{\text{小中学校の数}}{\text{市の面積}}$ と $\dfrac{\text{図書館の数}}{\text{小中学校の数}}$ に着目すると、求めたい

$\dfrac{\text{図書館の数}}{\text{市の面積}}$ の分母にある「市の面積」と分子にある「図書館の数」がそれぞれ含

まれており、二つの分数の分子と分母に「小中学校の数」が入っています。ということは、両者を掛け算することで、

$$\frac{\text{小中学校の数}}{\text{市の面積}} \times \frac{\text{図書館の数}}{\text{小中学校の数}} = \frac{\text{図書館の数}}{\text{市の面積}}$$

のように求めることができるわけです。

　よって、「1km²当たりの図書館の数」＝「1km²当たりの小中学校の数」×「小中学校1校当たりの図書館の数」で求めることができるので、1km²当たりの図書館の数は 0.5 × 0.2 = 0.1 となります。

　以上のように、「項目を分数で表して式を変形する」という検討パターンは必ず押さえておきましょう。なお、分数を言葉で作る場合に、**具体的な数値を求める際には単位に注意してください。「1校当たり」なのか「10校当たりなのか」によって数値が変わります。単に大小関係を検討するだけであれば、分数の値は関係ないので、単位は気にしなくて構いません。**

解法ナビゲーション

　表は、ある年のA～F国の降水量等を示したものである。これから確実にいえるのはどれか。

国専2014

国名	年平均降水量 (mm／年)	年降水総量 (面積×年平均降水量) (km³／年)	水資源量 (km³／年)	1人当たりの水資源量 (m³／人・年)
A	1,780	15,200	8,200	42,900
B	460	7,870	4,500	31,900
C	530	4,130	490	23,350
D	2,700	5,150	2,020	8,880
E	1,670	630	430	3,380
F	650	6,200	2,840	2,110

❶　A～F国のうち、人口が最も多い国はB国である。

❷　D国の人口密度（人口／面積）は、E国の人口密度の約3倍である。

❸　B、E、F国のうち、面積が最も大きい国はB国である。

❹　C国の1人当たりの年降水総量は、A国の1人当たりの年降水総量の約2分の1である。

❺　A～F国についてみると、1人当たりの水資源量が多い国ほど、年降水総量に占める水資源量の割合が大きい。

着眼点

　単位量当たりの項目は右端だけですが、式変形で選択肢を検討する問題になります。まずは分数を作ってみましょう。

　なお、この表を細かく検討しようとすると、単位を気にして「km³とm³を揃えよう」などと考えてしまいがちなのですが、もちろんそのような計算を求めている問題ではありません。大小関係さえわかればよいので、単位もすべて無視して考えましょう。

【解答・解説】

正解 ❸

解説の便宜のために、項目を左から順に❶「**年平均降水量**」、❷「**年降水総量**」、❸「**水資源量**」、❹「**1人当たりの水資源量**」と表すことにしましょう。

❶✗　人口が出ているのは❹です。「1人当たりの水資源量」は分数で $\dfrac{水資源量}{人口}$ と表すことができ、❸「**水資源量**」はそのまま項目として資料に挙がっています。そこで、❸÷❹をすれば、$水資源量 \div \dfrac{水資源量}{人口} = 水資源量 \times \dfrac{人口}{水資源量} = 人口$ と求められます。例えばB国は❸÷❹＝ $4,500 \div 31,900$ です。計算しなくても1未満だとわかりますね。これより大きくなるものとしては、例えばF国があります。F国は❸÷❹＝ $2,840 \div 2,110$ となり、明らかに1より大きい数になることがわかります。よって、人口が最も多いのはB国ではないと判断できます。

> **補足**
>
> 「人口」の値が「1未満」になったことに違和感を感じるかもしれませんが、これは「水資源量」と「1人当たりの水資源量」の単位を揃えずに計算しているためです。大小関係を知りたいだけなので、単位を揃えることをしていないわけです。

❷✗　人口密度が「**人口／面積**」、つまり $\dfrac{人口}{面積}$ で求められることは選択肢の記述でわかりますので、$\dfrac{人口}{面積}$ をそれぞれ求めましょう。人口の求め方は❶解説のとおりです。そこで、面積の求め方について考えます。ここでは❶と❷に着目するとよいでしょう。❷は「**面積×年平均降水量**」なので、❷÷❶をすれば面積だけが残ります。つまり、$\dfrac{人口}{面積} = \dfrac{❸÷❹}{❷÷❶}$ で求めることができます。分数の中に割り算の式が入っているとややこしいので、割り算の式と分数を書き換えて判断しましょう。$\dfrac{❸÷❹}{❷÷❶} = (❸÷❹) \div (❷÷❶) = \dfrac{❸}{❹} \div \dfrac{❷}{❶} = \dfrac{❸}{❹} \times \dfrac{❶}{❷}$ で求めることができます。

D国を表すと $\dfrac{2,020}{8,880} \times \dfrac{2,700}{5,150}$ ですが、概数で $\dfrac{2,000}{9,000} \times \dfrac{2,700}{5,400} \div \dfrac{2}{9} \times \dfrac{1}{2} =$

268

$\dfrac{1}{9}$程度だと判断できます。次に、E国の3倍を表すと、$\dfrac{430}{3,380} \times \dfrac{1,670}{630} \times 3$

ですが、これも概数で$\dfrac{400}{3,200} \times \dfrac{1,600}{600} \times 3 \fallingdotseq \dfrac{1}{8} \times \dfrac{8}{3} \times 3 = 1$程度となります。D

国はE国の3倍よりも明らかに小さいといえます。

🍎 ヒント

なお、❹も同様ですが、「約3倍」、「約2分の1」などの記述は正解になりにくいということを覚えておいてもよいでしょう。なぜなら、「約」や「およそ」という記述は見る人によって基準が変わってしまうため、2.8倍くらいでも約3倍だといえるかもしれませんし、もしかすると約3倍ではないと考える人もいるかもしれません。つまり、正解の選択肢としてはかなりあいまいな記述なのです。検討してみると、多くが見当はずれな、誰が見ても「約3倍」ではないような数値になります。頭の片隅においておくとよいかもしれません。

❸○　面積の求め方は、❷解説のとおり、❷÷❶＝$\dfrac{❷}{❶}$です。B国を表すと$\dfrac{7,870}{460}$

、E国を表すと$\dfrac{630}{1,670}$、F国を表すと$\dfrac{6,200}{650}$となります。この三つの大小関係

を比較すると、B国は最も分母が小さく分子が大きいですね。よって、分数全体

ではB国の$\dfrac{7,870}{460}$が最大となりますので、面積が最も大きいのはB国であること

がわかります。

❹✕　「1人当たりの年降水総量」は$\dfrac{年降水総量}{人口}$＝年降水総量÷人口で表せます。

年降水総量は❷、人口は❶解説のとおり$\dfrac{❸}{❹}$です。そこで、❷÷$\dfrac{❸}{❹}$＝❷×$\dfrac{❹}{❸}$の

数値を確認しましょう。

C国を表すと$4,130 \times \dfrac{23,350}{490}$、A国の2分の1を表すと$15,200 \times \dfrac{42,900}{8,200}$

$\times \dfrac{1}{2} = 7,600 \times \dfrac{42,900}{8,200}$となります。整数部分はC国が4,130、A国の2分の

1が7,600ですから、C国の約2倍がA国の2分の1くらいになっています。し

かし、分数部分はC国が$\dfrac{23,350}{490}$でだいたい$\dfrac{25,000}{500}=50$くらい、A国の2分の1

が$\dfrac{42,900}{8,200}$でだいたい$\dfrac{40,000}{8,000}=5$くらいですから、**C国の約$\dfrac{1}{10}$がA国の2分の**

1くらいになっています。以下のように、片方の整数を2倍して、もう片方の分

数を$\dfrac{1}{10}$倍しても、同じくらいの数値にはなりません。よって、C国のほうがA

国の2分の1よりも大きいことがわかりますね。

❺✕　「年降水総量に占める水資源量の割合」は$\dfrac{\text{水資源量}}{\text{年降水総量}}=\dfrac{❸}{❷}$で表せます。そ

こで、❹が大きいほど$\dfrac{❸}{❷}$も大きくなっているのか調べましょう。すると、例え

ばC国は$\dfrac{❸}{❷}=\dfrac{490}{4,130}$で$\dfrac{1}{10}$程度しかないにもかかわらず、C国より❹の小さい

D国、E国、F国の$\dfrac{❸}{❷}$は$\dfrac{2,020}{5,150}$、$\dfrac{430}{630}$、$\dfrac{2,840}{6,200}$で明らかに$\dfrac{1}{10}$以上ですね。よっ

て、1人当たりの水資源量が多くても、年降水総量に占める水資源量の割合が小

さい国があることがわかります。

過去問にチャレンジ

問題1
★

表は、ある市の自動車による交通事故に関するデータを示したものであるが、この表から確実にいえるのはどれか。

国般2007

	交通事故件数（件）	死 者 数（人）	負傷者数（人）	自動車1万台当たりの死者数（人）	人口10万人当たりの負傷者数（人）
1985年	3,502	30	5,061	7.3	1,025
1990年	4,215	45	5,621	5.3	968
1995年	4,521	41	5,245	5.2	915
2000年	4,203	38	4,805	4.2	862
2005年	4,305	36	4,715	3.9	725

❶ 1990年の自動車台数は、1985年より減少している。

❷ 2005年の人口は、2000年より増加している。

❸ 人口は1985年には50万人以上であったが、1990年には50万人以下となった。

❹ 交通事故件数の5年ごとの増減についてみると、その差が最も大きいのは1985年から1990年にかけてであり、最も小さいのは1990年から1995年にかけてである。

❺ 交通事故1件当たりの死者数が最も多いのは2005年であり、交通事故1件当たりの負傷者数が最も多いのは1995年である。

下の表は、A国～E国における研究者数、人口1万人当たりの研究者数、研究者1人当たりの研究費をまとめたものである。この表から判断できることとして、最も妥当なのはどれか。

消Ⅰ 2017

国名	研究者数（万人）	人口1万人当たりの研究者数（人）	研究者1人当たりの研究費（ドル）
A国	66.2	52.1	269,756
B国	15.9	45.3	165,235
C国	26.9	40.7	218,097
D国	27.4	42.3	161,479
E国	130.8	41.3	349,378

❶ A国の人口は1億人よりも多い。

❷ B国の人口はC国の人口よりも多い。

❸ D国の研究費は1,000億ドルを超えている。

❹ 5か国の中で研究費が最も少ないのはC国である。

❺ 人口に対する研究費が最も多いのはB国である。

第6章

その他の資料解釈

さまざまな資料

複数の資料

1 さまざまな資料

1 相関図

(1) 相関図とは

　相関図とは縦軸と横軸で2項目の関係性を表すグラフです。2項目の相関関係を
確認するのによく用いられます。例えば、以下の図はある企業での年齢と年収の関
係を表していて、一つひとつの点は1人の従業員の年齢と収入を表したものです。
一つひとつを細かく見ると、同じ30代前半の人であっても年収は400万円程度か
ら700万円程度までばらつきが見られますが、全体を見ると、年齢が上がるほど年
収も上がるという傾向がわかりますね。このような相関関係の把握に適したグラフ
なのです。

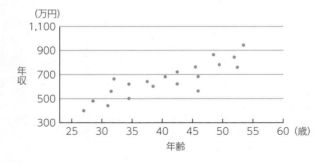

　なお、相関図はよく増加率**を表す資料**として使われることが多いのですが、それ
以外でも使われることがあります。

(2) 相関図の着眼点

相関図の資料が出題された場合は、原点からそれぞれの点に直線を引いたときのグラフの傾きに着目することで、検討しやすくなることがあります。何より**資料を正確に読み取れるかどうか**が勝負ですから、読み取り方は練習しておきましょう。

例題 以下の図は、A市からE市の人口と面積の関係を表している。このとき、人口密度（人口÷面積）が最も大きい市はどこか。

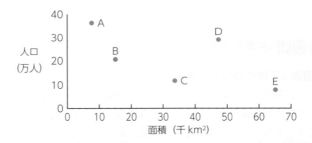

相関図から人口、面積の数値そのものを読み取って、「人口÷面積」を計算して値が最も大きい市を調べることも可能です。しかし、人口密度は「人口÷面積」、つまり $\dfrac{人口}{面積}$ ですから、$\dfrac{人口}{面積}$ の傾きに着目して解けば、計算をする必要もありません。

$\dfrac{人口}{面積}$ が大きいということは、分母の面積が小さく、分子の人口が大きいということですから、横軸の面積が小さく、縦軸の人口が大きいところを探せばよいのです。視覚的にわかりやすく言い換えると、以下のようにそれぞれの点とグラフの原点（面積、人口がともに0の部分）を結んだときに、傾きが急で大きいものを探せばよいということですね。

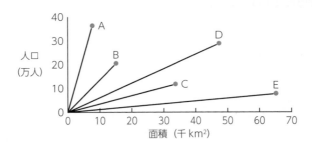

そうすると、A市の傾きが最も急で大きいので、A市の人口密度が最も大きいということがわかります。

 ヒント

　　そのほかにも、縦軸と横軸の値が等しくなるところ（傾きが1になるところ）に補助線を引くと、選択肢が検討しやすくなることもあります。

2 三角図表（三角グラフ）

(1) 三角図表（三角グラフ）とは

　　三角図表（三角グラフ）は、3項目についての構成比のみの資料で使われる図表の一種です。構成比の資料なので、基本的な着眼点はすでに学習済みの構成比の問題と同じです。もちろんここでも総数（実数）がわかっているかどうかに注意しましょう。基準となる値が同じ項目どうしであれば、実数はわからなくても大小の比較は可能です。

(2) 三角図表（三角グラフ）の着眼点

　　一般的に見慣れない資料だと思われます。資料の読み取り方を間違えないように注意してください。裏を返せば、資料さえ読み取れれば、選択肢自体はかなり単純なものが多いといえます。読み取り方については、以下の❶→❷の手順を覚えてしまいましょう。
　　❶　三角図表のそばに、三角形の3辺と平行になるような矢印を0から100に向かって引く
　　❷　図表中の点から、その矢印三つと平行になるような線を矢印の向きに引いて、その先の数字を読み取る
　　では、実際に以下の例題で試してみましょう。

例題 以下の図は、A国の0～19歳人口、20～64歳人口、65歳以上人口の構成比を表した三角図表である。このときA国の0～19歳人口、20～64歳人口、65歳以上人口はいくらになるか。

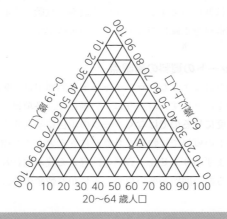

上記の読み取り方に従って検討しましょう。①三角図表のそばの、0から100の数字について、三辺と平行に0から100に向かって矢印を引きます。そして、②点Aから①で引いた矢印と同じ方向に平行な線を引き、線の先の数字を読みます。そうすると、以下のように0～19歳人口が30%、20～64歳人口が50%、65歳以上人口が20%であることがわかります。

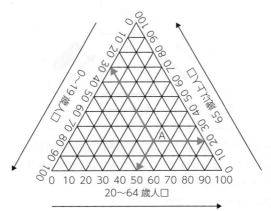

なお、0%～100%の数字の振り方としてはほかにもありますが、いずれも上記の方法で読み取れますので、覚えておきましょう。

3 フローチャート

(1) フローチャートとは

　フローチャートとは、**人や物、金銭などの移動を矢印によって表した資料**です。出題頻度としては低いのですが、国家公務員系の試験を中心に出題されることもあります。まずは資料を正確に読み取ることが重要です。

(2) フローチャートの資料の着眼点

　本試験で出題されるようなフローチャートの問題では、**矢印が複雑に絡み合っているケース**が多くあります。わかりにくい場合は、各項目の流入量や流出量の合計など、**全体を一度に見るのではなく、一つの項目に着目する**とよいでしょう。

　フローチャートの資料では特殊な計算がほとんどなく、構成比や増加率などが題材になることもまずありません。資料の内容さえ読み取れれば、計算自体は実数のみの資料と変わらない問題が多いので、とにかく**数値の読み間違い・読み忘れ**に注意することです。

例題　以下の図はある県内におけるA市、B市、C市の人口の移動をフローチャートで表したものである。この図から読み取れるA市、B市、C市の人口の増減数はそれぞれいくらか。ただし、A市～C市以外の市との間での人口の移動はないものとする。

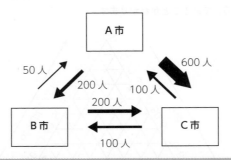

　それぞれの市の人口の増減数は以下のように表すことができます。

　　A市…＋50＋100－200－600＝－650（人）

　　B市…＋200＋100－50－200＝＋50（人）

　　C市…＋600＋200－100－100＝＋600（人）

　他からの流入や、他への流出がないので、トータルの増減は0になっています。矢印を確実にチェックして、読み忘れのないように検討してください。

4 レーダーチャート

(1) レーダーチャートとは

　レーダーチャートとは、**放射状に伸びた各項目の数直線上の値を線で結んだ多角形のグラフ**です。これも資料の出題形態としてそこまでメジャーなものではなく、フローチャート同様に出題頻度としては低いのですが、特に国家公務員系を中心に出題される試験種があります。これもやはり資料を正確に読み取ることが重要です。

例　以下の図はある学校の生徒A、Bの国語、英語、社会、数学、理科のテストの点数をレーダーチャートで表したものです。

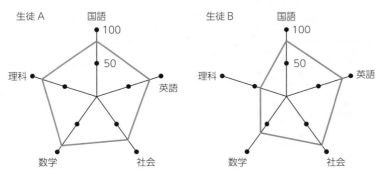

　上図のようにレーダーチャートで表すと、点数が高い科目、低い科目が視覚的にわかりやすくなりますね。例えば生徒Bのレーダーチャートを見ると、理系科目の数学と理科は点数が取れておらず、他の科目では点数が取れているということがわかります。

(2) レーダーチャートの着眼点

　レーダーチャートもフローチャートと同様に、あまり馴染みのない資料かもしれません。レーダーチャートは、各項目の中で**どの項目の数値が大きく、どの項目の数値が小さいかを相対的に見やすくしている**のが特徴です。きれいな多角形であれば項目全体のバランスがよいことがわかりますし、極端に尖っている部分やへこんでいる部分があると、項目全体のバランスが悪いことがわかるわけですね。もちろん、選択肢でそのような分析をすることは通常あり得ませんが…。

　選択肢を検討する際には、**各レーダーチャートの数直線の目盛りに注意**しましょう。目盛りの数値がレーダーチャートによってそれぞれ異なることも多いので、間違えないように丁寧に検討する必要があります。フローチャートもそうですが、このような馴染みのない資料であればあるほど選択肢は単純になりやすい傾向にあるので、見かけたら積極的に取り組んでほしいと思います。

解法ナビゲーション

次の図から確実にいえるのはどれか。

区 I 2012

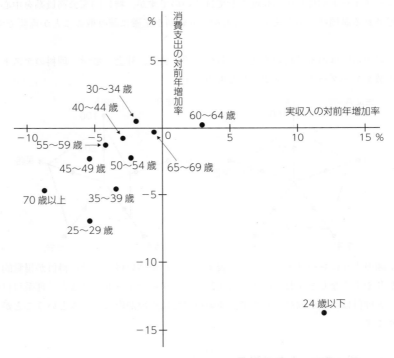

平成 21 年における勤労者世帯の実収入及び消費支出の対前年増加率
（世帯主の年齢階級別、1 世帯当たり）

❶　平成21年において、図中の各年齢階級のうち、実収入の対前年増加率が
消費支出の対前年増加率を上回っている年齢階級は、いずれの年齢階級とも、
消費支出が前年より減少している。

❷　平成21年における35 ～ 39歳の年齢階級の実収入に対する消費支出の比率
は、前年におけるそれを下回っている。

❸　図中の各年齢階級のうち、平成21年における実収入の対前年減少額が最
も大きいのは、70歳以上である。

❹　平成21年において、図中の各年齢階級のうち、実収入が前年より減少し、
かつ、消費支出が前年より増加している年齢階級は、2つある。

❺　平成21年において、25 ～ 29歳の年齢階級の消費支出の対前年減少率は、
50 ～ 54歳の年齢階級の消費支出のそれの4倍より大きい。

着眼点

　相関図はどうしても読み取りのケアレスミスが生じやすくなります。どちらの目盛りを読み取るのか、くれぐれも間違えないようにしましょう。縦軸と横軸で表されている項目は常に確認しましょう。

　グラフの傾きに着目するとすぐに正誤を判断できる選択肢もあります。相関図特有の処理の仕方に慣れてください。

【解答・解説】

正解 ❷

❶✕　実収入と消費支出の対前年増加率に着目して、実収入のほうが高いものを探して、消費支出が前年より減少しているかどうかを確認しましょう。その際には、縦軸と横軸の値が等しくなるところ（傾きが1になるところ）に補助線を引くと、検討しやすくなります。以下のように対前年増加率の値が同じところに線を引くと、**この直線が「実収入＝消費支出」、この直線より上の領域が「実収入＜消費支出」、この直線より下の領域が「実収入＞消費支出」**になるわけです。これで読み取りやすくなると思います。

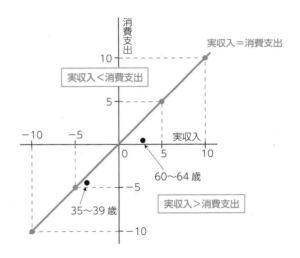

　これを踏まえて探していくと、例えば**35〜39歳**は「実収入＞消費支出」の領域、つまり実収入の対前年増加率のほうが高い年齢階級で、消費支出が前年より減少しているといえますね。しかし、**60〜64歳**はこれに反するものといえます。60〜64歳も「実収入＞消費支出」の領域にいて実収入の対前年増加率のほうが高い年齢階級ですが、**消費支出の対前年増加率は0%に近いとはいえプラスですから、消費支出は前年より増加している**ことになります。よって、平成21年において、実収入の対前年増加率が消費支出の対前年増加率を上回っている年齢階級は、いずれの年齢階級とも、消費支出が前年より減少しているとはいえません。

❷◯　「実収入に対する消費支出の比率」なので、分数にすると $\dfrac{消費支出}{実収入}$ で表せ

ます。**分母である実収入のほうが増加率が大きく、分子である消費支出のほうが増加率が小さくなれば、分数全体の値としては小さくなるので、前年を下回っていることになります。**

　そこで、平成21年における35～39歳の年齢階級について見ると、実収入の対前年増加率は約－4%、消費支出の対前年増加率は約－4.8%程度です。実収入（分母）よりも消費支出（分子）のほうが対前年増加率は低い（減少率が高い）ので、実収入に対する消費支出の比率（分数全体）は前年よりも減少していることがわかります。よって、平成21年における35～39歳の年齢階級の実収入に対する消費支出の比率は，前年を下回っているといえます。

　なお、これもグラフの傾きから考えるとよいでしょう。❶解説と同様に、縦軸と横軸の値が等しくなるところ（傾きが1になるところ）に補助線を引く方法で検討します。

　そうすると、**この直線より下の領域が「実収入（分母）＞消費支出（分子）」**であり、$\dfrac{消費支出}{実収入}$**の値が小さくなるところ**ですが、確かに35～39歳の年齢階級はこの直線より下にあるので、前年を下回っていると判断できますね。

❸✕　確かに、実収入の対前年増加**率**でいえば、70歳以上の年齢階級が最も低いことが読み取れます。しかし、基準となる値、つまり平成20年の実収入の実数が年齢階級ごとに不明ですから、実収入の対前年減少**額**が最も大きいかどうかはわかりません。異なる年齢階級の大小の比較はできないわけですね。

❹✕　実収入が前年より減少し、かつ、消費支出が前年より増加している年齢階級を見つけるには、原点より**左上の領域**（座標平面でいう第2象限）にあるものを探せばよいでしょう。しかし、資料中には30～34歳の年齢階級しかありません。よって、平成21年において、図中の各年齢階級のうち、実収入が前年より減少し、かつ、消費支出が前年より増加している年齢階級は、一つしかありません。

❺✕　50～54歳の年齢階級の消費支出の対前年減少率は約－2.5%で、これの4倍は－2.5×4＝－10（%）となります。一方、25～29歳の年齢階級の消費支出の対前年減少率は約－7.5%で、－10%までには届いていないことが明らかです。よって、平成21年において、25～29歳の年齢階級の消費支出の対前年減少率は、50～54歳の年齢階級の消費支出のそれの4倍より大きいとはいえません。

　炭素は、種々の形態で大気、海洋、陸上生物圏に分布し、形態を変えながらそれぞれの間を移動する。これは炭素循環と呼ばれている。

　図は、炭素循環の模式図（1990年代）である。図中の各数値は炭素重量に換算したもので、箱の中の数値は貯蔵量（億トン）、矢印に添えられた数値は交換量（億トン/年）である。また、これらの数値のうち、ゴシック太字斜体で示されているものは人間の活動によるもの、それ以外は自然によるものである。この図からいえることとして最も妥当なのはどれか。

国専 2010

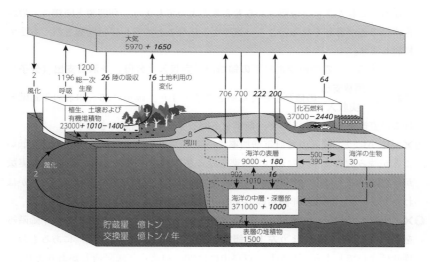

❶　自然による炭素循環をみると、大気から大気以外へ移動する炭素の量は、大気以外から大気へ移動する炭素の量よりも多い。

❷　化石燃料から大気へ移動する炭素の量が50％減り、これのみが変化したとすると、大気に新たに貯蔵される炭素の量はゼロになる。

❸　1年ごとに新たに貯蔵される炭素の量は、大気よりも海洋の方が大きい。

❹　大気に貯蔵されている炭素の量は、1年で約1％増加している。

❺　海洋の生物が半減すると、表層の堆積物に貯蔵されている炭素の量は、1年で約10％減少する。

着眼点

　フローチャートは、選択肢で題材になっている項目がどの部分から読み取れるのか、そしてどの部分を計算すれば数値が求められるのか、正しく把握できたかどうかに尽きます。しかし、本問もそうですが、本試験では相当な難問も出題されます。「その選択肢の記述からここの数値を読み取らせるのは無理なのでは…」というようなある意味「悪問」もあるので、矢印が複雑に入り組んだフローチャートの場合は特に注意しましょう。

【解答・解説】

❶✕　自然による炭素循環が題材になっているので、**ゴシック太字斜体**以外の数値に着目しましょう。大気から大気以外へ移動する炭素の量は、風化が**2**、総一次生産が**1200**、海洋の表層が**700**なので、2＋1200＋700＝**1902**（億トン／年）です。一方、大気以外から大気へ移動する炭素の量は、呼吸が**1196**、海洋の表層が**706**なので、1196＋706＝**1902**（億トン／年）です。

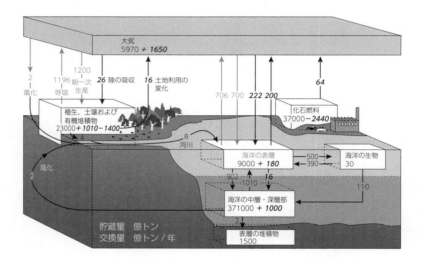

よって、どちらも等しいことがわかるので、自然による炭素循環を見ると、大気から大気以外へ移動する炭素の量は、大気以外から大気へ移動する炭素の量よりも多いとはいえません。

❷◯　まず、自然による炭素循環は❶解説で計算しているので、これを利用しましょう。自然による炭素循環では、大気から大気以外へ移動する炭素の量も、大気以外から大気へ移動する炭素の量も等しいことがわかっています。ですから、自然による炭素循環に関しては、大気に新たに貯蔵される炭素の量はゼロとなります。さらに、人間の活動による炭素循環についても検討しましょう。大気から大気以外へ移動する炭素の量は、陸の吸収が**26**、海洋の表層が**222**なので、26＋222＝**248**（億トン／年）です。一方、大気以外から大気へ移動する炭素の量は、土地利用の変化が**16**、海洋の表層が**200**、化石燃料が50%減るので64×（1−0.5）＝**32**となり、16＋200＋32＝**248**（億トン／年）です。ですから、人間の活動による炭素循環についても、大気に新たに貯蔵される炭素の量はゼロとなります。

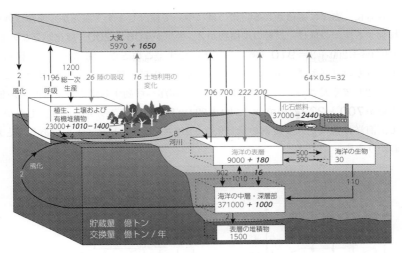

　よって、化石燃料から大気へ移動する炭素の量が50%減り、これのみが変化したとすると、大気に新たに貯蔵される炭素の量はゼロになります。

❸✕　1年ごとに新たに大気に貯蔵される炭素の量は、**❶❷**解説での計算を利用するとよいでしょう。大気から大気以外へ移動する炭素の量は248（億トン／年）です。一方、大気以外から大気へ移動する炭素の量は、土地利用の変化が**16**、海洋の表層が**200**、化石燃料が**64**なので16＋200＋64＝**280**（億トン／年）です。したがって、大気に貯蔵される炭素の量は280－248＝**32**（億トン／年）であることがわかります。

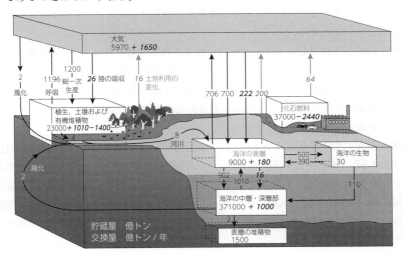

さらに、海洋に蓄積される炭素の量について検討します。海洋から海洋以外へ移動する炭素の量は、表層の堆積物が**2**、大気が**706**と**200**、風化が**2**なので、2＋706＋200＋2＝**910**（億トン／年）です。このとき、海洋どうしを移動しているもの（例えば「海洋の表層」→「海洋の中層・深層部」など）は除くことに注意してください。一方、海洋以外から海洋へ移動する炭素の量は河川が**8**、大気が**700**と**222**なので、8＋700＋222＝**930**（億トン／年）です。したがって、海洋に蓄積される炭素の量は930－910＝**20**（億トン／年）であることがわかります。

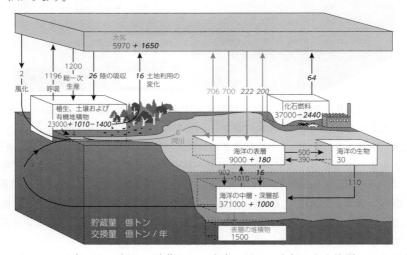

　よって、1年ごとに新たに貯蔵される炭素の量は、大気よりも海洋のほうが大きいとはいえません。

❹✕　❸解説で検討したように、大気に貯蔵される炭素の量は1年で**32億トン**です。大気に貯蔵されている炭素の量全体は5970＋1650＝**7620**（億トン）で、その1％は76.2億トンですから、1年で増加する炭素の量は1％にも満たないことがわかります。よって、大気に貯蔵されている炭素の量は、1年で約1％増加しているとはいえません。

❺✕　海洋の生物が半減すると、「海洋の生物」→「海洋の中層・深層部」が110÷2＝**55**（億トン）、「海洋の生物」→「海洋の表層」が390÷2＝**195**（億トン／年）になります。しかし、そもそも「海洋の中層・深層部」の貯蔵量は371000＋1000＝**372000**（億トン／年）ですし、そもそも「海洋の中層・深層部」→「表層の堆積物」は**2億トン**しか移動していないので、海洋の生物が半減しただけで、10％減少するということはありません。よって、海洋の生物が半減

すると、表層の堆積物に貯蔵されている炭素の量は、1年で約10%減少すると
はいえません。

過去問にチャレンジ

問題1
★

図は、九つの産業における売上額と就業者数に関して、1991〜96年の伸び率及び1996〜2000年の伸び率を示したものであるが、これから確実にいえることとして最も妥当なのはどれか。

国般 2004

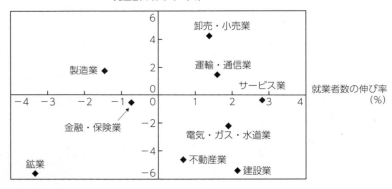

〔1991〜96 年の伸び率〕

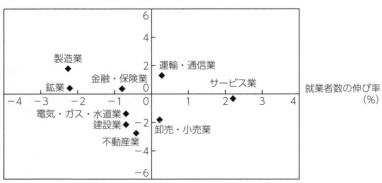

〔1996〜2000 年の伸び率〕

❶ 　売上額についてみると、どの産業においても、1996〜2000年の伸び率が1991〜96年の伸び率を上回っている。

❷ 　就業者数についてみると、1991〜96年の伸び率がプラスであった産業のうち五つの産業で1996〜2000年の伸び率がマイナスとなっている。

❸ 　1996〜2000年の伸び率についてみると、五つの産業において売上額の伸び率が就業者数のそれを上回っている。

❹ 　「製造業」、「不動産業」及び「サービス業」の産業についてみると、2000年の売上額は1991年のそれを上回っている。

❺ 　「卸売・小売業」及び「製造業」の産業についてみると、1996年の就業者1人当たりの売上額は、1991年のそれを上回っている。

図は、1985年を基準とした90年、95年、2001年のある国の製造業の業種別・国内外従業員変化率（1985年対比）を示したものであるが、これから確実にいえるのはどれか。

国般2005

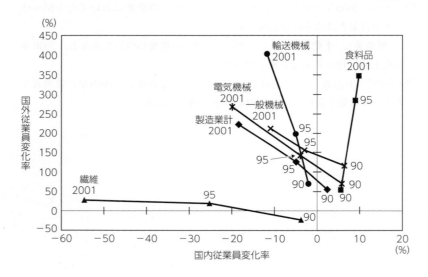

❶ 2001年の繊維の国外従業員数は、同年の電気機械のそれよりも多い。

❷ 1990年から95年にかけての国外従業員の増加数が最も多い業種は食料品である。

❸ 1985年から90年、95年、2001年と、国内従業員数が減少を続けているのは、2業種である。

❹ 2001年の国内従業員数が国外のそれより多いのは、4業種である。

❺ 2001年の製造業計をみると、1985年に比べて国内従業員数は約2割減少したが、国外従業員数は約25倍に増加した。

図は、日本の輸出入の地域別構成比の変化（1960年→2000年）を示したものである。これからいえることとして最も妥当なのはどれか。

なお、矢印の起点が1960年、終点が2000年を示している。

国専2011

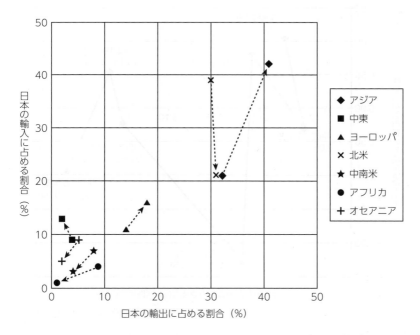

日本の輸入に占める割合（％）

日本の輸出に占める割合（％）

- ◆ アジア
- ■ 中東
- ▲ ヨーロッパ
- × 北米
- ★ 中南米
- ● アフリカ
- ＋ オセアニア

① 1960年において、日本の輸入に占める割合が日本の輸出に占める割合より多かったのは、4地域である。

② 1960年と比べて2000年に日本の輸入に占める割合が2倍以上となったのは、アジアとヨーロッパである。

③ 2000年の日本の輸出において上位3地域が占める割合は、1960年より増加している。

④ 1960年と比べて2000年に日本の輸出に占める割合が減少した地域は、日本の輸入に占める割合も減少している。

⑤ 中南米については、2000年における日本への輸出額が、1960年の5割以下となっている。

★★ 　下のグラフは、全診療科医療費に占める産婦人科医療費の割合と産婦人科医療費の対前年度増加率を表している。このグラフに関する次のA〜Cの記述の正誤の組合せとして最も適当なものはどれか。

裁判所 2014

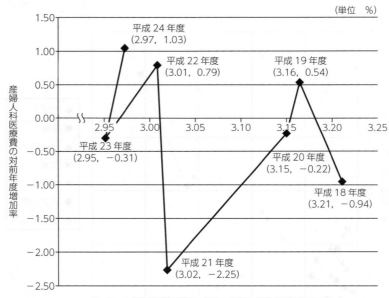

全診療科医療費に占める産婦人科医療費の割合

（厚生労働省「医療費の動向調査」より作成）

A　平成22年度の産婦人科医療費は平成19年度のそれを上回っている。

B　平成18年度から平成24年度まで、いずれの年度も全診療科医療費に占める産婦人科医療費の割合は前年を下回っている。

C　平成24年度の全診療科医療費は前年を1％以上、上回っている。

	A	B	C
❶	正	正	誤
❷	正	誤	正
❸	誤	正	正
❹	誤	誤	正
❺	誤	誤	誤

問題5
★

次の図表は、A〜Fの6つの地域における発電量について、「水力」、「火力」、「原子力その他」に分類して、地域ごとの発電量に占める割合を三角図表に示したものである。この図表から判断できることとして、最も妥当なのはどれか。

国専2007

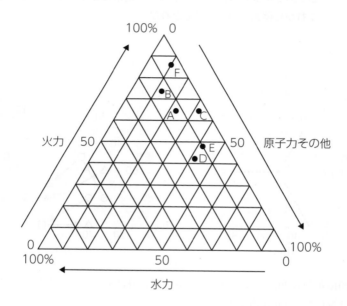

❶ 「原子力その他」の占める割合が最も高い地域はFである。

❷ すべての地域において「水力」の占める割合は20%を下回っている。

❸ Dの「原子力その他」の占める割合は、Aのそれを下回っている。

❹ Eの「水力」の占める割合は、Bの「原子力その他」の占める割合を上回っている。

❺ 「水力」、「火力」、「原子力その他」の占める割合の最大値と最小値の差が最も小さい地域はAである。

問題6
★

　三角グラフは、三つの構成要素の比率を表すのに用いられる。例えば、ある年のあるサッカーチームの試合結果の比率は、勝ち30％、負け40％、引き分け30％であり、図Ⅰの三角グラフを用いると、黒点の位置に示される。

　図Ⅱは、A、B、Cの三つのサッカーチームについて、2016年から2018年までの各年における試合結果の比率を示したものである。これから確実にいえるのはどれか。

国専2019

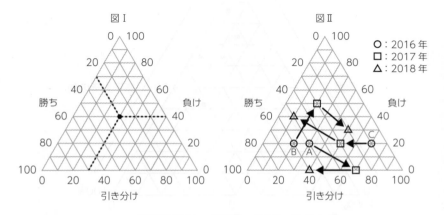

❶　2016年から2018年にかけて、勝ちと引き分けを合わせた比率が、3チームで等しくなる年がある。

❷　2016年から2018年にかけて、3チームの順位の入れ替えは生じていない。

❸　2016年から2018年にかけて、負けの比率が毎年増加しているチームがある。

❹　2017年から2018年にかけて、勝ちの比率が変わっていないチームがある。

❺　2017年において、Bチームの勝ちの比率は、他の2チームのそれより低い。

問題7
★★

　図Ⅰは、三つの構成要素の比率を表すのに用いられる三角グラフであり、ある試験のある年の合格者に占めるa、b、c各地域の出身者の割合を示している。合格者全体に対する構成比は、正三角形の内部の1点から各辺に下ろした3本の垂線の長さの比に対応している。例えば、点Xから各辺に下ろした垂線を、それぞれAX、BX、CXとするとき、それらの長さの比がAX：BX：CX＝1：2：1であれば、合格者に占めるa地域出身者の割合は25％、b地域出身者の割合は50％、c地域出身者の割合は25％という意味である。いま、三つの試験ア、イ、ウの2000年、2005年、2010年のデータが図Ⅱで示されているとき、これから確実にいえるのはどれか。

　なお、合格者の中に他の地域の出身者はいないものとする。

国専 2014

図Ⅰ　　　　　　　　　　　図Ⅱ

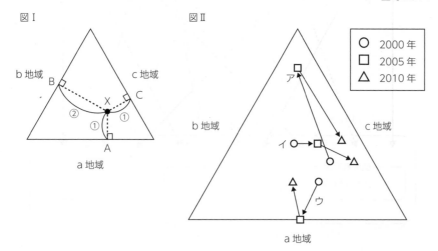

❶　合格者に占めるc地域出身者の割合は、ア、イ、ウの全試験において低下し続けている。

❷　試験イよりも試験アの方が2010年のa地域出身者の合格者数が多い。

❸　試験イにおいて、合格者に占める出身者の割合が増加し続けている地域は、c地域のみである。

❹　2000年の試験ウの合格者に占める出身者の割合が最も高い地域は、b地域である。

❺　2000年の試験アの合格者に占めるb地域出身者の割合は、2005年の試験ウの合格者に占めるa地域出身者の割合の約2倍である。

次の図から正しくいえるのはどれか。

問題8

★

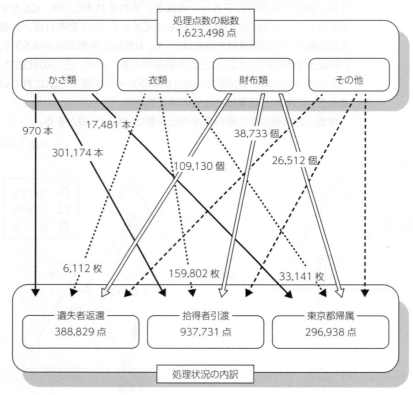

都における遺失物の物品別の処理状況（平成14年）

処理点数の総数
1,623,498点

| かさ類 | 衣類 | 財布類 | その他 |

970本

17,481本

301,174本

38,733個

109,130個

26,512個

6,112枚

159,802枚

33,141枚

| 遺失者返還 | 拾得者引渡 | 東京都帰属 |
| 388,829点 | 937,731点 | 296,938点 |

処理状況の内訳

❶ 　かさ類、衣類及び財布類のうち、遺失者返還の点数が最も多いのは財布類であり、遺失者返還の総数に占める財布類の点数の割合は30％を上回っている。

❷ 　衣類の処理点数の計に占める衣類の拾得者引渡の点数の割合は、75％を上回っている。

❸ 　その他の東京都帰属の点数は、衣類の東京都帰属の点数を20万点以上、上回っている。

❹ 　処理状況の内訳についてみると、拾得者引渡の点数の計は、遺失者返還の点数の計の2.5倍を上回っている。

❺ 　処理点数の総数に占めるかさ類の処理点数の計の割合は、処理点数の総数に占める財布類の処理点数の計の割合の2倍を上回っている。

次の図から正しくいえるのはどれか。

都Ⅱ 2005

5種類の野菜におけるエネルギー及び5つの成分の指数

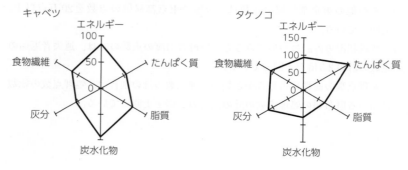

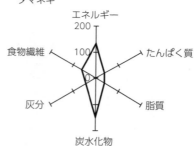

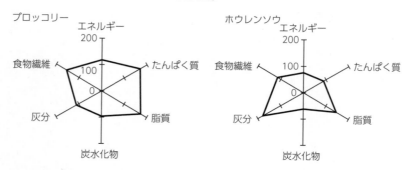

（注）指数は、5種類の野菜 100g 当たりのエネルギー量又は 5 つの成分の重量の平均を、それぞれ指数 100 としたときの値である。

❶ 5種類の野菜のたんぱく質の指数についてみると、他の野菜に比べて最も小さい野菜は、他の野菜に比べて最も大きい野菜の$\dfrac{1}{6}$を下回っている。

❷ 5種類の野菜のうち脂質の指数が他の野菜に比べて最も大きい野菜は、灰分の指数も他の野菜に比べて最も大きい。

❸ 5種類の野菜のうち、炭水化物の指数が最も大きいのはキャベツであり、最も小さいのはホウレンソウである。

❹ 食物繊維の指数についてみると、ブロッコリーはタマネギの2倍を上回っている。

❺ キャベツのエネルギー及び5つの成分の指数は、いずれの指数もタケノコを下回っている。

2 複数の資料

学習のポイント

・複数の資料においては、選択肢ごとに「片方の資料だけで判断できるのか」、「複数の資料をともに検討しないと判断できないのか」をチェックしましょう。片方だけで判断できるのであれば、基本的には今まで学習してきた内容で処理できます。複数チェックしなければいけないときにどうすべきか、がここでの問題です。

・複数の資料の関係性を正しく把握することが大切です。どう計算すれば求められるか、丁寧に検討してください。ひっかけの選択肢も多く登場しますので、特に正確な読み取りが求められます。

1 複数の資料の読み取り

　国家一般職や国家専門職が中心ですが、資料が複数示される問題も出題されます。複数の資料が出題された場合、それぞれの資料を正しく読み取ることはもちろん、**資料どうしの関係性がどのようになっているか**を確認することも大事です。複数の資料から判断できる事項と判断できない事項を見極められるようにしてください。

2 複数の資料の着眼点

　複数の資料の問題では、特に以下の点が問われることが多いので注意しましょう。

(1) 資料に明示されていない項目

　単位量当たりの資料と同様に、資料に明示されていない項目が式変形によって求められることもあります。言葉で式を立ててから判断できないか検討してみましょう。特に複数の資料間で同一の項目が含まれている場合、その項目の数値を介して判断できるケースもあります。

(2) 余事象の発想を使った検討

　構成比が示されている資料などでは、全体が100％であることを利用して、全体から該当しない項目を引くことで該当する項目が求められることもあります。例えば女性の構成比を求めたいときに、男性の構成比がわかれば、「100％－男性の構

成比」で求めることが可能です。いわゆる「余事象の発想」も使っていきましょう。

(3) 最小値の集合

　特に最近は、**最小値の集合を問う選択肢**が国家公務員試験を中心によく登場します。「**少なくとも○○人いる**」のような記述の正誤は、線分図を使って確かめることになります。以下の例題2で検討方法を確認しましょう。なお、最小値の集合は判断推理の集合のテーマでも学習しますので、判断推理の学習もぜひ進めておくとよいでしょう。

例題1　以下の資料は、ある市においてインフルエンザの予防接種を受けた人のうち、インフルエンザの非感染者数と、インフルエンザに感染した人の割合を表したものである。このとき、インフルエンザの予防接種を受けた人の数はいくらになるか。

インフルエンザ非感染者数	インフルエンザに感染した人の割合
27,000人	10%

　インフルエンザの予防接種を受けた人の数（実数）を求めたいので、**実数の示されている「インフルエンザ非感染者数」を使って、式を立てて求められないか**を考えてみましょう。

　まず、「**インフルエンザ非感染者数＝インフルエンザの予防接種を受けた人の数×インフルエンザに感染しなかった人の割合**」という式が成り立ちますね。また、インフルエンザに感染しなかった人の割合は、「**100％－インフルエンザに感染した人の割合**」で求めることができますから、100 − 10 = **90**（％）であることもわかります。

　そこで、「インフルエンザ非感染者数＝インフルエンザの予防接種を受けた人の数×インフルエンザに感染しなかった人の割合」から式を立てると、「**27,000（人）＝インフルエンザの予防接種を受けた人の数×90％**」であることがわかり、「インフルエンザの予防接種を受けた人の数」は 27,000 ÷ 0.9 = 30,000（人）となります。

例題2 以下の資料は、ある高校の全校生徒800人に、英語と数学が得意かどうかについてアンケート調査をした結果を表したものである。複数回答可であるとき、英語と数学ともに得意と回答した人数は少なくとも何人いるか。

英語が得意と回答した者
400人

数学が得意と回答した者
500人

仮に「英語と数学ともに得意と回答した人数は**最大**何人いるか」であれば、これは**400人**です。なぜなら、英語が得意と回答した400人が、すべて数学が得意と回答した500人の中に含まれていればよいからです。これは線分図にすると、以下のようになります。全校生徒800人の中に、英語が得意と回答した400人がおり、さらにそこに重なるように数学が得意と回答した500人がいます。つまり、**2本の線分がなるべく重なるように作図すると、最大人数が判断できる**のです。

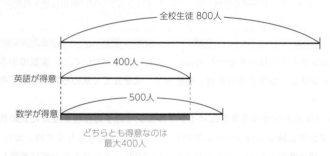

では「**少なくとも**」であればどうでしょうか。これを線分図にすると、次のようになります。英語が得意と回答した400人を左端から、数学が得意と回答した500人を右端から割り当てます。つまり、**2本の線分がなるべく重ならないように描くと、最小人数が判断できる**のです。最小人数は、400 − 300でも500 − 400でも400 + 500 − 800でも構いません。**100人**であることがわかります。

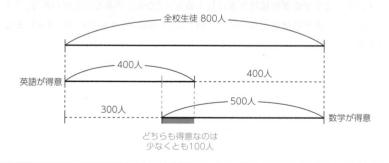

MEMO

解法ナビゲーション

図Ⅰ、図Ⅱ、図Ⅲは、商店を卸売業と小売業に分けた場合の我が国における商店の数、年間売上高、働く人数の状況を示している。これらの図からいえることとして最も妥当なのはどれか。

国般 2007

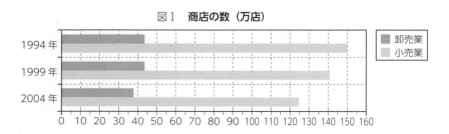

図Ⅰ　商店の数（万店）

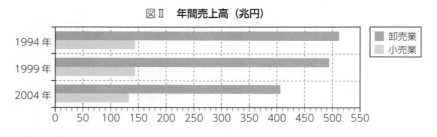

図Ⅱ　年間売上高（兆円）

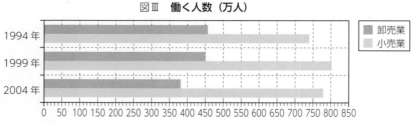

図Ⅲ　働く人数（万人）

（出典）経済産業省「商業統計」より引用・加工

❶ 全商店の数に占める卸売業の商店の数の割合は、1994年の方が1999年より大きい。

❷ 卸売業の1店当たりの収益は、1994年の方が2004年より大きい。

❸ 小売業の1店当たりの働く人の数は、計測年ごとに増えている。

❹ 2004年において商店で働く人の1人当たりの年間売上高は、卸売業が小売業の10倍を超えている。

❺ 1994年と2004年を比べたとき、小売業の商店数の減少の割合は、卸売業の年間売上高の減少の割合より大きい。

着眼点

選択肢ごとに何が問われているのかを確認して、どの資料を見れば数値が求められるのか、正確に把握しましょう。本問は棒グラフになってはいるものの、実数の資料で数値も読み取りやすいので、検討しやすいでしょう。

もちろん、求められない数値が選択肢で問われる場合もありますから、そのようなひっかけに注意してください。

❶✕　まず、商店の数については図Ⅰから読み取ることができます。「全商店の数に

占める卸売業の商店の数の割合」は$\dfrac{\text{卸売業の商店の数}}{\text{全商店の数}}$と表すことができ、全商店

とは卸売業と小売業を合わせたものですから、$\dfrac{\text{卸売業の商店の数}}{\text{卸売業の商店の数＋小売業の商店の数}}$

で求めることができます。1994年と1999年についてそれぞれ見ると、1994年は

$\dfrac{43}{43+150}=\dfrac{\mathbf{43}}{\mathbf{193}}$、1999年は$\dfrac{42}{42+141}=\dfrac{\mathbf{42}}{\mathbf{183}}$となります。$\dfrac{43}{193}$と$\dfrac{42}{183}$の大小を比較

すると、分子はほぼ変化がないのに対し、分母は約10（万店）の減少になって

います。よって、分母が小さくなると分数全体の値は大きくなりますから、$\dfrac{43}{193}$

$<\dfrac{42}{183}$となることがわかります。よって、全商店の数に占める卸売業の商店の数

の割合は、1994年より1999年のほうが大きくなってしまいます。

❷✕　若干せこい引っ掛けという感じですが、くれぐれも惑わされないようにしま
しょう。卸売業の1店当たりの「**収益**」については、どの資料の項目にも含まれ
ていませんので、読み取ることができません。確かに、図Ⅱは「年間売上高」の
資料ですが、「**売上高**」と「**収益**」は別のものです。よって、卸売業の1店当た
りの収益は判断できません。

❸◯　「小売業の1店当たりの働く人の数」は、図Ⅰと図Ⅲから読み取ることがで

きます。これを分数にすると$\dfrac{\text{小売業の働く人の数（万人）}}{\text{小売業の商店の数（万店）}}$となります。計測年ご

とに見ると、1994年→1999年→2004年で$\dfrac{740}{150}\rightarrow\dfrac{800}{141}\rightarrow\dfrac{780}{124}$となります。1994年

→1999年は$\dfrac{740}{150}\rightarrow\dfrac{800}{141}$で分母が減り、分子が増えているので、分数全体の値とし

ては確実に増加しています。1999年→2004年は$\dfrac{800}{141}\rightarrow\dfrac{780}{124}$で分母も分子も減って

いますが、概算でも1999年は$800\div141\fallingdotseq6$未満、2004年は$780\div124\fallingdotseq6$以上
であることがわかるので、やはり増加しています。よって、小売業の1店当たり
の働く人の数は、計測年ごとに増えています。

❹✕　「商店で働く人の1人当たりの年間売上高」は、図Ⅱと図Ⅲから読み取るこ

とができます。これを分数にすると $\dfrac{年間売上高（兆円）}{働く人の数（万人）}$ となります。2004年の卸

売業と小売業を見ると、卸売業は $\dfrac{410}{380}$、小売業は $\dfrac{135}{780}$ となります。小売業の10倍

は $\dfrac{135}{780} \times 10 = \dfrac{135}{78} = 1 + \dfrac{57}{78}$ ですから、1.5を超えることがわかりますが、卸売業

は $\dfrac{410}{380} = 1 + \dfrac{30}{380}$ なので1.1にも満たないことがわかります。よって、2004年にお

いて商店で働く人の1人当たりの年間売上高は、卸売業が小売業の10倍を超え

ていません。

❺✕　小売業の商店数の減少の割合（減少率）は図Ⅰ、卸売業の年間売上高の減少
の割合（減少率）は図Ⅱから読み取ることができます。1994年→2004年で小売
業の商店数は150→125であり、25の減少です。150の10％は15、1％は1.5です
から、25の減少は減少率でいうと約 **16％** です。一方、1994年→2004年で卸売
業の年間売上高は515→410であり、105の減少です。515の10％は51.5なので、
105の減少は減少率でいうと **20％以上** です。

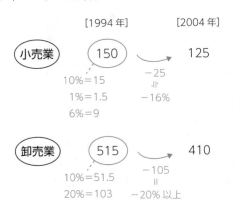

[1994年]　　　　　[2004年]

小売業　(150)　→　125
　　　10％＝15　　−25
　　　1％＝1.5　　‖
　　　6％＝9　　−16％

卸売業　(515)　→　410
　　　10％＝51.5　　−105
　　　20％＝103　　‖
　　　　　　　−20％以上

　　よって、1994年と2004年を比べたとき、小売業の商店数の減少の割合は、卸
売業の年間売上高の減少の割合より大きいとはいえません。

過去問にチャレンジ

次の図表から正しくいえるのはどれか。

都Ⅰ 2016

主なチェーンストアにおける4取扱部門の販売額の状況

取扱部門別の販売額（2009年）　　　　　　　　　　　　　　　　　（単位：百万円）

食料品	衣料品	住関品	サービス
8,086,010	1,369,262	2,568,032	48,746

取扱部門別の販売額の**対前年増加率**の推移

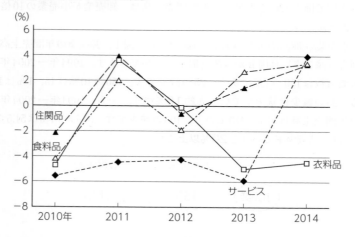

❶　2009年における食料品の販売額を100としたとき、2012年における食料品の販売額の指数は90を下回っている。

❷　2010年に対する2011年の販売額を取扱部門別にみると、最も増加しているのは食料品であり、次に増加しているのは衣料品である。

❸　2011年から2013年までの3か年における住関品の販売額の累計は、7,500,000百万円を上回っている。

❹　2011年から2014年までのうち、衣料品の販売額が最も多いのは2011年であり、最も少ないのは2013年である。

❺　2013年におけるサービスの販売額は、前年におけるサービスの販売額に比べて3,000百万円以上減少している。

問題2
★

次の図から正しくいえるのはどれか。

東京都における献血状況

献血者総数の**対前年度増加率**の推移

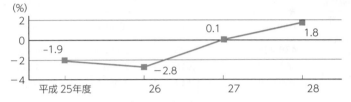

献血方法別の献血者数の構成比の推移

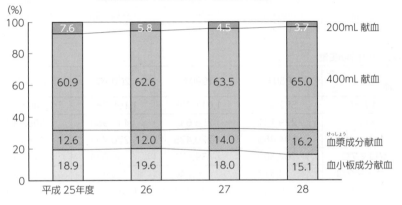

① 平成24年度から27年度までの各年度についてみると、献血者総数が最も少ないのは27年度である。

② 平成25年度から27年度までの各年度についてみると、400mL献血の献血者数に対する血漿成分献血の献血者数の比率は、いずれの年度も0.2を下回っている。

③ 血小板成分献血についてみると、平成26年度から28年度までの3か年度の献血者数の年度平均は、25年度の献血者数を上回っている。

④ 400mL献血についてみると、平成27年度の献血者数は、25年度の献血者数を上回っている。

⑤ 200mL献血についてみると、平成26年度の献血者数を100としたとき、27年度の献血者数の指数は70を下回っている。

問題3　表1は、マグロ類の地域別漁獲量の推移、表2は、マグロ類の魚種別漁獲量の推移を示したものである。これから確実にいえるのはどれか。

国専2012

表1　地域別漁獲量 （単位：トン）

地域＼年	1980年	1990年	2000年	2008年
A	438,225	747,375	993,760	966,970
B	361,340	277,518	275,474	214,804
C	109,618	191,111	238,410	163,642
D	79,149	161,627	156,572	124,155
E	46,327	81,102	93,182	208,567
F	22,022	87,549	176,787	128,208
合　計	1,056,681	1,546,282	1,934,185	1,806,346

表2　魚種別漁獲量 （単位：トン）

魚種＼年	1980年	1990年	2000年	2008年
キハダ	552,239	1,011,895	1,198,084	1,140,914
メバチ	229,131	258,645	443,968	398,047
ビンナガ	194,485	229,425	220,792	208,781
クロマグロ	67,309	39,571	55,874	47,826
ミナミマグロ	13,517	6,746	15,467	10,778
合　計	1,056,681	1,546,282	1,934,185	1,806,346

❶　2008年におけるA地域のマグロ類の漁獲量に占めるキハダの漁獲量の割合は25%を超えている。

❷　1990年と2000年の地域別漁獲量の増加率をみると、C地域が最も高く約35%となっている。

❸　マグロ類に占めるメバチの漁獲量の割合は、1980年から2000年まで、10年単位でみると、それぞれ15%ポイント以上ずつ増加している。

❹　表中の年でみると、地域別漁獲量のなかで増減の幅（最高値と最低値の差）が少ないのはF地域である。

❺　表中の年でみると、魚種別漁獲量のなかで減少率が最も大きいのは、1980年から1990年のクロマグロである。

表は、P市における2009年3月末現在の世帯数と人口を地区別、町別に表したものである。これから確実にいえるのはどれか。

国専2010

地区・町		世帯数	人口	1年間の増減		人口の増減率	1世帯当たりの人数
				世帯数	人口		
X地区	A町	2,623	5,625	＋ 2	－ 117	－ 2.0%	2.14
	B町	1,820	4,086	＋ 6	－ 56	－ 1.4%	2.25
	C町	3,941	8,727	＋ 32	－ 30	－ 0.3%	2.21
	小計	8,384	18,438	＋ 40	－ 203	－ 1.1%	2.20
Y地区	D町	2,615	7,261	＋ 4	－ 117	－ 1.6%	2.78
	E町	2,067	5,557	＋ 17	－ 44	－ 0.8%	2.69
	F町	583	1,845	－ 5	－ 23	－ 1.2%	3.16
	G町	1,772	5,311	＋ 8	－ 51	－ 1.0%	3.00
	小計	7,037	19,974	＋ 24	－ 235	－ 1.2%	2.84
P市全体		49,727	121,497	＋ 244	－ 1,003	－ 0.8%	2.44

❶ G町の1世帯当たりの人数は、2008年3月末においては2人台であった。

❷ 2009年3月末の世帯数と人口をみると、E町、F町、G町の三つの町の合計は、世帯数、人口ともにP市全体の1割未満である。

❸ Y地区の世帯数の増加割合は、2009年3月末までの1年間でみると、P市全体の世帯数の増加割合に比べて大きい。

❹ X地区及びY地区のどの町においても、2009年3月末までの1年間に、1世帯当たりの人数は減少した。

❺ X地区及びY地区を除くP市全体の人口の減少割合は、2009年3月末までの1年間でみると、1.0%を超えている。

問題5 表は、社会保障に関するアンケート調査の結果を示したものである。
★★ この表から確実にいえるのはどれか。

国専2013

これまで社会保障の知識を得た手段（複数回答を含む。）　　　　　　　　　　　　　　　　　(%)

	新聞	テレビ・ラジオ	インターネット	書籍・雑誌	広報・パンフレット	公的機関等への問い合わせ	勤務先・学校	家族・知人	その他	調べたことがない
総回答数 1,342人	66.0	66.0	26.1	24.1	39.8	32.9	31.4	37.2	1.6	5.1
20歳代 146人	41.1	48.6	34.9	16.4	18.5	17.1	41.1	46.6	—	13.0
30歳代 217人	52.1	59.0	46.1	22.1	27.2	29.5	47.5	43.8	0.9	3.7
40歳代 230人	62.6	63.0	33.5	22.6	37.0	30.9	40.4	38.7	0.4	4.8
50歳代 234人	73.1	71.4	27.4	25.2	44.9	39.3	33.8	32.9	1.7	4.3
60歳代 297人	77.8	73.1	14.8	30.3	51.2	42.4	20.5	36.4	3.4	2.4
70歳代 218人	76.6	72.5	6.4	22.9	48.6	29.4	11.5	28.4	1.8	6.0

緊急に見直しが必要だと思われる分野（複数回答を含む。）　　　　　　　　　　　　　　　　　(%)

	医療制度	年金制度	介護制度	子育て関連制度	雇用支援策	貧困対策	その他	わからない
総回答数 1,342人	53.1	66.3	56.9	42.0	47.5	25.1	10.0	2.6
20歳代 146人	41.8	71.2	39.0	50.7	40.4	30.8	7.5	5.5
30歳代 217人	49.3	71.4	44.2	47.9	47.9	24.4	6.5	3.2
40歳代 230人	53.9	71.7	55.7	43.9	45.2	27.4	9.1	3.9
50歳代 234人	50.9	72.6	56.8	43.2	49.6	28.6	14.5	1.3
60歳代 297人	57.2	59.3	65.0	39.7	52.9	18.9	9.4	1.3
70歳代 218人	60.1	55.0	71.6	30.3	44.5	24.3	11.9	1.8

❶ これまで社会保障の知識を得た手段として「調べたことがない」と回答した者を除く全員が、これまで社会保障の知識を得た手段として「新聞」又は「テレビ・ラジオ」と回答している。

❷ これまで社会保障の知識を得た手段として「インターネット」と回答した者のうち、20歳代から50歳代までの者の割合は8割を下回っている。

❸ 70歳代の者のうち、緊急に見直しが必要だと思われる分野について「医療制度」と「介護制度」の両方とも回答した者は50人以上いる。

❹ 緊急に見直しが必要だと思われる分野として「貧困対策」と回答した者は、20歳代から70歳代までのいずれの世代でも50人を超えている。

❺ 40歳代の者のうち、これまで社会保障の知識を得た手段として「新聞」と「テレビ・ラジオ」の両方とも回答し、かつ緊急に見直しが必要だと思われる分野として「年金制度」と「子育て関連制度」の両方とも回答した者は最低でも36人いる。

図は、「子どもの出生数及び出生順位別出生割合」と「母親の結婚年齢と平均出産年齢」を示したものである。これからいえることとして最も妥当なのはどれか。

なお、出生順位とは、同じ母親がこれまでに生んだ出生子の総数について数えた順序のことである。

国般 2012

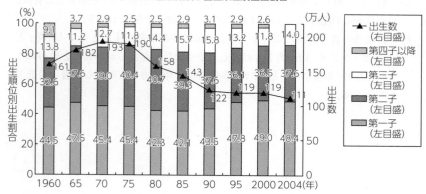

図Ⅰ　子どもの出生数及び出生順位別出生割合

（備考）出生順位ごとの出生数が各年の出生数に占める割合及び各年の出生数を示した。
　　　なお、2004年の「第三子」は、第三子及び第四子以降の子どもを合計した割合。

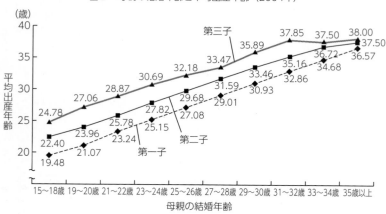

図Ⅱ　母親の結婚年齢と平均出産年齢（2004年）

（備考）結婚年齢ごとに、出生順位別の母親の平均出産年齢を示したもの。

❶ 　出生数に占める出生順位が第一子の子どもである割合が高い年ほど、出生順位ごとにみた母親の平均出産年齢は高くなっている。

❷ 　出生数を前回調査年と比較した場合、増加率が最も高いのは1965年で、減少率が最も高いのは1990年である。

❸ 　1985年以降、全出生児に対し第二子以降の占める割合が徐々に大きくなる傾向がみられ、全体として子どもを2人以上産んだ母親の割合が増加している。

❹ 　母親の結婚年齢別に第一子の平均出産年齢をみると、おおむねどの結婚年齢においても、結婚後3～4年で第一子を出産している。

❺ 　母親の結婚年齢が32歳以下の者においては、平均出産年齢の間隔が約2～3年であるが、結婚年齢が33歳以上になると平均出産年齢の間隔は短くなっている。

問題7
★★

図Ⅰ、Ⅱは、ある地域における防災に関する意識調査の結果を示したものである。これらから確実にいえるのはどれか。

国般 2019

図Ⅰ　災害対策について

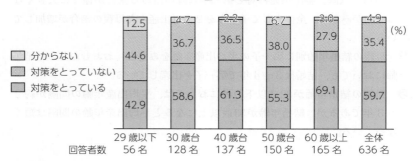

図Ⅱ　具体的な対策内容
（「対策をとっている」と回答した者のみ・複数回答可）

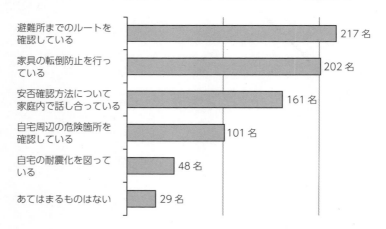

❶ 「対策をとっていない」と回答した者のうち、39歳以下が占める割合は、50％を超えている。

❷ 29歳以下で「対策をとっている」と回答した者は、50歳台で「分からない」と回答した者より少ない。

❸ 調査に回答した者全体のうち、「避難所までのルートを確認している」と回答した者が占める割合は、30％より少ない。

❹ 「対策をとっている」と回答した者のうち、「あてはまるものはない」と回答した者以外は全員複数回答をしている。

❺ 「対策をとっている」と回答した者のうち半数以上は、「家具の転倒防止を行っている」と回答した。

問題8

★★★

図Ⅰ、Ⅱは、1986年を１とした場合の、Ａ国における男性の家事及び育児に従事した者の割合の推移とＡ国における男性の家事及び育児の総平均従事時間（１日当たり）の推移を、図Ⅲは、Ａ国の2011年における男性１人当たりの家事の行動の種類別総平均時間（１日当たり）を示したものである。これらから確実にいえるのはどれか。

国専2018

図Ⅰ　男性の家事及び育児に従事した者の割合の推移

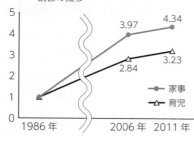

図Ⅱ　男性の家事及び育児の総平均従事時間の推移

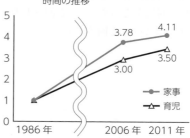

図Ⅲ　2011年における男性の家事の行動の種類別総平均時間

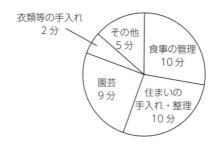

❶ 1986年における男性の家事の総平均従事時間は、10分以下である。

❷ 2006年における男性の育児の総平均従事時間は、10分以上である。

❸ 2011年に男性が「食事の管理」に従事した総平均時間は、1986年のそれの４倍以上である。

❹ 2011年に育児に従事した男性の割合は、1986年に家事に従事した男性の割合よりも高い。

❺ 家事に従事した男性に限ると、2011年の家事の平均従事時間は、1986年のそれの４倍以上である。

MEMO

問題9
★ ★

図は、1996〜2016年のオリンピック競技大会における、男女別の我が国のメダル獲得数及び男女それぞれの獲得したメダルに占める金メダルの割合を示したものであり、表は、これらの大会における我が国のメダル獲得数を種類別に示したものである。これらから確実にいえるのはどれか。

なお、これらの大会において、男女混合種目ではメダルを獲得していない。

国般2020

図　男女別メダル獲得数及び獲得したメダルに占める金メダルの割合

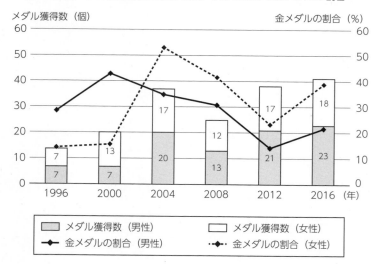

表　種類別メダル獲得数 （単位：個）

	1996年	2000年	2004年	2008年	2012年	2016年
金メダル	3	5	16	9	7	12
銀メダル	6	8	9	8	14	8
銅メダル	5	7	12	8	17	21

❶ 1996～2016年について金メダルの獲得数を男女別に比較すると、1996年は男性の方が多かったが、2000年以降は一貫して女性の方が多かった。

❷ 1996～2016年についてみると、獲得したメダルに占める銀メダルの割合が最も低かったのは1996年で、最も高かったのは2012年である。

❸ 1996～2016年について金メダルの獲得数を男女別にみると、最も多かったのは男性も女性も2016年である。

❹ 2000年の女性のメダル獲得数についてみると、銀メダルと銅メダルをそれぞれ少なくとも3個以上獲得している。

❺ 2012年の男性のメダル獲得数についてみると、銀メダルと銅メダルをそれぞれ少なくとも5個以上獲得している。

索 引

〈執筆〉橋口 武英（TAC公務員講座）

こう む いん し けん　　　　　　　　こうかく　き ほん か こ もんだいしゅう　くうかん は あく　　し りょうかいしゃく
公務員試験 ゼロから合格 基本過去問題集 空間把握・資料解釈

2020年11月25日　初　版　第1刷発行

<table>
<tr><td>編　著　者</td><td>Ｔ　Ａ　Ｃ　株　式　会　社</td></tr>
<tr><td></td><td>（公務員講座）</td></tr>
<tr><td>発　行　者</td><td>多　　田　　敏　　男</td></tr>
<tr><td>発　行　所</td><td>ＴＡＣ株式会社　出版事業部</td></tr>
<tr><td></td><td>（TAC出版）</td></tr>
</table>

〒101-8383
東京都千代田区神田三崎町3-2-18
電話　03（5276）9492（営業）
FAX　03（5276）9674
https://shuppan.tac-school.co.jp

組　　版　　朝日メディアインターナショナル株式会社
印　　刷　　株式会社　ワコープラネット
製　　本　　東京美術紙工協業組合

© TAC 2020　　　Printed in Japan　　　ISBN 978-4-8132-9486-3
N.D.C. 317

公務員講座のご案内

大卒レベルの公務員試験に強い！

2019年度 公務員試験

公務員講座生[1]
最終合格者延べ人数[2]

5,460名

※1 公務員講座生とは公務員試験対策講座において、目標年度に合格するために必要と考えられる、講義、演習、論文対策、面接対策等をパッケージ化したカリキュラムの受講生です。単科講座や公開模試のみの受講生は含まれておりません。
※2 同一の方が複数の試験種に合格している場合は、それぞれの試験種に最終合格者としてカウントしています。（実合格者数は3,081名です。）
＊2020年1月31日時点で、調査にご協力いただいた方の人数です。

地方公務員（大卒程度）	計	2,672名
国家公務員（大卒程度）	計	2,568名
国立大学法人等	大卒レベル試験	180名
独立行政法人	大卒レベル試験	9名
その他公務員		31名

1位 全国の公務員試験で合格者を輩出！

詳細は公務員講座（地方上級・国家一般職）パンフレットをご覧ください。

2019年度 国家総合職試験

公務員講座生[1]

最終合格者数 206名[2]

法律区分	81名	経済区分	43名
政治・国際区分	32名	教養区分	18名
院卒／行政区分	20名	その他区分	12名

※1 公務員講座生とは公務員試験対策講座において、目標年度に合格するために必要とする、講義、演習、論文対策、面接対策等をパッケージ化したカリキュラムの受講生です。各種オプション講座や公開模試など、単科講座のみの受講生は含まれておりません。
※2 上記は2019年度目標の公務員講座最終合格者のほか、2020年目標公務員講座生の最終合格者が17名含まれています。
＊ 上記は2020年1月31日時点で調査にご協力いただいた方の人数です。

2019年度 外務専門職試験

最終合格者総数48名のうち
43名がWセミナー講座生です。[1]

合格者占有率[2] 89.6%

外交官を目指すなら、実績のWセミナー

※1 Wセミナー講座生とは、公務員試験対策講座において、目標年度に合格するために必要と考えられる、講義、演習、論文対策、面接対策等をパッケージ化したカリキュラムの受講生です。各種オプション講座や公開模試など、単科講座のみの受講生は含まれておりません。また、Wセミナー講座生はそのボリュームから他校の講座生と掛け持ちすることは困難です。
※2 合格者占有率は「Wセミナー講座生（※1）最終合格者数」を、「外務省専門職の最終合格者総数」で除して算出しています。また、算出した数字の小数点第2位以下を四捨五入して表記しています。
＊ 上記は2020年1月31日時点で調査にご協力いただいた方の人数です。

WセミナーはTACのブランドで

公務員講座のご案内

無料体験のご案内
3つの方法でTACの講義が体験できる!

教室で体験
迫力の生講義に出席

予約不要! 3回連続出席OK!

1. 校舎と日時を決めて、当日TACの校舎へ
TACでは各校舎で毎月体験入学の日程を設けています。

2. オリエンテーションに参加(体験入学1回目)
初回講義「オリエンテーション」にご参加ください。終了後は個別にご相談をお受けいたします。

3. 講義に出席(体験入学2・3回目)
引き続き、各科目の講義をご受講いただけます。参加者には講義で使用する教材をプレゼントいたします。

- 3回連続無料体験講義の日程はTACホームページと公務員パンフレットでご覧いただけます。
- 体験入学はお申込み予定の校舎に限らず、お好きな校舎でご利用いただけます。
- 4回目の講義前までに、ご入会手続きをしていただければ、カリキュラム通りに受講することができます。

※地方上級・国家一般職・警察官・消防官レベル以外の講座では、2回連続体験入学を実施しています。

ビデオで体験
校舎のビデオブースで体験視聴

TAC各校の個別ビデオブースで、講義を無料でご視聴いただけます。(要予約)

各校のビデオブースでお好きな講義を視聴できます。視聴前日までに視聴する校舎受付窓口にてご予約をお願い致します。

ビデオブース利用時間 ※日曜日は④の時間帯はありません。
① 9:30 ～ 12:30　② 12:30 ～ 15:30
③ 15:30 ～ 18:30　④ 18:30 ～ 21:30

※受講可能な曜日・時間帯は一部校舎により異なります。
※年末年始・夏期休業・その他特別な休業以外は、通常平日・土日祝祭日にご覧いただけます。
※予約時にご希望日とご希望時間帯を合わせてお申込みください。
※基本講義の中からお好きな科目をご視聴いただけます。(視聴できる科目は時期により異なります)
※TAC提携校での体験視聴につきましては、提携校各校へお問合せください。

Webで体験
スマートフォン・パソコンで講義を体験視聴

TACホームページの「TAC動画チャンネル」で無料体験講義を配信しています。時期に応じて多彩な講義がご覧いただけます。

TACホームページ **https://www.tac-school.co.jp/**

※体験講義は教室講義の一部を抜粋したものになります。

TAC出版 書籍のご案内

TAC出版では、資格の学校TAC各講座の定評ある執筆陣による資格試験の参考書をはじめ、
資格取得者の開業法や仕事術、実務書、ビジネス書、一般書などを発行しています！

TAC出版の書籍

*一部書籍は、早稲田経営出版のブランドにて刊行しております。

資格・検定試験の受験対策書籍

- ✪日商簿記検定
- ✪建設業経理士
- ✪全経簿記上級
- ✪税 理 士
- ✪公認会計士
- ✪社会保険労務士
- ✪中小企業診断士

- ✪証券アナリスト
- ✪ファイナンシャルプランナー(FP)
- ✪証券外務員
- ✪貸金業務取扱主任者
- ✪不動産鑑定士
- ✪宅地建物取引士
- ✪マンション管理士

- ✪管理業務主任者
- ✪司法書士
- ✪行政書士
- ✪司法試験
- ✪弁理士
- ✪公務員試験(大卒程度・高卒者)
- ✪情報処理試験
- ✪介護福祉士
- ✪ケアマネジャー
- ✪社会福祉士　ほか

実務書・ビジネス書

- ✪会計実務、税法、税務、経理
- ✪総務、労務、人事
- ✪ビジネススキル、マナー、就職、自己啓発
- ✪資格取得者の開業法、仕事術、営業術
- ✪翻訳書 (T's BUSINESS DESIGN)

一般書・エンタメ書

- ✪エッセイ、コラム
- ✪スポーツ
- ✪旅行ガイド (おとな旅プレミアム)
- ✪翻訳小説 (BLOOM COLLECTION)

TAC出版の公務員試験対策書籍は、独学用、およびスクール学習の副教材として、各商品を取り揃えています。学習の各段階に対応していますので、あなたのステップに応じて、合格に向けてご活用ください。

INPUT

『新・まるごと講義生中継』

A5判
TAC公務員講座講師
新谷 一郎 ほか

- ●TACのわかりやすい生講義を誌上で!
- ●初学者の科目導入に最適!
- ●豊富な図表で、理解度アップ!

・郷原豊茂の憲法
・新谷一郎の行政法

『まるごと講義生中継』

A5判
TAC公務員講座講師
渕元 哲 ほか

- ●TACのわかりやすい生講義を誌上で!
- ●初学者の科目導入に最適!

・郷原豊茂の刑法
・渕元哲の政治学
・渕元哲の行政学
・ミクロ経済学
・マクロ経済学
・関野喬のパターンでわかる数的推理
・関野喬のパターンでわかる判断整理
・関野喬のパターンでわかる
　空間把握・資料解釈

INPUT

『過去問攻略Vテキスト』

A5判
TAC公務員講座

- ●TACが総力をあげてまとめた
　公務員試験対策テキスト

全21点

・専門科目：15点
・教養科目：6点

要点まとめ

『一般知識 出るとこチェック』

四六判

- ●知識のチェックや直前期の暗記に
　最適!
- ●豊富な図表とチェックテストで
　スピード学習!

・政治・経済
・思想・文学・芸術
・日本史・世界史
・地理
・数学・物理・化学
・生物・地学

判例対策

『ココで差がつく! 必修判例』A5判

TAC公務員講座

- ● 公務員試験によく出る憲法・行政法・民法の判例のうち、「基本＋α」の345選を収載!
- ●関連過去問入りなので、出題イメージが把握できる!
- ●頻出判例がひと目でわかる「出題傾向表」付き!

記述式対策

『公務員試験論文答案集 専門記述』A5判

公務員試験研究会

- ● 公務員試験(地方上級ほか)の専門記述を攻略するための問題集
- ● 過去問と新作問題で出題が予想されるテーマを完全網羅!

・憲法〈第2版〉
・行政法

書籍の正誤についてのお問合わせ

万一誤りと疑われる箇所がございましたら、以下の方法にてご確認いただきますよう、お願いいたします。

なお、正誤のお問合わせ以外の書籍内容に関する解説・受験指導等は、**一切行っておりません**。
そのようなお問合わせにつきましては、お答えいたしかねますので、あらかじめご了承ください。

1 正誤表の確認方法

TAC出版書籍販売サイト「Cyber Book Store」の
トップページ内「正誤表」コーナーにて、正誤表をご確認ください。

CYBER TAC出版書籍販売サイト
BOOK STORE

URL:https://bookstore.tac-school.co.jp/

2 正誤のお問合わせ方法

正誤表がない場合、あるいは該当箇所が掲載されていない場合は、書名、発行年月日、お客様のお名前、ご連絡先を明記の上、下記の方法でお問合わせください。
なお、回答までに1週間前後を要する場合もございます。あらかじめご了承ください。

文書にて問合わせる

● 郵 送 先　〒101-8383 東京都千代田区神田三崎町3-2-18
TAC株式会社 出版事業部 正誤問合わせ係

FAXにて問合わせる

● FAX番号　**03-5276-9674**

e-mailにて問合わせる

● お問合わせ先アドレス　**syuppan-h@tac-school.co.jp**

※お電話でのお問合わせは、お受けできません。また、土日祝日はお問合わせ対応をおこなっておりません。
※正誤のお問合わせ対応は、該当書籍の改訂版刊行月末日までといたします。

乱丁・落丁による交換は、該当書籍の改訂版刊行月末日までといたします。なお、書籍の在庫状況等により、お受けできない場合もございます。
また、各種本試験の実施の延期、中止を理由とした本書の返品はお受けいたしません。返金もいたしかねますので、あらかじめご了承くださいますようお願い申し上げます。

(2020年10月現在)

ゼロから合格 基本過去問題集

空間把握・資料解釈

解答・解説編

解答・解説は、色紙を残したまま、丁寧に抜き取ってご利用ください。
なお、抜き取りの際の損傷によるお取替えは致しかねます。

目　次

第1章　正多面体の性質

1　正多面体の種類と性質

問題1 正解 ①

> 単純に「ねじれの位置」の知識が問われているだけの問題です。そもそも「ねじれの位置」が本試験で題材になることもほぼありませんが、中学数学の知識でもありますし、正多面体の特徴を理解してもらうためにも有用だと考えて、掲載しました。

　まず「ねじれの位置」とは、「**交わることがなく、平行でもない2本の直線**」のことをいいます。ですから、本問であれば、辺ABと交わっている、つまり接している辺は除きます。また、平行な辺も除きましょう。そうすると、以下の図で示す**4本**の赤い辺がねじれの位置にあることになります。

　以上より、正解は**①**となります。

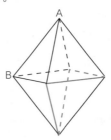

2　展開図

問題1 正解 ④

> 正多面体に慣れてもらうために、ぜひ検討してほしい問題です。辺が切り開かれた部分、くっついたままの部分を正しく把握できるようにしましょう。

　図Ⅰに正四面体の例が出ているので、これをヒントに考えてみましょう。正四面体を展開したときに、カッターで切った部分がどの位置にあるかを書き込むと、右図のようになります。

　正四面体を展開図にするために**辺を3本切断**していますが、**切断すると、もともと1本だった辺が2本に分かれる**ことになります。そして、3×2＝6(本)より、**展開図を構成する正三角形の外周にある6本の辺が切断されている**ことがわかるわけです。

　ということは、正十二面体も同様に考えればよいのです。例えば、右のような正十二面体の展開図を構成する正五角形の外周を確認すると、**38本の辺が切断されている**ことがわかります。

　したがって、正十二面体を展開図にするときに切断しなければならない辺の本数は 38÷2＝**19**（本）となります。よって、正解は**❹**です。

　なお、本問は正十二面体の辺の数からアプローチすることもできます。第1節で確認したとおり、正十二面体の辺の数は**30本**です。図のように正十二面体を展開図にすると、2面が1辺で接しており、これらが12面で成り立っているので、12面の間に11本の辺があることになります。つまり、切断されずに残っているのは11本だということです。したがって、30－11＝19（本）を切断すれば展開できることがわかります。

問題2   正解 ❺

　展開図の問題では、まず平行な2面の組合せからチェックするのが王道です。そのうえで、面の並びを検討するようにしましょう。

　まずは**平行な2面の組合せ**をチェックして、選択肢が絞れないかを考えてみましょう。本問では、サイコロの相対する目、つまり平行な2面の目の和が7だとわかっているので、**1と6、2と5、3と4が平行な2面の関係にある**ことがわかります。そこで、正六面体の展開図において平行な2面は**1列に並んだ3個の正方形の両端**になることを踏まえて、**❶**と**❹**を以下のように変形してみましょう。

　❶は5の面を上に90°回転、また、**❹**は4の面を上に90°回転します。そうすると、**❶**は3と5の目、**❹**は4と6の目が平行な2面になっていることがわかるので誤りです。また、**❷**は5の面を左に90°回転すると、**4の面と平行な面が3の面と5の面の2面ある**ことになって、平行な3面になってしまいます。これは正六面体の展開図ではないことがわかるので誤りです。まずはここで正解の候補を**❸**と**❺**の2択に絞りましょう。

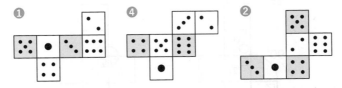

　続いて、**❸**と**❺**は、平行な2面の検討だけでは選択肢を絞ることができないので、**特徴をつかみやすそうな部分**で検討しましょう。見取図において1、2、3の目が集まる頂点（図の●で示す頂点）が前面に見えていますから、ここに着目します。目の並びで見ていくと、問題の見取図では、1、2、3の目が反時計回りに「1→2→3」と並ん

でいることがわかります。**⑤**も同様です。しかし、**❸**は１、２、３の目が時計回りに「１→２→３」と並んでいることがわかり、並び方が異なることになります。よって、消去法により正解は**⑤**です。

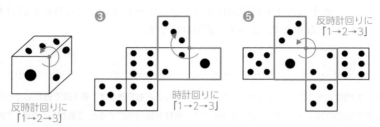

③ 反時計回りに「１→２→３」 時計回りに「１→２→３」 ⑤ 反時計回りに「１→２→３」

問題3

> 見取図には〇、△、□が一つずつ見えますが、選択肢の展開図によればすべて二つずつあることがわかるので、〇、△、□がそれぞれどれに対応するかをすぐに特定するのは難しそうです。**まずは、特徴的な部分・把握しやすい部分を探して、そこから検討していく**とよいでしょう。

　見取図によれば、**手前に見えている頂点の回りに〇、△、□の印がある**ので、この頂点に着目しましょう。

　見取図によれば、右図のように〇、△、□は「〇→△→□」の順番で時計回りに１個の頂点の周りに並んでいることがわかります。これを使って１個の頂点に集まる〇、△、□の組合せを考えていきましょう。

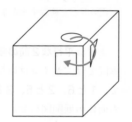

　例えば**❶**から検討しましょう。**❶**はすぐに〇、△、□が集まる頂点がわかるので、そこからチェックします。以下のように〇、□が書かれた①、②の面に対して、△が書かれた③の面を上に90°回転させれば、〇、△、□が１個の頂点に集まります。しかし、その並びを見ると以下のように「〇→△→□」の順番で反時計回りに並んでいるので誤りです。

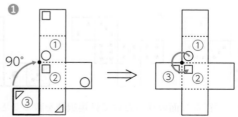

❶ 90°　⟹

　なお、**❶**のもう１組の〇、△、□を１個の頂点に集めようとしても、以下のように□の書かれた④の面に△の書かれた⑤の面を移動させると集まらないことがわかります。したがって、〇の書かれた⑥を移動させるまでもなく、〇、△、□は１個の頂点に集ま

りません。

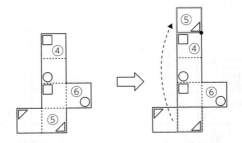

　続いて、❷も同様です。①～③の組合せも④～⑥の組合せも、「○→△→□」の順番で反時計回りに並んでいるので誤りです。

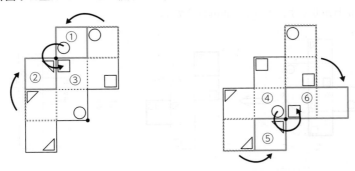

　また、❹も同様です。①～③の組合せは「○→△→□」の順番で反時計回りに並んでいるので誤りです。④～⑥の組合せは、そもそも○の書かれた④の面と△の書かれた⑤の面が並んでいるもとの状態で、明らかに1個の頂点に集まっていないので、○、△、□が1個の頂点に集まりません。

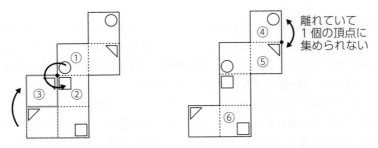

離れていて
1個の頂点に
集められない

　また、❺はすでに○と□が集まっている頂点があるので、ここに△を集めればよいわけですが、以下のように集めることができないので、やはり誤りです。
　まず①と②の○、□が書かれた面に△が書かれた面を集めるには、③と④のどちらかが必要ですが、③は②と平行な2面になっているので無理です。また、④はすでに1個の頂点に3面が集まっていて、しかし図柄が頂点に集まっていないので、これも誤りです。次に、⑤と⑥の○、□が書かれた面に△が書かれた面を集めるには、③と④のどち

らかが必要ですが、④は⑤と平行な２面になっているので無理です。また、③を上に２回、90°回転させると以下のようになり、⊿が頂点に集まらないので誤りです。

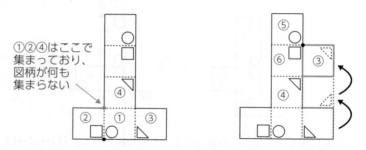

①②④はここで集まっており、図柄が何も集まらない

残る❸は、以下の図のように変形させていけば、「○→⊿→□」の順番で時計回りに並ぶことがわかります。よって、正解は❸です。

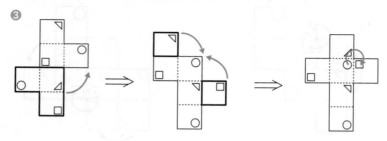

❸

問題4

正解 ❺

冒頭の見取図から着色部分の展開図を推測して、把握しやすい部分から検討していきましょう。

まずはわかりやすい平行な２面から検討します。見取図において平行な２面は同時に見えないので、着色された２面は少なくとも平行な２面ではないことがわかります。正八面体の展開図における平行な２面は、**正三角形４個を１列に並べたときの両端**ですので、この段階で❶、❸は誤りであることがわかります。

残りの❷、❹、❺については、着色された２面の印の向き**に着目**するとよいでしょう。着色された２面は少し離れているので、以下のように着色された２面に挟まれた着色されていない１面を含めて、３面で把握するとよいと思います。この３面を展開図にすると、以下の図１、図２のいずれかの形になっていて、太線部分のみの展開図を書くと以下のようになるとわかります。そこで、❷、❹、❺について、着色された２面を含む３面が図１、図２のいずれかの形になるかどうかをそれぞれ検討するわけです。

図1 　図2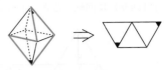

　まず❷について、正八面体の展開図において重なる頂点は**120°**の関係であることから、展開図を変形させると以下のようになります。この太線部分は上記の図1、図2いずれとも異なる展開図であることがわかるので誤りです。

❷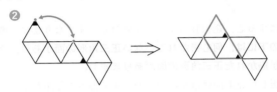

　❹と❺については、**正八面体では**1列に6個並んだ正三角形の両端が接するので変形**する**ことができます。そこで、以下の左図の太線部分の辺が接することに着目しましょう。変形させると以下の右図のようになり、❹は図1、図2のいずれとも異なる形、❺は図1、図2のいずれとも同じ形になるとわかります。

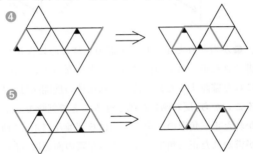

　よって、正解は❺です。

問題5　　　　　　　　　　　　　　　　　　　　　　　　　　正解 ❶

> 　過去に国家専門職などで出題されたものと同じ形式です。わかりやすい部分に集中して検討するとよいでしょう。

　まずは展開図から特徴的なところを見つけて、そこから正八面体の見え方を把握しましょう。本問の特徴としては、矢印は展開図に3本書かれていますが、見取図には2本しか見えていないことが挙げられます。展開図の矢印が見取図だとどの矢印なのかを特定していくのは手間がかかりそうなので、むしろ展開図に書かれている●に着目しましょう。これは1個しかなく、見取図にはすべて●が左上の面に書かれていることがわかります。したがって、この周辺の面に着目するのがよいでしょう。

●の周辺の面として、以下の太線部分の３面を取り出して、●が上にくるように右回り（時計回り）に回転すると以下のような形になることがわかります。

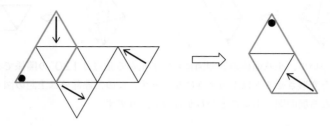

　このような形にすると、選択肢の見取図が検討しやすくなります。**●が上にある状態の正三角形の面の下には、何も書かれていない正三角形の面があり、その右には矢印が向かってくる形が描かれた正三角形の面があります**ね。

　この段階で、正しい見取図は❶か❷のどちらかであることがわかります。

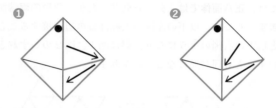

　❶と❷の違いは、●が書かれた正三角形の面の右隣の面に書かれた矢印の向きです。したがって、●が書かれた正三角形の面の右隣がどうなっているか、先ほどの展開図で確認してみます。これを確認するためには、正八面体の展開図は１列に６個並んだ正三角形の両端が接することから、反対側に移動させることで判断できます。以下のように、左端にある●が書かれた正三角形の面を、１列に６個並んだ正三角形の右端に移動させます。そして、●が書かれた正三角形の面とその左隣の面を取り出して、●が上にくるように右回り（時計回り）に回転すると以下のような形になることがわかります。

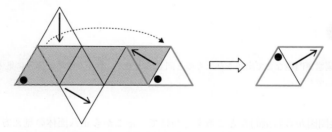

　上図のように、**●が書かれた正三角形の面とは逆の方向に矢印が向いているのは❶の見取図だけ**ですね。よって、正解は❶です。

なお、●が書かれた正三角形の面の右隣の面に書かれた矢印の向きはすべての選択肢で異なるので、最初からここに着目できれば一気に正解を選ぶことも可能です。選択肢のラインナップも考えつつ、検討しやすいところを見つけられるようにしましょう。

問題6

正解 ❺

本問のように正多面体ではない中途半端な形の多面体が登場することもあります。この場合は、全体を考えるのではなくて、**把握のしやすい特徴的な一部分に着目**して検討するとよいでしょう。あとは、面の接し方などから判断していきます。

見取図によれば、手前右下に着色された正六角形があって、その左上と右上に2面の着色された正方形が接しています。また、この3面と接する着色されていない正六角形（○の部分）の1辺（赤い太線で示した部分）と着色された正方形が接しています。以下の見取図の太線で囲んだ部分ですね。ここだけを展開図に書き起こして、ここに着目してみましょう。

太線部分だけ
展開図にすると…

この○で示した正六角形のポイントは、**すべて着色された正方形とだけ接していて、着色されていない正方形とは接していない**、という点です。

あとは、ここからあり得ない展開図を切っていきましょう。以下のように展開図A〜Dは○で示した正六角形と×で示した着色されていない正方形が接してしまうので、消去法より正解は❺です。

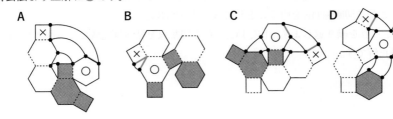

なお、展開図Eは以下のように接することになりますね。離れているので、どう接するかを積極的に検討するのはやや難しいかもしれません。

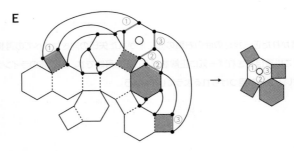

E

どの辺が接するかを推測していくのが難しいと思いますが、原則としてすでに頂点が接しているところがあれば、その頂点を含む辺は接することになります。また、展開図の中で最も狭い角度で並んでいる面どうしも基本的には接するといえます。問題を解きながら検討の仕方を考えてみるとよいでしょう。

3 多面体の切断

問題1

正解 ❶

切断線の作図の基本からアプローチしていきます。切断線が通る頂点も切断線が通る点になることを覚えておきましょう。

まずは点AとBが上の面で同一平面上、同じく点BとCが右側面で同一平面上にあるので、これを切断線で結びます（図1）。

ここでBCの切断線に着目すると、ちょうど立方体の頂点を通っているところがあることがわかります。ここも切断線が通っている点なので、点A、B、Cと同様に作図に使うことができます。まず点AとDが上から1段目の立方体の手前の面で同一平面上にあるので、ADを切断線で結びます（図2）。

さらに、上から1段目の立方体の上面と平行な面は、上から2段目の立方体の上面にありますから、ABと平行な切断線をDから引きます。正方形の対角線に引けばよいでしょう。これで切断線DEを引くことができます（図3）。

あとは、これを繰り返します。EF、FG、GCと切断線を結べば完成です（図4）。よって、❶が正解です。

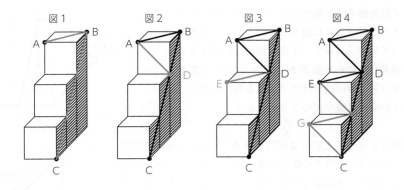

正解 **④**

　切断面の面積を求める問題は、特別区が繰り返し出題しているほか、東京都でも出題があります。切断面の形を正しく把握することがポイントです。

　断面の面積を求める問題ですから、まずは立方体を点A、B、Cを通る平面で切断したときの切断面を描きましょう。①同一平面上の点AとB、同じく同一平面上の点BとCを切断線で結びます。続いて、②①と平行な面には平行な線が切断される点から引かれますので、点Cを通り、ABに平行な線を引きます（手前の面にCDが引かれます）。さらに、③上面に出てきた同一平面上の点AとDを結ぶと完成です。完成した断面図ABCDが以下のようになります。

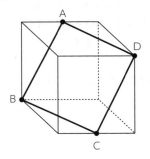

　ここで四角形ABCDの4辺の長さが等しいからといって正方形に飛びついてはいけません（❺は明らかに、そのように誤認した受験者を誘う引っ掛けです）。内角は90°のように見えますが、正面から見ているわけではないので、丁寧に検討しましょう。この切断面はABとDC、ADとBCが平行で、4辺の長さがすべて等しいので、ひし形であることは確実です。そこで、ひし形の面積の公式「対角線×対角線÷2」を使って面積を求めることにしましょう。

まず**対角線AC**の長さについて考えます。見取図のままだと右のようになりますが、これだと奥行きがあって見づらいので、平面の形で把握できるように、対角線ACを左側面から回り込んで見てみましょう（第2章の投影図で学習する発想なので、わからない場合は後で戻ってきましょう）。

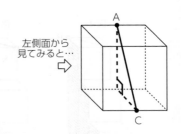

左側面から
見てみると…
⇨

左側面から見ると右のようになります。ACの長さを把握するためには、**三平方の定理**を思い出してもらえればよいでしょう。直角三角形ができていて、ACは斜辺に当たる部分です。そして、この直角三角形は2辺が4cmで等しいので直角二等辺三角形（内角が$90°$、$45°$、$45°$）であり、辺の比は$1:1:\sqrt{2}$より、ACの長さは$4\sqrt{2}$cmだとわかります。

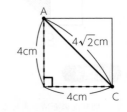

同様に、**対角線BD**の長さについて考えます。見取図のままだと右のようになりますが、やはり把握がしにくいので、これも左斜め手前から見てみましょう。ちょうど底面の正方形の対角線と平行になるような形で見るイメージです。

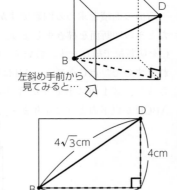

左斜め手前から
見てみると…
⇦

左斜め手前から見ると右のようになります。こちらも直角三角形ができていて、**三平方の定理**より、$BD^2 = 4^2 + (4\sqrt{2})^2 = 16 + 32 = 48$となり、$BD = \sqrt{48} = 4\sqrt{3}$なので、BDの長さは$4\sqrt{3}$cmだとわかります。

よって、切断面の面積は$4\sqrt{2} \times 4\sqrt{3} \div 2 = 8\sqrt{6}$（cm^2）となるので、正解は**❹**です。

> 切断された立体の展開図の問題なので、立体を構成する面の形の種類と数に着目して検討しましょう。それだけでは選択肢が絞り切れないことも多いので、その際は面の並びを検討することになります。

まずは面の形から見ていきます。見取図から確認すると、切断された立体は、①**正方形1個**（ABCD）、②**直角二等辺三角形4個**（ABF、BCF、CDH、DAH）、③**正三角形2個**（AFH、CFH）で構成されていることが読み取れます。まずはこの段階でも、正三角形が1個しかない❶は誤りであることがわかります。

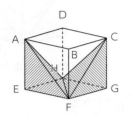

他の選択肢の展開図を見ると、面の形の種類と枚数は正しいので切ることができません。そこで、**検討しやすそうな特徴的な部分を探します**。例えば頂点に集まる多角形の**種類と数**や、**辺が共通している多角形の種類など**に**着目**して選択肢を切っていきましょう。なるべく数の少ないものが検討しやすいでしょう。本問であれば、正三角形と正方形がわかりやすいだろうと思います。

見取図を見ると、**2個の正三角形**（AFH、CFH）は**図1の太線部分のように辺FHが共通している**ので、2個の正三角形に共通する辺が1辺もない❺は誤りだとわかります。また、2個の正三角形（AFH、CFH）の頂点で共通しているFとH（図2の囲み部分）は正方形とは頂点が接していないので、正三角形と正方形の頂点が接している❷も誤りだとわかります。

図1

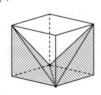

図2

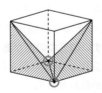

残る❸と❹の展開図については、両者を比較して異なる一部分に絞って検討しましょう。例えば、**正方形の面に接している直角二等辺三角形の向き**に着目するとよいでしょう。

❸

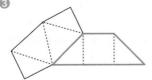

❹

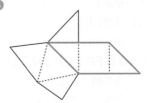

見取図によれば、正方形の面の4辺に直角二等辺三角形4個がそれぞれ接しています。この正方形1個と直角二等辺三角形4個だけを展開図にすると、図3のような展開図になりますが、❸の展開図は並び方が異なるので誤りです。

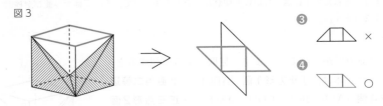

図3

❸ ×
❹ ○

よって、消去法により❹が正解です。

問題4　　　　　　　　　　　　　　　　　　　　　　　　　　正解 ❷

> あまり馴染みがない出題形式でしょう。まず「**頂点を含んだ五つの部分を各辺の中点を通る平面で切り取る**」という問題の意味が把握しにくいと思いますが、要するに四角すいの五つの頂点を切り取っていくわけです。上の頂点であれば、点A・B・C・Dを通って切断することで切り取ることができます。同様に下の四つの頂点も、点A・E・F、点B・F・G、点C・G・H、点D・H・Eでそれぞれ切断することで切り取ることができます。問題の仕組みが理解できてからが勝負ですね。

　まずはこの立体がどのような形なのかを検討しましょう。**一つの頂点を切り取るとうなるかというと、断面に新たに一つの面ができます**ね。例えば点A・B・C・Dを切断すると、断面は四角形ABCDになるはずです。同様に、下の四つの頂点も切断するとそれぞれ一つずつ三角形の断面ができるわけです。そして、**もともとの四角すい自体の面の数は減らない**ことにも注意してください。頂点を切断したとしても△ABFや△BCGなどのもともとあった四角すいの面は一部分だけですが残っています。つまり、**もともとの四角すいの五つの面があったところに、さらに五つの面が増えたことになる**ので、切断後の立体は10個の面を持った十面体になるのです。そこで、❶、❹、❺は誤りであることがわかります。

　では、❷と❸に絞って検討しましょう。❷と❸は、どちらも正三角形が含まれていますが、それ以外の三角形として**直角二等辺三角形があるかないか**が異なる部分です。もともとの四角すい自体の面である△ABFなどは正三角形であることがわかるので、下の四つの頂点を切断してできる切断面の一つである△BFGについて考えてみましょう。

　点B・F・Gで切断すると、以下の図1のようになります。切断前のこの頂点をPとすると、BF = BP = BG = FP = GPとなりますが、**四角すいの底面の正方形に着目すると、FGの長さはFPやGPより長い**ことがわかります。この四角すいを真上から見た形（平面図）で判断するとよいでしょう（図2）。図2のように、△FPGはFP = GPの直角二等辺三角形であり、三平方の定理より、辺の比は$1 : 1 : \sqrt{2}$になっているので、

FGは他の2辺より長いのです。したがって、△BFGは正三角形ではなく二等辺三角形だということになります。よって、**②**が正解です。

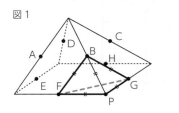

図1

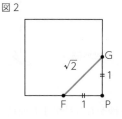

図2

なお、切断後の立体の形は以下の図のようになります。

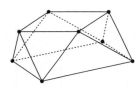

🐥 **補足**

基礎的な図形の知識として、三平方の定理などの理解も必要です。空間把握においては少なからず数的推理と重複する部分が出てきますので、数的推理の学習も進めておいてくださいね。

問題5

これもなかなか馴染みのない問題でしょう。そもそも典型の出題形式ではないので、この手の問題が繰り返し出てくるというわけではないのですが、このような問題であっても、把握しやすいところを探して食らいつくことが大事です。点P、Q、Rをこまめに動かして考えていこうとすると大変なので、わかりやすいところで判断しましょう。

最初の面積が0の状態から1秒経った後の状況を図にすると、図1のようになります。BD、DE、EBの長さは1辺が1の正方形の対角線なので、三平方の定理より$\sqrt{2}$となり、その面積は$\dfrac{\sqrt{3}}{4} \times (\sqrt{2})^2 = \dfrac{\sqrt{3}}{2}$となりますね。

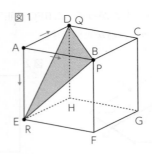

図1

同様に、2秒から3秒でまた面積が0になる状況を図にすると、以下のようになります。

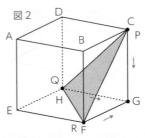

図2

2秒後の状態も、図1と同じように1辺が$\sqrt{2}$の正三角形なので、面積は$\frac{\sqrt{3}}{2}$となります。つまり、ここからわかるのは、1秒と2秒の時点では面積が等しいのです。この段階で、❷と❸のグラフは誤りであることがわかります。

では、❶、❹、❺について絞っていきましょう。いずれもかなり特徴的なグラフで、❶は1～2秒の面積が変化しない、❹は1.5秒の時点の面積が小さい、❺は1.5秒の時点面積が最大というグラフになっています。

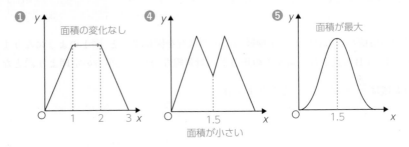

そこで、1.5秒後の状態の面積を考えてみましょう。問題冒頭の見取図がまさに1.5秒後の時点の断面を見取図に示してくれているので、ぜひこれを使いましょう。1.5秒後の時点では、以下の図3のような断面ですね。

点P、Q、Rはそれぞれ BC の中点、DH の中点、EF の中点にあって、断面は正六角形になります。正六面体の断面図において正六角形はよく出題されますが、各辺の中点

を6個結ぶことによってできます。ぜひ覚えておきましょう。

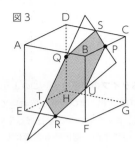

図3

　では、この状態での面積を求めてみましょう。正六角形の面積は、**正三角形6個**に分けれは求めることができます。**正六角形が正三角形6個で構成されている**こともぜひ覚えておきましょう。この正六角形の1辺の長さは、△PSCなどの直角二等辺三角形6個の斜辺部分に当たり、例えば△PSCに着目するとPC＝CS＝$\frac{1}{2}$であり、辺の比は1:1:$\sqrt{2}$ですから、PS＝$\frac{\sqrt{2}}{2}$となります。したがって、1辺が$\frac{\sqrt{2}}{2}$の正三角形が6個分なので、面積は$\frac{\sqrt{3}}{4}×(\frac{\sqrt{2}}{2})^2×6＝\frac{3\sqrt{3}}{4}$となります。

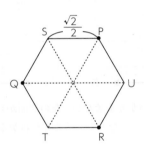

　前述のとおり、1秒後と2秒後の時点の面積は$\frac{\sqrt{3}}{2}＝\frac{2\sqrt{3}}{4}$であり、1.5秒後の時点の面積は$\frac{3\sqrt{3}}{4}$ですから、**1.5秒後の面積は1秒後や2秒後より大きくなる**はずです。よって、❺が正解です。

　正三角形の面積の求め方は、1辺の長さをaとすると、$\frac{\sqrt{3}}{4}a^2$で求めることができますので、覚えておきましょう。これも数的推理で学習する知識です。

第2章　立体の平面化

1　投影図

正解 **①**

> **投影図から投影図を推測させるタイプ**の問題です。このように見取図や投影図を行き来させる問題は、典型の出題形式の一つなので、ぜひ理解しておいてください。まずは上下・左右・前後を書き込みましょう。そして、ここから特徴的な把握しやすい部分に着目して検討します。なかなか特徴をつかむのは難しいのですが、選択肢も参考にしましょう。

まずは正面、真上から見た図に上下・左右・前後を書き込んで、把握しやすいわかりやすい部分を探します。選択肢によれば、最も後ろが最も高い部分だということがわかりますが、おそらくここが把握しやすいだろうと思います。例えば、正面から見た図と真上から見た図のどちらにも左右の同じ場所に現れている、この立体の最も高い部分で、かつ最も後ろにある斜線部分・太線部分に着目しましょう。

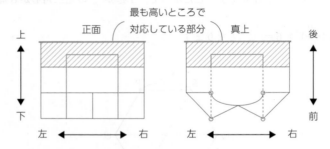

この二つの投影図だけではわかりませんが、左の側面から見た選択肢の五つの図を見ると、どの選択肢も斜線部分が斜面になっていることがわかるので、ここを分析しましょう。

まずおかしいと気づいてほしいのは**④**です。前述の斜線で示した部分は、真上から見ると最も奥の部分が以下の左図のように前後2列に分かれていることがわかりますが、**④**は以下の右図のように**前後3列**に分かれてしまいます。まずはここで**④**は誤りと判断できます。

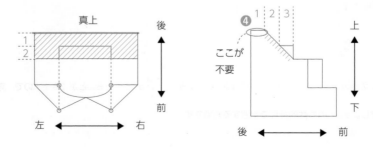

続いて、❷と❺あたりがよいでしょう。**最も高い部分について、左側面から見ると何も実線が入っていない**ことがわかります。これは❶や❸とは異なるところです。

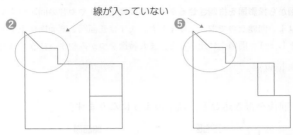

線が入っていない

何も線が入っていないということは、全く山折りや谷折りの辺がないということですが、実際にはそんなことはありません。正面から見た図と真上から見た図どちらにも見えているように、**直方体のような長方形が真ん中に置かれている**ことがわかります。そして、この直方体は**全体の左右幅よりは小さい**ので、左の側面から見た場合、山折りや谷折りの何かしらの辺が入っていないとおかしいことになります。見取図にすると、以下のような感じですね。したがって、❷、❺も誤りといえます。

左側面から見ると、
太線部分が辺として
見えるはず

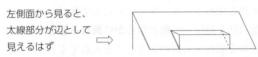

残る❶、❸ですが、これも同じ部分で検討しましょう。左の側面からの見え方を比べると、❶は真ん中の直方体の左側の面が半分だけ、❸は左側の面がすべて見えています。

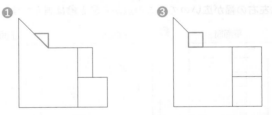

もし仮に❸が正しいとすれば、真ん中の直方体は、左側面から完全に見えていることになります。つまり、以下の図の左のような感じですね。しかし、これだと太線部分の余計な辺が必要になってしまいます。正面から見た図や真上から見た図には、このような辺は入っていませんね。

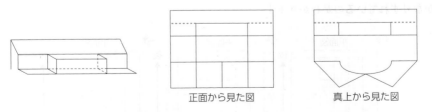

正面から見た図　　　　　　　真上から見た図

したがって、❸も辺の入り方がおかしいことになります。よって、消去法より❶が正解です。

問題2

　これも**投影図から投影図を推測させるタイプ**の問題です。やや昔の問題ですが、投影図に慣れてもらうにはよい問題なので取り上げました。まずは正面図と側面図に上下・左右・前後の書き込みをしましょう。問題1に比べると、まだ特徴をつかみやすいほうではないかと思います。

　上下・左右・前後を書き込むと、以下のようになります。

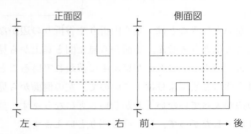

　そのうえで、**特徴的な把握しやすい部分**に着目して検討します。なかなか特徴をつかみにくいですが、選択肢を見比べて**他と明らかに異なる部分**を探していきましょう。なお、選択肢の平面図にも前後・左右の書き込みを入れてくださいね。

　まず❶と❸の左端に着目します。❶と❸だけは**左端部分の左右の幅が狭い**のですが、図Ⅰの正面図は**左右の幅が広い**ので、この点から❶と❸は誤りです。

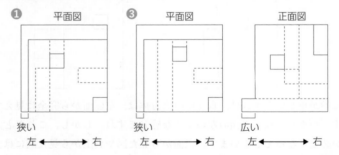

　続いて❹です。これは残りの❷、❺と異なり、**右端のくぼんだような部分が、後ろにかなりずれている**のがわかります。

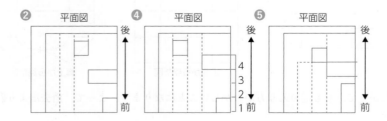

そこで、側面図で前後の関係を確認すると、右図のように側面にできたくぼみは**前から３ブロックずれたところ**にありますが、**❹は上図のように前から４ブロックずれていて、後ろにずれすぎている**ことがわかります。したがって、**❹も誤り**です（実は❺も3.5ブロックほど後ろにずれているので、実際には誤りなのですが、気づかなければそれでも構いません）。

残るのは❷と❺です。ここでは、**右側一番手前のくぼみの前後の幅**に着目しましょう。以下のとおり、**❷は１ブロック分**しか幅がありませんが、**❺は前後に２ブロック分**の幅でへこんでいるのがわかります。

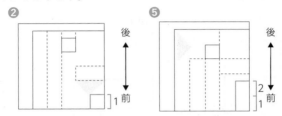

ここは前後の関係なので、側面図に着目してみると、**側面図の一番手前のくぼみは、前後に１ブロック分しかない**ことがわかります。❺はこのくぼみの幅が長く誤りなので、**❷が正しい**ことになります。よって、**❷が正解**です。

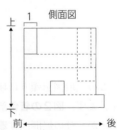

問題3　　　　　　　　　　　　　　　　　　　　　　　　　　　　　正解 **❷**

> **投影図から展開図を推測させる**問題です。あまり定番の形式ではないこともあり、やや難易度は高めでしょうか。本問でいう「平面図」はすでに学習したとおり、その立体を真上から見た図ですが、「立面図」はその立体をある方向から真正面に見た図のことです。ですから、向きは特に決まっていないのですが、通常の平面図では下が手前、上が奥になるので、そのまま**A方向を正面、B方向を左側面**と考えればよいでしょう。

この問題も、**上下・左右・前後の関係**がどのようになっているかを確認するため、以下のように図１、２、３に書き込みをしましょう。

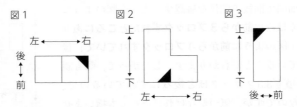

この問題は、選択肢の展開図からも推測できますが、そこまでややこしい立体という
わけでもありません。正面からはL字、左から回り込むと長方形、上から見ると正方形
2個、ということは、この立体は図4のようなL字型なのです。それがわかれば、**見取
図を書いてしまうのが手ではないか**と思います。おそらく実際に組み立ててしまったほ
うが検討しやすいでしょう。

図4

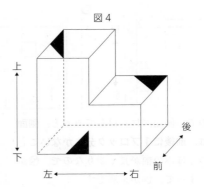

この見取図を頼りに検討しても構いませんし、図1、2、3から推測しても構いませ
ん。まず、**図2の着色部分は下のほう、図3の着色部分は上のほう**にあることがわかり
ますが、❹の展開図は**着色部分がどちらも下のほう**にあるため、これは誤りです。

❹

どちらも面の
下のほうに
ある

続いて、❺あたりもわかりやすいでしょう。前述の見取図からもわかるように、A方
向（正面）から見た図2の面を基準にすると、その左隣にB方向（左側面）から見た図
3の面が接するはずですが、これが着色されていないので誤りです。

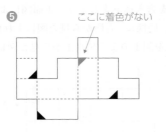

❺

ここに着色がない

❶、❸は着色のあるL字周辺でチェックするとよいでしょう。❶の展開図は、以下の太線で囲んだL字と正方形の部分だけを組み立てると、**問題冒頭の図1のような平面図と異なって、着色される部分が右側面から見える形になってしまう**ので誤りです。

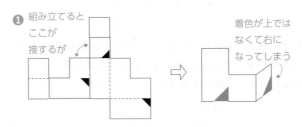

❶ 組み立てると
ここが
接するが

着色が上では
なくて右に
なってしまう

❸の展開図も、以下の太線で囲んだL字と正方形の部分だけを組み立てると、やはり**着色される部分が右側面から見える形になってしまう**ので誤りです。

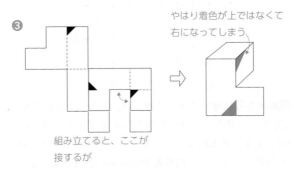

❸

やはり着色が上ではなくて
右になってしまう

組み立てると、ここが
接するが

よって、消去法より正解は❷です。

問題4

正解 ❶

投影図の問題としては、小立方体を積み上げて個数をカウントするタイプの問題も定番の形式です。ぜひ押さえておきましょう。このタイプの問題の定番の解法は、平面図（上から見た図）を使って、各方向から各列に見える個数を確認しながら小立方体の個数をカウントするという方法です。

真上から見た図がありますから、ここに小立方体の個数をどんどん埋めていきます。

まずは、各列に見える個数を書き込みましょう。正面図によれば、**左から右に2個、3個、1個、3個**と並んでいます。同様に、右側から見た図によれば、**手前から奥に3個、1個、2個**と並んでいます。これを図1のように真上から見た図に書き込みます。

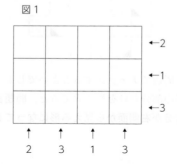

図1

まず前提として、真上から見た図が3×4のマス目の形に見えるので、このマス目すべてに少なくとも1個ずつ立方体が置かれていることは間違いありません。ですから、とりあえずすべてに「1」と埋めておきましょう（図2）。

図2

1	1	1	1	←2
1	1	1	1	←1
1	1	1	1	←3

↑2　↑3　↑1　↑3

次に、各列の個数を参考に埋めます。その際は、なるべく最少の個数に抑えたいので、「1か所置けば2方向から見える部分」を探すのがポイントです。そうすれば最少の個数にすることができます。最大個数が見えている列が検討しやすいので、まずは正面からも右側面からも3個見えている、**最も右下のマス**に着目しましょう。まずはここに3個積み上げます（図3）。そうすれば、**正面からも3個見えますし、右側面からも3個**見えますね。こうやって要は「**省エネ**」して積んでいくわけです。

図3

1	1	1	1	← 2
1	1	1	1	← 1
1	1	1	3	←③

↑2　↑3　↑1　↑③

続けて、**正面から３個見えている、左から２列目**も解決しましょう。この列のどこかに３個積み上げてあれば、正面から３個見えるわけですが、**右から見たときも矛盾がないようにしないといけません。**ですから、この３個は手前から１列目に置きましょう。これで右から見ても小立方体の個数がオーバーすることはありません（図４）。

図４

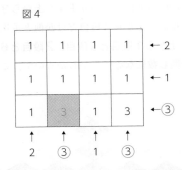

　さらに、正面からも右側面からも２個見えている、**最も左上のマス**に着目しましょう。この１か所に２個置けば、正面からも右側面からも２個見えるので、最少個数に抑えることができます。あとは、正面から１個、右から１個見えているところはそのまま変更しなくても１個見えているので、これで完成です（図５）。

図５

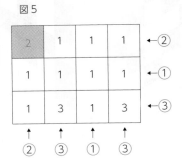

　よって、全部で17個あれば図の形に見えるので、**❶**が正解です。

2　スライス法

問題１

正解 **❸**

　　直接「貫通させる」という問い方ではないものの、黒い小立方体が一直線に連続してすべて並んでいるという意味では、貫通させるタイプの問題と同様です。スライス法で検討しましょう。シチュエーションを少しひねったり言い方を変えてきたりすることがあるので、対応できるようにしてください。

　まずは見取図の左斜め手前側を「手前の面」と考えて、上から１段目、２段目…のよ

うに各段をスライスしていきます。ただし、本問は小立方体の数も多く、検討に時間がかかりそうなので、少し**ショートカット**しましょう。手前の面と右側面の黒い小立方体の位置を見てみると、実は上下で対称になっていることに気づいたでしょうか。手前の面を見てみると、**上から1段目と7段目は黒い小立方体がありません。上から2段目と6段目は黒い小立方体が真ん中の列にだけあります。上から3段目と5段目は黒い小立方体が2個見えていて同じ位置、上から4段目だけが他と重複していません**。これは右側面も同様です。つまり、**上から1段目と7段目、2段目と6段目、3段目と5段目は黒い小立方体が同じ場所で同じ数になる**ことがわかるので、ここである程度手間を省くことが可能です。

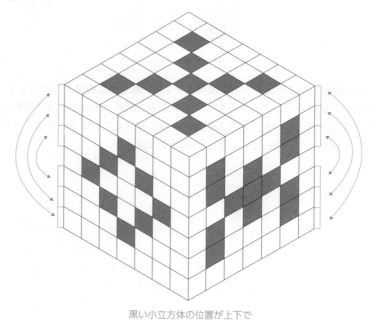

黒い小立方体の位置が上下で
同じなので、まとめてチェックする

　それでは、上の面から下の面に一直線に7個連続する黒い小立方体を黒で表しましょう。以下のようになりますね。

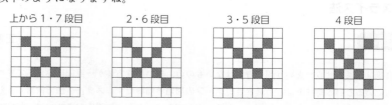

　続けて、手前と右側面から一直線に7個連続する黒い小立方体の列を矢印で示します。手前から後ろに向かって（次図の↑）、右側面から左側面に向かって（次図の←）一直線に7個連続する黒い小立方体を赤色で表しましょう。以下のようになります。

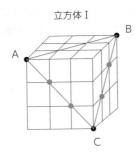

　これで完成となります。着色された黒い小立方体の数を数えると、上から1、7段目は9個、2、6段目は23個、3、5段目は29個、4段目は29個であるので、合計は9×2＋23×2＋29×2＋29＝151（個）となり、白い小立方体は残りですから343－151＝192（個）となります。よって、❸が正解です。

正解 ❹

問題2

　　小立方体が積み上がった立体を切断して、切断された小立方体の個数をカウントする問題です。スライス法を使って解く問題としてはやはり定番中の定番ですから、押さえておきましょう。もちろん、**切断線の作図の仕方**も復習してくださいね。立方体Ⅱは切断線を引きにくいですが、よく練習しておきましょう。

　まずは立方体Ⅰから切断しましょう。同一平面上の2点を切断線で結びます。上面のAB、前面のAC、右側面のBCを結べばよいでしょう。これだけで切断は終了です。

立方体Ⅰ

　では、ここから切断されている小立方体を確認します。上から1段目、2段目、3段目とスライスして、それぞれ平面図を書きましょう。そこに**切断線を2本、上の面と下の面を通るもの**を引いていきます。上から1段目の上の面の切断線は見取図からそのまま見えますが、それ以外は表面上から見ることができません。しかし、外見から推測することができますので、それを参考にします。

立方体Ⅰ

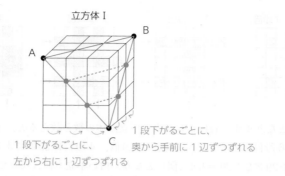

1段下がるごとに、
左から右に1辺ずつずれる

1段下がるごとに、
奥から手前に1辺ずつずれる

　上図のように外見でも切断線の両端は見ることができます。そこで、これを段ごとの平面図に書き入れると以下のようになります。なお、**下の面の切断線と、すぐ下の段の上の面の切断線は一致**します。それも踏まえて切断線を引いていきましょう。

上から1段目　　　　　上から2段目　　　　　上から3段目

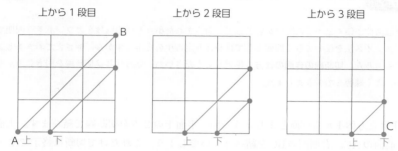

　すると、2本の切断線の間に挟まっている小立方体（正方形）が切断されていますので、これをカウントします。一部でも挟まっていれば切断されていますので、忘れずにカウントしてください。

上から1段目　　　　　上から2段目　　　　　上から3段目

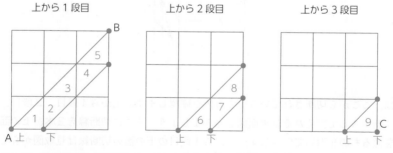

　以上より、立方体Ⅰで切断されている小立方体の個数は**9個**とわかります。

　では、同様に立方体Ⅱもチェックしましょう。まず同一平面上の2点を切断線で結びます。前面のEF、右側面のDEを結びましょう。続いて、平行な面に平行な線を切断線が通る点から引きます。**立方体Ⅱは傾きが微妙なので注意**しましょう。前面のEFと並行な面である奥の面に、点Dから切断線を引きます。**FからEは右に3辺進むと上に1.5辺だけ上がります**。それを踏まえて、点Dから左に3辺、下に1.5辺下がったと

28

ころに切断線を引きましょう。ここを点Gとします。あとは左側面のFGが同一平面上ですので、ここを結んで完成です。

立方体Ⅱ

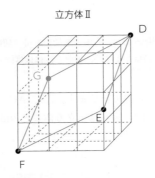

　これも先ほどと同様に、上から1段目、2段目、3段目とスライスして、それぞれ平面図を描きましょう。やはり外見から推測することができますので、それを参考にします。表面上から見える切断線の両端を結んでいけば内側の切断線の形は判断できます。以下のような感じですね。

立方体Ⅱ

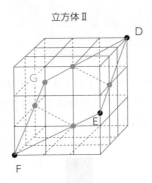

　後は、また先ほどと同様に切断線を書いて、2本の切断線の間に挟まっている小立方体（正方形）をカウントしましょう。

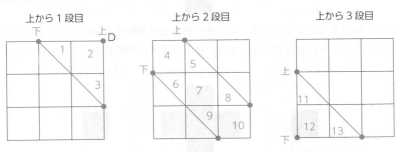

　以上より、立方体Ⅱで切断されている小立方体の個数は**13個**とわかります。

よって、切断されているのは全部で $9 + 13 = 22$ （個）ですので、**④** が正解です。

問題3

問題2と異なり、小立方体が積み上がったものを切断して、切断された断面の形を問う問題です。問われている内容は若干異なりますが、検討方法はほぼ同じです。

まず、同一平面上の2点を切断線で結びます。AB、AC、BCを結べばよいでしょう。これだけで切断は終了です。本問の図Ⅱは小立方体ごとの区切りがないので、それも点線で入れておきましょう。

図Ⅱ

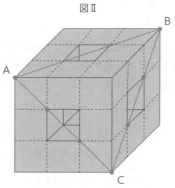

ここから切断される小立方体をカウントします。まずは、最も上の段から1段ずつスライスして、中央の空いている穴のある部分は黒く塗りつぶして平面図を描いてみましょう。そうすると以下のようになります。

ここに切断線を引いていきます。切断線の引き方は問題2と同様です。必ず上の面と下の面の切断線をそれぞれ書きましょう。以下のように切断線を引くことができます。

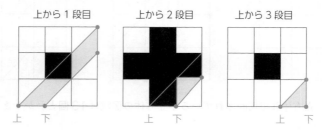

ここから、切断面を推測していきます。穴の空いている部分には断面ができないので、残りの部分がそのまま切断面になります。着色すると以下のような形です。

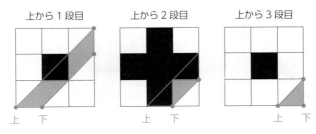

上から1段目　　上から2段目　　上から3段目

この形になっている断面図は❸ですので、正解は❸です。

問題4

正解 ④

> 小立方体が積み上がっているとき、接している面の数を答えさせる問題です。接している面の数であったり、表面に見える面の数であったり、このような問題も出題形式としては典型なので、やはりスライス法を使うタイプの問題として覚えておきましょう。

まずは上から1段目の1個、上から2段目の$3 \times 3 = 9$（個）、上から3段目の$5 \times 5 = 25$（個）をそれぞれ平面図で書き出します。

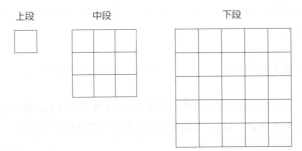

上段　　中段　　　　下段

この図を使ってカウントしていきます。本問は「面どうしが接している数」ですので、同じ段どうしで接する面、上下の段で接する面を丁寧にカウントしましょう。

数が多いので、まずは下段から見ていきましょう。下段の小立方体どうしで接している面を数えると、図1のように全部で**40面**あります。くれぐれも数え間違いのないようにしましょう。

図1

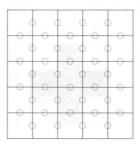

同様に、中段の小立方体どうしで接している面を数えると、図2のように全部で**12面**あります。

図2

今度は、上下の段で接する面を確認しましょう。下段と中段で接する面は、中段の9個の小立方体の下面が下段の小立方体の上面と接するので、**9面**あります。また、中段と上段で接する面は、上段の1個の小立方体の下面が中段の小立方体の上面と接するので、**1面**あります。

よって、面が接する数は40＋12＋9＋1＝62（箇所）となるので、**❹**が正解です。

なお、問題によっては**接している数を直接カウントする**よりも、**接しないで表面に出ている数のほうをカウントして、6面から引くやり方がわかりやすい問題もあります。**そこで、表面に出ている面の数を各方向から正の字でカウントして、6面から引く方法も紹介しましょう。

まずは上面が表面に出ているところを「正の字」でカウントします。

上から1段目　　　上から2段目　　　　　　　上から3段目

続いて、前面が表面に出ているところもカウントします。前面が表面に出ているのは、以下の赤線で示した部分です。

上から1段目　　上から2段目　　　　　　上から3段目

一	一	
一		
丁	丁	丁

一	一	一	一	
一				
丁	丁	丁	丁	丁

右側面が表面に出ているところもカウントします。右側面が表面に出ているのは、以下の赤線で示した部分です。

上から1段目　　上から2段目　　　　　　上から3段目

一	一	干
一		干
丁	丁	干

一	一	一	一	干
一				干
一				干
一				干
丁	丁	丁	丁	干

さらに、後ろの面もいきましょう。後ろの面が表面に出ているのは、以下の赤線で示した部分です。

上から1段目　　上から2段目　　　　　　上から3段目

丁	丁	干
一		干
丁	丁	干

丁	丁	丁	丁	干
一				干
一				干
一				干
丁	丁	丁	丁	干

左側面もカウントします。左側面が表面に出ているのは、以下の赤線で示した部分です。

上から1段目　　上から2段目　　　　　　上から3段目

正

下	丁	下
丁		丁
下	丁	下

下	丁	丁	丁	下
丁				丁
丁				丁
丁				丁
下	丁	丁	丁	下

　続いて底面です。ここは数え忘れが起きやすいので注意しましょう。底面が表面に出ているのは上から3段目の小立方体だけですね。

上から1段目　　上から2段目　　　　　　上から3段目

正

下	丁	下
丁		丁
下	丁	下

正	下	下	下	正
下	一	一	一	下
下	一	一	一	下
下	一	一	一	下
正	下	下	下	正

　これで完成です。面どうしが接している数は、6面から表に出ている数を引けばよいので、以下のとおりです。すべて6から引きましょう。

上から1段目　　上から2段目　　　　　　上から3段目

1

3	4	3
4	6	4
3	4	3

2	3	3	3	2
3	5	5	5	3
3	5	5	5	3
3	5	5	5	3
2	3	3	3	2

　これらをすべて足すと124面となります。接している数は2枚の面で1箇所とカウントするので、124÷2＝62（箇所）となります。

3　五面図

問題1　　　　　　　　　　　　　　　　　　　　　　　　正解 ❷

> **サイコロを転がす**タイプとしては基本レベルの単純な問題です。ここでサイコロを転がす練習をしてみましょう。五面図のまま転がすことになるので、面の動きを確認してください。
> なお、転がす順番は必ず守りましょう。順番を変えると、目の見え方も変わってしまいます。

　まずはサイコロを五面図にして、目の位置を把握しやすくしましょう。相対する面の目の数の和は7なので、それを踏まえて以下のようにA面での五面図を描きます。また、解説の便宜上、図Ⅰの以下の地点をア～エとしておきます。

（6）　　　　図Ⅰ

　ここから、転がした各地点での目の状況を書いていきます。まずはアの地点です。ここはA面から手前に1回転がしていますので、これを五面図にすると以下のとおりです。

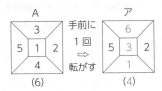

　次にイの地点です。ここはアの地点から右に1回転がしていますので、これを五面図にすると以下のとおりです。

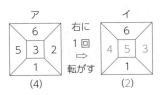

　続いてウの地点です。ここはイの地点から後ろ（奥）に2回転がしていますので、これを五面図にすると以下のとおりです。

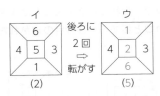

　さらにエの地点です。ここはウの地点から左に2回転がしていますので、これを五面図にすると以下のとおりです。

最後にB面ですね。ここはエの地点から手前に2回転がしていますので、これを五面図にすると以下のとおりです。

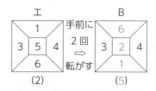

よって、B面における上の面の目の数は2ですから、**②**が正解です。

> サイコロを積み重ねる問題は、特に裁判所が出題する定番の形式です。すぐに面の目の数が判断できることはなく、多くの場合**目の数を推測しながら検討する**ことになります。あり得ない目の数を確認しながら検討していきましょう。本問は、答えにたどり着くだけであればそこまで難しくないので、混乱しないように目の数をチェックしましょう。

まずは、Ⅰ図の展開図のサイコロを五面図にしておきましょう。例えば1の目を上面にすると、右側面が2の目、後ろの面が3の目となります。また、正六面体において平行な2面は1列に並んだ3個の正方形の両端ですから、1と6、2と5、3と4の目が平行な2面であることがわかります。

最終的に求めたいのがXの目の数なので、まずは**Xとその左にあるサイコロの3の面に着目しましょう**。ここだけを五面図にすると、以下のようになりますね。すでに平行な2面の目はわかっているので、それも書き加えておきます。

まずは**Xの書かれたサイコロと接する、3の目の書かれたサイコロの右側面の目の数**を考えてみます。

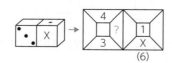

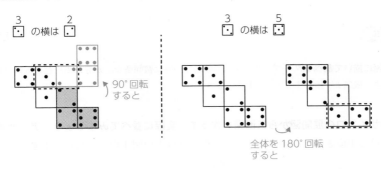

I図の展開図によれば、以下のように3の目が「＼」の並びになっているとき、右にくる可能性があるのは2か5の目であることがわかります。

接し合う面の目の和は8ですから、仮に**右側面にくるのが2の目であれば、Xの書かれたサイコロの左側面は6の目**です。また、**右側面にくるのが5の目であれば、Xの書かれたサイコロの左側面は3の目**です。以下のとおりですね。

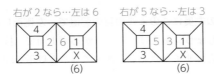

しかし、上記の五面図からわかるとおり、Xの書かれたサイコロの左側面が6だとすると、すでに下面の目の数が6になっていることと矛盾してしまいます。したがって、**Xの書かれたサイコロの左側面は3の目である**ことがわかります。

では、ここからXの目を推測してみましょう。Xの面は、1の面、3の面と3面が集まった頂点があります。したがって、この頂点に集まった3面の並びからXを推測しましょう。この3面は、以下のように**1→3→Xの順に反時計回りに集まって並んでいる**ことがわかります。

反時計回りに
1→3→X と並ぶ

そこで、これと同じ並びを、最初に描いた五面図で探してみると、以下の部分が該当しますね。

反時計回りに 1→3→5

(6)

反時計周りに 1 → 3 → 5 と並んでいるところが見つかります。したがって、X は 5 の目であることがわかるので、**❹** が正解です。

実際に描いて調べるタイプのサイコロの問題は、特に裁判所などが好んで出題する傾向にあります。根気よく検討するようにしましょう。

アのサイコロの展開図から五面図を作って、実際に並べてみましょう。**ア**のサイコロを 1 の目を上面として五面図にすると、例えば以下の図 1 のようになります。

図1

(3)

これを、**まずは図 2 の左奥にこのままの目の配置で、左側面に 6、後ろの面に 5 が見えるように置いてみましょう。**あとは、1 の目が必ず上面で、接している面の目が同じですから、それを踏まえてサイコロ 4 個を並べてみると以下の図 2 のようになります。

図2

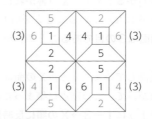

ここから、ある特徴に気づいたでしょうか。側面は **6 が 2 面、5 が 2 面、4 が 2 面、2 が 2 面**になっています。実は、このサイコロ 4 個をどのように配置しても、1 を上にして置くと 1 の目の周囲 4 面が 2 回ずつ出てくる形になるのです。上下をひっくり返しても 3 の目の周囲は 6、5、4、2 の目ですから同じです。左右を回転させたとしても同じように 2 回ずつ出てきます。したがって、1 の目の周囲 4 面の目の和を 2 倍するだけで、和の最大値は確認ができます。例えば**ア**のサイコロであれば、図 2 からわかるように、$(6+5+4+2) \times 2 = 34$ となります。

同様に**イ〜オ**のサイコロも五面図にしてみてみましょう。以下のようになります。

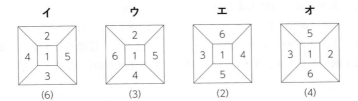

イ	ウ	エ	オ
(6)	(3)	(2)	(4)

イのサイコロは $(2+5+3+4)\times2=28$、**ウ**のサイコロは $(2+5+4+6)\times2=34$、**エ**のサイコロは $(6+4+5+3)\times2=36$、**オ**のサイコロは $(5+2+6+3)\times2=32$ となります。よって、側面の八つの面の和が最大となるのは**エ**なので、**④**が正解です。

問題4　　　　　　　　　　　　　　　　　　　　　　　　　　　　正解 **⑤**

> **サイコロを回転させる**タイプの問題ですが、ややシチュエーションにひねりがありますね。どちらにしても、サイコロの各面の目の状況を把握しやすくするために**五面図**で表しましょう。特にサイコロ8個を一気に転がしていくと、サイコロの位置の把握がとても難しくなります。1回転がすごとに、どの場所にくるかを確認するようにしましょう。

相対する面の数の和が7となるので、これを踏まえて図Ⅰ、Ⅱを五面図で表すと以下のようになります。

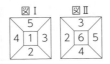

では、図Ⅰ→図Ⅱに転がるパターンを考えてみましょう。前後に転がすだけであれば、左右の目は変わりませんし、左右に転がすだけであれば、前後の目は変わりません。図Ⅰ→図Ⅱで目の位置が前後左右すべて変わっていることからすると、**前後と左右に少なくとも1回以上は転がしている**ことを踏まえて試してみましょう。

例えば2に着目すると、図Ⅰで手前の面に見えていた2は図Ⅱで左側面に移動しています。同様に3に着目すると、図Ⅰで右側面に見えていた3は図Ⅱで後ろの面に移動しています。これを踏まえて、以下の図のように①後ろに1回→②左に1回→③後ろに1回の順で回転させれば図Ⅱのようになることがわかります。これは実際に転がして試してみることが重要です（上記はあくまで一例なので、他の転がし方のパターンも考えられます）。

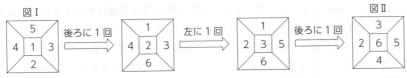

では、上記を踏まえて、図Ⅲ→図Ⅳに転がるパターンを検討していきます。最初から

面の状態を細かく追うのは大変なので、スライス法を使ってサイコロ自体にアルファベットを振って、図Ⅲ→図Ⅳに転がしていきます。例えば、図Ⅲの上段のサイコロをそれぞれA～D、下段のサイコロをそれぞれE～Hとして、①後ろに1回、②左に1回、③後ろに1回転がします。すると、以下のようなサイコロの位置関係になることがわかります。

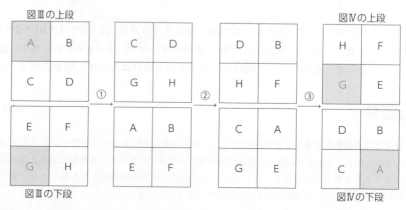

見取図にすると、以下のような転がり方ですね。

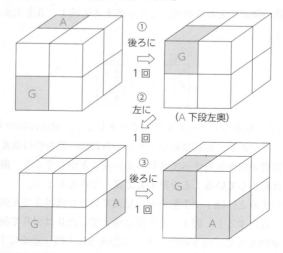

問題の図Ⅲに矢印で示された2個のサイコロはAとGですが、これが転がって図Ⅳの配置になった段階では、Aが下段手前右側、Gが上段手前左側にあることがわかりますね。

見取図からもわかりますが、**どのサイコロも外から見える面はすべて3面あります**から、そこから推測しましょう。Aに着目すると、図Ⅲでは1の目、図Ⅳでは2と3の目が見えているので、見えていない面、つまり他のサイコロと接する面は4、5、6の3面であることがわかります。同様にGに着目すると、図Ⅲでは2の目、図Ⅳでは1と3の目が見えているので、Aと同様、**他のサイコロと接する面は4、5、6の3面であ**

ることがわかります。

よって、これらの目の数の合計は（4＋5＋6）×2＝30ですから、❺が正解です。

問題5　　　　　　　　　　　　　　　　　　　　　　　　　　正解 ❶

　　サイコロの問題のなかでも特に難易度が高いのが、目の向きも考えなければいけない問題です。もちろんこの問題も五面図で解くことも考えられますが、展開図のままで面の接し方と面の向きを検討すればよいでしょう。どちらにしても展開図の変形が必要になりますので、展開図の変形方法は必ず復習しておいてください。

　まずは**A**から検討しましょう。例えば図2の左のサイコロに着目すると、手前の面に6の目が見えていますので、**上面の目としては6の目と接する面が候補**になります。6の目と接する目は、以下のとおり、**6の目が縦向きであればその上になるのは2か5、横向きであればその上になるのは4か3**だとわかります。

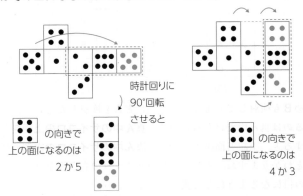

　図2の左のサイコロは**6の目が横向き**ですから、上の面は4か3ですね。したがって、**最大になるのは4**で確定です。

　続いて図2の真ん中のサイコロに着目しましょう。今度は手前の面に3の目が見えていますので、**上面の目としては3の目と接する面が候補**です。3の目と接する目は、以下のとおり、**3の目が"／"の向きであればその上になるのは2か5、"＼"の向きであればその上になるのは1か6**だとわかります。

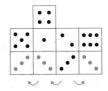

の向きで上になるのは2か5

の向きで上になるのは1か6

図2の真ん中のサイコロは3の目が"＼"の向きですから、上の面は1か6ですね。したがって、**最大になるのは6で確定**です。

　最後に図2の右のサイコロに着目しましょう。今度は手前の面に1の目が見えていますので、**上面の目としては1の目と接する面が候補**です。そもそも、一つの面と接するのは他の上下左右の四つの面ですが、1の目と平行な6の目は接することが不可能です。したがって、**1の目と接するのは残る2、3、4、5の目のいずれか**です。1の目には向きがないので、ここは展開図を変形させなくても判断できてほしいところです。したがって、**最大になるのは5で確定**です。

　したがって、**A**は4＋6＋5＝**15**となるので、正解は❶か❷に絞ることができます。また、今までの検討で上面の目の和は15で最大になりましたが、今まで説明した置き方だと、以下のとおり3個のサイコロが接する面は同じ目にはなっていないので、Bが15になることはありません。よって、この段階で❶が正解であることはわかります。

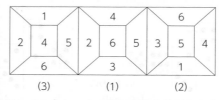

　では念のため**B**も検討してみましょう。先ほど**A**を検討したときに、上面が最も大きい6の目になるのは真ん中だけだったので、**真ん中のサイコロの上面を6**として考えてみましょう。すると、上記五面図のとおり、**真ん中のサイコロの左側面は2の目、右側面は5の目**だとわかりますね。そして、左のサイコロの右側面を2の目、右のサイコロの左側面を5の目になるようにして置いてみましょう。

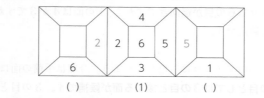

　左のサイコロの手前の面を6、右側面を2にするのであれば、以下のように**左のサイコロの上面は3で確定**します。

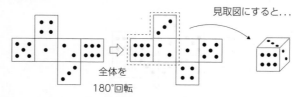

　同じく、右のサイコロの手前の面を1、左側面を5にするのであれば、以下のように**左のサイコロの上面は4で確定**します。

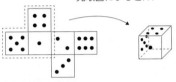

見取図にすると…

よって、**B**は$6+3+4=$**13**となるので、❶が正解です。

なお、真ん中のサイコロが6ではなく1のパターンも可能性としては考えられますが、左右のサイコロが最大の6になったとしても$6+1+6=13$ですから、やはり15になることはありません。

1　軌　跡

　3種類の図形は非常にわかりやすくシンプルなので、これは**作図をしなくてもおうぎ形の弧の特徴をつかんで正解したい**ところです。本試験で出てくる問題は、簡単なものであれば作図が不要なこともあります。このタイプの問題も、形式に慣れることが重要です。

　3種類の図形はすべて多角形であり、**ア〜ウ**の軌跡もすべておうぎ形の弧だけで構成されているので、まずは以下のように**おうぎ形を書いてみましょう**。

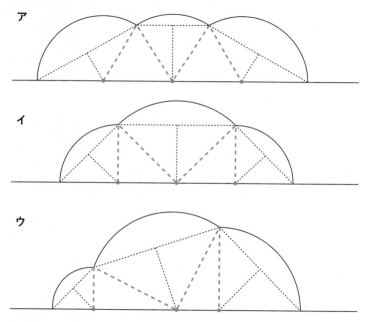

　イとウの軌跡はおうぎ形の弧の中心角がすべて**90°**ですが、アの軌跡だけがすべて**90°以外の中心角**になっています。ここから、3種類の図形の中でも**外角が90°になっていない平行四辺形の頂点Cの軌跡**だと判断できます。したがって、Cの軌跡は**ア**であることがわかるので、この時点で正解は**❹**だと判断できます。

　あとは、おうぎ形の半径の長さから絞ります。頂点Aを含む図形は正方形で、以下のように、半径の大きさは**回転の1回目と3回目が正方形の1辺で等しく、2回目が正方形の対角線なので長く**なります。一方、頂点Bを含む図形は長方形で、以下のように、半径の大きさは**回転の1回目が長方形の短辺で最も短く、回転の2回目が長方形の対角線で最も長く、回転の3回目が長方形の長辺**となります。回転の1回目と3回目で半径の長さが等しくなるのは**イ**の軌跡であるとわかりますね。

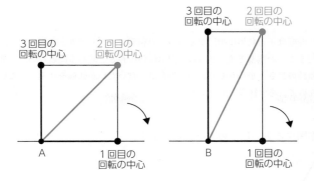

問題2

正解 **⑤**

　これも問題1同様、慣れてくれば**作図しなくても解けるようにしてほしい問題**です。直角二等辺三角形に半円がくっついた図形ですので、多角形の軌跡だけでなく円やおうぎ形の軌跡の要素も加わります。三角形部分と半円部分で、弧の形は分けて考えるようにしましょう。

　まずは以下のように、半円の弧の部分が直線上に接して右側に転がっていきます。この状況は、半円の中心である点Pから直線上までの距離が常に等しくなるため、**軌跡は直線**になります。したがって、**③**は直線が全く含まれないので誤りです。

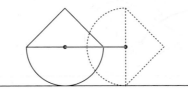

　続いて、直角二等辺三角形が直線上に接して右側にさらに転がっていきます。この部分は多角形の軌跡として検討していきます。

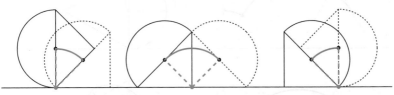

　直角二等辺三角形の各頂点が回転の中心となり、半径は点Pから頂点までの長さになります。上記のように**弧は点Pから各頂点までの長さの半径を持つおうぎ形の弧になり、全部で3個出てくる**ことになりますね。弧が3個出てくる軌跡は**⑤**しかありませんので、正解は**⑤**となります。

問題3

　問題2と同様、今度は正三角形に半円がくっついた図形です。やはり多角形と円・おうぎ形の軌跡の知識を使うことが重要です。さらに本問は軌跡の長さを求める問題なので、軌跡を作図しましょう。軌跡の長さを求めさせる問題の場合は、だいたいが軌跡を作図できないと解くことができませんので、必ず練習してください。

本問の軌跡を作図すると、以下のようになります。

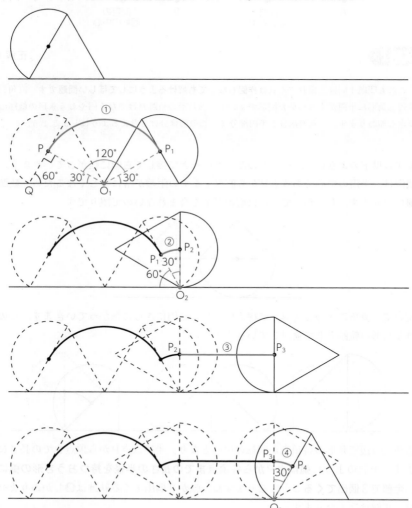

　作図の仕方のポイントとしては、どの部分を支えにして（支点にして）直線上を転がっているのかを一つひとつ確認することです。上図の①②④のように正三角形の頂点を支点にして直線上を転がっていくのであれば、多角形の軌跡と同様なので中心・半径・中

心角で見ていくことになりますが、上図の③のように円弧が直線（土台）を支点にして転がっていくのであれば、出てくる軌跡は円弧や直線になります。本問であれば、③の部分では半円の弧が下の直線に接しながら転がっていくところがあり、点Pは半円の中心にあるので、直線の軌跡が出てくるわけですね。それらを踏まえて正しく軌跡を作図しましょう。

①はおうぎ形の弧です。半径は$O_1→P$、$O_1→P_1$の部分を確認するとわかるように、正三角形の角の二等分線になっている部分ですね。$\triangle O_1PQ$に着目すると、ここは$30°$、$60°$、$90°$の直角三角形ですから、辺の比は$1:2:\sqrt{3}$になっていることがわかり、$O_1Q:O_1P＝2:\sqrt{3}$ですから、$O_1Q＝2$cmより、$O_1P＝\sqrt{3}$cmであることがわかります。また、中心角はO_1の左右に正三角形の一つの内角の半分である$30°$がありますので、$180－30×2＝120$（°）となります。よって、①の弧の長さは$\sqrt{3}×2×\pi×\dfrac{120}{360}＝\dfrac{2\sqrt{3}}{3}\pi$（cm）です。

②もおうぎ形の弧です。半径は$O_2→P_1$、$O_2→P_2$の部分を確認するとわかるように、正三角形の一辺の半分ですから1cmですね。また、中心角は直角から正三角形の一つの内角である$60°$を引いたところになりますので、$90－60＝30$（°）となります。よって、②の弧の長さは$1×2×\pi×\dfrac{30}{360}＝\dfrac{1}{6}\pi$（cm）です。

③は直線の部分です。$P_2→P_3$の直線の長さは、半円の弧が端から端まで接して転がっていくので、半円の弧の長さと同じになります。したがって、③の直線は$1×2×\pi×\dfrac{180}{360}＝\pi$（cm）です。

④もおうぎ形の弧です。形は②が左右反転したそのままの形なので、半径、中心角ともに同じです。よって、④の弧の長さは$1×2×\pi×\dfrac{30}{360}＝\dfrac{1}{6}\pi$（cm）です。

よって、点Pの描く軌跡の長さは、

$$\dfrac{2\sqrt{3}}{3}\pi＋\dfrac{1}{6}\pi＋\pi＋\dfrac{1}{6}\pi$$

$$＝\dfrac{4\sqrt{3}}{6}\pi＋\dfrac{1}{6}\pi＋\dfrac{6}{6}\pi＋\dfrac{1}{6}\pi$$

$$＝\dfrac{8＋4\sqrt{3}}{6}\pi$$

$$＝\dfrac{4＋2\sqrt{3}}{3}\pi$$

$$＝\dfrac{2(2＋\sqrt{3})}{3}\pi$$（cm）

となるので、❹が正解です。

　本問は円の中心の軌跡なので、形式としてはかなり簡単です。直線に進めば円の中心も直線の軌跡になります。ただ、頂点CやDなどを曲がるときには、軌跡の描き方に注意しましょう。直線部分とそれ以外の部分を分けて作図するようにしてください。

軌跡を作図すると、以下のようになります。

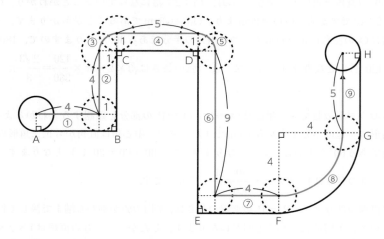

　まず①、②はAB、BCに沿って進む部分です。ここはまっすぐに進みますから、円の中心の軌跡も直線になります。AB、BCはそれぞれ5cmですが、円の半径である1cm分だけ短くなるので、それぞれ長さは5−1＝**4**（cm）となります。

　③は∠Cを曲がる部分です。ここでは円の中心の軌跡も弧になります。90°曲がってCDへと進みますので、中心角も90°になります。③の長さは$1 \times 2 \times \pi \times \dfrac{90}{360} = \dfrac{1}{2}\boldsymbol{\pi}$（cm）ですね。

　④はCDに沿って進む部分です。ここも円の中心の軌跡は直線です。ここは中心がちょうどCDの長さと同じだけ移動しますので、長さは**5**cmです。

　⑤は∠Dを曲がる部分です。ここは③と同様に円の中心の軌跡も弧になり、弧の大きさも③と全く同様です。したがって、⑤の長さは$\dfrac{1}{2}\boldsymbol{\pi}$（cm）です。

　⑥はDEに沿って進む部分です。円の中心の軌跡は直線になります。DEの長さは10cmですが、円の半径である1cm分だけ短くなるので、長さは10−1＝**9**（cm）となります。

　⑦はEFに沿って進む部分です。やはり円の中心の軌跡は直線で、EFの長さは5cmですが、円の半径である1cm分だけ短くなるので、長さは5−1＝**4**（cm）となります。

　⑧は弧FGに沿って進む部分です。ここはどのようなおうぎ形の弧になっているのか

を確認してください。弧FGは半径5cmのおうぎ形の弧ですが、軌跡はやはり半径が1cm分だけ短くなるので、半径4cm、中心角90°のおうぎ形の弧になります。したがって、⑧の長さは$4 \times 2 \times \pi \times \dfrac{90}{360} = 2\pi$（cm）です。

　⑨はGHに沿って進む部分です。円の中心の軌跡は直線で、中心はちょうどGHの長さと同じだけ移動しますので、長さは5cmです。

　よって、AからHまでの円の中心の軌跡の長さは、

$$4 + 4 + \frac{1}{2}\pi + 5 + \frac{1}{2}\pi + 9 + 4 + 2\pi + 5 = 31 + 3\pi \ \text{（cm）}$$

となるので、正解は❸です。

問題5　　　　　　　　　　　　　　　　　　　　　　　　　正解 ❷

> 　題材になっている図形自体は単純なおうぎ形ですし、おうぎ形の中心に点Pが打たれているので、軌跡の一部に直線が出てくるというポイントさえ押さえることができれば、安定して得点できる問題です。面積の差を求める問題なので、作図はある程度しなければいけません。

　まずは図Ⅰ、Ⅱのおうぎ形A、Bをそれぞれ回転させた軌跡を描いてみると、以下のようになります。

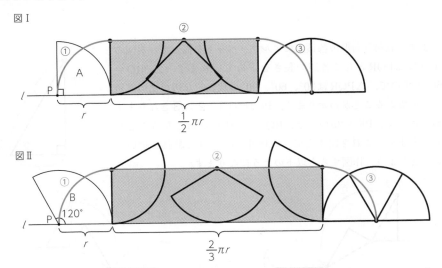

図Ⅰ

図Ⅱ

　最初の①と最後の③の部分は図Ⅰ・Ⅱともに同じ軌跡になるのがポイントです。①と③は尖った部分を支え（支点）にしておうぎ形が直線上を転がっていくので、多角形の軌跡と実質同じなのです。そして、どちらも**半径r、中心角90°のおうぎ形の弧**が描かれます。

　図Ⅰ・Ⅱでずれるのは②の直線部分ですね。ここではおうぎ形の弧の部分が直線に接

しながら進んでいくため、②の直線の長さは、おうぎ形の弧の長さと同じになります。そして、図ⅡのBのおうぎ形のほうが中心角は大きいため、弧が長くなり②が長くなるのですね。

図Ⅰのおうぎ形Aの場合、弧の長さは $r \times 2 \times \pi \times \dfrac{90}{360} = \dfrac{1}{2}\pi r$ となり、その長さと直線の長さが等しくなるので、直線の長さは $\dfrac{1}{2}\pi r$ となります。

図Ⅱのおうぎ形Bの場合、弧の長さは $r \times 2 \times \pi \times \dfrac{120}{360} = \dfrac{2}{3}\pi r$ となり、その長さと直線の長さが等しくなるので、直線の長さは $\dfrac{2}{3}\pi r$ となります。

面積の差は②の長方形の面積の差によるものですから、この面積の差を求めましょう。

$r \times \dfrac{2}{3}\pi r - r \times \dfrac{1}{2}\pi r = \dfrac{1}{6}\pi r^2$ となりますので、正解は❷です。

問題6

正解 ❸

軌跡の長さを求める問題なので、軌跡をある程度描いていくしかありません。回転する図形がわかりやすい直角三角形ですから、これも軌跡の作図の練習として取り組んでほしいところですね。

まず、直角三角形の各頂点にアルファベットを振って、右図のように△PQRとして各辺の長さを求めていきます。∠PRQ＝60°ですので、△PQRは30°、60°、90°の代表的な辺の比の直角三角形であることがわかります。辺の比は 1：2：√3 となりますね。よって、PR＝2aのとき、RQ＝a、PQ＝√3a となることがわかります。これを踏まえて、△PQRの回転する軌跡を描いていきましょう。作図すると以下のようになります。

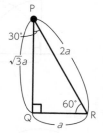

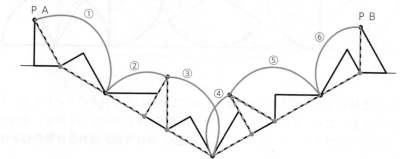

上記のように、おうぎ形の弧は全部で6個できます。これらの弧のそれぞれの長さを

求めてすべて足しましょう。

①は半径$2a$、中心角$150°$の弧の長さですから、$2a \times 2 \times \pi \times \dfrac{150}{360} = \dfrac{5}{3}\pi a$

②は半径$\sqrt{3}a$、中心角$90°$の弧の長さですから、$\sqrt{3}a \times 2 \times \pi \times \dfrac{90}{360} = \dfrac{\sqrt{3}}{2}\pi a$

③は半径$2a$、中心角$120°$の弧の長さですから、$2a \times 2 \times \pi \times \dfrac{120}{360} = \dfrac{4}{3}\pi a$

④は半径$\sqrt{3}a$、中心角$90°$の弧の長さですから、$\sqrt{3}a \times 2 \times \pi \times \dfrac{90}{360} = \dfrac{\sqrt{3}}{2}\pi a$

⑤は半径$2a$、中心角$120°$の弧の長さなので、$2a \times 2 \times \pi \times \dfrac{120}{360} = \dfrac{4}{3}\pi a$

⑥は半径$\sqrt{3}a$、中心角$120°$の弧の長さなので、$\sqrt{3}a \times 2 \times \pi \times \dfrac{120}{360} = \dfrac{2\sqrt{3}}{3}\pi a$

これらをすべて足すと、

$$\frac{5}{3}\pi a + \frac{\sqrt{3}}{2}\pi a + \frac{4}{3}\pi a + \frac{\sqrt{3}}{2}\pi a + \frac{4}{3}\pi a + \frac{2\sqrt{3}}{3}\pi a = \left(\frac{13}{3} + \frac{5\sqrt{3}}{3}\right)\pi a$$

となりますので、正解は❸です。

問題7

正解 ❷

> 大円の中を内接して小円が回転するときの代表的な軌跡として形を覚えていれば、その知識がそのまま問われているだけの単純な問題ですので、すぐに正解を選ぶことができます（❸（3）参照）。もし軌跡の代表例を知識として覚えていないのであれば、やはり選択肢から消去法でいきましょう。選択肢を見ると、円Aの点Pと円Bの点Qのそれぞれの軌跡が大円に接している回数が選択肢によってバラバラなので、そこから絞ってみましょう。

　まず大円と円Aに着目すると、円Aは大円の半径を直径にしていますので、円Aの半径を仮にaとすれば円Aの直径は$a \times 2 = 2a$となり、大円の半径は$2a$と表せるので大円の直径は$2a \times 2 = 4a$となります。したがって、円周の長さは円Aが$2\pi a$、大円が$4\pi a$となりますね。ということは、円Aが$2\pi a$の長さだけ転がると、1周して再び点Pは大円に接しますから、円Aの点Pが大円に接する回数は$4\pi a \div 2\pi a = 2$（回）あることがわかるのです。

$2\pi a$の長さだけ
転がると、
点Pが再び
大円に接する

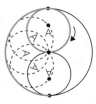

これがもう1回あるので、
点Pが大円に接するのは
計2回あることがわかる

以上より、円Aの点Pが大円に接するのは2回ですね。

同様に、大円と円Bにも着目してみましょう。円Bは大円の半径の$\frac{1}{2}$を直径にしているので、円Bの半径を仮にbとすれば円Bの直径は$b \times 2 = 2b$となり、大円の半径は$2b \times 2 = 4b$と表せるので大円の直径は$4b \times 2 = 8b$となります。したがって、円周の長さは円Bが$2\pi b$、大円が$8\pi b$となるので、円Bが$2\pi b$の長さだけ転がると、1周して再び点Qは大円に接しますから、円Bの点Qが大円に接する回数は$8\pi b \div 2\pi b = 4$（回）あることがわかります。

したがって、円Aが大円の円周に2回、円Bが大円の円周に4回接しているのが正解

2πbの長さだけ
転がると、
点Qが再び
大円に接する

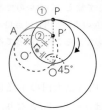

これがあと3回あるので、
点Qが大円に接するのは
計4回あることがわかる

の条件だとわかりますから、この段階で❶と❷の2択になります。

あとは、大円の円周に2回接する円Aの軌跡が、❶だと8の字のようになっており、❷だと直線になっていますので、この違いを確認しましょう。ここは一部分に着目して検討してみましょう。まず、最初の円Aの位置から、45°だけ回転移動させると、以下のような図になります。

45°移動させると、赤で示した部分が大円の弧（①）と円Aの弧（②）の接する部分

になります。大円の①に着目すると、この弧は大円のOを中心とした45°の円弧です。ちなみに、①の弧の長さは$4a \times \pi \times \dfrac{45}{360} = \dfrac{1}{2}\pi a$ですね。同様に、円Aの②に着目すると、この弧は円AのO′を中心とした円弧になっていて、①と②が接して回転移動していくので長さが等しく、②の中心角をxとおくと、$2a \times \pi \times \dfrac{x}{360} = \dfrac{1}{2}\pi a$が成り立ちます。これを解くと$x = 90$（°）ですから、②は中心角90°の円弧であることがわかります。

ここから、図のように接点や円の中心を結ぶと、ちょうど△OAP′は直角二等辺三角形になっていて、ここから、点P→P′は真下に降りてきていることがわかります。したがって、❶ではなく❷が正解だと判断できます。

問題8

　中点の軌跡が問われたら、まずはわかりやすい部分で把握することを心掛けましょう。選択肢を見ると、正三角形ABCの中央付近を軌跡が通るか通らないかで、❶・❹と❷・❸・❺が分かれていますので、ここに着目して検討するのがよいでしょう。

　動点Qは動点Pの速さの2倍で移動しますから、動点Qが点Bから点Cに1辺移動している間に、動点Pは点Aからその半分、$\frac{1}{2}$辺移動します。以下のような状況ですね。

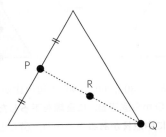

　このとき、**線分PQの中点Rはちょうど正三角形ABCの中央を通る**ことが確認できます。したがって、軌跡が中央を通っていない❶・❹は誤りです。

　続いて、選択肢❷・❸・❺を検討していきます。特徴的な一部分に着目して、明らかにおかしいところを探してみましょう。例えば、❷は❸・❺と異なり、辺AC上の軌跡が真ん中で止まっています。これが正しいのかを検証しましょう。

　まず、正三角形ABC上を動点Qが4辺移動する間に動点Pは2辺移動します。その結果、二つの動点は頂点Cにいることになるので、中点Rも頂点Cにいることになります。そこから、さらに動点Qを1辺動かすと、動点Pは$\frac{1}{2}$辺移動しますね。以下の状況です。

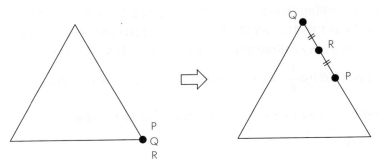

　ここから、**中点Rの軌跡は辺AC上を半分より上まで進んでいる**ことが判断できます。したがって、❷も誤りです。

残るは❸・❺です。これは、軌跡に弧が入るのか直線なのかの違いですね。まずは辺ABの中点あたりに軌跡が来ているので、ここを確認してみます。動点Qを2辺動かして頂点A、動点Pを1辺動かして頂点Bにある状態で考えてみましょう。そこから、動点Qを$\frac{1}{2}$辺、動点Pを$\frac{1}{4}$辺動かしてみると、以下のような図になります。

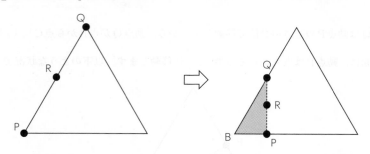

　△BPQの部分に着目すると、$30°$、$60°$、$90°$で辺の比が$1:2:\sqrt{3}$の直角三角形になる部分があり、ここで**動点Qから底辺BCに垂線を下ろしたところに動点Pがくる状況**ができます。**この垂線の上に中点Rがある**のですね。❺だと、この部分が弧になっていて、垂線上には中点Rがありません。したがって、❺も誤りであるとわかり、正解は❸となります。

問題9

正解 ❹

> 　本問も中点の軌跡の問題ですから、わかりやすい状況で判断していきましょう。円周上を2点が移動するため、なかなか掴みどころがない軌跡のようにみえますが、2点の重なる状況がどの選択肢もすべて異なっているので、2点が重なる（中心から見て同じ角度に位置する）状況から考えてみるとよいでしょう。

　まず、大円の半径は$3r$なので、大円の円周の長さは$3r \times 2 \times \pi = 6\pi r$、小円の半径は$2r$なので、小円の円周の長さは$2r \times 2 \times \pi = 4\pi r$となります。そうすると、例えば大円上の点Pが1秒間にπr移動したとすると、大円は円周$6\pi r$を移動すると1周$=360°$になるので、πrの移動は$360 \div 6 = 60$（°）分に当たることになります。その間に点Qは1秒間に点Pの$\frac{1}{3}$、つまり$\frac{1}{3}\pi r$移動することになり、小円は1周が$4\pi r$ですから、$\frac{1}{3}\pi r$移動すると$4\pi r \div \frac{1}{3}\pi r = \frac{1}{12}$、つまり$360 \times \frac{1}{12} = 30$（°）移動することになるわけですね（図1）。

　では、**2点が重なる（同じ角度に位置する）部分**をチェックします。点Pは1秒間に$60°$、点Qは1秒間に$30°$移動するので、反対方向にPとQが移動すると、1秒間で30

＋60＝90（°）離れることになります（このあたりは数的推理における「旅人算」の考え方ですから、そちらも学習を進めておきましょう）。2点が重なる（同じ角度に位置する）ためには、2点で合わせて360°離れればよいので、t秒後に2点が重なるとすれば90×t＝360より、2点が重なるのにかかる時間はt＝4（秒後）とわかります。よって、Pが240°、Qが120°回転した時点で点PとQが重なる（同じ角度に位置する）ことになる（図2）ので、正解は❹です。

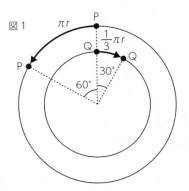

図1

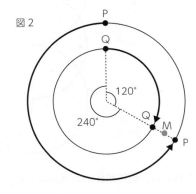

図2

問題10

正解 ❸

円の軌跡全体を捉えるのは若干難しいと思います。そこで、円の直径で把握してみましょう。

まずは点Aと点Bに接する円が点Bを中心に回転して、点Bと点Cに接する位置まで移動する間の円の軌跡を描くと、図1のようになります。直径部分は赤線で示したところですね。以下のように、軌跡の形は、**点Bを中心とした半径AB、中心角180°のおうぎ形の弧（①）と同じ形**になります。

続いて、点Bと点Cに接する円が、点Cを中心に回転して、点Cと点Dに接する位置まで移動する間の円の軌跡を描くと、図2のようになります。以下のように、軌跡の形は、**点Cを中心とした半径BC、中心角270°のおうぎ形の弧（②）と同じ形**になります。

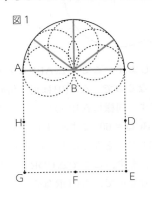

図1

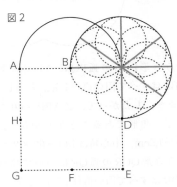

図2

同様に円を移動させて軌跡を描くと、図3のように、①②のおうぎ形の弧が繰り返し描かれることになります。

図3

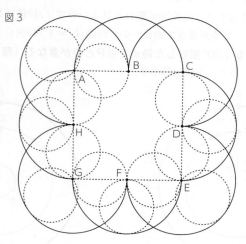

それでは、軌跡が作った図形の外側の周囲の長さを考えましょう。図4のように、できあがった弧について、軌跡の弧どうし（①と②）の交点を点P、Q、Rとして検討しましょう。

図4

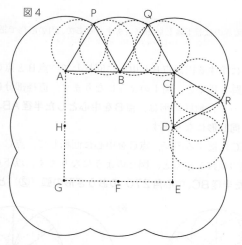

まず、おうぎ形PBQの弧PQについて検討します。ここで△ABPに着目すると、AB、AP、BPはすべて円の直径1.5cmと等しくなるので、△ABPは正三角形であることがわかります。したがって、∠ABP＝60°です。同様に△BCQに着目すると、こちらも同様に正三角形であることがわかり、∠BCQ＝60°です。以上より、おうぎ形PBQは半径が1.5cm、中心角は180－60×2＝60（°）となることがわかります。

次に、おうぎ形QCRの弧QRについて検討します。ここで△CDRに着目すると、CD、CR、DRはすべて円の直径1.5cmと等しくなるので、△CDRは正三角形であるこ

とがわかります。したがって、∠RCD＝60°です。以上より、おうぎ形QCRは半径が1.5cm、中心角は360－(90＋60×2)＝150（°）となることがわかります。

これ以降も同じように考えていくと、図4のように、円の軌跡が作った図形の外側の周囲の長さの合計は、**弧PQのような半径1.5cm、中心角60°のおうぎ形四つ、弧QRのような半径1.5cm、中心角150°のおうぎ形四つの合計**であることがわかります。

それらをすべて足すと、

$$1.5 \times 2 \times \pi \times \frac{60}{360} \times 4 + 1.5 \times 2 \times \pi \times \frac{150}{360} \times 4 = 2\pi + 5\pi = 7\pi$$

となるので、正解は❸となります。

問題11　　　　　　　　　　　　　　　　　　　　　　　　　　　　正解 ❹

> 軌跡の長さを求める問題ですから、本問も軌跡を実際に描いてみましょう。かなり単純な形なので、そこまで難しくはないと思います。

点Pが初めて最初の位置まで戻る軌跡を描いていくと、以下のようになります。

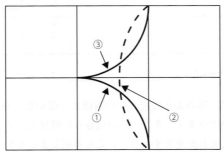

できあがる軌跡は**三つのおうぎ形の弧**になります。まず①と③は半径が正方形の一辺なので10cm、中心角が90°のおうぎ形の弧、さらに、②は半径が正方形の対角線なので$10\sqrt{2}$cm、中心角が90°のおうぎ形の弧です。

①と③の弧の長さは、$10 \times 2 \times \pi \times \dfrac{90}{360} = 5\pi$で、二つあるので$5\pi \times 2 = 10\pi$です。

②の弧の長さは、$10\sqrt{2} \times 2 \times \pi \times \dfrac{90}{360} = 5\sqrt{2}\pi$です。

よって、Pが初めてもとの位置まで戻る間に描く軌跡の長さは$10\pi + 5\sqrt{2}\pi = (10 + 5\sqrt{2})\pi$となるので、正解は❹となります。

　点ではなく、円などの図形自体が動いた軌跡を検討させる問題もあります。このタイプの問題は実際に動かしてみて判断することが多いので、試してみるとよいでしょう。本問であれば、四隅にすき間ができるのがポイントになります。

　円が長方形の内側を辺に接しながら1周する状況を作図すると、以下のようになります。円が描いた範囲は着色で示しています。

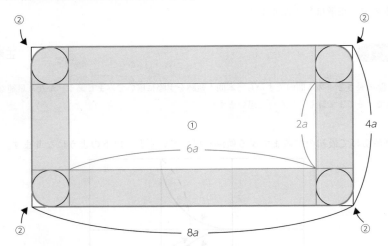

　円の直径がaなので、図のように長方形の内側に、縦が$2a$、横が$6a$の円が通らない長方形部分の領域①ができます。また、円が通らない部分として、長方形の四隅にすき間②ができていることもわかりますから、ここも考慮しましょう。

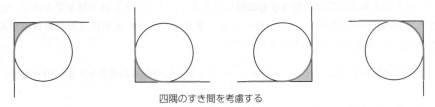

四隅のすき間を考慮する

　面積の求め方としては、**長方形全体の面積から①の内側の長方形と②の四隅のスペースの面積を引く**、という流れです。

　長方形全体の面積は、$4a \times 8a = 32a^2$ となります。①の面積は、$2a \times 6a = 12a^2$ となります。②の面積は、四隅のすき間を以下のように1個の円の周囲に集めると求めやすくなります。

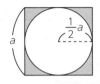

四隅のすき間をすべて集めるとよい

このようにすると、1辺aの正方形の面積から半径$\frac{1}{2}a$の円の面積を引くことで求めることができます。$a^2-(\frac{1}{2}a\times\frac{1}{2}a\times\pi)=a^2-\frac{1}{4}\pi a^2$となります。

よって、円が描いた軌跡の面積は$32a^2-\{12a^2+(a^2-\frac{1}{4}\pi a^2)\}=19a^2+\frac{1}{4}\pi a^2=(19+\frac{\pi}{4})a^2$ですので、正解は**❷**です。

問題13   正解 ❺

最後に新しい問題を掲載します。図形を回転させるタイプは、点が打たれていて軌跡を求めるものだけでなく、図形自体の回転後の状態を求めるものもあります。本問は正三角形が回転した後の状態を求める問題です。

点が打たれていれば軌跡を追わなければいけないのですが、本問のタイプの問題は回転後の図形の状態さえわかればよいので、もっと簡単です。**全体の大きな形のどこにどの辺が接しているかさえわかれば正三角形の向きは判断できるので、辺の接し方だけをひたすら検討すればよいのです。**その際には、以下で紹介する頂点に記号を振って検討する方法を使いましょう。この検討手段は他の問題でも使えることがあるので、覚えておくことをお勧めします。

正三角形が回転した後の状態さえわかればよいので、正方形と長方形を直角に組み合わせた**全体の枠のどこに正三角形のどの辺が接して回転していくか**を追って検討しましょう。まずは、以下のように、**最初の状態で頂点にそれぞれ①、②、③と記号を振り**ます。

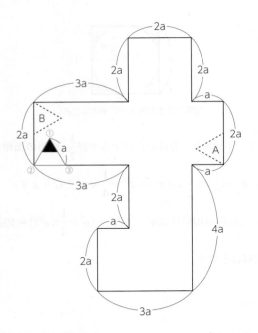

あとはここからどのように回転していくかを考えましょう。まずは、③を回転の中心（支点）にして、③①の辺が枠に接します。続いて、①を回転の中心にして、①②の辺が枠に接します。さらに、②を回転の中心にして、②③の辺が枠に接します。これを続けていくと、**③①→①②→②③…の繰り返しで辺が枠に接して回転していく**ことがわかります。あとはこれを一つひとつ数えていきましょう。実際には正三角形を描く必要は

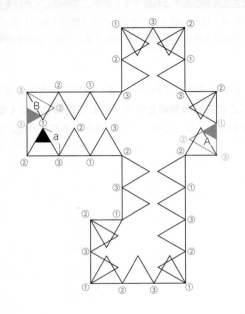

ありませんが、Aを経由してBにたどり着くまでを書いていくと、図のようになります。

A、Bともに③①の辺が枠に接することがわかり、これを踏まえて図を描くとAとBの位置では図のような向きになります。よって、**❺**が正解です。

2 図形の回転・回転体

問題1 正解 **❹**

円の回転数から矢印の向きを確認します。そこで、直線上を回転する場合の回転数を求めて、その後曲線（円弧）上の回転数に修正する、という流れで検討しましょう。ただ、本問で難しいのが、固定された二つの円に外接して矢印の描かれた円が回転していくときに、**回転していく距離（弧の長さ）がどの部分なのかが把握しにくい**こと、そして**曲がった角度が把握しにくい**ことだろうと思います。このように、円の周囲を円が回転していくときには、円の中心に着目して距離や角度をチェックするとよいでしょう。

矢印の描かれた円がどのように回転していくか把握するために、以下のように**円の中心どうしを直線で結びましょう**。その際には、転がっていく際にピタッと止まるところ（以下の②）にも円を描いて、そこも中心どうしを直線で結んでください。

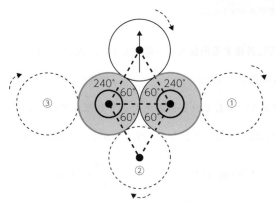

次に、**固定された二つの円と矢印の描かれた円が接していくところを確認します**。円と円のすき間などにピタッと狭まるので、そこで分けて考えていくとわかりやすいでしょう。そうすると、上記の赤線で示した部分であることがわかります。

また、この弧の中心角について考えると、図中に現れる三角形が、すべて円の半径二つ分になっているので正三角形であることがわかり、内角が60°であることから、360－（60×2）＝240（°）であることもわかります。

以上を踏まえて、まずは**直線上を回転する場合の回転数**から確認します。左右どちらも同じ弧ですので、どちらの弧の長さを確認しても構いません。本問は半径の指定がな

いので、例えば円の半径を1とおくと、中心角240°の弧の長さは$1 \times 2 \times \pi \times \dfrac{240}{360} = \dfrac{4}{3}\pi$

となります。これが二つ分ですから$\dfrac{4}{3}\pi \times 2 = \dfrac{8}{3}\pi$となります。一方、矢印の描かれた

円の円周は$1 \times 2 \times \pi = 2\pi$ですから、直線上を回転する場合の回転数は$\dfrac{8}{3}\pi \div 2\pi = \dfrac{4}{3}$

（回転）となります。

　続いて、**曲線（円弧）上の回転数に修正**します。本問は外接しており、曲がった角度

は240°が二つ分で480°ですから、$\dfrac{4}{3} + \dfrac{480}{360} = \dfrac{8}{3} = 2\dfrac{2}{3}$（回転）となります。ちょうど2回

転すると矢印の向きはもとの位置の状態と同じですが、さらに$\dfrac{2}{3}$回転、つまり$360 \times \dfrac{2}{3}$

$= 240°$回転しているので、矢印の向きはもとの位置の状態と比べて左下を向いて見え

ることになります。よって、**④**が正解です。

問題2　　　　　　　　　　　　　　　　　　　　　　　　　　　正解 **①**

　　本問は問題1と異なり、円の内側を内接して転がる円もあります。しかし、曲がった角度は
把握しやすいので解きやすい問題でしょう。

　まずは**大きい円に外接する円盤A**から確認します。大きい円のアの位置からイの位置

までの距離（弧の長さ）は$3a \times \pi \times \dfrac{1}{2} = \dfrac{3}{2}\pi a$です。一方、円盤Aの円周の長さは

$a \times \pi = \pi a$ですから、もしこれが直線上だとすれば、アの位置からイの位置までは

$\dfrac{3}{2}\pi a \div \pi a = \dfrac{3}{2}$（回転）することになります。しかし、実際には大きい円の円弧上を円

に外接して半周、つまり180°移動しているので、$\dfrac{180}{360} = \dfrac{1}{2}$回転を足しましょう。したがっ

て、アの位置からイの位置までは$\dfrac{3}{2} + \dfrac{1}{2} = 2$（回転）していることがわかります。ちょう

ど2回転するとAの文字の向きはアの位置の状態と同じです。この時点で**①**か**②**のい

ずれかが正解となります。

　続いて**大きい円に内接する円盤B**を確認します。大きい円のアの位置からイの位置ま

での距離（弧の長さ）は、前述のとおり$\dfrac{3}{2}\pi a$、円盤Bの円周の長さも前述のとおりπa

ですから、もしこれが直線上だとすれば、アの位置からイの位置まで$\dfrac{3}{2}\pi a \div \pi a = \dfrac{3}{2}$（回

転）することになります。しかし、実際には大きい円の円弧上を円に内接して半周、つ

まり180°移動しているので、$\dfrac{180}{360}=\dfrac{1}{2}$回転を引きましょう。したがって、アの位置から

イの位置までは$\dfrac{3}{2}-\dfrac{1}{2}=1$（回転）していることがわかります。ちょうど1回転するとB

の文字の向きはアの位置の状態と同じです。

よって、**❶**が正解です。

問題3　　　　　　　　　　　　　　　　　　　　　　　　　　正解 **❶**

> 回転軸と対称に作図をしていくのが基本ですが、ケアレスミスが非常に多い問題ですので、注意しましょう。辺ABでは立体を回転させています。底面の円が回転するということを意識して検討するとよいでしょう。

まず、この直角二等辺三角形を辺BCを軸に1回転させると、以下のような図になります。

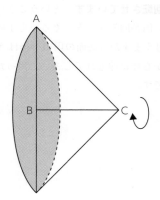

ここでできあがるのが、頂点がC、底面がグレーの部分の円になった円すいです。この円すいを、辺ABを軸に1回転させていくと、以下のようになります。

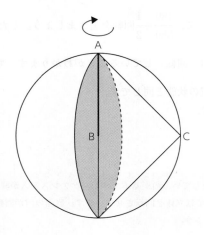

　よくあるケアレスミスが、❷を選んでしまうことです。確かに、辺BCを軸に1回転させた作図をすると直角三角形ができますが、**この直角三角形を回転させているのではなくて、あくまで円すいを回転させています。**ということは、**グレーで示した底面の円も回転する**ということです。円が回転すると、ぐるっと1回転して球になります。頂点Cが飛び出てくるようにも思えますが、底面の円の半径はAB、直角三角形の高さはBCで、どちらも同じ長さですから球に埋もれてしまい、尖った部分は出てきません。したがって、正解は❶となるのです。

第4章　その他の問題

1　平面パズル

問題1　　　　　　　　　　　　　　　　　　　　　　　正解 ❹

> 若干設定がややこしいですが、図Ⅰでできて図Ⅱでできないものを問われているので、面積で絞るのがよいでしょう。3の倍数でできて、6の倍数でできないものを探すわけですね。

　まずは選択肢で与えられた長方形について、その面積に着目して絞り込みをかけていきましょう。最も小さい正方形の面積を1とすると、各選択肢の面積は、❶は $3 \times 4 = 12$、❷は $5 \times 6 = 30$、❸は $4 \times 9 = 36$、❹は $5 \times 9 = 45$、❺は $5 \times 10 = 50$ となります。

　まず、図Ⅰの図形を組み合わせてできるということは、図Ⅰの面積が3ですから、分割できる長方形の面積は3の倍数に限定されることになります。ここで❺の面積は50であり、3の倍数ではありませんので、図Ⅰでは分割できないことがわかります。

　続いて、図Ⅱの図形を組み合わせてできるということは、図Ⅱの面積が6ですから、分割できる長方形の面積は6の倍数に限定されることになります。ここで❹の面積は45であり、6の倍数ではありませんので、図Ⅱでは分割できず、❶、❷、❸は分割できることがわかります。

　よって、図Ⅰの図形を組み合わせて作ることができて、図Ⅱの図形を組み合わせて作ることができないものは❹のみになりますから、正解は❹です。

問題2　　　　　　　　　　　　　　　　　　　　　　　正解 ❸

> 　面積から選択肢の絞り込みができない問題の場合は、特徴的な形が当てはまる位置から考えていきます。埋めるパターンがあまりにも多いと、作業量もケアレスミスも増えてしまいます。なるべくパターンの少ないものを探せるようにしましょう。

　まずは面積に着目して、小さい正方形の面積を1として各選択肢の型紙の面積をチェックしてみると、すべて5なので面積からは選択肢を絞り込むことができません。そこで、ここは開き直って、**特徴的な形**に着目して実際に組み立てていきましょう。

　なるべく形が極端なものでいうと、例えば横幅が正方形4枚になっている❶や❹の型紙あたりがよいでしょう。❶や❹の型紙を図のように埋めてみると、他の型紙で空いた部分を組み合わせることができません。型紙の面積はいずれも5ですから、中途半端に面積が空いてしまうようなところができると組み立てようがないわけです。それを踏まえて試行錯誤してみましょう。

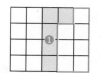

1枚の型紙の面積が5であることから、太線で囲まれたような、
中途半端な面積の空白は埋めようがない

　特徴的な形として、**小さい正方形が1列に4面並んでいる❶の型紙を左端に寄せて**、そこから組み立てられる組合せを考えてみましょう。そうすると、❶、❷、❹、❺の型紙を用いて以下のように埋めることができ、使わない型紙は❸であることがわかります。よって、❸が正解です。

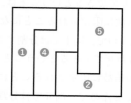

　　本問はもとの図形に細かく線が入っているわけではありませんが、把握しやすい形に線を入れて判断しましょう。わかりやすく加工することが重要です。

　面積に着目して検討するために、問題文冒頭に示されている凸を正方形3枚（面積3）に分割したうえで、正方形の面積から検討していくのがよいでしょう。問題文に示された正方形3個分の型1枚の面積を3とすると、この型を5枚使って図形を作るので、できあがる図形の面積は$3 \times 5 ＝ 15$となることがわかります。そのうえで、以下のようにA、B、C、D、Eをすべて正方形に分割して考えていきます。

A　　　　　　　　B　　　　　　　　C　　　　　　　　D　　　　　　　　E

　しかし、A〜Eの形はすべて面積が15となるので、面積で絞ることができません。そこで、次は**特徴的な部分に着目して検討します。埋めにくそうなすき間や狭いところ**を中心に考えてみましょう。

　例えばCやDの形を作ろうとすると、以下のように凸だけではどうしても埋められない部分が出てしまいます。

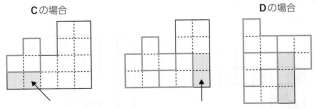

Cの場合　　　　　　　　　　　　　　　　　**Dの場合**

よって、作ることができる形は**A**、**B**、**E**となるので、**❶**が正解となります。なお、**A**、**B**、**E**は以下のように組み立てればよいでしょう。

A　　　　　　　　　　B　　　　　　　　　　E

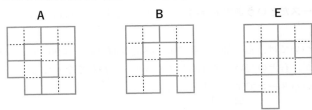

問題4　　　　　　　　　　　　　　　　　　　　　　　　　　　　正解 **❺**

> 面積で絞り込みをかけてから実際に組み立てる、という定番の形です。なお、以下の解説では一気に面積を把握していますが、白黒の面積を分けて確認すると、さらに絞れることもあります。検討の流れとして押さえておきましょう。

まずは面積に着目して選択肢を絞ってみましょう。白黒の正方形がいくつか集まってピースができていますが、正方形の面積を1とすると、各ピースの面積は**❶**が5、**❷**が4、**❸**が6、**❹**が5、**❺**が6となります。また、図Ⅰから図Ⅱで埋める必要があるスペースの面積は25－5＝20となります。**❶**～**❺**のピースの面積の合計は5＋4＋6＋5＋6＝26ですから、不要なピースの面積は26－20＝6であることがわかりますね。したがって、使わないピースは**❸**か**❺**のいずれかであることは判明します。

では、さらにここから実際に組み立てて絞り込みをかけてみましょう。使わないピースが**❸**、**❺**のいずれかということは、裏を返せば**❶**、**❷**、**❹**は必要なピースであるということです。確実に必要なピースを埋めていくことも検討の方向性として考えられますが、一見して**❶**、**❷**、**❹**のピースは収まる場所を1か所に特定できません。そこで、ここではピースが大きい**❸**を使ってパネルが完成できるかを試してみましょう。もしこれで完成すれば、**❺**が使わないピースだとわかりますし、もし完成しなければ、**❸**が使わないピースだとわかるからです。どちらにしても、なるべく組み立てにくい特徴的なピースから検討することを覚えておいてください。

例えば、**❸**のピースは、そのままの向きで入れるか（図1）、反時計回りに90°回転させて縦に入れるか（図2）、180°回転させて横に入れるか（図3）のいずれかしか

考えられません。白黒のパターンも間違えないように入れてくださいね。

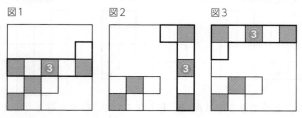

図1　図2　図3

　では、それぞれ他の空白部分にピースを入れてみましょう。❸を使っているので、❺**が使わないピースだという前提で検討**しています。ですから、他に使えるピースは❶、❷、❹の3枚です。

　まず図1については、右下部分で❶のピースを反時計回りに90°回転させて入れることになりますが、右上の空いたすき間を埋めるピースがなくなってしまうため、図1－1はあり得ないパターンです（図1－1）。

図1－1

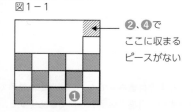

❷、❹で
ここに収まる
ピースがない

　続いて、図2の場合は下のすき間に入るピースとして❷を使うことができますが、今度は上にできたすき間を埋めるピースがなくなってしまうため、図2もあり得ないパターンです（図2－1）。

図2－1

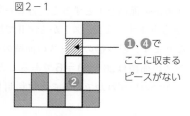

❶、❹で
ここに収まる
ピースがない

　最後に、図3の場合です。まず左のすき間には❶を反時計回りに90°回転させて入れましょう。下のすき間には❷をそのままの向きで、残ったところに❹を反時計回りに90°回転させて入れれば完成です。これで、白黒のパターンも正しい形で入れることができました（図3－1）。

図3－1

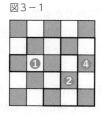

よって、❸のピースを使えば完成するので、使わないピースは❺であることがわかり、
❺が正解です。

正解 ❸

問題5

　何枚かを裏返せば作れる、という少し変わった設定です。国家系の試験で平面パズルが出て
くると、このようなひねりのある設定がなされることがあります。裏返す、ということは、上
下左右が反転することなので、注意してください。

　まずは面積で絞りたいのですが、本問では厳しそうです。正方形の面積を 1 とすると、
正方形 4 枚でできた L 字型のピース 4 枚の面積は 4×4＝16 ですが、作る図形の面積は
すべての選択肢で 16 となります。したがって、このような問題では実際に組み立てて
いくことにしましょう。特に本問は「**そのままの向きで使うと作れないが、何枚かを裏
返して使えば作ることができる**」というのが特徴です。まずは**そのままの向きで作れて
しまうものはすぐに切ってしまいましょう**。

　まず、❶の図形です。L 字型のピースを 2 枚上下に組み合わせれば 4×2＝8 の長方
形ができ、これを縦に 2 枚並べればよいだけなので、これはすぐに判断できてほしいと
ころです。

❶

　続いて、❷の図形です。これは上の正方形一つ分突き出た部分が組み立てにくいすき
間に当たるので、まずここに L 字型のピースを左に 90°回転して以下のように組み立て
ましょう。

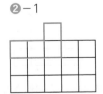

❷－1

　あとは前述の 4×2＝8 の長方形を使って、左下に横倒しの形で組み立てれば、右に
L 字型のピースを 180°回転して組み立てることで完成します。これも裏返す必要はない
ですね。

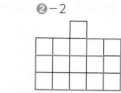

　次に、❸の図形です。この図形の特徴は、左右にある正方形二つ分突き出た部分でしょうか。ここを埋めるために、L字型のピースを90°回転して以下のように左右に並べましょう。

❸－1

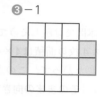

　あとは残った上下をどう埋めるかですが、ここはL字型のピースそのままでは組み立てられません。**L字の向きが左右逆になっているので、これは裏返して上下左右を反転させない限り、組み立てることができない**のですね。よって、❸が正解となります。

❸－2

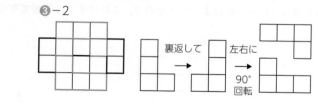

　続いて、❹の図形も検討しましょう。これは左上の部分に4×2＝8の長方形を埋めてみましょう。

❹－1

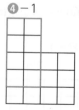

　あとは、残った場所に、L字型のピースを回転させて2枚使いましょう。これで完成です。

❹－2

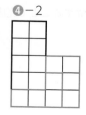

最後に、❺の図形です。おそらくこれが最も埋めにくい形でしょう。まずは左上の正方形一つ分のスペースをどう埋めるか考えると、裏返さないのであればそのままの向きで埋めることになります。そうすると、下の正方形一つ分突き出た部分が埋められないので、これはもう裏返して埋めるしかないでしょう。以下のようになりますね。

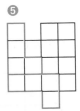

　しかし、残った部分は裏返してもL字型のパーツだけでは埋めることができません。どう埋めようとしても、例えば以下のように中途半端なすき間ができてしまいます。

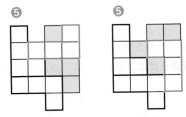

　よって、❺の図形はそもそも裏返しても作れない図形です。

2　一筆書き・位相

問題1

　一筆書きの問題では最もベーシックな、一筆書きできるものを選ばせる形式です。線の集まっているところに着目して、線の本数をカウントしましょう。ここまでシンプルな問題は最近はあまり出題されませんが、基本として押さえておきましょう。

　奇点と偶点の数に着目すると、以下のように奇点の数はAが4個、Bが2個、Cが4個、Dが2個、Eが4個なので、一筆書きができるのはBとDだとわかります。よって、正解は❸です。

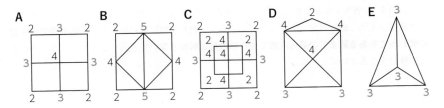

正解 **1**

　線を追加して一筆書きできる形にする問題です。まずは奇点と偶点の数をカウントしましょう。そのうえで、現時点での奇点の数を踏まえて、どのように個数を変えれば一筆書きできるようになるかを考えていきます。

　奇点と偶点の数をカウントすると、以下のように奇点の数は4個となります。

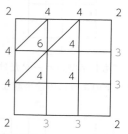

　ここに1本の線を加えて奇点を2個にするには、現在の奇点に線を加えて偶点にしましょう。**1本で奇点を2個減らせばよいので**、以下のように線を加えればよいでしょう。

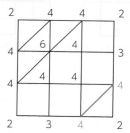

　よって、正解は**1**です。

正解 **1**

　位相の問題の典型といえるでしょう。ピン留めを外して刺し直したりすることもありませんし、ピン留めどうしが同じ場所に来ることもないですから、**それぞれのピン留めに集まっているゴムひもの本数は変わりません**。また、**ゴムひもで囲まれた空間の数も変わることはありません**。
　本文ではイメージしやすいように**電車の路線図**を例に挙げましたが、基本的に同じ発想なのです。つまり、各ピン留めを駅になぞらえて考えれば、それぞれのピン留めからゴムひもを通って他のピン留めに最短経路で移動するのに通るピン留めの数は変わりません。**路線図の描き方が変わってもある駅までの最短経路で通る駅の数は変わらない**のと同じことです。以上を踏まえて検討するとよいでしょう。

　例えば、A→Cに着目してみます。いくつのピン留めを通ればA→Cに最短で行ける

かを考えると、以下のように最短だと３個目でたどり着けることがわかりますね。

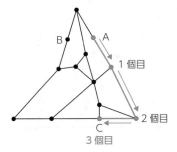

　これはピン留めをどのように移動させても変わることはありません。そこで、選択肢をチェックして、A→Cが最短で３個目にならないものを調べてみましょう。そうすると、❹、❺はA→Cが最短で３個目にならないことがわかります。したがって、❹、❺は誤りです。

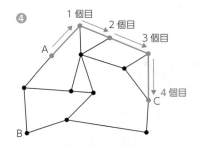

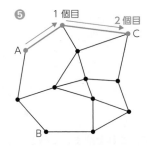

　続いて、B→Cに着目します。以下のようにB→Cは最短だと４個目でたどり着けることがわかりますね。

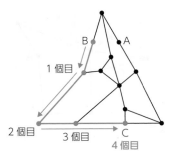

　選択肢をチェックして、B→Cが最短で４個目にならないものを調べてみましょう。そうすると、❸はB→Cが最短で３個目になってしまうことがわかります。したがって、❸も誤りです。

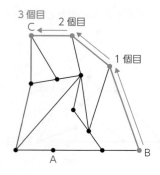

あとは❶、❷のいずれかです。A→Bで絞りたいところですが、どちらも最短で2個目になっていて正しいので、ここでは絞り込むことができません。そこで、ゴムひもで囲まれた空間の数から絞ってみましょう。冒頭の図では、以下のようにゴムひもで囲まれた部分が7か所あることがわかります。

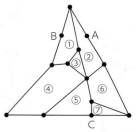

そこで、これを踏まえて❶と❷を確認すると、❷は以下のようにゴムひもで囲まれた部分が8か所になってしまうことがわかります。

❷

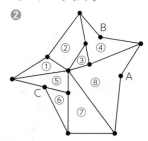

よって、❶が正解となります。

なお、ピン留めに集まるゴムひもの数を調べて検討することもできます。冒頭の図と選択肢の図について、ピン留めに集まるゴムひもの本数を数えると、以下のようになります。

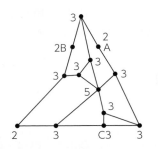

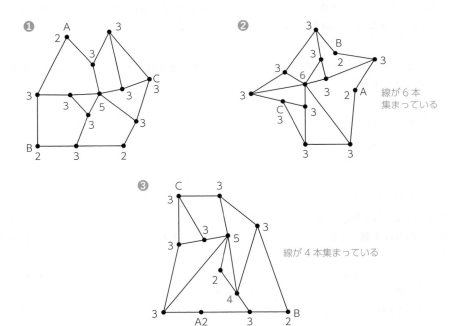

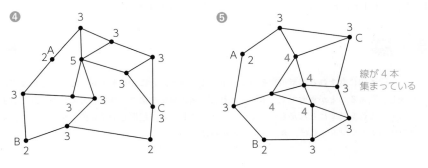

線が6本
集まっている

線が4本集まっている

線が4本
集まっている

冒頭の図では、ゴムひもが5本集まるピン留めが1個、3本集まるピン留めが9個、2本集まるピン留めが3個になっています。一方、❷、❸、❺が冒頭の図と異なり、ゴムひもが4本や6本集まっているピン留めが出てきてしまうので誤りです。

ただし、❶、❹については、この組合せは冒頭の図と同じなので、先ほどと同様に最短でいくつのピン留めを通ればたどり着けるか、で考えることになるでしょう。

3　平面の分割・図形の数

問題1　　　　　　　　　　　　　　　　　　　　　　　　　正解 ❸

> 特に図形を前提としていない平面の分割の問題になっていますが、基本的な解き方は変わりません。問題文に「3本以上のどの直線も1点で交わらない」とあるので、要は最大個数に分割するということに気づけるようにしましょう。

すべての交点は2本の直線のみ交わっているので、まずはわかりやすい部分のみ書き出してみましょう。

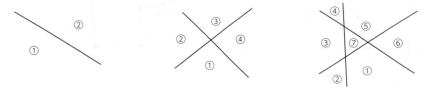

ここで規則性に着目すると、0本の直線では平面は1個、1本の直線では平面は2個、2本の直線では4個、3本の直線では7個、のように、直線の数が1本増えると平面の数の増加数は1個、2個、3個、……と増えていく階差数列になっていることがわかります。

直線	0本	1本	2本	3本	4本	5本	6本	7本
平面	1	2	4	7	11	16	22	29
平面の増加数	—	＋1	＋2	＋3	＋4	＋5	＋6	＋7

よって、このまま書き出していけばよいでしょう。7本引いたときの平面の数は1＋1＋2＋3＋4＋5＋6＋7＝29（個）となるので、正解は❸です。

問題2　　　　　　　　　　　　　　　　　　　　　　　　　正解 ❹

> 平面図形内に含まれる図形の数をカウントする場合は、とにかくケアレスミスのないように整理して数えることが重要です。本問であれば、図の中に4個の小さな正方形が含まれていますので、これを基準にしながら数えていくとよいでしょう。把握しやすい部分を見つけて、基準を作ってカウントすれば、カウントミスを防げます。

まず小さな正方形1個に三角形が含まれる場合をカウントすると、図1のように全部で6個の三角形があることがわかります。次に小さな正方形2個に三角形が含まれる場合をカウントすると、小さな正方形が上の2個（図2－1）、左の2個（図2－2）、下

の2個（図2−3）、右の2個（図2−4）でそれぞれ1個、3個、3個、1個の計8個の三角形が含まれることがわかります。小さな正方形3個の場合は三角形が含まれません。最後に、小さな正方形4個に三角形が含まれる場合をカウントすると、図3のように三角形が1個含まれます。

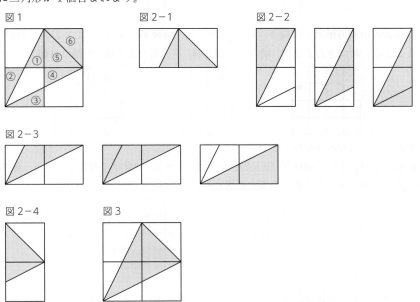

図1　図2−1　図2−2　図2−3　図2−4　図3

よって、三角形の数は6＋8＋1＝15（個）あることがわかるので、❹が正解です。

問題3　　　　　　　　　　　　　　　　　　　　　　　　　　正解 ❹

> 本問の図形は特に特徴的な形があるわけでもないので、とにかく面積に着目して整理して数えることにしましょう。正方形の1辺を1とおいて、面積ごとにカウントします。また、向きにも注意してください。選択肢を見るとそれなりに数が多いこともわかります。ケアレスミスのないように丁寧にカウントしてください。

面積が1の長方形は、つまり正方形1個そのものですから、全部で**12個**あります。
面積が2の長方形は、縦向き（2×1）と横向き（1×2）で分けて数えましょう。縦向きだと8個、横向きだと8個、全部で**16個**あります。

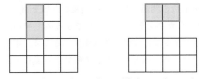

面積が3の長方形も、縦向き（3×1）と横向き（1×3）で分けて数えましょう。縦向きだと4個、横向きだと4個、全部で**8個**あります。

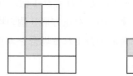

面積が4の長方形は、縦向き（4×1）、横向き（1×4）、正方形（2×2）で分けて数えましょう。縦向きだと2個、横向きだと2個、正方形だと5個、全部で**9個**あります。

面積が5の長方形は存在しません。

面積が6の長方形は縦向き（3×2）、横向き（2×3）で分けて数えましょう。縦向きだと2個、横向きだと2個、全部で**4個**あります。

面積が7の長方形は存在しません。

面積が8の長方形は縦向き（4×2）、横向き（2×4）で分けて数えましょう。縦向きだと1個、横向きだと1個、全部で**2個**あります。

面積が9以上の長方形は存在しません。

以上でカウント終了です。この図形の中にある長方形の個数は12＋16＋8＋9＋4＋2＝51（個）となるので、**❹**が正解です。

問題4　　　　　　　　　　　　　　　　　　　　　　　正解 **❸**

　平面図形内に含まれる図形の個数の問題として、一つ変わり種を紹介しましょう。本問ももちろん面積や向きに着目しながらカウントすることができるのですが、選択肢を見ると最大160もあるため、非常に数が多くなることも想定されます。そこで、本問のような**きっちり等分された線が入っている問題**では、ちょっと工夫をして解いてみましょう。

このひし形の中にある平行四辺形がどのようにできているかを分析すると、全体のひし形の左上から右下にかけて通っている線を2本、右上から左下にかけて通っている線を2本、それぞれ選ぶことによってできていることがわかります。以下の図のとおりです。

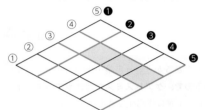

　例えば着色部分の平行四辺形は、左上から右下へ通る①〜⑤のうち、③と④の2本、右上から左下へ通る❶〜❺のうち、❷と❺の2本を選ぶことでできています。

　そこで、線の選び方を場合の数における「組合せの公式」で計算すればよいのです。左上から右下へ通る線2本の選び方のパターンは、「5本から2本を選ぶ組合せ」になるので${}_5C_2 = 10$（通り）、右上から左下へ通る線2本の選び方のパターンも、「5本から2本を選ぶ組合せ」になるので${}_5C_2 = 10$（通り）です。したがって、すべての線の選び方は積の法則より$10 \times 10 = 100$（通り）となるので、正解は❸です。

　なお、もちろん地道に数えることもできます。数えて解くのであれば、とにかく数が多いので、数え忘れやケアレスミスに注意してください。以下のようになります。

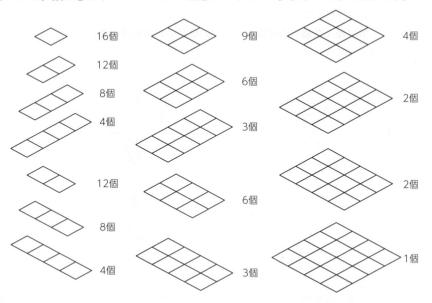

4 折り紙

　折り紙を折って一部分を切り落として、広げるとどうなるかという定番の出題形式です。ただし、**切り取った図形が細かく微妙な形になっているので、ケアレスミスが起きやすいでしょう**。しかも、選択肢の違いがほとんどありませんので、正確に作図する必要があるでしょう。

本問の図形を戻していくと、以下のようになります。

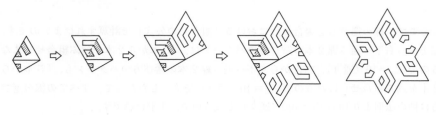

　なお、注意すべき点として、本問の選択肢は**折り目を戻して開いた状態から、右に60°回転させた形**になっています。たまにこのような引っ掛けがありますから、選択肢を検討する際には注意してください。正解は**①**です。

　ちなみに、**折り畳んだ最後の状態から最初の星形の紙のどの位置にくるか**を追っていくと、以下のようになります。

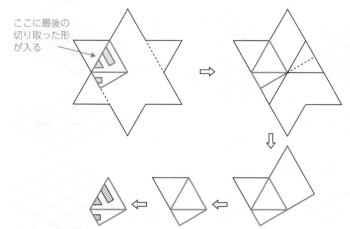

ここに最後の
切り取った形
が入る

　これを満たす選択肢を検討すると、以下のように**①**と**⑤**があり得る切り取り方になります。**②**、**③**、**④**は、切り取った四角形と三角形の向きがそれぞれ異なります。

では、❶と❺から絞りましょう。1回目から2回目の折り畳みに着目します。そうすると、以下のような位置関係で折れ線と線対称に切り取った形が入ることがわかります。

線対称に切り取りが
入るはずです

これを踏まえて❶と❺を検討すると、❶が正しい切り取り方になっていることがわかります。よって、❶が正解となります。

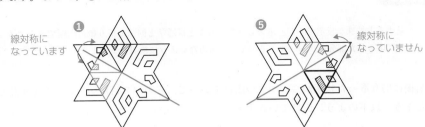

線対称に
なっています

線対称に
なっていません

正解 ❷

　透明なセロファンを折り畳んで、最後の状態で見える図柄を答えさせる問題です。透明ですから、折っていくと描いた模様は最後の状態ですべて見えることを意識しながら折り重ねていきます。ひたすら線対称に作図していけば、判断することが可能です。くれぐれもケアレスミスに注意ですね。

　描かれた模様を折り目に対して線対称になるように一つずつ描いていくと、以下の図のようになります。①〜⑧の点線が折り目になりますから、これと線対称に描いていけばよいのですね。

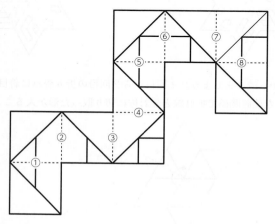

　よって、正解は❷となります。

問題3

正解 ❺

　一見すると特殊な設定ですが、求められていることは通常と同様の折り紙の問題です。マス目ごとに切られた部分をチェックするので、ミスのないように検討しましょう。

　最後に切り取った状態から一つずつ広げていって、どのマス目が切られたかを確認しましょう。以下のように広げていきます。

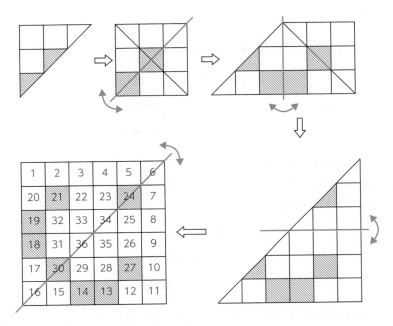

最初の状態で切り取られたマス目を確認すると、切り取った紙片の数字の和は13＋14＋18＋19＋21＋24＋27＋30＝166となるので、正解は**⑤**です。

5　最短経路（道順）

問題1　　　　　　　　　　　　　　　　　　　　　　　　　　正解 **③**

> 最短経路の問題の定番ですから、経路加算法で処理しましょう。最短の方向をチェックして、進むパターンを検討していきます。

最短の方向としては、点Aから点Bまで右下の方向に移動していくので、縦の道は下、横の道は右に進むことになります。また、点Pを通らなければならないという経由が設定されているので、その前後で分けましょう。

まずは点Aから点Pまで進む部分だけを切り取って、経路加算法によって進み方をカウントしましょう。点Aから点Pがちょうど対角線になる長方形を考えるとよいでしょう。ピックアップして検討すると、図1のようになります。

ここで注意なのが、道がないところはもちろん通れないだけでなく、必要がない道を消す必要がある点です。最短経路の場合は、下か右にしか進みませんので、通ると上や左に進んでしまう道は先に消しておきましょう。図1に示すとおり、×で示した4本は、この道に入ってしまうと上や左に進まなければいけないので最短になりません。くれぐれも注意してください。それを踏まえて経路加算法を使うと最短経路は9通りあること

がわかります。

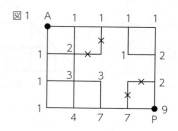

図1

続いて、同様に点Pから点Bまで進む部分だけを切り取って、経路加算法によって進み方をカウントしましょう。ここは特にひねりもないので、そのまま足していけばよいでしょう。最短経路は6通りあることがわかります（図2）。

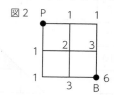

図2

よって、点Aから点Pまで進み、さらに点Bまで進む場合の数なので、場合の数における積の法則より $9 \times 6 = 54$（通り）となります。よって、正解は❸です。

> 経路加算法を使って検討していけばよいのですが、単純な最短経路というわけでもないので注意しましょう。例えば、A地点からB地点まで最短なら、まっすぐ右上に進めばよいだけなので、1通りしかありません。しかし、東、北、北東の3方向の進み方があるので、最短でなかったとしても進み方をカウントする必要があります。

基本的にはA地点からC地点まで北東（右上）の方向に移動していきますが、斜めの道もある点がひねりです。縦の道は北（上）、横の道は東（右）、斜めの道は北東（右上）に進むことになります。そこで、加算の方法は、北方向、東方向だけでなく北東方向からのパターンも足せばよいでしょう（図1）。

図1

PからQに進むには東、北、北東の3方向があるので、それらをすべて足して、1＋1＋1＝3（通り）となる

また、B地点を通らなければならないという条件も設定されているので、その前後で分けましょう。

道順が東方向、北方向および北東方向の３通りだけであることを考えると、A地点からB地点まで進む可能性のある経路は図２のようになります。経路加算法を使うと、進み方は13通りあることがわかります。

　同様にB地点からC地点まで進む可能性のある経路は図３のようになり、進み方は７通りあることがわかります。

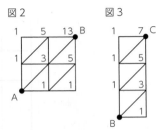

　よって、A地点からB地点まで進み、さらにC地点まで進む場合の数なので、場合の数における積の法則より13×７＝91（通り）となり、❹が正解となります。

問題3　　　　　　　　　　　　　　　　　　　　　　　　正解 ❷

　　最短の方向としては、AからBまで右上の方向に移動していくので、縦の道は上、横の道は右に進むことになります。本問のひねりは、X地点を通ってはいけないこと、Y地点は直進しなければいけないことです。これを踏まえて進み方のパターンを足し算しましょう。

　まず、X地点は通ることができないので、X地点に続く道を×で消しましょう。そのうえで経路加算法を使うと、以下のとおりですね。まず、Aからまっすぐ上の方向、まっすぐ右の方向は１方向しか進み方がないので１通りになります。「１」と書きましょう。

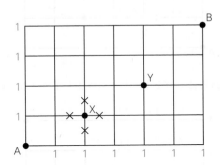

　続いて、X地点周辺に注意しつつ、数字を書いていきます。道を消したことで、１方向しか進み方がないところが出てきます。①や②の道は右方向、上方向しか進み方がないので気をつけましょう。

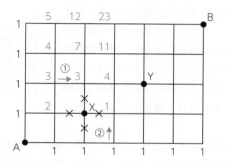

　続いてY地点周辺に注意します。ここは直進するしかないので、③や④の交差点の数字に注意してください。③は左から来るパターンが11通り、下から来るパターンはY地点の下の⑤の交差点の2通りがそのまま直進してくるので、11＋2＝13（通り）となります。④も下から来るパターンが3通り、左から来るパターンはY地点の左の⑥の交差点の4通りがそのまま直進してくるので、3＋4＝7（通り）となります。

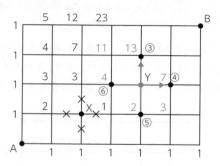

　ここまで書けたら、あとはそのまま足していきましょう。以下のようになります。

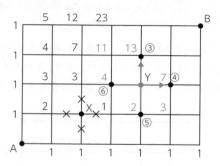

　よって、最短経路は全部で87通りとなるので、**②**が正解です。

第5章　資料解釈の基本

2　実数の資料

問題1

> 資料の読み取りにほとんど苦労せず、計算もかなり単純なものばかりなので、まずはこの問題で資料解釈の検討の流れをつかんでください。

❶✕　家庭用ゲーム機の世界合計を計算すると、

$$3,302 + 12,259 + 10,879 + 6,977$$

$$≒ 3,300 + 12,300 + 10,900 + 6,980$$

$$= 33,480（億円）となります。$$

そのうちの20%であれば、$33,480 × 20\% ≒ 33,500 × 0.2 = 6,700$（**億円**）ですが、日本は3,302（億円）しかありませんから、20%を超えていません。

❷✕　家庭用ゲーム機の世界合計は、❶解説のとおり、33,480億円です。スマホゲームの世界合計を計算すると、

$$9,453 + 8,932 + 4,627 + 21,675$$

$$≒ 9,450 + 8,930 + 4,630 + 21,700$$

$$= 44,710（億円）となります。$$

よって、家庭用ゲーム機の世界合計は、スマホゲームの世界合計を下回ります。

❸✕　「家庭用ゲームに対するスマホゲームの割合」は$\dfrac{スマホゲーム}{家庭用ゲーム}$で表すことができ

るので、これで大小を比較しましょう。その他は$\dfrac{21,675}{6,977}$、日本は$\dfrac{9,453}{3,302}$と表せます。

ここでは、一つの分数の中で分母→分子の増加率から判断してみましょう。

その他は$\dfrac{21,675}{6,977}$ですが、例えば$7,000 × 3 = 21,000$なので、$\dfrac{21,000}{7,000} = 3$です。したがっ

て、これより分母が小さく分子が大きい$\dfrac{21,675}{6,977}$の値は、**3より大きい**ことがわかりま

す。

日本は$\dfrac{9,453}{3,302}$ですが、$3,302 × 3 = 9,906$なので、$\dfrac{9,906}{3,302} = 3$です。したがって、これ

と分母が同じでこれより分子が小さい$\dfrac{9,453}{3,302}$は、**3より小さい**ことがわかります。

よって、$\dfrac{21,675}{6,977} > \dfrac{9,453}{3,302}$なので、その他よりも日本のほうが低いといえます。

❹⭕　家庭用ゲーム機の世界合計は❶解説より33,480（億円）、スマホゲームの世界合

計は❷解説より 44,710（億円）なので、すべての合計は 33,480 ＋ 44,710 ＝ **78,190（億円）**です。日本は 3,302 ＋ 9,453 ＝ **12,755（億円）**です。78,190（億円）の 20％は 7,819 ×2 ですが、きりのいい数で少なめに概算しても 7,000 ×2 ＝ 14,000（億円）で、日本はこれよりも少ないことになります。よって、世界合計に占める日本の割合は 20％を下回ります。

❺✕　すべて足してもいいですし、家庭用ゲームとスマホゲームで分けて検討してもよいでしょう。家庭用ゲームはヨーロッパが 10,879（億円）、北米が 12,259（億円）ですが、ヨーロッパを 2 倍すると、少なくとも 20,000（億円）以上になってしまって、北米は明らかに下回るといえます。同様に、スマホゲームはヨーロッパが 4,627（億円）、北米が 8,932（億円）ですが、ヨーロッパを 2 倍すると、小さめの数で概算しても 4,600 ×2 ＝ 9,200（億円）で、やはり北米はこれを下回るといえます。よって、北米はヨーロッパの 2 倍を下回ります。

問題2
正解 ❸

本問も数値が非常に小さく、かなり単純な資料です。確実に正解できるようにしましょう。

❶✕　すべて足し算しても検討できますが、2006 年と 2016 年の男を年代別にチェックしてみるとほとんどが減少しており、唯一増加しているのが「65 歳以上」で、しかも 9 から 12 に 3 しか増えていません。他を見ると、例えば「15 ～ 24 歳」は 28 から 16 で 12 も減っており、他もすべて減っているので、少なくとも増加はしていないと考えてよいでしょう。よって、2006 年と比較すると減少しています。

❷✕　これはすべて足してみましょう。2016 年の女の完全失業者数の合計は、12 ＋ 21 ＋ 19 ＋ 16 ＋ 11 ＋ 4 ＝ **83（万人）**であり、2006 年の女の完全失業者数の合計は、22 ＋ 32 ＋ 22 ＋ 16 ＋ 14 ＋ 2 ＝ **108（万人）**ですから、減少したのは 108 － 83 ＝ **25（万人）**です。よって、2006 年と比較すると 25 万人しか減っていません。

❸◯　これは一見してわかりにくいので、年代別に男女を合計した完全失業者数を見ていきましょう。

	15〜24歳	25〜34歳	35〜44歳	45〜54歳	55〜64歳	65歳以上
2006年	28＋22＝**50**	45＋32＝**77**	27＋22＝**49**	24＋16＝**40**	35＋14＝**49**	9＋2＝**11**
2016年	16＋12＝**28**	29＋21＝**50**	25＋19＝**44**	21＋16＝**37**	23＋11＝**34**	12＋4＝**16**

あとは、10％・1％の暗算を使いながら検討してみましょう。

15 ～ 24 歳は 2006 年→2016 年で 50→28 に減少しています。減少数は 50 － 28 ＝ 22 で、50 の 10％は 5、1％は 0.5 ですから、22 の減少数は**減少率44％**だとわかります。

25 ～ 34 歳は 2006 年→2016 年で 77→50 に減少しています。減少数は 77 － 50 ＝ 27 で、77 の 10％は 7.7 です。7 ×4 ＝ 28 ですから、7.7 ×4 は 28 より大きい数になりますね。つまり、27 の減少数は大きくても**減少率40％未満**だとわかります。

35 〜 44歳は2006年→2016年で49→44に減少しています。減少数は49 − 44 ＝ 5で、49の10%は4.9ですから、5の減少数は**減少率10%強**だとわかります。

　45 〜 54歳は2006年→2016年で40→37に減少しています。減少数は40 − 37 ＝ 3で、40の10%は4ですから、3の減少数は**減少率10%未満**だとわかります。

　55 〜 64歳は2006年→2016年で49→34に減少しています。減少数は49 − 34 ＝ 15で、49の10%は4.9です。5×3 ＝ 15ですから、4.9×3は15より小さい数になりますね。つまり、15の減少数は**減少率30%強**だとわかります。

　65歳以上は2006年→2016年で11→16に増加しているので、計算しなくとも減少率が最も小さくなることは判断できます。

　よって、2006年と比較した2016年の減少率が最も大きいのは「15 〜 24歳」です。

❹✕　❸の解説の数値を使いましょう。上記解説のとおり、減少数が最も大きいのは「25 〜 34歳」です。よって、2006年と比較した2016年の減少数が最も大きいのは「15 〜 24歳」ではありません。

❺✕　指数が80を上回っているということは、言い換えれば**減少率が20%未満である、つまり20%までは減っていない**ということです。そこで、❸の解説の数値を使って検討してみましょう。2006年の男女の完全失業者数の合計は50 ＋ 77 ＋ 49 ＋ 40 ＋ 49 ＋ 11 ＝ 276（万人）、2016年の男女の完全失業者数の合計は28 ＋ 50 ＋ 44 ＋ 37 ＋ 34 ＋ 16 ＝ 209（万人）となります。276→209の減少は、減少数が276 − 209 ＝ 67（万人）であり、276の10%は27.6です。仮に20%減っているとすれば、27.6×2 ≒ 28×2 ＝ 56（万人）減っていることになりますが、減少数は67（万人）ですから、もっと減っていることになります。つまり、減少率が20%以上であるので、指数は80以下になることがわかります。よって、80を下回ります。

問題3　　　　　　　　　　　　　　　　　　　　　　　　　　　正解 ❹

　数値があまり大きくないので、計算はそれほど面倒ではないでしょう。**このレベルであれば、細かい計算でもある程度覚悟してやる必要があります。**桁数が少ないのに概数にしてしまうと、誤差が大きくなってしまい、特に特別区の場合は正誤の判断を誤る可能性もあります。くれぐれも注意して臨みましょう。

❶✕　「対前年度増加量」なので、差を計算すればよいだけです。桁数も4桁ですので、細かく計算してしまいましょう。平成26年度から27年度にかけて2,733から2,794に増えており、増加量は2,794 − 2,733 ＝ **61**です。一方、平成24年度から25年度にかけて2,803から2,862に増えており、増加量は2,862 − 2,803 ＝ **59**です。よって、平成26年度から27年度にかけての増加量のほうが上回っています。

❷✕　まずは平成25年度における焼ちゅうの対前年度増加率を確認しましょう。焼ちゅうの生産量は、平成24年度が896、平成25年度が912です。増加量は912 − 896

＝16です。912を基準とすると、912の1％は約9、0.5％はその半分で約4.5ですから、1.5％でも9＋4.5＝13.5です。16の増加量は少なくとも1.5％より大きいことがわかります。つまり、**896から912の増加は1.5％以上の増加率**だということになります。

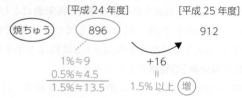

これよりも増加率が小さそうなところ、つまり基準はそれなりにある割に増加量が小さいところを探してみると、例えば清酒が考えられます。清酒の生産量は、平成24年度が439、平成25年度が444です。増加量は444－439＝5です。439を基準とすると、439の1％は約4、0.5％はその半分で約2ですから、1.5％は4＋2＝6です。5の増加量は少なくとも1.5％より小さいことがわかります。つまり、**439から444の増加は1.5％未満の増加率**だということになります。

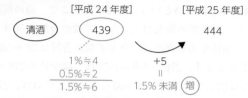

よって、平成25年度の対前年度増加率は、焼ちゅうよりも清酒のほうが小さいといえます。

❸**✕**　指数が120を上回るということは、言い換えれば増加率が20％より大きいということです。そこで、平成24年度から26年度にかけての増加率が20％より大きくなっているかどうかを確認しましょう。

ウイスキー類の生産量は、平成24年度が88、26年度が105で、増加量は105－88＝17です。88を基準とすると、88の10％は8.8、20％はその2倍で17.6ですから、17の増加量は少なくとも20％より小さいことがわかります。つまり、**88から105の増加は20％未満の増加率**だということになります。

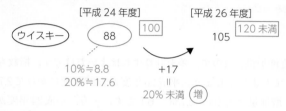

よって、平成26年度の指数は120を下回ります。

❹**○**　まず単位を変えておきましょう。記述には「10万3,000kL」とありますが、資料の単位は「1,000kL」ですから、資料の数値であれば103（1,000kL）ということになります。また、**平均の話が出てきたら、合計でチェック**すると検討しやすくなります。

「**合計＝平均×個数や人数**」ですので、4年平均が103（1,000kL）を上回っているということは、**4年合計が103×4＝412（1,000kL）を上回っている**ことになります。

　4年の果実酒類の生産量を合計すると、98＋102＋112＋101＝413（1,000kL）ですので、412（1,000kL）を上回っていることがわかります。よって、平均は10万3,000kLを上回っていることになります。

❺✕　ビールの生産量が清酒の生産量の6.2倍を下回りそうな年に目星をつけると、ビールが小さく清酒が大きい平成26年度あたりを検討するのがよいでしょう。これはそのまま2,733÷447を計算してしまいましょう。**割り算の筆算は上の位から数値がわかるので、開き直って計算しても途中までの計算で大小は判断できます。**小数点第1位まで計算すれば2,733÷447≒6.1…なので、6.2倍を下回ることがわかります。

　基本的な実数の数表の問題です。この形は特に特別区が毎年出題する形式です。計算が細かくなる可能性があるので、その点に注意しましょう。

❶✕　2012年を100としたとき、2016年が指数90を上回るとは、言い換えれば**減少率が10%より小さい、つまり10%も減っていない**ということです。そこで、アメリカの減少率をチェックしましょう。2012年→2016年で3,502→3,141に減少しており、減少額は3,502－3,141＝361（100万米ドル）です。3,502の10%は350.2ですから、361の減少額は減少率10%を超えていることがわかります。よって、90を下回ります。

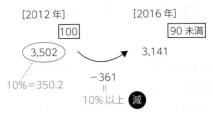

❷✕　「**各年とも**」という記述なので、**1年でもこの記述に反するものがあれば誤り**となります。そこで、なるべく1.8倍を下回りそうな年、つまりドイツが小さく、イタリアが大きい年に着目しましょう。例えば2015年が当てはまります。

　2015年のイタリアは2,277ですので、1.8倍は2,277×1.8≒2,280×1.8＝**4,104**となります。2015年のドイツは**3,943**ですので、1.8倍を下回ります。

❸✕　2013年→2014年を比較すると、中国、アメリカ、インドは増加しているので、対前年減少率は最大にはならないと判断できます。そこで、残りのドイツ、イタリア、韓国について検討しましょう。

　ドイツは2013年→2014年で4,457→4,319に減少しており、減少額は4,457－4,319＝138（100万米ドル）です。4,457の1%は44.57≒45なので、138の減少額は減少率

でいうと**3%程度**です。

　イタリアは2013年→2014年で2,388→2,290に減少しており、減少額は2,388－2,290＝98（100万米ドル）です。2,388の1％は23.88≒24なので、98の減少額は減少率でいうと**4%程度**です。

　韓国は2013年→2014年で1,931→1,832に減少しており、減少額は1,931－1,832＝99（100万米ドル）です。1,931の1％は19.31≒19なので、99の減少額は減少率でいうと**5%以上**です。

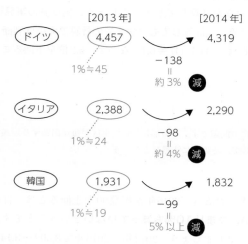

よって、対前年減少率が最も大きいのはドイツではありません。

❹○　2014年の対前年増加額は、中国が17,413－17,306＝**107（100万米ドル）**、インドが1,657－1,370＝**287（100万米ドル）**です。中国の2倍は107×2＝214（100万米ドル）ですので、インドはこれを上回っています。よって、インドは中国の2倍を上回ります。

❺✕　**まずは単位を揃えましょう。**資料の単位は100万米ドルなので、175億米ドルは**17,500（100万米ドル）**になります。一の位が百万の位、十の位が千万の位、百の位が一億の位…のように桁を合わせて考えましょう。

　5年平均が17,500（100万米ドル）ですので、5年合計が17,500×5＝**87,500（100万米ドル）を上回ればよい**わけです。中国の5年の合計は17,248＋17,306＋17,413＋18,040＋17,230≒17,200＋17,300＋17,400＋18,000＋17,200＝**87,100（100万米ドル）**となるので、87,500（100万米ドル）を下回ります。よって、175億米ドルを下回っています。

問題5

> 実数の棒グラフの問題です。これも特別区が比較的よく出題する形式といえます。やはり細かい計算が求められることがあるので注意したいですね。

❶× 「石灰石の輸送量に対するセメントの輸送量の比率」なので、$\dfrac{セメントの輸送量}{石灰石の輸送量}$

で表すことができます。平成23年度は$\dfrac{1,213}{4,329}$、平成24年度は$\dfrac{1,390}{5,516}$と表せますので、

この二つの分数の大小を比較しましょう。

　ここでは**二つの分数の分子どうし、分母どうしの増加率に着目して判断しましょう。**分子について見ると、1,213→1,390で増加数は1,390－1,213＝177となります。1,213の10％は121.3≒121、5％は121÷2＝60.5ですから、177の増加は増加率でいうと**約15％**です。同様に分母について見ると、4,329→5,516で増加数は5,516－4,329＝1,187となります。4,329の10％は432.9≒433ですから、1,187の増加は増加率でいうと**少なくとも20％以上**です。以上より増加率は分子が小さく分母が大きいので、

$\dfrac{1,213}{4,329} > \dfrac{1,390}{5,516}$となります。

　よって、平成24年度は前年度を下回っています。

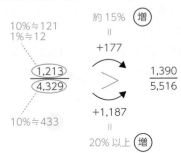

❷〇 石炭の輸送量は平成23年度が874、平成24年度が739です。874→739で減少数は874－739＝**135**となります。874の10％は87.4、5％は87.4÷2＝43.7なので、874の15％は87.4＋43.7＝131.1となり、135の増加数は増加率でいうと**15％より大きい**といえます。

 ヒント

> 　一見して何％か判断しにくい場合や、微妙な数値になる場合もあるので、その際は開き直って計算してしまうのも一つの方法です。

❸✕ 平成 20 年度→平成 21 年度について見ると、石灰石は 5,604→5,179 であり、減少数は 5,604 − 5,179 ＝ **425** です。同様に機械は 1,134→1,091 であり、減少数は 1,134 − 1,091 ＝ **43** です。43 の 10 倍は 43 × 10 ＝ 430 ですから、石灰石は機械の 10 倍を下回ります。

❹✕ **まずは単位を揃えましょう。**資料の単位は千 t なので、135 万 t は **1,350（千 t）** になります。一の位が千の位、十の位が一万の位、百の位が十万の位…のように桁を合わせて考えましょう。

5 年平均が 1,350（千 t）ですので、5 年合計が 1,350 × 5 ＝ **6,750（千 t）を上回ればよい**わけです。セメントの 5 年の合計は 1,335 ＋ 1,252 ＋ 1,301 ＋ 1,213 ＋ 1,390 ≒ 1,340 ＋ 1,250 ＋ 1,300 ＋ 1,210 ＋ 1,390 ＝ **6,490（千 t）**となるので、6,750（千 t）を下回ります。よって、平均は 135 万 t を下回ります。

> そもそも、1,350（千 t）を上回っているのが平成 24 年度しかなく、他に 1,350（千 t）を大きく下回っている年度もあることから、すぐに誤りと判断したいところです。

❺✕ 指数が 85 を下回っているということは、**減少率が 15% より大きい**ということです。石油製品は平成 20 年度から平成 24 年度で 10,017→9,043 と減少しており、減少数は 10,017 − 9,043 ＝ **974（千 t）**です。10,017 の 10% は 1,001.7 ≒ 1,000 なので、974 の減少数は減少率でいうと **9.74%** です。したがって、減少率は 15% より小さくなります。よって、指数は 85 を上回ります。

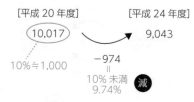

問題 6　　　　　　　　　　　　　　　　　　　　　　　　　　　　　正解 **❶**

> 実数の積み上げ棒グラフです。各項目が積み上がったような形の棒グラフになっており、特に東京都がよく出題する形式です。この形式は、「全体の合計」が左端の目盛りから読み取れるというのが特徴です。

❶○ **「いずれの年も」**という記述なので、1 年でもこの記述に反するものがあれば誤りとなります。そこで、なるべく 30% を上回りそうな年、つまり全体が少なく、40 〜 49 歳が多い年に着目しましょう。全体は棒グラフの高さで判断することができま

す。そうすると、例えば平成25年が当てはまります。

　40 〜 49歳の献血者数は1,455（千人）で、献血者数の合計は370＋960＋1,455＋1,151＋962＝**4,898（千人）**です。4,898（千人）の30％は4,898×0.3≒4,900×0.3＝**1,470（千人）**ですので、1,455（千人）はこれを下回ります。よって、いずれの年も30％を下回っています。

❷✕　指数が75を下回っているということは、**減少率が25％より大きい**ということです。20 〜 29歳の献血者数は平成23年から平成27年で1,037→820と減少しており、減少数は1,037−820＝**217（千人）**です。1,037の10％は103.7≒104、1,037の1％は10.37≒10.4なので、217の減少数は減少率でいうと**約21％**です。したがって、減少率は25％より小さくなります。よって、指数は75を上回ります。

❸✕　「いずれの年も」という記述なので、**1年でもこの記述に反するものがあれば誤り**となります。そこで、なるべく0.3（＝30％）を下回りそうな年、つまり30 〜 39歳が多く、60 〜 69歳が少ない年に着目しましょう。そうすると、平成24年が当てはまります。

　30 〜 39歳の献血者数は1,243（千人）で、その0.1（＝10％）は124.3≒124（千人）です。したがって、0.3（＝30％）は124×3＝**372（千人）**であり、60 〜 69歳は**363（千人）**ですから、これを下回っていることがわかります。よって、いずれの年も0.3を上回っているとはいえません。

❹✕　3年平均が1,000（千人）ですので、**3年合計が1,000×3＝3,000（千人）を上回るかどうか**を確認しましょう。平成25年から27年までの3か年における50 〜 59歳の献血者数の合計は960＋991＋1,046＝**2,997（千人）**となるので、3,000（千人）を下回ります。よって、年平均は1,000千人を下回っています。

❺✕　平成27年における対前年増加率なので、平成26年から平成27年でどれだけ増えているかを確認しましょう。そうすると、40 〜 49歳、30 〜 39歳、20 〜 29歳は減少しており、そもそも**増加しているのは60 〜 69歳と50 〜 59歳だけ**です。したがって、40 〜 49歳はこの二つの年代よりは対前年増加率が小さいことは確実です。よって、60 〜 69歳の次に増加率が大きいのは40 〜 49歳ではありません。

問題7　　　　　　　　　　　　　　　　　　　　　　　　　正解 ❹

　数値が大きいので、若干計算が面倒ではありますが読み取りに困ることはないでしょう。計算が面倒な選択肢は、原則として後回しにするのが得策です。

❶✕　「いずれの年においても」という記述なので、**1年でもこの記述に反するものがあれば誤り**となります。そこで、なるべく25％以上になりそうな年、つまり世界計が小さく、中国が大きい年に着目しましょう。例えば2010年が当てはまります。

世界計は701,228（千t）なので、その25％は$701,228 \times 0.25 \fallingdotseq 701,000 \times \dfrac{1}{4} =$ **175,250（千t）**となります。中国は**195,761（千t）**ですから、これを上回っています。よって、中国の米生産量が世界計の25％以上である年があるため誤りです。

❷✕　**2010年に対する2014年の増加率がなるべく大きいところ、つまり一気に増えていそうなところ**を探します。インドについて見ると、2010年→2014年で143,963→157,200に増加しており、増加量は157,200 − 143,963 = **13,237（千t）**です。157,200の10％は15,720ですから、13,237の増加は増加率にすると**10％未満**です。

　一方、フィリピンについて見ると、2010年→2014年で15,772→18,968に増加しており、増加量は18,968 − 15,772 = **3,196（千t）**です。18,968の10％は1,896.8ですから、3,196の増加は増加率にすると**10％以上**です。よって、増加率が最も大きいのはインドではありません。

❸✕　**2011年に対する2012年の増加率がなるべく大きいところ、つまり一気に増えていそうなところ**を探します。インドネシアについて見ると、2011年→2012年で65,757→69,056に増加しており、増加量は69,056 − 65,757 = **3,299（千t）**です。69,056の1％は690.56 ≒ 691ですから、3,299の増加は増加率にすると**5％未満**です。

　一方、フィリピンについて見ると、2011年→2012年で16,684→18,032に増加しており、増加量は18,032 − 16,684 = **1,348（千t）**です。18,032の1％は180.32 ≒ 180ですから、1,348の増加は増加率にすると**少なくとも5％以上**です。よって、増加率が最も大きいのはインドネシアではありません。

❹◯　**5年平均が43,000（千t）ですので、5年合計が43,000 × 5 = 215,000（千t）を超えるかどうか**を確認しましょう。2010年から2014年までの5年におけるベトナムの米生産量の合計は40,006 + 42,398 + 43,738 + 44,040 + 44,974 ≒ 40,000 + 42,400 + 43,700 + 44,000 + 45,000 = **215,100（千t）**となるので、215,000（千t）を超えます。よって、ベトナムの年平均米生産量は43,000（千t）を超えています。なお、**かなり数値的には微妙なので、不安であれば細かく計算したほうがよいでしょう。**

❺✕　**「いずれの年においても」という記述なので、1年でもこの記述に反するものがあれば誤り**となります。そこで、なるべく3倍以上になりそうな年、つまりバングラデシュが大きく、フィリピンが小さい年に着目しましょう。例えば2010年が当てはまります。

　フィリピンの米生産量は15,772（千t）ですので、この3倍は大きめに概算しても16,000 × 3 = **48,000（千t）**です。バングラデシュは**50,061（千t）**ですから、3倍を上回っています。よって、バングラデシュの米生産量がフィリピンの米生産量の3倍以上である年があるため誤りです。

問題8

> 内訳のある実数の数表です。この形式の資料は国家公務員系、特に国家専門職などで出題されやすいといえます。国家公務員系の試験の志望度が高い方はぜひ押さえておきましょう。

❶× 平成10年以外に刑法犯の検挙件数に占める窃盗の割合が70%を上回っていそうなものを探します。平成10年とあまり数値的に変わらない平成5年に着目するとよいでしょう。平成5年は刑法犯の検挙件数が723（千件）で、この70%は723×0.7＝506.1（千件）です。窃盗は553（千件）ですから、70%を上回っていることがわかります。

❷○ 「どちらの年も」という記述なので、どちらか1年でもこの記述に反するものがあれば誤りとなります。そこで、なるべく30%を上回りそうな年、つまり全体が小さく、過失運転致死傷等が大きい年に着目しましょう。平成20年が当てはまります。

認知件数全体は2,541（千件）で、その30%は2,541×0.3≒2,540×0.3＝762（千件）となります。過失運転致死傷等は714（千件）ですから、30%を下回っていることがわかります。

なお、平成10年を見ると、認知件数全体は2,690（千件）で、その30%は2,690×0.3＝807（千件）となります。過失運転致死傷等は656（千件）ですから、やはり30%を下回っていることがわかります。

❸× 「認知件数全体に占める刑法犯の割合」は$\dfrac{\text{刑法犯の認知件数}}{\text{認知件数全体}}$、「検挙件数全体に占める刑法犯の割合」は$\dfrac{\text{刑法犯の検挙件数}}{\text{検挙件数全体}}$で表すことができます。平成25年について見ると、$\dfrac{\text{刑法犯の認知件数}}{\text{認知件数全体}}＝\dfrac{1,314}{1,917}$、$\dfrac{\text{刑法犯の検挙件数}}{\text{検挙件数全体}}＝\dfrac{394}{997}$となります。

$\dfrac{1,314}{1,917}$と$\dfrac{394}{997}$の大小関係を調べましょう。一つの分数の中で、分子→分母の増加率で判断するのがよいでしょう。$\dfrac{1,314}{1,917}$は分子→分母で1,314→1,917ですから**2倍未満**、$\dfrac{394}{997}$は分子から分母で394→997ですから**2倍以上**になっています。つまり、$\dfrac{1,314}{1,917}$のほうが分子に対する分母の割合が小さく、$\dfrac{394}{997}$のほうが分子に対する分母の割合が大きいので、$\dfrac{1,314}{1,917}＞\dfrac{394}{997}$となります。よって、前者のほうが高いことがわかります。

❹× 検挙率は問題文のただし書にあるとおり、「認知件数に対する検挙件数の割合」

ですから、全体の検挙率は $\dfrac{全体の検挙件数}{全体の認知件数}$ で表すことができます。平成25年は

$\dfrac{997}{1,917}$ と表すことができ、これより低い年がないかを探しましょう。平成25年の分

数がだいたい $\dfrac{1}{2}$ に近いので、もっと低そうな年を探しましょう。そうすると、例えば

平成15年が挙げられます。

平成15年は $\dfrac{全体の検挙件数}{全体の認知件数}=\dfrac{1,504}{3,646}$ と表すことができますので、$\dfrac{997}{1,917}$ と $\dfrac{1,504}{3,646}$ を

比較しましょう。一つの分数の中で、分子→分母の増加率で判断するのがよいでしょ

う。$\dfrac{997}{1,917}$ は分子→分母で997→1,917ですから **2倍未満**、$\dfrac{1,504}{3,646}$ は分子から分母で

1,504→3,646ですから **2倍以上** になっています。つまり、$\dfrac{997}{1,917}$ のほうが分子に対す

る分母の割合が小さく、$\dfrac{1,504}{3,646}$ のほうが分子に対する分母の割合が大きいので、$\dfrac{997}{1,917}$

$>\dfrac{1,504}{3,646}$ となります。よって、平成25年の検挙率が最低ではないことがわかります。

❺✖ 検挙率は問題文のただし書にあるとおり、「認知件数に対する検挙件数の割合」

ですから、刑法犯の検挙率は $\dfrac{刑法犯の検挙件数}{刑法犯の認知件数}$ で表すことができます。平成15年は

$\dfrac{648}{2,790}$、平成20年は $\dfrac{573}{1,826}$ となります。ただ、この選択肢は検挙率（％）の差が

10ポイント以上あるかを問うているので、小数にしてしまったほうがよいでしょう。

分数は「分子÷分母」で小数にすることができます。**割り算の筆算は上位の位から明**

らかになるので、小数点以下第3位程度まで計算すれば判断できるでしょう。

$\dfrac{648}{2,790}=648÷2,790=0.232\cdots$ となり、$\dfrac{573}{1,826}=573÷1,826=0.313\cdots$ となります。

$0.313-0.232=0.081=$ **8.1%** ですので、8.1ポイントの差しかないことになります。

3 構成比の資料

問題1　　　　　　　　　　　　　　　　　　　　　　　　　　　　　　正解 ❺

　総数と構成比の円グラフです。資料としては定番の形ですね。そこまで細かい計算も不要な
ので、本問はしっかり正解までたどり着きたいところです。

ア✕ 　日本のGDPは、2006年が$52 \times 8.7\%$、2016年が$76 \times 6.5\%$です。これはそこまで細かいわけでもないので、そのまま計算してしまうとよいでしょう。$52 \times 8.7\% = 52 \times 0.087 \fallingdotseq 52 \times 0.09 = \mathbf{4.68}$（**兆ドル**）、$76 \times 6.5\% = 76 \times 0.065 \fallingdotseq 76 \times 0.07 = \mathbf{5.32}$（**兆ドル**）となるので、2006年と比較して2016年は増加しています。

イ✕ 　2006年と2016年における、アメリカと日本、ドイツ、イギリス、フランスの4か国の合計のGDPは以下のようになります。

　　　2006年アメリカ　…$\mathbf{52 \times 26.7\%}$

　　　2006年4か国合計…$52 \times (8.7\% + 5.8\% + 5.2\% + 4.5\%) = \mathbf{52 \times 24.2\%}$

　　　2016年アメリカ　…$\mathbf{76 \times 24.4\%}$

　　　2016年4か国合計…$76 \times (6.5\% + 4.6\% + 3.5\% + 3.2\%) = \mathbf{76 \times 17.8\%}$

2006年から2016年までのGDP増加額を調べるので、以下のように求めます。

　アメリカ　…$76 \times 24.4\% - 52 \times 26.7\%$

　4か国合計…$76 \times 17.8\% - 52 \times 24.2\%$

一つひとつ計算しなくても、（アメリカ）－（4か国合計）で式を立て、計算結果が正か負かで判断するとよいでしょう。

　　　$76 \times 24.4\% - 52 \times 26.7\% - (76 \times 17.8\% - 52 \times 24.2\%)$

　　$= 76 \times 24.4\% - 52 \times 26.7\% - 76 \times 17.8\% + 52 \times 24.2\%$

　　$= \mathbf{76 \times 6.6\% - 52 \times 2.5\%}$

上記の式からすると、76と52では76のほうが大きく、6.6%と2.5%でも6.6%のほうが大きいですから、$76 \times 6.6\% - 52 \times 2.5\%$は計算結果が正の数になり、アメリカのほうが値が大きいことがわかります。よって、4か国合計よりもアメリカのほうが2006年から2016年までのGDP増加額は高くなります。

ウ◯ 　中国のGDPは、2006年が$52 \times 5.3\%$、2016年が$76 \times 14.7\%$です。これは「**実数の倍率＝総数の倍率×構成比の倍率**」で確認してみましょう。

　総数について見ると、$52 \to 76$で$76 - 52 = 24$の増加です。52の10%は5.2なので、24の増加は少なくとも40%以上の増加率であり、倍率にすると**1.4倍**となります。同様に構成比について見ると、5.3（％）→14.7（％）で9.4（％）の増加です。5.3（％）の10%は0.53（％）なので、9.4（％）の増加は約180%の増加率であり、倍率にすると**2.8倍**となります（100%を超える増加率になった場合は、割り算をして$14.7 \div 5.3 \fallingdotseq 2.8$（倍）と求めてしまってもよいでしょう）。したがって、**実数の倍率は$1.4 \times 2.8 = 3.92$（倍）**となるので、3倍以上増加したことがわかります。

以上より、**ア：誤、イ：誤、ウ：正**であり、正解は**❺**となります。

　　総数と構成比の数表です。本問もかなりあっさりと処理できる選択肢ですから、基本問題として確実に理解しておきましょう。

❶✕　最も増減量が大きいところを探すと、2011年→2012年が挙げられます。2011年→2012年で22,028→17,377ですが、減少量は22,028－17,377＝**4,651（t）**ですので、5,000t以上ではありません。

❷✕　これは生産量を計算しなくとも、占率を検討すれば判断できます。2010年に着目すると、その他の都道府県の占率は10.3%なので、残りが主要生産県4県となります。全体は100%ですので、100%－10.3%＝**89.7%**が主要生産県4県の占率であることがわかり、90%を下回ります。

❸◯　これも生産量の占率を検討すれば判断できます。すべての年で占率は鹿児島県、愛知県、宮崎県、静岡県の順になっており、順位は変わらないことがわかります。

❹✕　静岡県と愛知県の生産量の合計が全国生産量の$\frac{1}{3}$以上ということは、この2県の占率の合計が約33.3%以上であればよいということです。この点、2013年に着目すると、2県の占率の合計は9.8＋22.1＝**31.9（%）**となるので、$\frac{1}{3}$未満であることがわかります。

❺✕　2010年の鹿児島県の生産量は20,533×39.9%です。これより大きいところがないかを探してみましょう。2014年は占率・全国生産量ともに小さく、2012年、2013年は占率が大きいですが、全国生産量が少ないので、2011年に目星をつけるとよいでしょう。

　　2011年は22,028×38.4%です。「**実数の倍率＝総数の倍率×構成比の倍率**」で検討することもできますが、そこまで細かくないので、計算してしまいましょう。2010年は20,533×39.9%≒20,500×40%＝**8,200（t）**、2011年は22,028×38.4%≒22,000×38%＝**8,360（t）**ですので、2011年は2010年より大きくなります。

　　本問も定番といえる総数と構成比の数表です。ただ、若干選択肢の検討に手間がかかるかもしれません。

❶◯　ニュージーランドからの輸入量は、平成25年度が4,386×68.8%、平成26年度が14,189×58.6%です。そのまま計算することもできますし、「**実数の倍率＝総数の**

倍率×構成比の倍率」でも検討できますが、ここでは総数か構成比を近い数字に揃える方法で検討してみましょう。

　まず、平成25年度の2倍と平成26年度を比較したいので、平成25年度を2倍すると、4,386×（68.8%×2）＝4,386×140%弱となります。ここから、総数が両者でかなり離れているので、平成25年度の2倍と平成26年度の式をそれぞれ3倍してみます。

　　　　平成25年度の2倍×3…4,386×3×140%弱＝**14,000未満×140%弱**
　　　　平成26年度×3　　　…14,189×（58.6%×3）＝**14,189×150%以上**

　このように近い数字に揃えると、平成26年度×3のほうが総数も構成比も大きいことがわかるので、平成26年度は平成25年度の2倍を上回っていることになります。

❷✕　「毎年度」という記述なので、**1年でもこの記述に反するものがあれば誤り**となります。そこで、なるべく前年と比べて増加していそうな年に着目しましょう。オーストラリアは、平成25年度→平成26年度で構成比が8.9%→4.6%に減っていますが、総数が4,386→14,189と大きく増えているので、ここに目星をつけるとよいでしょう。ここでは「実数の倍率＝総数の倍率×構成比の倍率」で検討してみましょう。

　オーストラリアからの輸入量は、平成25年度→平成26年度で4,386×8.9%→14,189×4.6%です。総数について見ると、4,386→14,189で、4,386を3倍しても4,386×3＝13,158なので、倍率にすると**3倍以上**となります。同様に構成比について見ると、8.9%→4.6%で、9%の半分が4.5%ですから、だいたい減少率としては半分の50%、つまり倍率にすると**0.5倍**となります。したがって、実数の倍率は3×0.5＝1.5（倍）ですから、平成25年度→平成26年度は約1.5倍に増加していることがわかります。

❸✕　細かい計算をしていくと際限がないので、きりのいい数で少なめに概算してみましょう。平成24年度から平成28年度までのオランダからの輸入量を計算すると、以下のようになります。

　　　　平成24年度…10,836×26.2%≒10,000×26%＝**2,600**（t）
　　　　平成25年度…4,386×10.8%≒4,000×10%＝**400**（t）
　　　　平成26年度…14,189×20.9%≒14,000×20%＝**2,800**（t）
　　　　平成27年度…13,913×13.0%≒13,000×13%＝**1,690**（t）
　　　　平成28年度…12,860×25.3%≒12,000×25%＝**3,000**（t）

　すべて足すと、2,600＋400＋2,800＋1,690＋3,000＝**10,490**（t）となります。少なめに見積もっても10,000tを超えるわけですから、正確に計算すれば確実に10,000tを超えます。よって、10,000tに満たないことはありません。

❹✕　平成25年度のアメリカからの輸入量は4,386×5.2%、平成28年度のオーストラリアからの輸入量は12,860×3.6%です。これも「実数の倍率＝総数の倍率×構成比の倍率」で検討してみましょう。

　平成25年度のアメリカ→平成28年度のオーストラリアで4,386×5.2%→12,860×3.6%です。総数について見ると、4,386→12,860で、概算だと4,300×3＝12,900で

すから、4,386 → 12,860 はだいたい **3倍程度**だとわかります。構成比について見ると、5.2（％）→ 3.6（％）です。半分になると 5.2 ÷ 2 ＝ 2.6 ですから、**半分ほども減っていない**ことがわかります。仮に総数が 3 倍、構成比が半分だとすれば実数の倍率は 3 × $\frac{1}{2}$ ＝ 1.5（倍）ですから、実際には構成比がそこまで減っていない以上、確実に 1.5 倍以上には増加していることがわかります。よって、「平成 25 年度のアメリカ＜平成 28 年度のオーストラリア」だと判断できます。

❺✕ ドイツからの輸入量は、平成 27 年度が 13,913 × 9.5％、平成 28 年度が 12,860 × 14.1％です。最初から細かく計算するのも悪くはないのですが、まずは概算で判断してみましょう。

仮に、総数が平成 27 年度と平成 28 年度で同じ 13,913t だと仮定して計算してみましょう。そうすると、平成 27 年度は 13,913 × 9.5％、平成 28 年度は 13,193 × 14.1％となるので、その差は 13,193 × 14.1％ － 13,913 × 9.5％ ＝ 13,193 ×（14.1％ － 9.5％）＝ 13,193 × 4.6％となります。きりのいい数で多めに概算しても、13,193 × 4.6％ ≒ 14,000 × 5％ ＝ 14,000 × 0.05 ＝ **700**（**t**）です。だとすれば、実際にはもっと少ない 13,193 × 4.6％である点、しかもそもそも平成 28 年度の総数は 12,860t しかない点からすれば、正確に計算すれば増加量は 700t よりも少ないことがわかります。したがって、1,000t 以上増加することはありません。

問題4 　　　　　　　　　　　　　　　　　　　　　　　正解 **❷**

> 裁判所が出題する資料ですが、選択肢の検討にもあまり手間がかからない問題です。裁判所は例年資料解釈が 1 問しか出題されないのですが、このような問題は得点したいところです。

❶✕ 平成 23 年の富山県の生産量は 218,769 × 3.2％、平成 28 年の山形県の生産量は 235,462 × 3.3％で求めることができます。この二つを比較すると、**総数も構成比もどちらも平成 23 年の富山県の生産量＜平成 28 年の山形県の生産量**になっていますから、計算するまでもなく生産量の大小関係は平成 23 年の富山県の生産量＜平成 28 年の山形県の生産量であることがわかります。よって、平成 23 年の富山県の生産量は平成 28 年の山形県の生産量よりも少ないです。

❷◯ 平成 23 年の秋田県の生産量は 218,769 × 4.6％、平成 28 年の新潟県の生産量は 235,462 × 4.2％で求めることができます。これは総数と構成比の値だけでは判別できないので、具体的に検討しましょう。ここでは概算により計算していきます。「平成 23 年の秋田は平成 28 年の新潟より多いか」と問われているので、平成 23 年の秋田は総数をきりのいい数で実際より少なめに、平成 28 年の新潟は総数をきりのいい数で実際より多めに概算してみます。それでも秋田のほうが多くなれば、この選択肢は確実に正解だとわかります。

以上を踏まえて計算すると、平成23年の秋田県の生産量は218,769×4.6%≒218,000×0.046＝**10,028**（t）、平成28年の新潟県の生産量は235,462×4.2%≒236,000×0.042＝**9,912**（t）となりますので、平成23年の秋田県の生産量＞平成28年の新潟県の生産量となります。正確に計算すれば確実に平成23年の秋田県の生産量＞平成28年の新潟県の生産量となりますね。

❸✕　これは上位5県の構成比をそのまま足せばよいでしょう。例えば平成23年を足すと、27.4＋8.8＋7.6＋7.4＋4.6ですが、これもきりのいい数で実際より多めに概算すると、28＋9＋8＋8＋5＝**58**（%）となり、多めに計算しても60%未満であることがわかります。よって、平成23年は上位5県で全国の生産量の60%を下回ることになります。

❹✕　平成23年の北海道と佐賀県を合わせた生産量は218,769×（27.4%＋8.8%）＝218,769×36.2%、平成28年の北海道の生産量は235,462×35.0%で求めることができます。ここではそのまま概算で処理してみましょう。

　平成23年の北海道と佐賀県を合わせた生産量は218,769×36.2%≒219,000×36%＝**78,840**（t）、平成28年の北海道の生産量は235,462×35.0%≒235,000×35.0%＝**82,250**（t）となります。よって、平成23年の北海道と佐賀県を合わせた生産量＜平成28年の北海道の生産量となります。

❺✕　青森県について平成23年の生産量は218,769×2.9%、平成28年の生産量は235,462×3.1%で求めることができます。ここではそのまま概算で処理してみましょう。

　平成23年の生産量は218,769×2.9%≒219,000×2.9%＝**6,351**（t）、平成28年の生産量は235,462×3.1%≒235,000×3.1%＝**7,285**（t）となるので、平成28年の生産量のほうが7,285－6,351＝934（t）多いことがわかります。よって、1,000t以上までは多くなっていません。

問題5　　　　　　　　　　　　　　　　　　　　　　　　　　正解 ❹

　総数と構成比の帯グラフで、東京都が出題する定番の形です。総数と構成比の資料における検討手段を総動員して取り組みましょう。

❶✕　建設業の購入台数は「総数×建設業の構成比」で求めることができます。「実数の倍率＝総数の倍率×構成比の倍率」で検討することもできますが、総数と構成比の値から一見して大小がややわかりにくいので、概算で処理してもよいでしょう。平成15年度、17年度、19年度の各年度の建設業の購入台数を計算すると、以下のようになります。構成比はあまり四捨五入しすぎると誤差が大きくなりそうなので、0.5%刻みで概数にしました。

　平成15年度…79,563×27.6%≒79,600×27.5%＝**21,890**（台）

平成17年度…96,349 × 21.5% ≒ 96,300 × 21.5% ＝ **20,704.5**（台）

平成19年度…114,367 × 16.7% ≒ 114,000 × 16.5% ＝ **18,810**（台）

　ここから、最も多いのは平成15年度ですが、次に多いのは平成17年度であることがわかります。よって、平成15年度の次に多いのは、19年度ではありません。

❷✕　「いずれの年度も」という記述なので、1年でもこの記述に反するものがあれば誤りとなります。そこで、なるべく26,000台を上回っていそうな年に着目しましょう。目星がつけにくいですが、総数も構成比もそこそこ多い年度として平成17年度に着目しましょう。平成17年度のその他の購入台数は、きりのいい数で少なめに概算すると96,349 × 0.275 ≒ 96,300 × 0.27 ＝ **26,001**（台）となるので、正確に計算すれば確実に26,000台を上回っていることがわかります。よって、いずれの年度も26,000台を下回っているとはいえません。

❸✕　平成17年度を100とすると21年度が120を上回るかどうかを判断するには、**平成17年度に対する平成21年度の増加率が20%を超える（＝1.2倍を超える）** かどうかを調べるのがよいでしょう。

　農業、林業及び漁業の購入台数は、平成17年度→平成21年度で96,349 × 2.5%→49,930 × 5.5%です。ここでは「実数の倍率＝総数の倍率×構成比の倍率」で検討しましょう。総数を見ると、96,349→49,930と減少していますが、96,349 ÷ 2 ≒ 96,300 ÷ 2 ＝ 48,150なので、だいたい半分弱減少していることがわかり、倍率は大きくても **0.5倍程度** です。構成比を見ると、2.5（%）→5.5（%）へ5.5 − 2.5 ＝ 3（%）増加しています。2.5の10%は0.25なので、3（%）の増加は**だいたい2倍強**になっています。したがって、実数の倍率は0.5 × 2 ＝ 1.0（倍）なので、全体の増加率は1.2倍以上にはならないとわかります。したがって、平成17年度における農業、林業及び漁業の購入台数を100としたとき、21年度における農業、林業および漁業の購入台数の指数は120を上回っているとはいえません。

補足

なお、式をそのまま計算すると、以下のようになります。

平成17年度…96,349 × 0.025 ≒ 96,300 × 0.025 ＝ 2,407.5 ≒ 2,410

平成21年度…49,930 × 0.055 ≒ 49,900 × 0.055 ＝ 2,744.5 ≒ 2,740

2,410→2,740は330の増加です。2,410の10%は約241、2,410の1%は約24であるので、330の増加は約14%の増加率であり、指数でいうと約114なので、120を上回っているとはいえません。

---

❹◯　「平成17年度に対する19年度の購入台数の比率」は $\dfrac{平成19年度の購入台数}{平成17年度の購入台数}$ ＝

$\dfrac{平成19年度の購入台数の総数 \times 平成19年度の購入台数の構成比}{平成17年度の購入台数の総数 \times 平成17年度の購入台数の構成比}$ で表すことができま

す。ここで$\dfrac{\text{平成19年度の購入台数の総数}}{\text{平成17年度の購入台数の総数}}$の部分はどの業種であっても共通していま

すから、実際には$\dfrac{\textbf{平成19年度の購入台数の構成比}}{\textbf{平成17年度の購入台数の構成比}}$だけ比較すればよいでしょう。

建設機械器具賃貸業等は$\dfrac{58.1\%}{48.5\%}$で、これだけが1より大きく、建設業は$\dfrac{16.7\%}{21.5\%}$

で1より小さく、農業、林業及び漁業は$\dfrac{2.5\%}{2.5\%}$なので1、その他は$\dfrac{22.7\%}{27.5\%}$で1より

小さくなります。したがって、最も大きいのは建設機械器具賃貸業等であることがわかります。

最も小さいものに関しては、建設業の$\dfrac{16.7\%}{21.5\%}$とその他の$\dfrac{22.7\%}{27.5\%}$を比較しましょ

う。そうすると、建設業→その他は$\dfrac{16.7\%}{21.5\%}\rightarrow\dfrac{22.7\%}{27.5\%}$で、分母も分子も6％の増加です。増加数が同じであれば、基準（もとにする量）が小さいほうが増加率は大きくなります。ですから、基準（もとにする量）が16.7％と小さい分子のほうが増加率は大きく、21.5％と大きい分母のほうが増加率は小さくなることがわかります。分子のほうが増加率が大きいということは、分数全体としては値が大きくなっていることがわかりますので、$\dfrac{16.7\%}{21.5\%}<\dfrac{22.7\%}{27.5\%}$となり、建設業のほうが購入台数の比率が小さいことがわかります。よって、平成17年度に対する19年度の購入台数の比率について業種別に見ると、最も大きいのは建設機械器具賃貸業等、最も小さいのは建設業であるといえます。

❺✕　平成21年度について、建設機械器具賃貸業等の購入台数は49,930×44.1％、建設業の購入台数は49,930×22.1％で求めることができます。そこで、その差を計算すればよいでしょう。分配法則を使えば、計算は省略できます。49,930×44.1％－49,930×22.1％＝49,930×（44.1％－22.1％）＝49,930×22％≒49,900×0.22≒**10,978（台）**となり、12,000台を超えないことがわかります。よって、平成21年度について見ると、建設機械器具賃貸業等の購入台数は建設業の購入台数を12,000台以上上回っているとはいえません。

問題6　　　　　　　　　　　　　　　　　　　　　　　　　正解 ❺

　　総数と構成比の円グラフは特別区が主題する定番の形式の一つです。倍率のチェックが使えることが多いので、よく練習しておきましょう。

❶✕　2002年度の天然ガスの供給量と2010年度の天然ガスの供給量×0.8を調べて比

較しましょう。2002年度と2010年度の天然ガスの供給量は「総数×構成比」で以下のように求めることができます。

2002年度…$22.47 \times 0.143 ≒ 22.5 \times 0.14 = 3.15$ $(10^{18}J)$

2010年度…$22.09 \times 0.192 ≒ 22.1 \times 0.19 = 4.199 ≒ 4.2$ $(10^{18}J)$

2010年度の80%は$4.2 \times 0.8 = \mathbf{3.36}$ $(\mathbf{10^{18}J})$ となり、2002年度は$\mathbf{3.15}$ $(\mathbf{10^{18}J})$ですので、これを超えていないことが明らかです。よって、2002年度の天然ガスの供給量は、2010年度のそれの80%を超えていません。

❷✕ 選択肢の記述が一読してわかりにくいのですが、要するに**「総計の2002年度に対する2010年度の減少量」を基準**（もとにする量）としたときに、**「水力の供給量の2002年度に対する2010年度の減少量」**の割合は、**5%を超えているかどう**かを判断するという選択肢です。

まず、総計の供給量が2002年度→2010年度でどれだけ減少したかを見ると、$22.47→22.09$なので$22.47 - 22.09 = \mathbf{0.38}$ $(\mathbf{10^{18}J})$ です。また、水力の供給量が2002年度→2010年度でどれだけ減少したかを見ると、$22.47 \times 0.032→22.09 \times 0.032$なので$22.47 \times 0.032 - 22.09 \times 0.032 = (22.47 - 22.09) \times 0.032 = \mathbf{0.38 \times 0.032}$ $(\mathbf{10^{18}J})$です。0.38は共通しているので、要するに**（水力の供給量の減少量）＝（総計の供給量の減少量）×3.2%**ということですね。よって、5%を下回っていますので、一次エネルギー供給量の総計の2002年度に対する2010年度の減少量に占める水力の供給量のそれの割合は、5%を超えているとはいえません。

❸✕ 2002年度を100とすると2010年度が120を上回るかどうかを判断するには、**2002年度に対する2010年度の増加率が20%を超える（＝1.2倍を超える）かどう**かを調べるのがよいでしょう。まず、2002年度と2010年度の石炭の供給量は「総数×構成比」で以下のように求めることができます。

2002年度の石炭…22.47×0.198 $(10^{18}J)$

2010年度の石炭…22.09×0.225 $(10^{18}J)$

ここで、**「実数の倍率＝総数の倍率×構成比の倍率」**を使って、1.2倍を超えるかどうかを判断してみましょう。総数は$22.47→22.09$ですので、明らかに減少しています。一方、構成比は$0.198→0.225$ですので、確かに増加はしています。しかし、0.198を約0.2とみなして考えると、0.2の10%は0.02、1%は0.002であり、約$0.2→0.225$で0.025増加したとしても、増加率としては**12.5%**にしかなりません。総数が減っていて、構成比も12.5%（1.125倍）しか増えていないのであれば、全体として1.2倍（20%の増加率）になっていないことは明らかです。よって、2002年度の石炭の供給量を100としたときの2010年度のそれの指数は、120を上回っているとはいえません。

❹✕ 再生可能・未活用エネルギーの供給量と天然ガスの供給量の2002年度→2010年度の増加率を求めて、再生可能・未活用エネルギーの増加率と天然ガスの増加率×1.5を比較しましょう。

まず、天然ガスの増加率を調べると、天然ガスの供給量は❶より2002年度が約3.15、2010年度が約4.2です。$3.15→4.2$で増加数は$4.2 - 3.15 = 1.05$で、3.15の10%は0.315、

1 ％は0.0315ですから、1.05の増加は約33％であり、増加率は約33％となります。したがって、天然ガスの増加率の1.5倍は33×1.5＝**49.5**（**%**）です。

次に、2002年度と2010年度の再生可能・未活用エネルギーの供給量は「総数×構成比」で以下のように求めることができます。

2002年度…22.47×0.027（10^{18}J）

2010年度…22.09×0.037（10^{18}J）

ここで、「実数の倍率＝総数の倍率×構成比の倍率」を使って判断してみましょう。先に構成比から検討すると、0.027→0.037で増加量は0.037－0.027＝0.01です。0.027の10％は0.0027、40％は0.0027×4＝0.0108なので、0.01の増加は約40％弱であり、増加率は**約40%弱**です。また、総数は明らかに減少しているのでマイナスです。総数が減っていて、構成比も40％弱しか増えていないのであれば、全体として増加率が49.5％になっていないことは明らかです。

したがって、再生可能・未活用エネルギーの供給量の2002年度に対する2010年度の増加率は、天然ガスの供給量のそれの1.5倍より大きいとはいえません。

❺○ 石油と原子力の供給量の2002年度→2010年度の減少率を求めて、石油の減少率と原子力の減少率×5を比較しましょう。ここでは「実数の倍率＝総数の倍率×構成比の倍率」を使って判断してみましょう。

まず、2002年度と2010年度の原子力の供給量は「総数×構成比」で以下のように求めることができます。

2002年度…22.47×0.115（10^{18}J）

2010年度…22.09×0.113（10^{18}J）

総数について見ると、22.47→22.09に減少しており、0.38の減少です。22.47の1％は0.2247ですから、0.38の減少は減少率でいうと**2%未満**となります。一方、構成比は0.115→0.113に減少しており、0.002の減少です。0.115の1％は0.00115ですから、0.002の減少は減少率でいうとやはり**2%未満**となります。したがって、全体の倍率は0.98×0.98＝0.9604より大きく、減少率は**4%未満**となります。したがって、その5倍は4×5＝**20**（**%**）未満となります。

続いて、2002年度と2010年度の石油の供給量は「総数×構成比」で以下のように求めることができます。

2002年度…22.47×0.485（10^{18}J）

2010年度…22.09×0.401（10^{18}J）

総数は前述のとおり、**2%未満**の減少率です。一方、構成比は0.485→0.401に減少しており、0.084の減少です。0.485の10％は0.0485、20％は0.097ですから、0.084の減少は減少率でいうと**20%未満**です。したがって、全体の倍率は0.98×0.8＝0.784より大きく、減少率は**21.6%未満**となります。

原子力の減少率×5が20％未満、石油の減少率が21.6％未満ですが、20％は超えていると考えられるので、石油の減少率は原子力の減少率の5倍より大きいといえます。

ただし、上記からわかるとおり、数値的にはかなり微妙な値でしょう。細かく計算

すると、以下のようになります。

【原子力】

2002年度…$22.47 \times 0.115 = 2.58405 \fallingdotseq 2.58$（$10^{18}$J）

2010年度…$22.09 \times 0.113 = 2.49617 \fallingdotseq 2.5$（$10^{18}$J）

→減少数は$2.58 - 2.5 = 0.08$で、減少率は$0.08 \div 2.58 \fallingdotseq 0.03 = 3\% \rightarrow 5$倍で **15%**

【石油】

2002年度…$22.47 \times 0.485 = 10.89795 \fallingdotseq 10.9$（$10^{18}$J）

2010年度…$22.09 \times 0.401 = 8.85809 \fallingdotseq 8.86$（$10^{18}$J）

→減少数は$10.9 - 8.86 = 2.04$で、減少率は$2.04 \div 10.9 \fallingdotseq 0.187 =$ **18.7%**

問題7　正解 ⑤

> 本問の資料は、総数が実数では示されていませんが、**指数という形で示されています**。ですから、実数と同様に「**総数×構成比**」の計算によって、各項目を比較することが可能です。それも踏まえて検討しましょう。いかにも国家公務員試験特有のちょっとしたひねりといえますね。

❶✕　日本からの輸入額を求めるには、「輸入総額指数×構成比」の計算をしましょう。それぞれ式で表すと、2008年は$100 \times 13.3\%$、2009年は$89 \times 13.0\%$、2010年は$123 \times 12.6\%$です。まずは式のまま「**実数の倍率＝総数の倍率×構成比の倍率**」を使って判断してみましょう。

2008年→2009年は$100 \times 13.3\% \rightarrow 89 \times 13.0\%$となります。総数も構成比も減っていますから、減少しているのは確実です。

2009年→2010年は$89 \times 13.0\% \rightarrow 123 \times 12.6\%$となります。総数は$89 \rightarrow 123$に増加しており、増加数は$123 - 89 = 34$です。89の10%は8.9ですから、34の増加は増加率でいうと少なくとも30%以上です。倍率でいうと **1.3倍** ですね。一方、構成比は13.0（%）$\rightarrow 12.6$（%）に減少しており、減少数は$13.0 - 12.6 = 0.4$（%）です。13.0（%）の1%は0.13（%）ですから、0.4（%）の減少は減少率でいうと多くとも4%未満です。倍率でいうと **0.96倍** ですね。したがって、実数の倍率は$1.3 \times 0.96 = 1.248$（倍）とわかります。よって、2009年→2010年は増加しているため、3年連続で減少しているとはいえません。

なお、計算すると以下のようになります。

2008年…$100 \times 13.3\% = 100 \times 0.133 = 13.3$

2009年…$89 \times 13.0\% = 89 \times 0.130 = 11.57 \fallingdotseq 11.6$

2010年…$123 \times 12.6\% = 123 \times 0.126 = 15.498 \fallingdotseq 15.5$

2009年→2010年は$11.6 \rightarrow 15.5$に増加しているので、減少はしていません。

❷✕　「対前年変化率がほぼ等しい」という記述の意味が若干不明確ですが、増加率にしろ減少率にしろ「変化の割合がほぼ等しい」ということだと考えられます。そこで、

韓国からの輸入額の対前年増減率を調べてみましょう。「輸入総額指数×構成比」の式で表すと、2008年は100×9.9%、2009年は89×10.2%、2010年は123×9.9%です。まずは式のまま「実数の倍率＝総数の倍率×構成比の倍率」を使って判断してみましょう。

　2008年→2009年は100×9.9%→89×10.2%となります。総数は100→89に減少しており、減少数は100－89＝11です。基準が100なので、11の減少は減少率でいうとそのまま11%です。倍率でいうと**0.89倍**ですね。一方、構成比が9.9（％）→10.2（％）に増加しており、増加数は10.2（％）－9.9（％）＝0.3（％）です。10.2（％）の1％は0.102（％）ですから、0.3（％）の増加は増加率でいうと約3（％）です。倍率でいうと**1.03倍**ですね。したがって、実数の倍率は0.89×1.03＝0.9167≒**0.92（倍）**とわかります。減少率でいうと約8%ですね。

　2009年→2010年は89×10.2%→123×9.9%となります。総数は❶解説でも検討したとおり、倍率でいうと**約1.3倍**です。一方、構成比は10.2（％）→9.9（％）に減少しており、減少数は10.2（％）－9.9（％）＝0.3（％）です。10.2（％）の1％は0.102（％）ですから、0.3（％）の減少は減少率でいうと約3（％）です。倍率でいうと**0.97倍**ですね。したがって、実数の倍率は1.3×0.97＝1.261≒**1.26（倍）**とわかります。増加率でいうと**約26%**ですね。よって、明らかに増減率は異なるので、等しいとはいえません。

　なお、計算すると以下のようになります。

　　2008年…100×9.9%＝100×0.099＝9.9
　　2009年…89×10.2%＝89×0.102＝9.078≒9.08
　　2010年…123×9.9%＝123×0.099＝12.177≒12.2

　2008年→2009年は9.9→9.08に0.82減少しており、9.9の1％は約0.1ですから、0.82の減少は減少率でいうと約8％です。2009年→2010年は9.08→12.2に3.12増加しており、9.08の10％は約0.91、1％は約0.09ですから、3.1の増加は増加率でいうと約34%です。よって、2009年の対前年変化率は－8％、2010年の対前年変化率は＋34%ですから、変化率がほぼ等しいとはいえません。

　この選択肢はそもそも増減率が9.9%→10.2%→9.9%と変動しているので、どちらも0.3%の増減で割合が同じという勘違いをさせる引っ掛けです。しかし、総数次第で実数の増減率は変わりますから、この選択肢には引っ掛からないようにしましょう。

　また、「ほぼ等しい」という記述になっていますが、どこまでをほぼ等しいと受け取るかは人それぞれなので、そもそも正解にはなりにくい選択肢だともいえます。だいたいは全く異なる数値になることが多いので、それも踏まえて検討できるとよいでしょう。

❸✕　このような選択肢の記述があると、そもそも米国は増加しているのが前提のように思ってしまいますが、そこを引っ掛けのポイントにしているケースもあります。資料を見ても、米国は7.2%→7.7%で0.5%しか増えておらず、総数が100→89と減っていることも考えて、まずは米国が2009年について、前年と比べ輸入額が増加しているといえるのかどうかを調べてみましょう。ここでも、まずは式のまま「実数の倍率＝総数の倍率×構成比の倍率」を使って判断してみましょう。

2008年→2009年は100×7.2%→89×7.7%となります。総数は❷解説でも検討したとおり、倍率でいうと**0.89倍**です。一方、構成比は7.2（％）→7.7（％）に増加しており、増加数は7.7（％）－7.2（％）＝0.5（％）です。7.7（％）の1％は0.077（％）ですから、0.5（％）の増加は増加率でいうと大きくても7（％）未満です。倍率でいうと**1.07倍**ですね。したがって、実数の倍率は0.89×1.07＝0.9523≒0.95（倍）とわかります。よって、米国も増加していないことになります。

なお、計算すると以下のようになります。

2008年…100×7.2%＝100×0.072＝7.2

2009年…89×7.7%＝89×0.077＝6.853≒6.85

2008年から2009年にかけては7.2から6.85に減少しているので、米国は前年と比べ輸入額が増加していません。

❹✕　2008年を100とすると2010年が120を下回るかどうかを判断するには、**2008年に対する2010年の増加率が20%未満である（＝1.2倍未満である）**かどうかを調べるのがよいでしょう。ここでも、まずは式のまま「実数の倍率＝総数の倍率×構成比の倍率」を使って判断してみましょう。

2008年→2010年は100×4.9%→123×5.3%となります。総数は100→123に増加しており、増加数は123－100＝23です。基準が100なので、23の増加は増加率でいうとそのまま23％、倍率でいうと**1.23倍**です。一方、構成比は4.9（％）→5.3（％）に増加しており、増加数は5.3（％）－4.9（％）＝0.4（％）です。5.3（％）の1％は0.053（％）ですから、0.4（％）の増加は増加率でいうと少なくとも7（％）以上、倍率でいうと**1.07倍**ですね。したがって、実数の倍率は1.23×1.07＝1.3161≒**1.32**（**倍**）とわかります。よって、2008年を100とすると、2010年の指数は100×1.32＝132となりますから、120を上回ります。

なお、計算すると以下のようになります。

2008年…100×4.9%＝100×0.049＝4.9

2010年…123×5.3%＝123×0.053＝6.519≒6.52

6.52÷4.9≒1.33（倍）ですから、2008年を100とすると、2010年の指数は100×1.33＝133となり、120を上回ります。

❺◯　これも1.5倍かどうかを調べるだけですから、式のまま「実数の倍率＝総数の倍率×構成比の倍率」を使って判断しましょう。

2008年→2010年は100×2.8%→123×3.6%となります。総数の倍率は、❹解説のとおり**1.23倍**です。一方、構成比は2.8（％）→3.6（％）に増加しており、増加数

は 3.6（%）− 2.8（%）= 0.8（%）です。3.6（%）の 10% は 0.36（%）、1% は 0.036（%）ですから、0.8（%）の増加は増加率でいうと少なくとも 22（%）以上、倍率でいうと **1.22倍** 以上ですね。したがって、実数の倍率は 1.23 × 1.22 = 1.5006 ≒ **1.5**（倍）とわかります。よって、1.5倍以上となっています。

なお、計算すると以下のようになります。

2008年…100 × 2.8% = 100 × 0.028 = 2.8

2010年…123 × 3.6% = 123 × 0.036 = 4.428 ≒ 4.43

2008年のマレーシアからの輸入額の 1.5倍は 2.8 × 1.5 = 4.2 となり、2010年は 4.43 ですから、2010年のマレーシアからの輸入額は、2008年の 1.5倍以上となっていることがわかります。

問題8 正解 ❷

一見すると第6章で学習する「複数の資料」のように見えますが、総数の資料と構成比の資料が折れ線グラフと帯グラフで分割されているだけなので、他の問題と同様に解くことができます。

❶✕ 「いずれの年度においても」という記述なので、**1年でもこの記述に反するものがあれば誤り**となります。そこで、図Ⅰより、前年度と比較して翌年度の相談対応件数が一気に増えていそうなところを探しましょう。なるべく基準の数値が小さく、増加数が大きい、つまりグラフの傾きが大きいところに目星をつけるのがよいので、平成21年度→平成22年度に着目しましょう。

平成21年度→平成22年度は 44,211 → 56,384 と増加しており、増加数は 56,384 − 44,211 = 12,173（件）です。44,211 の 10% は約 4,421 であり、12,173 の増加は増加率でいうと **少なくとも20%以上** となります。よって、平成21年度と比べて平成22年度は 1.2倍以上になります。

❷◯ ネグレクトの相談対応件数は、平成19年度が 40,639 × 38.0%、平成23年度が 59,919 × 31.5% です。「**実数の倍率＝総数の倍率×構成比の倍率**」を使って判断してみましょう。

平成19年度→平成23年度で 40,639 × 38.0% → 59,919 × 31.5% です。総数について見ると、40,639 → 59,919 と増加しており、増加数は 59,919 − 40,639 = 19,280（件）です。40,639 の 10% は約 4,060、1% は約 406 ですから、19,280 の増加は増加率でいうと約 47%、倍率でいうと約 **1.47倍** です。一方、構成比について見ると、38.0（%）→ 31.5（%）に減少しており、減少数は 38.0 − 31.5 = 6.5（%）です。38.0（%）の 10% が 3.8（%）、1% が 0.38（%）ですから、6.5（%）の減少は減少率でいうと約 17（%）、倍率でいうと約 **0.83倍** です。したがって、実数の倍率は 1.47 × 0.83 ≒ **1.22**（倍）となります。よって、平成19年度＜平成23年度ですから、平成19年度は平成23年度より少ないといえます。

なお、**概算で判断する**こともできるでしょう。平成19年度の相談対応件数は $40,639 \times 38.0\% ≒ 40,600 \times 38.0\%$ であり、きりのいい数で多めに概算して $40,600 \times 40\% = 4,060 \times 4 = 16,240$ なので、実際は **16,240件よりは少ない程度**です。一方、平成23年度の相談対応件数は $59,919 \times 31.5\% ≒ 59,900 \times 31.5\%$ であり、きりのいい数で少なめに概算して $59,900 \times 30\% = 5,990 \times 3 = 17,970$ なので、実際は **17,970件よりは多い程度**です。これだけでも平成19年度は平成23年度より少ないことがわかります。

❸✕　身体的虐待の相談対応件数は、平成21年度が $44,211 \times 39.3\%$、平成22年度が $56,384 \times 38.2\%$、平成23年度が $59,919 \times 36.6\%$ です。ここでは「**実数の倍率＝総数の倍率×構成比の倍率**」を使って判断してみましょう。

平成21年度→平成22年度で $44,211 \times 39.3\% → 56,384 \times 38.2\%$ です。総数について見ると、$44,211 → 56,384$ と増加しており、❶解説のとおり、増加率は少なくとも20%以上、倍率でいうと **1.2倍**以上です。一方、構成比について見ると、39.3（%）→ 38.2（%）に減少しており、減少数は $39.3 - 38.2 = 1.1$（%）です。39.3（%）の1%が 0.393（%）ですから、1.1（%）の減少は減少率でいうと大きくても3%未満です。倍率でいうと約 **0.97倍**ですね。したがって、実数の倍率は $1.2 \times 0.97 = $ **1.164（倍）**、つまり増加率でいうと **16.4**（%）となります。

平成22年度→平成23年度で $56,384 \times 38.2\% → 59,919 \times 36.6\%$ です。総数について見ると、$56,384 → 59,919$ と増加しており、増加数は $59,919 - 56,384 = 3,535$（件）です。$59,919$ の1%が約599ですから、$3,535$ の増加は増加率でいうと大きくても6%未満です。倍率でいうと約 **1.06倍**ですね。一方、構成比について見ると、38.2（%）→ 36.6（%）に減少しており、減少数は $38.2 - 36.6 = 1.6$（%）です。38.2（%）の1%が 0.382（%）ですから、1.6（%）の減少は減少率でいうと約4%です。倍率でいうと約 **0.96倍**です。したがって、実数の倍率は $1.06 \times 0.96 = $ **1.0176（倍）**、つまり増加率でいうと **1.76**（%）となります。よって、平成22年度の対前年度増加率は、平成23年度よりも大きいことがわかります。

🍎 ヒント

なお、この選択肢は、平成21年度から平成22年度の総数が $44,211 → 56,384$ とかなり増えている一方で構成比が $39.3\% → 38.2\%$ と1.1%しか減っていないのですが、平成22年度から平成23年度の総数が $56,384 → 59,919$ とそこまで増えていないうえに構成比も $38.2\% → 36.6\%$ と1.6%も減っているあたりから、対前年増加率は平成22年度のほうが大きいのではないかとあたりをつけられるのがよいでしょう。

---

❹✕　性的虐待の相談対応件数は、平成20年度が $42,664 \times 3.1\%$、平成27年度が $103,260 \times 1.5\%$ です。「**実数の倍率＝総数の倍率×構成比の倍率**」を使って判断してみましょう。

平成 20 年度→平成 27 年度で 42,664 × 3.1%→103,260 × 1.5% です。総数について見ると、42,664→103,260 と増加しています。これは確実に 2 倍（増加率 100%）以上なので、そのまま割ったほうが早いかもしれません。倍率を割り算で計算すると、103,260 ÷ 42,664 ≒ 103,000 ÷ 42,700 ≒ **2.4（倍）**になっています。一方、構成比について見ると、3.1（%）→1.5（%）に減少しています。3.0→1.5 で半分ですから、3.1（%）→1.5（%）で 1.6（%）の減少は半分以下になっているということがわかります。したがって、倍率は大きくても **0.5 倍**です。よって、実数の倍率は 2.4 × 0.5 ＝ **1.2（倍）**ですので、1.5 倍を上回っているとはいえません。

❺✗ 心理的虐待の相談対応件数は、平成 24 年度が 66,701 × 33.6%、平成 27 年度が 103,260 × 47.2% です。この選択肢は実際の数値として「3 万件以上増加している」かどうかを問うているので、実際に計算したほうがよいでしょう。

平成 24 年度は実際より小さめの数で概算すると 66,701 × 33.6% ≒ 66,700 × 30% ＝ **20,010（件）**です。一方、平成 27 年度は実際より大きめの数で概算すると 103,260 × 47.2% ≒ 104,000 × 48% ＝ **49,920（件）**です。このように、なるべく平成 24 年度と平成 27 年度の差が大きくなるように計算しても、49,920 － 20,010 ＝ **29,910（件）**ですから、30,000 件以上は増加していないことがわかります。

問題 9   正解 ❹

構成比のみの資料です。あまり出題されることはありませんが、念のため注意しておきましょう。判断ができるのか、できないのか、正しく区別できるようにすることが大切です。

❶✗ 学年が上になると減少するのか、年度が経つと減少するのか、何も書いていないのでかなり雑な選択肢ですが…どちらにしても、各年度の小学 6 年生・中学 3 年生全体の人数が書いていないので、児童・生徒の「**数**」の大小は判断できません。

❷✗ 平成 15 年度、平成 20 年度の中学 3 年生全体の人数が書いていないので、「**数**」の大小は判断できません。

❸✗ 平成 15 年度の中学 3 年生全体、平成 24 年度の小学 6 年生全体の人数が書いていないので、生徒「**数**」、児童「**数**」の大小の比較はできません。

❹○ これは大小の判断ができます。**同じ年度の同じ学年の児童・生徒であれば、基準となる全体の人数は同じですから、大小の比較は可能**です。例えば、平成 13 年度は、「どちらかと言えば食べている」が 18.2%、「あまり食べていない」と「全く食べていない」の合計は 7.4% ＋ 5.6% ＝ 13.0% ですが、もし平成 13 年度の中学 3 年生全体が 1,000 人であれば、「どちらかと言えば食べている」は 1,000 × 18.2% ＝ 182（人）、「あまり食べていない」と「全く食べていない」の合計は 1,000 × 13.0% ＝ 130（人）ということです。10,000 人であれば、「どちらかと言えば食べている」は 10,000 × 18.2% ＝ 1,820（人）、「あまり食べていない」と「全く食べていない」の合計は 10,000 × 13.0% ＝ 1,300

（人）ということです。つまり、全体がどんな人数だったとしても、大小関係は比較できるわけですね。では、各年度の中学3年生について検討してみましょう。表にまとめると、以下のようになります。

	あまり 食べていない	全く 食べていない	合計		どちらかと言えば 食べている
平成13年度	7.4%	5.6%	13.0%	＜	18.2%
平成15年度	7.0%	5.5%	12.5%	＜	17.3%
平成20年度	5.7%	2.3%	8.0%	＜	10.8%
平成22年度	4.8%	1.9%	6.7%	＜	9.6%
平成24年度	4.5%	1.8%	6.3%	＜	9.6%
平成27年度	4.7%	1.9%	6.6%	＜	9.6%

よって、すべての調査年度で「どちらかと言えば食べている」生徒数のほうが多いです。

❺✕ これは児童・生徒の「**割合**」の値そのものについて問うている選択肢ですので、判断ができます。例えば平成24年度→平成27年度について見ると、「毎日食べている」割合は、小学6年生が88.7%→87.5%、中学3年生が84.1%→83.8%に減少しています。よって、調査年ごとに増加し続けているとはいえません。

4 指数の資料

問題1

> 指数の数表の資料です。最近はあまり見かけなくなった資料ですが、念のため検討しておきましょう。基準を勘違いさせる選択肢が定番です。

❶✕ **同じ乳酸菌飲料の対前年減少率ですから、指数のままで比較できます。** 乳酸菌飲料の平成9年の生産量を100.0とおくと、平成9年→平成10年→平成11年→平成12年で100.0→97.8→96.2→94.0です。

まずは平成11年の対前年減少率を検討しましょう。平成10年→平成11年は97.8→96.2となっていて、減少数は97.8－96.2＝1.6です。97.8の1％は0.978ですので、1.6の減少は減少率でいうと**約1.6%**となります。

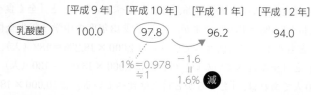

これより減少率が大きいところとして、判断しやすい平成10年に着目するとよい

でしょう。平成 9 年→平成 10 年は 100.0→97.8 となっていて、減少数は 100.0−97.8 ＝ 2.2 です。基準となる値が 100.0 なので、2.2 の減少は減少率でいうとそのまま **2.2%** となります。

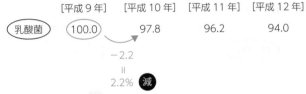

よって、対前年減少率は、平成 11 年より平成 10 年のほうが大きくなっています。

❷✕ 同じ飲用牛乳の割合を比較するだけですから、指数のままで確認できます。 平成 10 年を 100 としたとき、平成 14 年が 90 を下回っているということは、減少率で言い換えれば、減少率が 10% より大きくなっているということです。

飲用牛乳の指数は平成 10 年→平成 14 年で 97.0→89.0 と減少しており、減少数は 97.0−89.0 ＝ 8.0 です。97.0 の 10% は 9.7 ですから、8.0 の減少は減少率でいうと **10% 未満**だということがわかります。

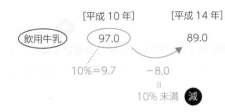

よって、平成 10 年を 100 とすると、平成 14 年は 10% 未満の減少ですから、指数は 90 までは減っていないことがわかりますので、90 を上回ることになります。

❸✕ はっ酵乳と乳飲料という、異なる項目の対前年増加量という実数の大小を比較しようとしており、これは判断ができません。 例えば乳飲料の平成 9 年の生産量が 100 万 t、はっ酵乳の生産量が 10 万 t だったとすると、乳飲料の生産量の増加量は指数でいうと 103.2−100.0 ＝ 3.2 なので 100 万 × 0.032 ＝ 3.2 万 t、その 2 倍は 3.2 万 × 2 ＝ 6.4 万 t、はっ酵乳の生産量の増加量は指数でいうと 106.6−100.0 ＝ 6.6 なので 10 万 × 0.066 ＝ 0.66 万 t となるので、乳飲料の対前年増加量のほうが大きくなってしまいます。

❹◯ 同じ飲用牛乳の生産量の対前年減少量を比較するだけですから、これは判断が可能です。 飲用牛乳の平成 9 年の生産量を 100.0 とおいているので、ここからそのまま各年の対前年減少量を確認すると、以下のようになります。

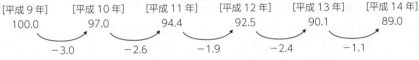

よって、平成 10 年の対前年減少量が 3.0 で最も大きいといえます。

❺✕ 対前年減少率が最も大きい項目を探したいので、基準となる値がなるべく小さく、なるべく多く減少していそうな項目を探すと、はっ酵乳以外に乳飲料が挙げられます。

ここに着目しましょう。

　平成11年→平成12年ではっ酵乳は119.2→115.3と減っており、減少数は119.2－115.3＝3.9です。119.2の1％は1.192≒1.2ですので、3.9の減少は減少率でいうと3.9÷1.2＝**3.25**（**%**）です。

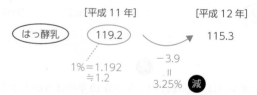

　一方、平成11年→平成12年で乳飲料は109.1→105.3と減っており、減少数は109.1－105.3＝3.8です。109.1の1％は1.091≒1.1ですので、3.8の減少は減少率でいうと3.8÷1.1≒**3.45**（**%**）です。

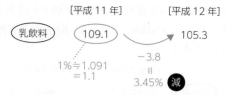

　これは両者の数値がかなり近いので、桁数も少ないですし、割り算をしてしまったほうが早いでしょう。よって、減少率ははっ酵乳より乳飲料のほうが大きくなっています。

問題2　　　　　　　　　　　　　　　　　　　　　　　　　　　　　正解 ❺

　本問も問題1同様、指数の資料の数表として特別区が過去に出題したものです。増加率も正しくチェックできるようにしてください。

❶✕　「総額に占める耐久消費財の輸入額の割合」ですから、分数で$\dfrac{\text{耐久消費財の輸入額}}{\text{総額}}$

と表すことができます。単に割合の大小をチェックするだけなので、指数でも判断は可能です。まず、平成12年→平成13年→平成14年→平成15年→平成16年を分数にすると、$\dfrac{100.0}{100.0} \to \dfrac{109.0}{103.6} \to \dfrac{112.4}{103.2} \to \dfrac{115.5}{108.4} \to \dfrac{124.0}{120.2}$と表せます。平成12年は1で、平成13年以降は1以上の値になっていますが、分子と分母の間の差が平成16年は小さいので、このあたりが小さくなっているのではないかと考えて、平成15年→平成16年で判断してみましょう。

　平成15年→平成16年は$\dfrac{115.5}{108.4} \to \dfrac{124.0}{120.2}$で、分子は115.5→124.0と増加しており、増

加数は124.0 − 115.5 ＝ **8.5** です。一方、分母は108.4→120.2と増加しており、増加数は120.2 − 108.4 ＝ **11.8** です。分子のほうが基準となる値が115.5と大きく、8.5しか増えておらず、一方で分母は基準となる値が108.4と小さく、11.8も増えていますから、増加率は分子より分母のほうが大きくなっています。ということは、分数の値としては平成15年より平成16年のほうが小さくなっていることがわかります。

よって、各年とも前年を上回っているとはいえません。

❷✕　この選択肢は**増加率の比較**です。実数の大小の比較であれば不可能ですが、**増加率はそれぞれの項目で求めることができ、その値を比較するだけですから、この選択肢は判断が可能**です。

資本財の輸入額の指数は平成14年→平成16年で102.3→118.0と増加しており、増加数は118.0 − 102.3 ＝ 15.7です。102.3の10％は10.2、5％は5.1なので、15.7の増加は**約15％**の増加率です。

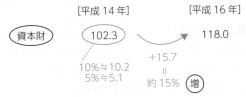

一方、食料・その他の直接消費財の指数は平成14年→平成16年で107.1→109.2と増加しており、増加数は109.2 − 107.1 ＝ 2.1です。107.1の1％は約1.07なので、2.1の増加は約2％の増加率です。これを5倍すると、約**10％**ですね。

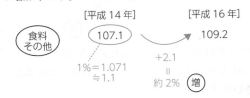

よって、資本財の輸入額の増加率は食料・その他の直接消費財の増加率の5倍より大きいことがわかります。

❸✕　この選択肢は**減少率の比較**ですので、❷と同様に判断が可能です。

工業用原料の輸入額の指数は平成13年→平成14年で101.6→98.9と減少しており、減少数は101.6 − 98.9 ＝ 2.7です。101.6の1％は約1.02なので、2.7の減少は減少率でいうと大きくても**3％未満**です。

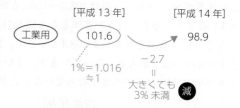

非耐久消費財の輸入額の指数は平成13年→平成14年で109.5→106.2と減少しており、減少数は109.5－106.2＝3.3です。109.5の1％は約1.1なので、3.3の減少は減少率でいうと約**3%**です。

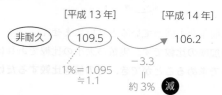

よって、平成14年の対前年減少率について、工業用原料は非耐久消費財よりも小さいといえます。

❹✕ この選択肢は**異なる項目の対前年増加額を比較しようとしており、大小は判断できません。**

❺◯ この選択肢は**増加率の比較**ですし、同じ項目の大小の比較なので、判断可能です。

資本財の輸入額の指数は平成14年→平成15年で102.3→106.6と増加しており、増加数は106.6－102.3＝4.3です。102.3の1％は約1.02なので、4.3の増加は増加率でいうと約4％です。これを2倍すると**約8%**ですね。

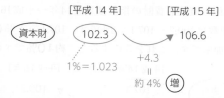

同様に平成15年→平成16年で106.6→118.0と増加しており、増加数は118.0－106.6＝11.4です。106.6の10％は約10.7なので、11.4の増加は増加率でいうと少なくとも**10%より大きい**です。

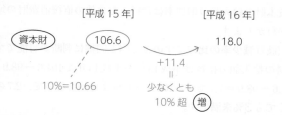

よって、資本財の対前年増加率について、平成16年は平成15年の2倍より大きいといえます。

　本問もやはり定番の指数の数表です。本問の資料は各国の2012年の値を100.0としています
から、異なる国どうしの大小の比較はできません。それを踏まえて選択肢を検討していきましょ
う。

❶✕　「総数に占める台湾の訪日外客数の割合」とあるので、$\dfrac{台湾の訪日外客数}{総数の訪日外客数}$で表す

ことができます。この分数を作って、増加しているかどうかを比較しましょう。なお、
割合が増加しているかを確認するだけですので、実数はわからなくても判断は可能で
す。

　2012年 →2013年 →2014年 →2015年 →2016年 で $\dfrac{100.0}{100.0} \to \dfrac{150.8}{124.0} \to \dfrac{193.1}{160.5}$

$\to \dfrac{250.9}{236.1} \to \dfrac{284.3}{287.6}$ となります。わかりやすいところとして2012年は$\dfrac{100.0}{100.0}=1$ですが、

2016年は$\dfrac{284.3}{287.6}$なので1未満であることがわかります。よって、毎年増加していると

はいえません。

❷✕　「韓国の訪日外客数の対前年増加率」とあるので、同じ韓国の比較ですし、対前
年増加率の数値自体を比較するだけですから、判断が可能です。

　2012年 →2013年 →2014年 →2015年 →2016年 で**100.0→120.2→134.9→**
195.9→249.2となります。判断しやすいところとして**2012年→2013年**と
2013年→2014年を確認しましょう。2012年→2013年は100.0→120.2で20.2の増
加、2013年→2014年は120.2→134.9で14.7の増加です。**2012年→2013年のほう**
が基準となる値も小さく、増加数も大きいので、増加率が大きいことがわかります。

　よって、2014年の増加率は2013年より小さくなっているので、毎年増加している
とはいえません。

❸✕　指数を足せば比較できるように見えますが、**韓国と中国の実数が不明なので、判**
断ができません。例えば、2012年の韓国が1,000人、中国が10,000人だとすると、
2012年の合計は1,000＋10,000＝11,000（人）です。一方、2013年の韓国は1,000×1.202
＝1,202（人）、中国は10,000×0.922＝9,220（人）なので、2013年の合計は1,202＋9,220
＝10,422（人）となり、減少してしまいます。よって、2012年を上回るかどうかは不
明です。

❹○ 「香港の訪日外客数の対前年増加率」とあるので、同じ香港の比較ですし、対前年増加率の数値自体を比較するだけですから、判断が可能です。

2012年 →2013年 →2014年 →2015年 →2016年 で**100.0→154.9→192.2→316.5→381.8** となります。2014年→2015年は192.2→316.5で、増加数は316.5−192.2＝124.3です。192.2の10％は19.22ですから、20×6＝120なので、19.22×6≒120未満と考えて、124.3の増加は**60％以上の増加率**です。

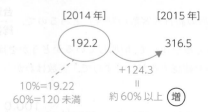

他の年で60％の増加率になっているものがあるかを探してみます。2012年→2013年は100.0→154.9で54.9％の増加率なので、**60％未満**です。2013年→2014年は154.9→192.2で、増加数は約40ですが、154.9の10％は15.49なので**60％には足りません**。2015年→2016年は316.5→381.8で、増加数は約65ですが、316.5の10％は31.65なので**60％には足りません**。よって、2014年→2015年が増加率最大となります。

❺✕ 2014年を指数100.0とおいて2016年の指数を比べるということは、2014年→2016年の増加率を確認すればよいでしょう。

米国は2014年→2016年で124.6→173.4なので、明らかに**2倍未満**です。一方、中国は169.1→447.2ですから、明らかに**2倍以上**になっています。

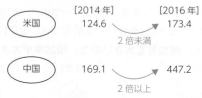

よって、米国が最も大きいとはいえません。

5 増加量・増加率の資料

問題1

正解 ❺

増加率の折れ線グラフです。数値も小さく、A県とB県の2項目しかないので、非常にわかりやすい問題です。

❶✕ **増加率の資料では定番の引っ掛けの選択肢**です。A県の2010年の対前年増加率

は＋4.1％で確かに大きそうに見えますが、2011年も＋1.8％でプラスになっています。ということは、2011年は2010年よりも県内総生産額が多いことが確実にいえます。よって、最も大きいのは2010年ではありません。

❷✗　A県の2007年を100とおいて、2011年の指数を考えてみるとよいでしょう。図にすると以下のようなイメージですね。

増加率はすべて10％未満ですので、近似法で処理しましょう。そうすると、2007年を100としたときの2011年の指数は$100 - 4.0 - 6.1 + 4.1 + 1.8 = 95.8$となり、2011年のほうが小さいことがわかります。よって、2011年は2007年を下回っています。

❸✗　A県とB県の県内総生産額を比較しようとしていますが、この資料では各県の県内総生産額の実数が明らかになっていません。したがって、異なる県での大小の比較はできないので、判断ができません。

❹✗　2011年について、B県の対前年増加率は-1.4％ですから、前年より小さくなっていることがわかります。しかし、A県の対前年増加率は＋1.8％ですから、前年より大きくなっていることになります。よって、A県は前年の県内総生産額を上回ります。

❺◯　B県の2008年を100とおいて、2012年の指数を考えてみるとよいでしょう。図にすると以下のようなイメージですね。

増加率はすべて10％未満ですので、近似法で処理しましょう。そうすると、2008年を100としたときの2012年の指数は$100 - 2.4 + 2.7 - 1.4 - 1.3 = 97.6$となり、2012年のほうが小さいことがわかります。よって、2012年は2008年を下回っています。

問題2　　　　　　　　　　　　　　　　　　　　　　　　　正解 ❶

　「これも二つの項目しか出てこないので単純ですが、設定が若干わかりにくいかもしれません。携帯電話とは、スマートフォンとスマートフォン以外の携帯電話すべての合計である」という言い回しがややこしいですが、要するに**全体が「携帯電話」、その中の項目に「スマートフォン」と「スマートフォン以外」がある**ということですね。

❶○ 「携帯電話に占めるスマートフォンの販売台数の割合」は$\dfrac{\text{スマートフォンの販売台数}}{\text{携帯電話の販売台数}}$

で表すことができます。2月と3月を比較したいので、例えば2月を$\dfrac{100}{100}$とおいて

みましょう。そうすると、3月はスマートフォンが約3％の増加、携帯電話が約3％

の減少になっていますので、3月は$\dfrac{100\times(1+0.03)}{100\times(1-0.03)}=\dfrac{103}{97}$と表せます。

2月は$\dfrac{100}{100}=1$ですが、3月は$\dfrac{103}{97}$であり、これは1より大きい値ですから、2月よ

り3月のほうが大きくなっていることがわかります。よって、3月は前月に比べて携

帯電話に占めるスマートフォンの販売台数の割合が増加しています。

❷✕ スマートフォン以外の携帯電話に着目するのは難しそうに思えますが、これはス

マートフォンに着目すれば判断できます。ここでいう「携帯電話」とは、「スマートフォ

ン」か「スマートフォン以外」しかないので、つまり、**「スマートフォン以外の携帯**

電話の販売台数の割合が増加している」ということは、裏を返せば「スマートフォン

の販売台数の割合が減少している」というのと同じことです。そこで、スマートフォ

ンの販売台数の割合でチェックしてみましょう。

1月と2月を比較したいので、例えば1月を$\dfrac{100}{100}$とおいてみましょう。そうすると、

2月はスマートフォンが±0％（変動なし）、携帯電話が約4％の減少になっていま

すので、2月は$\dfrac{100}{100\times(1-0.04)}=\dfrac{100}{96}$と表せます。

1月は$\dfrac{100}{100}=1$ですが、2月は$\dfrac{100}{96}$であり、これは1より大きい値ですから、1月よ

り2月のほうが大きくなっていることがわかります。つまり、**スマートフォンの販売**

台数の割合が増加しているわけですから、裏を返せばスマートフォン以外の携帯電話

の販売台数の割合が減少していることになります。よって、2月は前月に比べて携帯

電話に占めるスマートフォン以外の携帯電話の販売台数の割合が減少しています。

❸✕ **❶**とほぼ同様の記述ですので、同様に検討しましょう。12月と1月を比較した

いので、例えば12月を$\dfrac{100}{100}$とおいてみましょう。そうすると、1月はスマートフォンが約24％の減少、携帯電話が約10％の減少になっていますので、1月は$\dfrac{100\times(1-0.24)}{100\times(1-0.10)}=\dfrac{76}{90}$と表せます。

12月は$\dfrac{100}{100}=1$ですが、1月は$\dfrac{76}{90}$であり、これは1より小さい値ですから、12月より1月のほうが小さくなっていることがわかります。よって、1月は前月に比べて携帯電話に占めるスマートフォンの販売台数の割合が減少しています。

❹✕ ❷とほぼ同様の記述ですので、同様に検討しましょう。「**スマートフォン以外の携帯電話の販売台数の割合が減少している**」ということは、裏を返せば「**スマートフォンの販売台数の割合が増加している**」というのと同じことです。そこで、スマートフォンの販売台数の割合でチェックしてみましょう。

11月と12月を比較したいので、例えば11月を$\dfrac{100}{100}$とおいてみましょう。そうすると、12月はスマートフォンが約13％の減少、携帯電話が約4％の減少になっていますので、12月は$\dfrac{100\times(1-0.13)}{100\times(1-0.04)}=\dfrac{87}{96}$と表せます。

11月は$\dfrac{100}{100}=1$ですが、12月は$\dfrac{87}{96}$であり、これは1より小さい値ですから、11月より12月のほうが小さくなっていることがわかります。つまり、**スマートフォンの販売台数の割合が減少している**わけですから、裏を返せば**スマートフォン以外の携帯電話の販売台数の割合が増加している**ことになります。よって、12月は前月に比べて携帯電話に占めるスマートフォン以外の携帯電話の販売台数の割合が増加しています。

❺✕ 12月から3月までの4か月について、「携帯電話に占めるスマートフォンの販売台数の割合」を$\dfrac{\text{スマートフォンの販売台数}}{\text{携帯電話の販売台数}}$で表して、大小を比較します。まずは、12月を$\dfrac{100}{100}$として、1月、2月、3月を分数で表してみましょう。

12月を$\dfrac{100}{100}$とおくと、1月はスマートフォンが約24％の減少、携帯電話が約10％

の減少になっていますので、1月は$\dfrac{100\times(1-0.24)}{100\times(1-0.10)}=\dfrac{76}{90}$と表せます。この段階です

でに12月よりも1月が小さいことがわかるので、最も低いのが12月ではないことが

わかります。

　念のため、その後も確認しましょう。1月を$\dfrac{76}{90}$とおくと、2月はスマートフォン

が±0％（変動なし）、携帯電話が約4％の減少になっていますので、2月は

$\dfrac{76}{90\times(1-0.04)}\fallingdotseq\dfrac{76}{86}$と表せます。2月を$\dfrac{76}{86}$とおくと、3月はスマートフォンが約3％

の増加、携帯電話が約3％の減少になっていますので、3月は$\dfrac{76\times(1+0.03)}{86\times(1-0.03)}\fallingdotseq\dfrac{79}{83}$

と表せます。

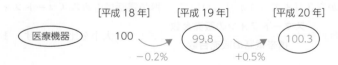

　よって、12月を$\dfrac{100}{100}$とおくと、割合は12月→1月→2月→3月で$\dfrac{100}{100}\to\dfrac{76}{90}\to\dfrac{76}{86}$

$\to\dfrac{79}{83}$となります。

問題3　　　　　　　　　　　　　　　　　　　　　　　　　　　　　正解 ❷

> 　特別区がよく出題する増加率の数表です。増加率の数値がすべて10％未満に収まっているの
> で、近似法だけで処理できます。検討しやすい問題といえるでしょう。

❶✕　平成18年の医療機器の生産金額を100として、平成19年以降の指数を計算して

いきましょう。**すべて10％未満の増加率なので、近似法で計算していきます。**

　　平成19年…$100\times(1-0.002)=100-0.02=$ **99.8**

　　平成20年…$99.8\times(1+0.005)\fallingdotseq99.8+0.05=$ **100.3**

[平成18年]	[平成19年]	[平成20年]
医療機器　100	99.8	100.3
−0.2%	+0.5%	

　平成20年の時点で平成18年の100を超えていることがわかります。よって、表中

の各年のうち、医療機器の生産金額が最も多いのは、平成18年であるとはいえません。

❷◯ 平成18年の医薬部外品の生産金額を100として、平成21年の指数を計算していけばよいでしょう。**すべて10%未満の増加率なので、近似法で計算**していきます。

平成21年…$100 \times (1 + 0.013) \times (1 + 0.057) \times (1 + 0.017)$

$\fallingdotseq 100 + 1.3 + 5.7 + 1.7$

$= \mathbf{108.7}$

以上より、120を下回っているのは明らかです。よって、平成18年の医薬部外品の生産金額を100としたときの平成21年のそれの指数は、120を下回っているといえます。

❸✕ 平成20年を**100**とした平成22年の医療機器と医薬品の生産金額をそれぞれ求めて、そこから増加率を判断するとよいでしょう。ここも**すべて10%未満の増加率なので、近似法で計算**します。

平成22年の医療機器…$100 \times (1 - 0.069) \times (1 + 0.087) \fallingdotseq 100 - 6.9 + 8.7 = \mathbf{101.8}$

平成22年の医薬品…$100 \times (1 + 0.03) \times (1 - 0.006) \fallingdotseq 100 + 3.0 - 0.6 = \mathbf{102.4}$

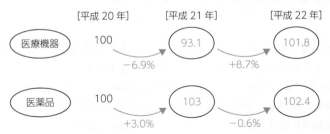

平成20年→平成22年で、医療機器の増加率は$100 \to 101.8$なので**1.8%の増加率**、医薬品の増加率は$100 \to 102.4$なので**2.4%の増加率**となり、医薬品のほうが大きいことがわかります。よって、医療機器の生産金額の平成20年に対する平成22年の増加率は、医薬品の生産金額のそれより大きいとはいえません。

❹✕ 本問の資料はあくまで**区分ごと**の対前年増加率を表したものであり、**異なる区分になると基準となる値も異なる**ため、生産金額の比較ができません。よって、平成20年において、医療機器の生産金額は、衛生材料のそれの50%を超えているかどうかは不明です。

❺✕ 平成18年の医薬品の生産金額を**100**として、平成19年と平成21年の医薬品の指数を求めたうえで、平成21年の対前年増加数が平成19年の対前年増加数の10倍を下回っているかどうかを調べるとよいでしょう。ここも**近似法**を使うと、以下のようになります。

平成19年…$100 \times (1 + 0.002) \fallingdotseq 100 + 0.2 = \mathbf{100.2}$

平成 20 年…$100 \times (1 + 0.002) \times (1 + 0.026) \fallingdotseq 100 + 0.2 + 2.6 = 102.8$

平成 21 年…$100 \times (1 + 0.002) \times (1 + 0.026) \times (1 + 0.030)$

$\fallingdotseq 100 + 0.2 + 2.6 + 3.0 = 105.8$

　以 上 よ り、 指 数 の 推 移 は 平 成 18 年 → 平 成 19 年 → 平 成 20 年 → 平 成 21 年 で $100 \to 100.2 \to 102.8 \to 105.8$ と な り ま す。 平 成 19 年 の 対 前 年 増 加 数 は $100.2 - 100 = 0.2$、 その 10 倍 は $0.2 \times 10 = 2$ で す。 一 方 で、 平 成 21 年 の 対 前 年 増 加 数 は $105.8 - 102.8 = 3$ と な り、 平 成 19 年 の 対 前 年 増 加 数 の 10 倍 を 上 回 っ て い る こ と が わ か り ま す。 よ っ て、 平 成 21 年 の 医 薬 品 の 生 産 金 額 の 対 前 年 増 加 数 は、 平 成 19 年 の そ れ の 10 倍 を 下 回 っ て い る と は い え ま せ ん。

問題4

　これもよく出題される増加率の数表です。本問のように 10％ を大きく超えるような資料が出てきた場合は、近似法と 10％ 単位の計算の併用をお勧めします。

❶✕　ベトナムとインドネシアからの 2012 年におけるえびの輸入金額をそれぞれ 100 とおいて、そこから 2014 年の指数を求めて増加率を判断しましょう。

　まずはベトナムから検討します。2012 年を 100 とおくと、2012 年 → 2013 年は 33.6％ の増加、2013 年 → 2014 年は 11.8％ の増加なので、2014 年のベトナムからのえびの輸入金額の指数は $100 \times (1 + 0.336) \times (1 + 0.118)$ で求められます。

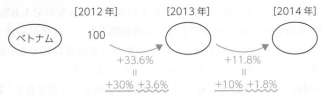

　ここでは、**近似法と 10％ 単位の計算を併用**してみましょう。33.6％ を 30％ と 3.6％、11.8％ を 10％ と 1.8％ に分けて、10％ 未満を近似法、10％ 以上を 10％ 単位で計算すると、以下のようになります。

$100 \times (1 + 0.336) \times (1 + 0.118)$

$\fallingdotseq (100 + 3.6 + 1.8) \times 1.3 \times 1.1$　←**10％ 未満の 3.6％ と 1.8％ を近似法で計算する**

$= 105.4 \times 1.3 \times 1.1$

$\fallingdotseq (105.4 + 10.5 \times 3) \times 1.1$　←**$105.4 \times 10\% \fallingdotseq 10.5$ を三つ分足す**

$= 136.9 \times 1.1$

$\fallingdotseq 136.9 + 13.7$　　　　　←136.9×10%≒13.7を足す

$= 150.6$

　同様にインドネシアも検討します。2012年を100とおくと、2012年→2013年は34.0%の増加、2013年→2014年は6.7%の減少なので、2014年のインドネシアからのえびの輸入金額の指数は$100 \times (1 + 0.34) \times (1 - 0.067)$で求められます。

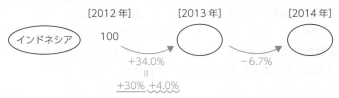

　34.0%を30%と4%に分けて、10%未満を近似法、10%以上を10%単位で計算すると、以下のようになります。

$$100 \times (1 + 0.34) \times (1 - 0.067)$$
$$\fallingdotseq (100 + 4 - 6.7) \times 1.3　　←10\%未満の4.0\%と-6.7\%を近似法で計算する$$
$$= 97.3 \times 1.3$$
$$\fallingdotseq 97.3 + 9.7 \times 3　　←97.3×10\%≒9.7を三つ分足す$$
$$= 126.4$$

　よって、ベトナムの増加率は$150.6 - 100 = 50.6$（%）、インドネシアの増加率は$126.4 - 100 = 26.4$（%）となり、インドネシアの2倍は$26.4 \times 2 = 52.8$（%）となりますので、ベトナムの増加率はインドネシアの増加率の2倍より小さいといえます。

❷✕　これは**基準となる値が異なるので大小の比較ができない**選択肢です。アルゼンチンからのえびの輸入金額の実数と、タイからのえびの輸入金額の実数は、資料で明らかになっていないので大小の比較ができません。よって、2013年において、アルゼンチンからのえびの輸入金額が、タイからのそれの50%を超えているかどうかは不明です。

❸○　インドにおける2012年のえびの輸入金額を100とおいて、2013年および2014年のえびの輸入金額の指数を求めれば、もちろん実数は明らかになりませんが、大小関係の比較だけなら可能です。

　インドにおける2012年のえびの輸入金額を**100**とおくと、2013年の指数は2012年より60.5%増加なので、$100 \times (1 + 0.605) = $**160.5**となります。2014年の指数は2013年より14.9%増加なので、約15%増加と考えて$160.5 \times (1 + 0.15) \fallingdotseq 160.5 + 16 + 8 = $**184.5**となります（10%の16、5%の8を足して15%の24、という計算です）。

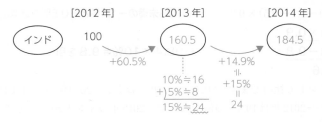

ここから、2012年から2013年で増加額は指数でいうと160.5－100＝**60.5**、2013年から2014年で増加額は指数でいうと184.5－160.5＝**24**となることがわかります。よって、2014年のインドからのえびの輸入金額の対前年増加額は、2013年のそれを下回っているといえます。

❹✗　選択肢の記述どおり、2010年のインドネシアからのえびの輸入金額を100とおいて、2013年の輸入金額の指数を求めましょう。2010年→2011年は0.5％の減少、2011年→2012年は0.7％の減少、2012年→2013年は34.0％の増加ですが、**100から140まで輸入金額が増加する条件を考えてみると、そもそも少なくとも合計で40％増加していなければ140に達することはあり得ません。**2010年→2011年→2012年と減少し続けており、2012年→2013年でも34.0％しか増加していない以上、計算するまでもなく2013年で140に達することはないと判断できます。

　よって、2010年のインドネシアからのえびの輸入金額を100としたとき、2013年が140を上回ることはありません。

❺✗　❶と同じような流れで検討するとよいでしょう。ベトナムとインドからの2010年におけるえびの輸入金額をそれぞれ100とおいて、そこから2012年の指数を求めて減少率を判断しましょう。

　まずはベトナムから検討します。2010年を100とおくと、2010年→2011年は11.1％の減少、2011年→2012年は0.5％の減少なので、2012年のベトナムからのえびの輸入金額の指数は$100 \times (1-0.111) \times (1-0.005)$で求められます。

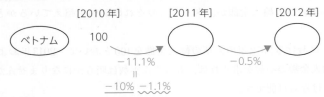

　ここも近似法と10％単位の計算を併用してみましょう。－11.1％を－10％と－1.1％に分けて、10％未満を近似法、10％以上を10％単位で計算すると、以下のようになります。

$100 \times (1-0.111) \times (1-0.005)$
$\fallingdotseq (100 - 1.1 - 0.5) \times 0.9$　　←**10％未満の－1.1％と－0.5％を近似法で計算する**
$= 98.4 \times \mathbf{0.9}$
$\fallingdotseq 98.4 \underline{-9.8}$　　←**98.4×10％≒9.8を引く**
$= 88.6$

　同様にインドも検討します。2010年を100とおくと、2010年→2011年は8.6％の増加、2011年→2012年は19.5％の減少なので、2012年のインドからのえびの輸入金額

の指数は $100 \times (1 + 0.086) \times (1 - 0.195)$ で求められます。

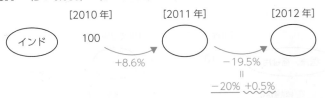

　－19.5％を－20％と＋0.5％に分けて、10％未満を近似法、10％以上を10％単位で計算すると、以下のようになります。

$100 \times (1 + 0.086) \times (1 - 0.195)$

$\fallingdotseq (100 + 8.6 + 0.5) \times 0.8$　←**10％未満の8.6％と0.5％を近似法で計算する**

$= 109.1 \times 0.8$

$\fallingdotseq 109.1 - 10.9 \times 2$　←**109.1×10％≒10.9を二つ分引く**

$= 87.3$

　よって、ベトナムの減少率は $100 - 88.6 = $ **11.4**（％）、インドの減少率は $100 - 87.3 = $ **12.7**（％）となりますので、ベトナムの減少率のほうがインドの減少率より小さいことになります。

問題5　　　　　　　　　　　　　　　　　　　　　　　　　　　　　　　正解 **⑤**

> 　本問も問題4と基本は同様ですが、細かい計算が要求されます。特別区などではよくこのような状況が起こりますので、くれぐれも注意しましょう。

❶✕　「居住専用」と「医療、福祉用」の平成27年における着工建築物床面積をそれぞれ100とおいて、そこから平成29年の指数を求めて大小関係を判断しましょう。

　まずは「居住専用」から検討します。平成27年を100とおくと、平成27年→平成28年は4.3％の増加、平成28年→平成29年は0.9％の減少なので、平成29年の「居住専用」の着工建築物床面積の指数は $100 \times (1 + 0.043) \times (1 - 0.009)$ で求められます。

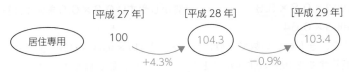

　いずれも10％未満の増減率ですので、**近似法**で検討しましょう。

$100 \times (1 + 0.043) \times (1 - 0.009)$

$\fallingdotseq 100 + 4.3 - 0.9$

$= 103.4$

　同様に「医療、福祉用」も検討します。平成27年を100とおくと、平成27年→平成28年は1.6％の増加、平成28年→平成29年は6.4％の減少なので、平成29年の「医

療・福祉用」の着工建築物床面積の指数は$100 \times (1 + 0.016) \times (1 - 0.064)$で求められます。

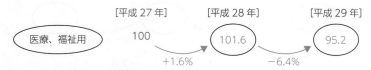

いずれも10%未満の増減率ですので、**近似法**で検討しましょう。

$$100 \times (1 + 0.016) \times (1 - 0.064)$$
$$\fallingdotseq 100 + 1.6 - 6.4$$
$$= \mathbf{95.2}$$

よって、「医療、福祉用」の平成29年における着工建築物床面積は指数でいうと95.2、同じく平成27年は指数でいうと100ですから、平成29年は平成27年を下回ってしまいます。

❷× 選択肢の記述どおり、平成26年の「卸売業、小売業用」の着工建築物床面積を100とおいて、平成29年の指数が70を下回るかどうかを確認しましょう。平成26年→平成27年は20.0%の減少、平成27年→平成28年は6.1%の増加、平成28年→平成29年は16.8%の減少なので、平成29年の「卸売業、小売業用」の着工建築物床面積の指数は$100 \times (1 - 0.200) \times (1 + 0.061) \times (1 - 0.168)$で求められます。

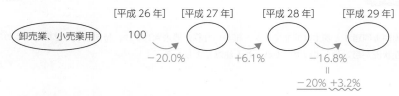

まずは**近似法と10%単位の計算を併用**してみましょう。－16.8%を－20%と＋3.2%に分けて、10%未満を近似法、10%以上を10%単位で計算すると、以下のようになります。

$$100 \times (1 - 0.200) \times (1 + 0.061) \times (1 - 0.168)$$
$$\fallingdotseq (100 + 6.1 + 3.2) \times 0.8 \times 0.8$$
$$= 109.3 \times \underline{\mathbf{0.8 \times 0.8}} \qquad \leftarrow 計算がしやすい0.8 \times 0.8を先に計算する$$
$$= 109.3 \times \underline{\mathbf{0.64}}$$

この式を、きりのいい数で多めに概算すると$110 \times 0.65 = 71.5$、きりのいい数で少なめに概算すると$109 \times 0.6 = 65.4$となり、かなり判断が難しそうです。そのまま計算しても$109.3 \times 0.64 = 69.952$なので、**正確に計算しないと判断できない選択肢**といえるでしょう。正確に計算すると、$100 \times (1 - 0.200) \times (1 + 0.061) \times (1 - 0.168) = 100 \times 0.8 \times 1.061 \times 0.832 = 70.62016$となり、70を上回ることがわかるので、下回ってはいません。

❸✕ 「製造業用」の平成26年における着工建築物床面積を100とおいて、そこから平成27年以降の指数を求めて大小関係を判断しましょう。

平成26年を**100**とおくと、平成26年→平成27年は14.9%の増加なので、平成27年の指数は$100 \times (1 + 0.149) =$ **114.9** となります。平成27年→平成28年は8.4%の減少なので、平成28年の指数は$114.9 \times (1 - 0.084) ≒ 115 \times 0.92 =$ **105.8** となります。平成28年→平成29年は15.4%の増加なので、平成29年の指数は$105.8 \times (1 + 0.154) ≒ 106 \times 1.15 =$ **121.9** となります。

よって、最も少ないのは平成28年ではなく平成26年です。

❹✕ 本選択肢は「対前年増加面積」という実数を、「製造業用」と「運輸業用」という異なる項目で比較しようとしています。本問の資料は各項目の前年から翌年にかけての増加率がわかるだけですから、**異なる項目の増加面積は基準となる値が異なるため、判断ができません。**

❺◯ 本選択肢は❹と同様に異なる項目を比較しようとしていますが、比較するのは実数ではなく減少率です。**項目ごとに減少率は求めることができ、減少率の値を比較するだけですから、これなら判断が可能です。**

「医療、福祉用」の平成26年の着工建築物床面積を100とおいて、平成29年の指数を求めれば、減少率は判断できます。平成26年→平成27年は29.6%の減少、平成27年→平成28年は1.6%の増加、平成28年→平成29年は6.4%の減少ですから、平成26年を100とおいたときの平成29年の指数は$100 \times (1 - 0.296) \times (1 + 0.016) \times (1 - 0.064)$で求めることができます。

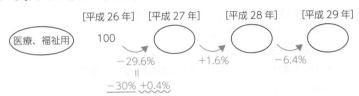

これも**近似法と10%単位の計算を併用**してみましょう。-29.6%を-30%と$+0.4\%$に分けて、10%未満を近似法、10%以上を10%単位で計算すると、以下のようになります。

$$100 \times (1 - 0.296) \times (1 + 0.016) \times (1 - 0.064)$$
$$\fallingdotseq (100 + 0.4 + 1.6 - 6.4) \times 0.7$$
$$= 95.6 \times \mathbf{0.7}$$
$$\fallingdotseq 95.6 \underline{- \mathbf{9.6 \times 3}} \qquad \leftarrow 10\%の9.56 \fallingdotseq 9.6を三つ分引く$$
$$= 66.8$$

100から66.8に減少しているので、減少率は$100 - 66.8 = \mathbf{33.2}$（％）となります。

「卸売業、小売業用」も平成26年の着工建築物床面積を100とおいて、平成29年の指数を求めます。平成26年→平成27年は20.0％の減少、平成27年→平成28年は6.1％の増加、平成28年→平成29年は16.8％の減少ですから、平成26年を100とおいたときの平成29年の指数は$100 \times (1 - 0.200) \times (1 + 0.061) \times (1 - 0.168)$ で求めることができます。

❷ですでに解説したとおり、指数は約70です。100から70に減少しているので、減少率は30％となります。これの1.1倍は$30 \times 1.1 = \mathbf{33}$（％）となります。「医療、福祉用」のほうが辛うじて減少率は大きいことがわかりますね。よって、「医療、福祉用」の減少率は「卸売業、小売業用」の減少率の1.1倍を上回ります。

問題6 　　　　　　　　　　　　　　　　　　　　　　　　　正解 ❶

東京都は増加率の折れ線グラフを例年1問出題します。やはり定番の形といえますので、検討の流れをチェックしておきましょう。

❶○　2004年におけるインドへの輸出額を100として、2007年の指数を計算しましょう。

2007年は$100 \times (1 + 0.18) \times (1 + 0.33) \times (1 + 0.39) = 100 \times 1.18 \times 1.33 \times 1.39$ となります。

$$2007年 \cdots 100 \times (1 + 0.18) \times (1 + 0.33) \times (1 + 0.39)$$
$$= 100 \times 1.18 \times 1.33 \times 1.39$$
$$= 118 \underline{\times \mathbf{1.33}} \times 1.39$$
$$\fallingdotseq 118 \underline{+ \mathbf{40}} \times 1.39 \qquad \leftarrow 33\%は約3分の1なので、118 \div 3 \fallingdotseq 40を足す$$
$$= 158 \times 1.39$$

きりのいい数で少なめに概算しても$158 \times \mathbf{1.3} = \mathbf{205.4}$です。ということは、158 **×1.39は間違いなく200を上回る**ことがわかります。よって、2004年におけるインドへの輸出額を100としたとき、2007年におけるインドへの輸出額の指数は200を

上回っています。

❷✕ 2003年におけるインドネシアへの輸出額を100として、2004年、2006年、2007年の輸出額を計算すればよいでしょう。以下のようになります。

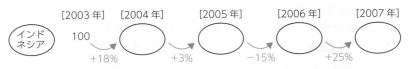

2004年$\cdots100 \times (1 + 0.18) = 118$

2006年$\cdots100 \times (1 + 0.18) \times (1 + 0.03) \times (1 - 0.15)$

$\quad\quad = 118 \underline{\times 1.03} \times 0.85$

$\quad\quad \fallingdotseq (118 \underline{+ 1.2 \times 3}) \times 0.85$ ←1%の1.18≒1.2を三つ分足す

$\quad\quad = 121.6 \underline{\times 0.85}$

$\quad\quad \fallingdotseq 121.6 \underline{- 12 - 6}$ ←10%の12.16≒12、5%の12÷2＝6を引く

$\quad\quad = 103.6$

2007年$\cdots100 \times (1 + 0.18) \times (1 + 0.03) \times (1 - 0.15) \times (1 + 0.25)$

$\quad\quad = 103.6 \times 1.25$

$\quad\quad \fallingdotseq 103.6 + 26$ ←25%は4分の1なので、103.6÷4≒104÷4＝26を足す

$\quad\quad = 129.6$

　以上より、2004年の対前年増加額は$118 - 100 = \mathbf{18}$、2007年の対前年増加額は$129.6 - 103.6 = \mathbf{26}$となり、2004年のほうが小さくなります。よって、2004年におけるインドネシアへの輸出額の対前年増加額は、2007年におけるインドネシアへの輸出額の対前年増加額を上回っているとはいえません。

❸✕ 2004年のアメリカへの輸出額を100とおいて、2007年までの各年のアメリカへの輸出額の指数を計算する、という方法でも構いません。しかし、**資料の増加率の値に着目すれば、計算しなくても判断できる**でしょう。

　2004年→2005年は＋7％の増加率、2005年→2006年は＋14％の増加率、2006年→2007年がわずかに－1％程度の減少率です。ということは、2006年までは確実に増えており、2006年は最大ですが、**2007年は2006年から少し減少しただけなので、少なくとも2007年は最小ではない**と推測できます。

　念のため、指数で計算していきましょう。以下のように計算できますね。

2005年$\cdots100 \times (1 + 0.07) = 100 \times 1.07 = \mathbf{107}$

2006年$\cdots100 \times (1 + 0.07) \times (1 + 0.14)$

$\quad\quad = 100 \times 1.07 \times 1.14$

$\quad\quad = 107 \times 1.14$

$$= 121.98 \fallingdotseq \mathbf{122}$$

2007年…$100 \times (1 + 0.07) \times (1 + 0.14) \times (1 - 0.01)$

$$= 100 \times 1.07 \times 1.14 \times 0.99$$

$$\fallingdotseq 122 \times 0.99$$

$$\fallingdotseq 122 - 1.2 \qquad \text{←1%の1.22≒1.2を引く}$$

$$= \mathbf{120.8}$$

　　よって、2004年から2007年までの各年のアメリカへの輸出額について見ると、最も多いのは2006年ですが、最も少ないのは2007年であるとはいえません。

❹**✕**　増加率の資料では定番の引っ掛けの選択肢です。「中国への輸出額が前年に比べて増加した年」とありますから、**グラフの傾きではなく、0の線より上にあるか下にあるかで判断しましょう。** 0の線より上であれば確実に前年よりプラス、0の線より下であれば確実に前年よりマイナスになっています。

　　2007年に着目すると、中国は0の線より上にあるので、前年より中国への輸出額は増加している（対前年増加率がプラスである）ことがわかります。しかし、アメリカは0の線より下にあるので、前年よりアメリカへの輸出額は減少している（対前年増加率がマイナスになっている）ことになります。よって、2005年から2007年までのうち、中国への輸出額が前年に比べて増加した年は、いずれの年もアメリカへの輸出額は前年に比べて増加しているとはいえません。

❺**✕**　通常であれば、2004年の中国への輸出額を100として、2005年から2007年までの各年の中国への輸出額の指数を計算することになります。しかし本問の資料であれば、**増加率に着目すれば計算しなくても判断が可能**です。

　　2005年から2007年までの各年の中国への輸出額の対前年増加率に着目すると、毎年必ずプラスになっていることがわかります。つまり、**どの年も常に前年より増えている**ということです。そうだとすれば、2004年の輸出額と、2005年から2007年までの輸出額の平均とでは、明らかに後者のほうが額は大きくなります。よって、2005年から2007年までの3か年における、中国への輸出額の1年当たりの平均は、2004年における中国への輸出額を下回っているとはいえません。

問題7　　　　　　　　　　　　　　　　　　　　　　　　　　　　　　　　　正解 ❷

　　例年、東京都の出題する増加率の折れ線グラフは正答率が高めなのですが、この問題は❹・❺の選択率が高く、正答率が低い問題でした。本問のように、たまに判断が微妙になる問題もありますので、くれぐれも油断せずに臨みましょう。

❶**✕**　対前年増加率を確認しましょう。平成21年は－45%、平成22年は＋41%です。平成20年を100とおくと、平成22年は$100 \times (1 - 0.45) \times (1 + 0.41) = 55 \times 1.41$となります。

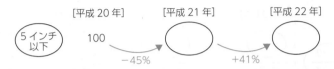

　きりのいい数で少なめに概算して$50 \times 1.4 = \mathbf{70}$ですから、$55 \times 1.41$は確実に70より大きい値です。よって、平成20年の5インチ以下のシリコンウエハの生産量を100としたとき、22年の5インチ以下のシリコンウエハの生産量の指数は70を上回ります。

❷〇　平成20年から23年までの6インチのシリコンウエハの生産量を求めるには、平成20年を100とおいて、平成21年から平成23年の指数を以下のように増加率を用いて計算するとよいでしょう。

　　　平成21年…$100 \times (1 - 0.35) = 100 \times 0.65 = \mathbf{65}$
　　　平成22年…$65 \times (1 + 0.48) = 65 \times 1.48 = \mathbf{96.2}$
　　　平成23年…$96.2 \times (1 - 0.28) = 96.2 \times 0.72 ≒ 96 \times 0.7 = \mathbf{67.2}$

平成23年は実際より小さい数で概算しているので、**実際には67.2より大きくなります。**

　よって、平成20年から23年までのうち、6インチのシリコンウエハの生産量が最も多いのは20年であり、最も少ないのは21年であることがわかります。

❸✕　増加率の資料では定番の引っ掛けの選択肢です。平成21年から23年までの各年で、8インチのシリコンウエハの生産量が前年に比べて減少した年は平成21年、23年の2年です。そして、**平成23年において12インチ以上のシリコンウエハの生産量の対前年増加率は正の値ですから、前年よりも増加している**ことがわかります。よって、平成21年から23年までの各年について見ると、8インチのシリコンウエハの生産量が前年に比べて減少した年は、いずれの年も12インチ以上のシリコンウエハの生産量は前年に比べて減少しているとはいえません。

❹✕　「8インチのシリコンウエハの生産量に対する6インチのシリコンウエハの生産量の比率」が増加するとは、$\dfrac{6インチのシリコンウエハの生産量}{8インチのシリコンウエハの生産量}$が増加しているということです。分数が増加するには分母よりも分子の増加率のほうが大きくなればよいので、8インチと6インチの増加率を比較して、6インチのほうが増加率が高いかどうかを検討すればよいでしょう。

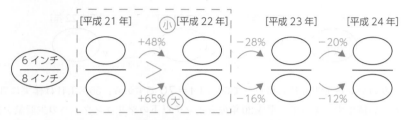

　平成22年から24年までの各年について見ると、例えば平成22年の対前年増加率は6インチが約＋48％、8インチが約＋65％で8インチのほうが増加率は高いので、$\dfrac{6インチのシリコンウエハの生産量}{8インチのシリコンウエハの生産量}$**は平成22年では前年に比べて減少している**ことがわかります。よって、平成22年から24年までの各年について見ると、8インチのシリコンウエハの生産量に対する6インチのシリコンウエハの生産量の比率は、いずれの年も前年に比べて増加しているとはいえません。

❺✕　まず形式的におかしいところとして、この選択肢の記述が「生産量が21年に比べて増加したのは『12インチ』のシリコンウエハだけである」と**12インチだけを挙げている**点です。本問の資料で登場するのは「12インチ**以上**」という項目だけなので、**12インチだけのシリコンウエハは資料から読み取れずに判断できない**、という点で誤りといえます。

　仮にこの記述が誤植で本来は「12インチ以上」だったとすれば、以下のように判断しましょう。生産量が平成21年に比べて増加したものとして、12インチ以上以外のシリコンウエハがないか目星をつけてみます。例えば、平成22年で対前年増加率が最も高く、平成23年、24年で対前年増加率が他のサイズよりもそこまで大きな減少率でない8インチに着目してみましょう。

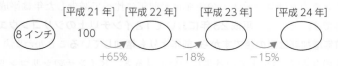

　平成21年の8インチの生産量を100とすると、平成24年の生産量は、$100 \times (1 + 0.65) \times (1 - 0.18) \times (1 - 0.15) = 100 \times 1.65 \times 0.82 \times 0.85$ となり、きりのいい数で少なめに概算しても $100 \times 1.6 \times 0.8 \times 0.8 = 102.4$ となり、平成21年よりも24年のほうが生産量が増加していることがわかります。よって、平成24年のシリコンウエハの生産量をサイズ別に見ると、生産量が21年に比べて増加したのは12インチ以上のシリコンウエハだけではありません。

　増加率の資料は、同じような形で繰り返し出題されていることがわかると思います。このような定番の資料は、同じような選択肢が繰り返し出てきます。検討のパターンを押さえておきましょう。

❶✗　「倉庫の着工床面積に対する店舗の着工床面積の比率」なので$\dfrac{店舗の着工床面積}{倉庫の着工床面積}$で確認しましょう。分数は、分母が大きく／分子が小さくなれば、分数の値は小さくなります。そこで、平成26年度の直後である平成27年度に着目します。

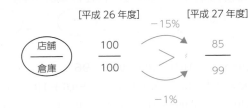

　平成26年度を$\dfrac{100}{100}$とおくと、平成27年度は$\dfrac{100 \times (1-0.15)}{100 \times (1-0.01)}=\dfrac{85}{99}$となります。平成26年度は$\dfrac{100}{100}=1$ですが、平成27年度は$\dfrac{85}{99}$で1未満ですから、平成27年度のほうが小さいといえます。よって、最も小さいのは平成26年度ではありません。

❷✗　選択肢の記述どおり、平成24年度の店舗の着工床面積を100とおいて、平成28年度の指数が70を下回るかどうかを確認しましょう。平成24年度→平成25年度は12%の増加、平成25年度→平成26年度は14%の減少、平成26年度→平成27年度は15%の減少、平成27年度→平成28年度は7%の減少なので、平成28年度の店舗の着工床面積の指数は$100 \times (1+0.12) \times (1-0.14) \times (1-0.15) \times (1-0.07)$で求められます。

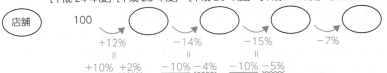

　近似法と10%単位の計算を併用してみましょう。12%を＋10%と＋2%、−14%を−10%と−4%、−15%を−10%と−5%に分けて、10%未満を近似法、10%以上を10%単位で計算すると、以下のようになります。

$$100 \times (1+0.12) \times (1-0.14) \times (1-0.15) \times (1-0.07)$$
$$\fallingdotseq (100+2-4-5-7) \times 1.1 \times 0.9 \times 0.9$$

第5章

資料解釈の基本

$$= 86 \times \mathbf{1.1 \times 0.9} \times 0.9 \qquad ←先に 1.1 \times 0.9 を計算する$$
$$= 86 \times \mathbf{0.99} \times 0.9$$
$$= (86 \mathbf{-0.86}) \times 0.9 \qquad ←1\%の 0.86 を引く$$
$$≒ (86 \mathbf{-1}) \times 0.9 \qquad ←0.86 ≒ 1 として引く$$
$$= 85 \times 0.9$$
$$= \mathbf{76.5}$$

よって、平成 28 年度は 70 を下回っていないことになります。

❸◯ 平成 25 年度から 28 年度までの工場の着工床面積を求めるには、平成 25 年度を **100** とおいて、平成 26 年度から平成 28 年度の指数を以下のように増加率を用いて計算するとよいでしょう。

平成 26 年度…$100 \times (1 - 0.04) = 100 \times 0.96 = \mathbf{96}$
平成 27 年度…$96 \times (1 + 0.15) = 96 \times 1.15 = 96 + 9.6 + 4.8 = 110.4 ≒ \mathbf{110}$
平成 28 年度…$110 \times (1 - 0.06) = 110 \times 0.94 = 110 - 1.1 \times 6 = \mathbf{103.4}$

よって、最も大きいのは平成 27 年度、次に大きいのは平成 28 年度です。

❹✕ 病院の着工床面積について、平成 25 年度を 100 とおいて、平成 26 年度から 28 年度までの 3 か年度の指数の平均が $100 \times 80\% = 80$ を上回っているかを確認しましょう。「合計＝平均×数量」ですから、3 か年度の平均が 80 ということは、**3 か年度の合計が 80 × 3 = 240 を上回っているか**を確認すればよいでしょう。まずは平成 25 年度を **100** とおいて、平成 26 年度から平成 28 年度の指数を以下のように増加率を用いて計算します。

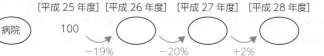

平成 26 年度…$100 \times (1 - 0.19) = 100 \times 0.81 = \mathbf{81}$
平成 27 年度…$81 \times (1 - 0.20) = 81 \times 0.8 = \mathbf{64.8}$
平成 28 年度…$64.8 \times (1 + 0.02) = 64.8 \times 1.02 ≒ 65 + 0.65 \times 2 = \mathbf{66.3}$

これらを合計しても $81 + 64.8 + 66.3 = \mathbf{212.1}$ となり、240 を下回ることになります。よって、平成 25 年度の 80% を上回っていません。

❺✕ 平成 24 年度に比べて平成 28 年度に増加したものとして倉庫と病院が挙げられています。資料によれば、倉庫はほとんどマイナスになっていませんが、病院が大きくマイナスになっているので、これが誤りではないかと目星をつけて検討してみましょう。

平成 24 年度の病院の着工床面積を 100 とおいて、平成 28 年度の指数を確認します。

平成24年度→平成25年度は12%の増加、平成25年度→平成26年度は19%の減少、平成26年度→平成27年度は20%の減少、平成27年度→平成28年度は2%の増加なので、平成28年度の病院の着工床面積の指数は$100 \times (1 + 0.12) \times (1 - 0.19) \times (1 - 0.20) \times (1 + 0.02)$で求められます。

[平成24年度] [平成25年度] [平成26年度] [平成27年度] [平成28年度]

病院　100　　+12%　　−19%　　−20%　　+2%
　　　　　　　　=　　　　=
　　　　+10% +2%　　−20% +1%

近似法と10%単位の計算を併用してみましょう。12%を＋10%と＋2%、−19%を−20%と＋1%に分けて、10%未満を近似法、10%以上を10%単位で計算すると、以下のようになります。

$$100 \times (1 + 0.12) \times (1 - 0.19) \times (1 - 0.20) \times (1 + 0.02)$$
$$= (100 + 2 + 1 + 2) \times 1.1 \times 0.8 \times 0.8$$
$$= 105 \times 1.1 \times 0.8 \times 0.8$$
$$\fallingdotseq (105 + 11) \times 0.8 \times 0.8$$
$$= 116 \times 0.8 \times 0.8$$
$$= 116 \times 0.64$$

きりのいい数で多めに概算しても$120 \times 0.7 = 84$です。したがって、平成24年度の100を上回らないことがわかります。よって、平成24年度に比べて平成28年度の病院は増加していません。

問題9　　　　　　　　　　　　　　　　　　　　　　　　　正解 **⑤**

　増加量のみの資料です。出題頻度は低いですが、基本を確認しておきましょう。だいたい本問のような上下に伸びる棒グラフで用いられます。

①×　資料に書かれているのはあくまで**前年同期と比べて**の増加量、減少量にすぎません。したがって、雇用者数そのもの、つまり実数がわからないと、前期との比較はできません。97年10〜12月と98年1〜3月では、実数次第でどのような変動も考えられてしまうので、これは判断ができないわけですね。

②×　製造業に着目してみましょう。93〜95年は前年同期、つまり前の年と比べて減少を続けていることがわかりますが、**96年のグラフでは増加、減少どちらにも現れていません**。これはつまり「**増減がない**」ということなので、この時点で減少し続けているとはいえないことになります。

③×　**①**と同様に判断ができない選択肢です。資料に書かれているのはあくまで**前年同期と比べて**の増加量、減少量にすぎないので、雇用者数そのものの実数がわからない

と、前期との比較はできないのです。97年7～9月と97年10～12月では、実数次第でどのような変動も考えられてしまうので、これも判断ができません。

❹✕　一見するとそのまま足し算すればよさそうに見えますが、資料に書かれているのはあくまで**前年同期と比べて**の増加量、減少量にすぎないので、これをそのまま足しただけでは1年間の増減量になりません。

　わかりにくいところなので、簡単な例で説明しましょう。例えば、2019年6月まで被雇用者数が100人だったところ、7月で新たに10人増え、2019年8月以降はずっと被雇用者数が110人だったとしましょう。そうすると、下のような表になります。

2019年	1～3月期	4～6月期	7～9月期	10～12月期
被雇用者数	100人	100人	110人	110人
2020年	1～3月期	4～6月期	7～9月期	10～12月期
被雇用者数	110人	110人	110人	110人
前年同期差	＋10	＋10	0	0

　前年同期差をそのまま足すと＋10＋10＝20（人）増えていそうに見えますが、実は前期の増加を引き継いでいるだけで、実際には10人しか増えていないことがわかりますね。このように、増減量を足すだけでは判断できないのです。

❺◯　産業全体の折れ線グラフに着目すると、94年の対前年増加数は34万人、95年の対前年増加数は27万人、96年の対前年増加数は59万人ですから、34＋27＋59＝**120**（万人）増加していることがわかります。

問題10

　増加量のみの棒グラフです。増加量のみの資料は、計算はほとんど出てきません。ここから何が読み取れるのかを正しく判断できるようにしましょう。

❶✕　地域Aの製造業就業者数について、平成元年から5年にかけての推移は＋1＋12＋4－10＝**7（万人）**と増加しています。よって、平成5年は平成元年よりも多いことがわかります。

❷◯　実際の就業者数は不明ですが、地域Bの平成3年における製造業を100（万人）とおいて考えればよいでしょう。平成4年は＋1（万人）なので、平成3年→4年の伸び率（＝増加率）は100→101で**1%**の伸び率といえます。一方、平成5年は－5（万人）なので101－5＝96（万人）、平成6年は＋3（万人）なので、96＋3＝99（万人）です。平成5年→6年の伸び率（＝増加率）は96→99で約**3%**の伸び率といえます。よって、平成5年から平成6年にかけてのほうが伸び率は大きいといえます。

　ちなみに、このように計算しなくても、平成3年→4年と平成5年→6年を比較すると、平成5年→6年のほうが①**基準となる値が小さく**、②**増加量が大きい**とわかるので、**増加率は大きい**と判断できるでしょう。

❸✕ ❷解説と同様に、地域Bの平成３年における農林漁業を100（万人）とおいて考えればよいでしょう。平成４年、５年ともに－４（万人）なので、平成３年→４年→５年で100→96→92と推移しています。このとき、平成４年→５年のほうが①**基準となる値が小さく**、②**減少量は同じ**なので、**減少率は大きい**と判断できます。

❹✕ 地域Aと地域Bの昭和63年における卸売・小売・飲食店の実数が同じであれば比較できますが、**実数も基準となる値の大小もすべて不明なので、大小の比較はできません。**もちろんそれが指数であっても同様です。基準となる値と増加率がわかって初めて指数が判断できますので、どちらにしても基準がわかっていることが必要です。

❺✕ 地域Aの平成７年における全産業（全体）はマイナスですが、サービス業はプラスですから、サービス業就業者数の伸び率のほうが上回っていることは確実にいえます。一方、地域Bも平成５年に着目すると、全産業（全体）はマイナスですが、サービス業は**グラフがない、つまり±０（万人）**なので伸び率は０％であり、全産業（全体）よりサービス業就業者数のほうが伸び率は上回っているといえます。

6　単位量当たりの資料

問題1　　　　　　　　　　　　　　　　　　　　　　　　　　　　　正解 ❷

> 単位量当たりの資料は複数の項目とセットで出てくることが多く、「複数の資料」の形式になることが多いといえます。式変形で判断することを忘れないようにしましょう。

❶✕ 「自動車台数」を求めるために、「**自動車台数**」に**関連する項目**がないか探しましょう。資料には「自動車１万台当たりの死者数（人）」が示されており、これは分数で

$$\frac{死者数（人）}{自動車台数（万台）}$$と表すことができます。「死者数（人）」については資料に示されていますから、自動車台数は以下のように求めることができます。

$$死者数（人）÷\frac{死者数（人）}{自動車台数（万台）}=死者数（人）×\frac{自動車台数（万台）}{死者数（人）}$$

$$=自動車台数（万台）$$

概算でも、1985年は $30÷7.3≒$ **4以上**、1990年は $45÷5.3≒$ **8以上**であることがわかります。よって、1990年の自動車台数は1985年より増加しています。

❷○ 「人口」を求めるために、「**人口**」に**関連する項目**がないか探しましょう。資料には「人口10万人当たりの負傷者数（人）」が示されており、これは分数で

$$\frac{負傷者数（人）}{人口（10万人）}$$と表すことができます。「負傷者数（人）」については資料に示されていますから、人口は以下のように求めることができます。

$$負傷者数（人）÷\dfrac{負傷者数（人）}{人口（10万人）}=負傷者数（人）\times\dfrac{人口（10万人）}{負傷者数（人）}$$

$$=人口（10万人）$$

概算でも、2000年は $4,805÷862≒$ **6未満**、2005年は $4,715÷725≒$ **6以上**であることがわかります。よって、2005年の人口は2000年より増加しています。

❸✕　❷の解説より、**負傷者数（人）**$÷\dfrac{負傷者数（人）}{人口（10万人）}$で人口を求めてみましょう。

1985年の人口は $5,061÷1,025≒4.94$（10万人）、つまり49.4万人です。一方、1990年の人口は $5,621÷968≒5.81$（10万人）、つまり58.1万人です。よって、人口は1985年は50万人未満、1990年には50万人以上となったことがわかります。

❹✕　これは単位量当たりの資料とは関係ない選択肢ですが、検討しましょう。交通事故件数の増減という実数そのものですから、数値の差を確認すればよいでしょう。

1985年→1990は $3,502→4,215$ で、増減は $4,215-3,502=$ **713** となります。他に700以上の差があるところはないので、最も大きいのは1985年から1990年にかけてであるといえます。

一方、最も小さいところについて見ると、1990年→1995年は $4,215→4,521$ で、増減は $4,521-4,215=$ **306** となります。これよりもっと小さいところとして、2000年→2005年が挙げられます。$4,203→4,305$ で、増減は $4,305-4,203=$ **102** となります。

よって、最も小さいのは1990年から1995年にかけてであるとはいえません。

❺✕　「交通事故1件当たりの死者数」と「交通事故1件当たりの負傷者数」は分数で

$$\dfrac{死者数（人）}{交通事故件数（件）}、\dfrac{負傷者数（人）}{交通事故件数（件）}$$と表すことができます。「死者数（人）」、「負傷者数（人）」、「交通事故件数（件）」については資料に示されていますから、分数を作って判断しましょう。

まず「交通事故1件当たりの死者数」について検討します。2005年は $\dfrac{36}{4,305}$ ですが、これより大きいところの候補として1990年が挙げられます。1990年は $\dfrac{45}{4,215}$ であり、

$\dfrac{36}{4,305}$ と $\dfrac{45}{4,215}$ を比較すると、$\dfrac{45}{4,215}$ のほうが分母が小さく、分子が大きいので、分数全体の値は大きいことがわかります。つまり、$\dfrac{36}{4,305}<\dfrac{45}{4,215}$ ですから、2005年より1990年のほうが交通事故1件当たりの死者数が多いといえます。

次に、「交通事故1件当たりの負傷者数」について検討します。1995年は $\dfrac{5,245}{4,521}$ ですが、これより大きいところの候補として1990年が挙げられます。1990年は $\dfrac{5,621}{4,215}$ であ

り、$\dfrac{5,245}{4,521}$ と $\dfrac{5,621}{4,215}$ を比較すると、$\dfrac{5,621}{4,215}$ のほうが分母が小さく、分子が大きいので、分

数全体の値は大きいことがわかります。つまり、$\dfrac{5,245}{4,521}<\dfrac{5,621}{4,215}$ ですから、1995年より

1990年のほうが交通事故1件当たりの負傷者数が多いといえます。

問題2　　　　　　　　　　　　　　　　　　　　　　　　　　　　正解 ❶

> 単位量当たりの資料では、たまに単位を別途検討する必要がある問題が出てくることがあります。本問の❶・❸がそれに当たるので、注意しましょう。

❶〇　資料中の「人口1万人当たりの研究者数（人）」に「人口」の項目が含まれているので、ここから導き出すことを考えましょう。まず、「人口1万人当たりの研究者数（人）」は分数で $\dfrac{\text{研究者数（人）}}{\text{人口（万人）}}$ と表せます。「人口（万人）」が分母になっているので、分数の割り算で逆数にしましょう。資料には「研究者数（万人）」もありますから、人口は **研究者数（万人）** $\div\dfrac{\text{研究者数（人）}}{\text{人口（万人）}}=$ 研究者数（万人）$\times\dfrac{\text{人口（万人）}}{\text{研究者数（人）}}$

で求められますね。

　なお、大小関係を比較するだけであれば単位は気にしなくてよいのですが、**この選択肢では「1億人よりも多い」かどうかを問われているので、単位も確認しましょう。**「研究者数（**万人**）$\times\dfrac{\text{人口（万人）}}{\text{研究者数（}\textbf{人}\text{）}}$」の計算で「研究者数」が約分で消えますが、これはつまり「研究者数 $\times$ **10,000**（人）$\times\dfrac{\text{人口（万人）}}{\text{研究者数（}\textbf{人}\text{）}}$」ということですから、約分すると 10,000 $\times$ 人口（万人）となります。したがって、単位は 10,000 $\times$ 10,000 ＝ 100,000,000、つまり **1億人** となるわけです。ですから、この計算の結果で導かれる値は「**人口（億人）**」となります。

　A国は研究者数（万人）$\div\dfrac{\text{研究者数（人）}}{\text{人口（万人）}}=66.2\div52.1=1$（億人）以上ですから、人口は1億人以上であることがわかります。

❷✕　❶解説より人口は研究者数（万人）$\div\dfrac{\text{研究者数（人）}}{\text{人口（万人）}}$ で求めることができます。B国は $15.9\div45.3\fallingdotseq0.35$、C国は $26.9\div40.7\fallingdotseq0.66$ です。ここは分数を作って大小を比較することもできますが、割り算の筆算ですぐに判断できるでしょう。

　よって、B国の人口はC国の人口よりも少ないことになります。

❸✕　資料中の「研究者1人当たりの研究費（ドル）」に「研究費」の項目が含まれて

いるので、ここから導き出すことを考えましょう。まず、「研究者1人当たりの研究費（ドル）」は分数で$\dfrac{研究費（ドル）}{研究者数（人）}$と表せます。資料には「研究者数（万人）」もありますから、研究費は研究者数（万人）$\times\dfrac{研究費（ドル）}{研究者数（人）}$で求められますね。

　また、ここでも「1,000億ドルを超えている」かどうかを問われているので、**単位を確認します**。「研究者数（万人）$\times\dfrac{研究費（ドル）}{研究者数（人）}$」の計算で「研究者数」が約分で消えますが、❶解説と同様に「研究者数$\times$**10,000**（人）$\times\dfrac{研究費（ドル）}{研究者数（人）}$」ということですから、約分すると10,000$\times$研究費（ドル）となります。したがって、単位は$10,000\times1＝10,000$、つまり**1万ドル**となるわけですね。ですから、この計算の結果で導かれる値は「研究費（**万ドル**）」となります。

　　D国は研究者数（万人）$\times\dfrac{研究費（ドル）}{研究者数（人）}＝27.4\times161,479$です。きりのいい数で多めに概算しても$30\times170,000＝5,100,000$（万ドル）で、せいぜい5,100,000（万ドル）$＝510$（億ドル）です。よって、D国の研究費は1,000億ドル未満です。

❹**✕**　❸解説より研究費は研究者数（万人）$\times\dfrac{研究費（ドル）}{研究者数（人）}$で求めることができます。C国は$26.9\times218,097$ですが、これより少ないところとして、B国が挙げられます。B国は$15.9\times165,235$で、研究者数（万人）も$\dfrac{研究費（ドル）}{研究者数（人）}$もC国より少ないので、計算しなくても研究費はC国より少ないことがわかります。よって、研究費が最も少ないのはC国ではありません。

❺**✕**　「人口に対する研究費」は、「人口1万人当たりの研究者数（人）」が分数で$\dfrac{研究者数（人）}{人口（万人）}$、「研究者1人当たりの研究費（ドル）」が分数で$\dfrac{研究費（ドル）}{研究者数（人）}$と表せるので、$\dfrac{研究者数（人）}{人口（万人）}\times\dfrac{研究費（ドル）}{研究者数（人）}＝\dfrac{研究費（ドル）}{人口（万人）}$と求めることができます。B国は$45.3\times165,235$ですが、これより多いところとして、A国が挙げられます。A国は$52.1\times269,756$で、$\dfrac{研究者数（人）}{人口（万人）}$も$\dfrac{研究費（ドル）}{研究者数（人）}$もB国より多いので、計算しなくても研究費はB国より多いことがわかります。よって、人口に対する研究費が最も多いのはB国ではありません。

第6章　その他の資料解釈

1　さまざまな資料

問題1

> 　相関図の資料が二つ掲載されていますが、どの選択肢も検討自体は単純ですので、そこまで難しい問題ではないでしょう。❸や❺のように、傾きで検討できると手間が大きく省けます。

❶✗　例えば「卸売・小売業」の売上額に着目しましょう。**1991～96年の伸び率はプラス**（＋4.2%程度）ですが、**1996～2000年の伸び率はマイナス**（−1.8%程度）ですから、1996～2000年の伸び率は1991～96年の伸び率を下回ります。よって、売上額について、どの産業においても、1996～2000年の伸び率が1991～96年の伸び率を上回っているとはいえません。

❷✗　就業者数に着目しましょう。1991～96年の伸び率がプラスで、1996～2000年の伸び率がマイナスになっているものを探すと、**「電気・ガス・水道業」**、**「不動産業」**、**「建設業」**の**三つ**の産業ですから、五つではありません。

❸✗　縦軸と横軸の値が等しくなるところ（傾きが1になるところ）に補助線を引く方法で検討するとよいでしょう。

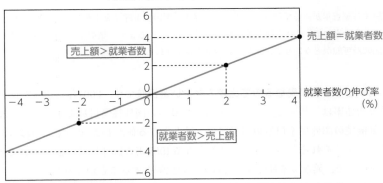

上記のように、売上額、就業者数の両方の伸び率が等しいところを直線で結ぶと、この直線より上の領域は売上額の伸び率のほうが大きいことがわかります。売上額の伸び率のほうが大きい産業は、**「製造業」**、**「鉱業」**、**「金融・保険業」**、**「運輸・通信業」**の**四つ**の産業ですから、五つではありません。

❹✗　例えば「不動産業」に着目すると、1991～96年、1996～2000年、いずれの売上高の伸び率もマイナスですから、2000年の売上額は1991年のそれを下回っていることになります。

❺○ 「就業者1人当たりの売上額」は、分数で$\dfrac{売上額}{就業者数}$と表せます。そこで、1991年

と1996年の$\dfrac{売上額}{就業者数}$を比較してみましょう。1991年→1996年でどう伸びたか（どの

程度の割合で増えたか／減ったか）がわかればよいので、1991〜96年の伸び率を調べればよいでしょう。分母の増加率は1991〜96年の就業者数の伸び率、分子の増加率は1991〜96年の売上額の伸び率ですから、「卸売・小売業」と「製造業」について、それぞれ伸び率を読み取ります。「卸売・小売業」は分母の増加率が＋1.4%程度、分子の増加率が＋4.2%程度で、分子の増加率のほうが大きいですから、就業者1人当たりの売上額は1996年のほうが大きくなりますね。また、「製造業」は分母の増加率が−1.4%程度、分子の増加率が＋1.8%程度であり、分子の増加率のほうが大きいですから、就業者1人当たりの売上額は1996年のほうが大きくなっています。よって、いずれも1996年の就業者1人当たりの売上額は、1991年のそれを上回っています。

ちなみに、$\dfrac{売上額}{就業者数}$についてはグラフの傾きでチェックすることもできます。**❸**

解説のように縦軸と横軸の値が等しくなるところ（傾きが1になるところ）に補助線を引く方法で検討してもよいでしょう。

問題2　　　　　　　　　　　　　　　　　　　　　　　　　　　　　　　　正解 **❸**

> 連続する調査年が直線で結ばれたものを「経年相関図」と呼びますが、この直線には全く意味はありませんので、くれぐれも惑わされないようにしましょう。増加率のみの資料ですから、大小比較が可能かどうかなど、正しく判断できるようにしてください。

❶✕　基準となる値が異なるので比較できない選択肢です。2001年の繊維の国外従業員数の増加率は、基準となる値が1985年の繊維の国外従業員数です。一方、2001年の電気機械の国外従業員数の増加率は、基準となる値が1985年の電気機械の国外従業員数です。それぞれの業種で、基準となる1985年の国外従業員数が実数で示されていないので、異なる業種どうしでは大小の比較をすることができません。

❷✕　これも基準となる値が不明なので判断できない選択肢です。1985年のそれぞれの業種の国外従業員数が実数で示されていないので、増加数がどれくらいなのか、実数の大小の比較をすることはできません。

例えば食料品の1985年の国外従業員数が1,000人だとすると、90年はおよそ50%の増加率なので$1{,}000\times(1+0.5)=1{,}500$（人）、95年はおよそ300%の増加率なので$1{,}000\times(1+3)=4{,}000$（人）となり、増加数は$4{,}000-1{,}500=2{,}500$（人）となることがわかります。一方で、例えば輸送機械の1985年の国外従業員数が10,000人だとすると、90年はおよそ70%の増加率なので$10{,}000\times(1+0.7)=17{,}000$（人）、95年はおよそ200%の増加率なので、$10{,}000\times(1+2)=30{,}000$（人）となり、増加数は30,000−

17,000 = 13,000（人）となることがわかります。このように**基準となる値次第では、輸送機械のほうが多くなることもあるわけです。**

❸〇 ここは本問の資料が基準としている値に注意しましょう。この資料は**1985年を基準とした**90年、95年、2001年のある国の製造業の業種別・国内外従業員変化率を示したものですから、**対前年増加率とは異なります。**

まず、国内従業員変化率において1985年と比べて1990年が減少しているのは、1990年がマイナスになっている**輸送機械**と**繊維**しかありません。そして、**1990年→1995年、1995年→2001年と減少するためには、さらに減少率が大きくなっていく**必要があります。そうすると、やはり**輸送機械**と**繊維**は減少率が大きくなっていることが確認できますね。

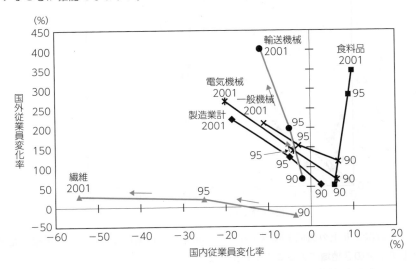

よって、輸送機械と繊維の2業種は減少を続けていることがわかります。

❹✕ 本問の資料では、**国内従業員数と国外従業員数の実数が不明**ですから、この2項目の大小を比較することは不可能です。よって、いずれの年・業種であっても、国内従業員数と国外従業員数の比較をすることができません。

❺✕ 製造業計の国外従業員数について、1985年に対する2001年の増加率はおよそ**250%**であることが読み取れます。これは25倍ではなく**2.5倍**です。

問題3

正解 **❸**

　本問も問題2同様、連続する調査年が直線で示された経年相関図になっています。かなり単純なので、正しく読み取れるかどうかが勝負です。縦軸と横軸の読み間違いのないように注意しましょう。

❶✕ 輸出と輸入に占める割合に着目して、輸入に占める割合のほうが高いものを探し

ましょう。この選択肢は、縦軸と横軸の値が等しくなるところ（傾きが1になるところ）に補助線を引くと、検討しやすくなります。以下のように輸出入に占める割合の値が同じところに線を引くと、**この直線が「輸出＝輸入」、この直線より上の領域が「輸出＜輸入」、この直線より下の領域が「輸出＞輸入」**になるわけです。これで読み取りやすくなると思います。

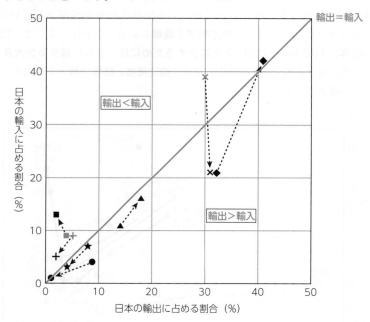

　この直線より上の領域を確認すると、1960年でこの領域にあるのは、**中東、北米、オセアニアの3地域**であることがわかります。

❷✕　ヨーロッパに着目すると、輸入に占める割合は1960年が**約11%**、2000年が**約16%**であることが読み取れるので、2倍以上になっていないことがわかります。

❸〇　まず、2000年の輸出における上位3地域が占める割合を確認します。上位3地域はアジアが**約41%**、北米が**約31%**、ヨーロッパが**約18%**なので、3地域が占める割合は 41＋31＋18＝**90**（%）となります。

　同様に、1960年の輸出における上位3地域が占める割合を確認しましょう。上位3地域はアジアが**約32%**、北米が**約30%**、ヨーロッパが**約13%**なので、3地域が占める割合は 32＋30＋13＝**75**（%）となります。

　よって、1960年より増加していることがわかります。

❹✕　例えば**中東**に着目しましょう。1960年→2000年で、輸出に占める割合は**約4%**→**約2%**に減少しています。しかし、輸入に占める割合は**約9%**→**約13%**に増加しています。よって、輸出に占める割合が減少した地域は、輸入に占める割合も減少しているとはいえません。

❺✕　1960年も、2000年も、日本への輸出額の割合については示されていませんから、

実数の大小は比較できません。あくまで日本の輸出入に占める割合しかわからないわけですね。

これも経年相関図です。各記述の正誤を判断すればよいのですが、Cだけが面倒な記述です。この資料に示している数値が何なのかを正しく理解して、どのように計算すればよいか考えてみましょう。

A× 平成19年度の産婦人科医療費を100として、平成22年度の指数を求めれば判断できます。平成19年度を100とすると、平成22年度は $100 \times (1 - 0.0022) \times (1 - 0.0225) \times (1 + 0.0079) = 100 \times 0.9978 \times 0.9775 \times 1.0079$ で求めることができます。すべて10%未満の増減率なので近似法を用いると、$100 - 0.22 - 2.25 + 0.79 = \mathbf{98.32}$ となり、平成19年度よりも低くなっていることがわかります。

よって、平成22年度の産婦人科医療費は平成19年度のそれを上回っているとはいえません。

B× 全診療科医療費に占める産婦人科医療費の割合を平成18年度から平成24年度まで読み取っていきましょう。これは資料からそのまま読み取れます。そうすると、平成18年度→平成19年度→平成20年度→平成21年度→平成22年度→平成23年度→平成24年度で、$3.21 \rightarrow 3.16 \rightarrow 3.15 \rightarrow 3.02 \rightarrow 3.01 \rightarrow 2.95 \rightarrow 2.97$ となっており、平成23年度から平成24年度にかけて割合が増加しています。ちなみに、平成18年度が前年を下回っているかを調べるためには平成17年度の割合も必要ですが、この資料に示されていないことから、Bの記述については、その点も判断できません。

よって、平成18年度から平成24年度まで、いずれの年度も全診療科医療費に占める産婦人科医療費の割合は前年を下回っているとはいえません。

C× おそらくこの記述が最も判断しにくいだろうと思います。本問の資料からわかるのは、「**全診療科医療費に占める産婦人科医療費の割合**」と「**産婦人科医療費の対前年度増加率**」の2点です。これを使って、平成23年度と平成24年度の全診療科医療費を指数で明らかにできれば、増加率は確認できます。そこで、①**平成23年度の全診療科医療費を100としたときの産婦人科医療費**を明らかにして、②そこに**平成24年度の「産婦人科医療費の対前年度増加率」**を踏まえた倍率を掛けて**平成24年度の産婦人科医療費の指数**を計算したうえで、③そこから**平成24年の全診療科医療費の指数**を求めてみましょう。

①平成23年度の全診療科医療費を100としたときの産婦人科医療費の指数は $100 \times 0.0295 = \mathbf{2.95}$ となります。②平成24年度は平成23年度よりも1.03%増加しているので、平成24年度の産婦人科医療費の指数は $2.95 \times (1 + 0.0103) = 2.95 \times 1.0103 ≒ 2.95 + 0.0295 ≒ \mathbf{2.98}$ となります（1.03%はほぼ1%なので、2.95の1%である0.0295を足しています）。③全診療科医療費に占める産婦人科医療費の指数2.98の割合が

2.97％（＝0.0297）ということですから、「**平成24年度の全診療科医療費×0.0297＝2.98**」という式が成り立ちます。したがって、平成24年度の全診療科医療費は2.98÷0.0297≒100.34となります。つまり、平成23年度から平成24年度で0.34、つまり**0.34％しか増えていない**ことがわかります。

　よって、平成24年度の全診療科医療費は前年を1％以上、上回っているとはいえません。

　ここまで細かい計算をしなくとも、平成24年度の全診療科医療費の約3％が約3だとすると、3÷0.03＝100となり、ほぼ変動していないことが判断できればよいでしょう。

問題5　　　　　　　　　　　　　　　　　　　　　　　　　　　　　　　正解 ❷

　三角図表の定番の問題です。読み取りさえできれば、選択肢の判断は非常に単純ですので、まずは読み取り方を確実に覚えましょう。なお、他の資料でもそうですが、読み取りやすい数値であるとか、細かい目盛りが入っているという資料でもない限りは、だいたいの目算で数値を読み取ることになります。それでも選択肢を検討するうえで微妙な判断になることはないので、そこは安心してくださいね。

　A～Fの6地域における、「水力」、「火力」、「原子力その他」の占める割合を読み取って表にまとめると、以下のようになります。実際に解く際には、選択肢ごとに確認していけばよいので、表にまとめる必要まではないでしょう。

	水力	火力	原子力その他
A	12%	65%	23%
B	14%	74%	12%
C	3%	65%	32%
D	17%	42%	41%
E	10%	48%	42%
F	4%	86%	10%

❶✕　「原子力その他」の占める割合が最も高い地域はEですから、Fが最も高いとはいえません。

❷〇　上記の表のとおり、「水力」はすべて20％未満です。最も高いDでも、20％を超えているという読み取りにはならないでしょう。よって、すべての地域において「水力」の占める割合は20％を下回っているといえます。

❸✕　上記の表のとおり、Dにおいて「原子力その他」の占める割合は41％、Aにおいて「原子力その他」の占める割合は23％です。よって、Dの「原子力その他」の占める割合が、Aのそれを下回っているとはいえません。

④✕ Eにおいて「水力」の占める割合は10％、Bにおいて「原子力その他」の占める割合は12％です。これも近い数字ですが、Eの点は線の上にあるので、だいたいの目算でもこの大小関係を間違えることはないでしょう。よって、Eの「水力」の占める割合が、Bの「原子力その他」の占める割合を上回っているとはいえません。

⑤✕ Aについて見ると、「水力」、「火力」、「原子力その他」の占める割合はそれぞれ12％、65％、23％ですから、最大値と最小値の差は65－12＝53（％）となります。そこで、これよりも差が小さいものを探してみましょう。上記の表を書けばわかりますが、これを書かなくても、なるべく三角図表の中央に近い点を探せば、「水力」、「火力」、「原子力その他」いずれも割合が近く、差が小さいことがわかります。

例えばDに着目しましょう。Dの「水力」、「火力」、「原子力その他」の占める割合はそれぞれ17％、42％、41％ですので、最大値と最小値の差は42－17＝25（％）となり、Aよりも差が小さいことがわかりますね。よって、「水力」、「火力」、「原子力その他」の占める割合の最大値と最小値の差が最も小さい地域はAであるとはいえません。

問題6

三角図表は特に国家専門職の試験で出題されやすい資料です。国家専門職の志望度が高い方は、ぜひ押さえておきましょう。また、本問の資料は各点がきっちり線の上に乗っていますので、これは正確に比率を読み取ってください。

A～Dの3チームにおける、「勝ち」、「負け」、「引き分け」の占める比率を、2016年、2017年、2018年それぞれについて読み取って表にまとめると、以下のようになります。実際に解く際には、選択肢ごとに確認していけばよいので、表にまとめる必要まではないでしょう。

	2016年			2017年			2018年		
	勝ち	負け	引き分け	勝ち	負け	引き分け	勝ち	負け	引き分け
A	50%	20%	30%	30%	0%	70%	60%	0%	40%
B	60%	20%	20%	30%	50%	20%	20%	30%	50%
C	10%	20%	70%	30%	20%	50%	50%	40%	10%

❶○ 2016年に着目すると、勝ちと引き分けを合わせた比率は、3チームいずれも80％になっています。負けが20％なので、残る80％が勝ちと引き分けを合わせた比率ですね。よって、2016年は3チームいずれも等しくなります。

❷✕ そもそも順位がどう決まるのかがこの資料には書いてありません。勝ち点制であれば勝ち負けの数では何もわかりませんし、順位の入れ替えがあったかについては判断ができません。

❸✕ 2016年→2017年→2018年で負けの比率は、Aが20％→0％→0％、Bが20％→50％→30％、Cが20％→20％→40％ですから、負けの比率が毎年増加しているチー

ムはありません。

❹✕ 2017年→2018年で勝ちの比率は、Aが30%→60%、Bが30%→20%、Cが30%→50%ですから、勝ちの比率が変わっていないチームはありません。

❺✕ 2017年は3チームとも勝ちの比率が30%なので、Bが他のチームより低いということはありません。

本問の資料は、前述で紹介した三角図表（三角グラフ）とは異なる読み取り方をするものです。このように読み取り方のパターンが異なるものも存在しますので、必ず問題文の指示に従うようにしてください。読み取り方さえ間違えなければ、非常に単純な問題です。

❶✕ c地域出身者の割合が低下するということは、c地域の辺（三角形の右側辺）に近づくということです。しかし、例えば試験ウについて見ると、2000年→2005年でc地域の辺から遠ざかっていることがわかるので、少なくともc地域出身者の割合は2000年→2005年で増加していることになります。よって、合格者に占めるc地域出身者の割合は、ア、イ、ウの全試験において低下し続けているとはいえません。

❷✕ 基準となる値が異なるため、判断できないという定番の選択肢です。確かに、試験アと試験イの2010年（△）について見ると、試験アのほうがa地域の辺（三角形の底辺）から遠いので、試験アのほうがa地域出身者の合格者の割合は多いことがわかります。しかし、あくまでこれは割合であって、実数がわからない以上、基準となる値が同じでなければ比較はできません。試験アと試験イでは基準となる値、つまり合格者全体の人数がわからないため、比較ができないわけですね。よって、試験イよりも試験アのほうが2010年のa地域出身者の合格者数が多いかどうかは判断できません。

❸✕ 試験イについて見ると、2000年、2005年、2010年と、c地域の辺（三角形の右側面）に近づいているので、合格者に占める出身者の割合は減少していることになります。逆に年々増加しているのは、毎年辺から遠ざかっているb地域ですね。よって、試験イにおいて、合格者に占める出身者の割合が増加し続けている地域は、c地域ではありません。

❹〇 2000年（〇）の試験ウについてみると、3辺の中で一番遠いのはb地域の辺（三角形の左側辺）ですから、b地域が最も合格者の割合が大きいといえます。

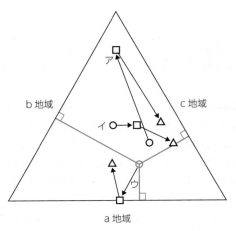

　　よって、2000年の試験ウの合格者に占める出身者の割合が最も高い地域は、b地域
です。

❺✕　2000年（○）の試験アの合格者に占めるb地域出身者の割合を読み取ると、約
50％程度はいることがわかります。一方、2005年（□）の試験ウの合格者に占めるa
地域出身者の割合を読み取ると、a地域の辺（三角形の底辺）に接してしまっている
ので、0％であることがわかります。

図Ⅱ

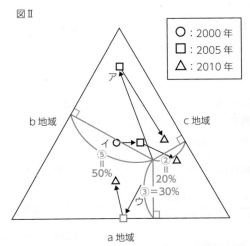

　　よって、2000年の試験アの合格者に占めるb地域出身者の割合は、2005年の試験
ウの合格者に占めるa地域出身者の割合の約2倍とはいえません。

> フローチャートの問題の中でも特にシンプルな形式です。まずはこれで基本を押さえましょう。特に国家公務員系の試験では、複雑なものもありますので気をつけましょう。

❶✕ 「遺失者返還」に向かう矢印に着目すると、かさ類が970本、衣類が6,112枚、財布類が109,130個ですから、点数が最も多いのは財布類です。

続いて、「遺失者返還の総数に占める財布類の点数の割合」について検討しましょう。基準となる値である遺失者返還の総数は388,829点で、その10%は38,882.9≒38,900（点）です。その30%は、きりのいい数で少なめに概算しても38,000×3＝114,000（点）です。財布類の点数は109,130個ですから、30%を確実に下回っているといえます。

❷〇 「衣類の処理点数の計」は3本の矢印の値を足しますから、6,112＋159,802＋33,141＝199,055（枚）です。199,055枚の75%は、200,000枚の75%（＝$\frac{3}{4}$）ときりのいい数で多めに概算しても、200,000×$\frac{3}{4}$＝150,000（枚）です。衣類の拾得者引渡の点数は159,802枚ですから、75%を確実に上回っているといえます。

❸✕ 「その他」から伸びる矢印には数値が書かれていませんが、これは合計から他の3項目である「かさ類」、「衣類」、「財布類」を引くことで求められます。「その他の東京都帰属の点数」は、296,938－（17,481＋33,141＋26,512）≒297,000－（17,500＋33,100＋26,500）＝297,000－77,100＝219,900（点）となります。「衣類の東京都帰属の点数」は33,141点で、219,900－33,141は計算しなくても明らかに20万点を下回ることがわかります。

❹✕ 「遺失者返還の点数の計」は388,829点です。「遺失者返還の点数の計」の2.5倍は小さめの数で概算しても380,000×2.5＝950,000です。「拾得者引渡の点数の計」は937,731点ですから、2.5倍を確実に下回っているといえます。

❺✕ 「処理点数の総数に占めるかさ類の処理点数の計の割合」は$\frac{かさ類の処理点数の計}{処理点数の総数}$
＝$\frac{970＋301174＋17481}{1623498}$＝$\frac{319625}{1623498}$と表せます。一方、「処理点数の総数に占める財布類の処理点数の計の割合」は$\frac{財布類の処理点数の計}{処理点数の総数}$＝$\frac{109130＋38733＋26512}{1623498}$＝$\frac{174375}{1623498}$と表せます。両者の大小を比較するわけですが、そもそも両者とも分母は共通していますから分子だけを比較すれば大小の判断はできます。そうすると、財布類の分子174,375の2倍は小さめの数で概算しても170,000×2＝340,000で明らかに319,625を超えますので、かさ類は財布類の2倍を下回っているといえます。

問題9

　5種類の野菜についてレーダーチャートで栄養素を示した図ですが、指数の目盛りが一部異なっているので、数値の読み取りに注意しましょう。指数の資料ですから、大小比較ができるかどうか、正しく判断できるようにしてください。

❶✕　たんぱく質の指数が他に比べて最も小さいのは指数が約30のタマネギです。一方、たんぱく質の指数が他に比べて最も大きいのは指数が約170のブロッコリーです。大きめの数で概算して$180 \times \dfrac{1}{6} = 30$ですから、170の$\dfrac{1}{6}$は確実に30より小さくなります。よって、タマネギの指数はブロッコリーの指数の$\dfrac{1}{6}$を上回っているといえます。

❷✕　脂質の指数が他に比べて最も大きい野菜は指数約180のブロッコリーで、灰分の指数は約110です。一方、例えばホウレンソウに注目すると、灰分は指数180ですから、ブロッコリーは灰分も他に比べて最も大きいとはいえません。

❸✕　炭水化物の指数が最も大きいものについて検討すると、キャベツの炭水化物の指数は100未満ですが、タマネギの炭水化物の指数は100を超えていることがわかります。よって、最も大きいのはキャベツではありません。

❹◯　タマネギの食物繊維の指数は約60〜70で、その2倍は大きくても$70 \times 2 = 140$程度です。一方、ブロッコリーの食物繊維の指数は約150です。よって、ブロッコリーの指数はタマネギの指数の2倍を上回っているといえます。

❺✕　タケノコの指数が小さく、キャベツの指数が大きい成分に着目すると、炭水化物が挙げられます。キャベツの炭水化物の指数は約90、タケノコの炭水化物の指数は約80ですから、炭水化物についてはキャベツの指数のほうが大きいといえます。

2　複数の資料

問題1

　複数の資料の形式としては最も単純な、東京都Ⅰ類Bの問題です。本問のように、実数の数表＋増加率の折れ線グラフの形で出題されることが多いので、東京都の志望者はよく練習しておきましょう。

❶✕　2009年を100として指数で検討するので、実数は検討する必要がありません。つまり、**対前年増加率の折れ線グラフだけを見れば判断することができます。**

　2009年の食料品の販売額を100とすると、対前年増加率は2010年→2011年→2012年で−4%→＋2%→−2%と推移しています。すべて10%未満の増減率ですので、近似法で検討すると、$100 - 4 + 2 - 2 = \mathbf{96}$となります。したがって、2012年の食料品

の販売額は96と表せます。よって、90を下回っているとはいえません。

❷✕ 異なる項目の増加額を比較しようとしているので、**この選択肢は実数の表も使わなければ検討することができません。**2010年→2011年の増加額を検討してみましょう。

食料品は2009年の実数も大きく、そこからさらに2010年→2011年で－4％→＋2％と推移しています。これが最も増加していると見てよいでしょう。一方、着目したいのは衣料品と住関品です。**2009年の実数は衣料品より住関品のほうが2倍近く大きいうえに、**2010年→2011年で**衣料品は－4.8％→＋3.8％という推移、住関品は－2％→＋4％という推移**です。衣料品より住関品のほうが2010年であまり減らず、2011年で大きく増えていますから、**衣料品より住関品のほうが2010年→2011年の増加額は大きいのではないか**という推測が立てられそうです。では、実際に検討してみましょう。

衣料品は2009年の販売額が1,369,262百万円、2010年→2011年で－4.8％→＋3.8％という推移なので、2011年の販売額は**1,369,262×（1－0.048）×（1＋0.038）**という式になります。きりのいい数で多めに概算すると、以下のとおりです。

$$1,369,262 \times (1-0.048) \times (1+0.038)$$
$$= 1,369,262 \times 0.952 \times 1.038$$
$$\fallingdotseq 1,370,000 \times \mathbf{0.96} \times \mathbf{1.04}$$ ←同じ値の増加率と減少率の掛け算をすると、基準となる値より小さくなることを使います

$$\fallingdotseq \mathbf{1,370,000 未満}$$

2009年の販売額をやや多めに、－4.8％を－4％、＋3.8％を＋4％にそれぞれ数値が大きくなるように微調整して計算しているので、実際には1,370,000よりは小さい値になりますね。

一方、住関品は2009年の販売額が2,568,032百万円、2010年→2011年で－2％→＋4％という推移なので、2011年の販売額は2,568,032×（1－0.02）×（1＋0.04）という式になります。きりのいい数で少なめに概算すると、以下のとおりです。

$$2,568,032 \times (1-0.02) \times (1+0.04)$$
$$= 2,500,000 \times \mathbf{0.98} \times \mathbf{1.04}$$
$$\fallingdotseq (2,500,000 - \mathbf{25,000 \times 2}) \times 1.04$$ ←**2,500,000×1％＝25,000**を二つ分（＝2％）引きます
$$= (2,500,000 - \mathbf{50,000}) \times 1.04$$
$$= 2,450,000 \times 1.04$$
$$= 2,548,000$$

計算しやすいように2009年の販売額をかなり少なくしましたが、それでも住関品のほうがかなり大きい値になります。

よって、最も増加しているのは食料品ですが、次は衣料品ではないことがわかります。

❸○ 3か年における住関品の販売額の累計を検討しなければいけないので、**この選択肢は実数の表も使う必要があります。**資料には2009年の実数しかないので、2011年

から2013年の実数のようにかなり後の年を直接求めようとすると計算が面倒になりそうです。ここでは、2009年の販売額を100とおいて、2011年から2013年までの3か年の販売額を指数で調べてみましょう。

住関品の2009年を100とおくと、2013年までは以下のように表せます。増減率はすべて10%未満なので、近似法を使って検討してみましょう。

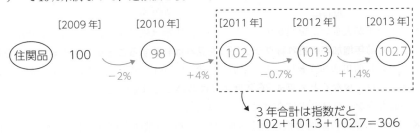

3年合計は指数だと
102＋101.3＋102.7＝306

2011年から2013年までの3か年の販売額の累計は、指数だと102＋101.3＋102.7＝**306**となります。2009年の販売額は指数で100、実数で2,568,032ですから、指数で306となる実数は、2,568,032×3.06で求めることができます。きりのいい数で少なめに概算して、2,500,000×3＝7,500,000ですから、2,568,032×3.06は**7,500,000以上**となることが確実にいえます。よって、7,500,000百万円を上回っているといえます。

❹✗　対前年増加率の折れ線グラフをチェックしましょう。衣料品の2014年に着目すると、－4.5%程度であることがわかります。これは対前年増加率ですから、2014年は2013年よりも4.5%程度さらにマイナスになっていることがわかります。よって、最も少ないのは2013年ではありません。

❺✗　実際の値の減少額を検討しなければいけないので、**この選択肢は実数の表も使う必要があります**。これも❸解説と同様、資料には2009年の実数しかないので、2012年から2013年で減少した実数を直接求めるのは計算が面倒になりそうです。ここでは、2009年の販売額を100とおいて、2012年から2013年でどれくらい減少しているか、指数で調べてみましょう。サービスの2009年を100とおくと、2013年までは以下のように表せます。増減率はすべて10%未満なので、近似法を使って検討してみましょう。

指数でいうと6の減少

近似法でそのまま計算しているので当然ですが、2012年から2013年で減少した指数は6となります。2009年の販売額は指数で100、実数で48,746ですから、指数で6となる実数は、48,746×0.06で求めることができます。きりのいい数で多めに概算して、50,000×0.06＝3,000ですから、48,746×0.06は**3,000未満**となることが確実にいえます。よって、3,000百万円以上減少しているとはいえません。

問題2

> 　東京都Ⅰ類Bの試験は、問題1のような複数の資料が多いのですが、たまに本問のようにひ
> ねってくるケースがあります。とはいってもそこまで複雑になることはありませんから、落ち
> 着いて取り組みましょう。

❶✕　どの年が大きいかを判断するだけなので、実数は検討する必要がありません。つ
まり、**対前年増加率の折れ線グラフだけを見れば判断することができます**。そこで献
血者数の対前年増加率を見ると、平成27年度は＋0.1%であることがわかります。と
いうことは、**少なくとも平成26年度よりは多い**ことは確実です。よって、献血者総
数が最も少ないのは平成27年度ではありません。

❷✕　400mL献血の献血者数に対する血漿成分献血の献血者数の比率を判断するだけ
なので、実数は検討する必要がありません。つまり、**構成比の帯グラフだけを見れば
判断することができます**。なるべく400mL献血の構成比が小さく、血漿成分献血の
構成比が大きいところとして、例えば平成27年度について検討してみましょう。平
成27年度は、400mL献血の献血者数の構成比は63.5%であり、比率0.2となる値は
$63.5 \times 0.2 = 12.7$（%）となりますが、血漿成分献血の献血者数の構成比は**14.0%**
であり、これを上回っていますね。よって、いずれの年度も0.2を下回っているとは
いえません。

❸✕　血小板成分献血の献血者数だけの年度平均を検討しなければいけないので、これ
は両方の資料からチェックしていきましょう。

　まず献血者総数を明らかにしましょう。平成25年度の献血者総数を100とおくと、
平成26年度以降の指数は対前年度増加率のグラフを使って明らかになります。10%
未満の増減率ですから、近似法の計算を使っていきましょう。平成26年度は$100 \times (1$
$- 0.028) = 100 \times 0.972 = $**97.2**、平成27年度は$97.2 \times (1 + 0.001) \fallingdotseq 97.2 + 0.1 = $
97.3、28年度は$97.3 \times (1 + 0.018) \fallingdotseq 97.3 + 1.8 = $**99.1**と表すことができます。

　では、これを踏まえて血小板成分献血の献血者数を計算しましょう。平成25年は
$100 \times 18.9\% = $**18.9**ですから、26年度から28年度までの3か年度の献血者数の合計
が$18.9 \times 3 = $**56.7**を上回るかを調べればよいわけですね。すべてきりのいい数で多
めに概算しましょう。平成26年度は$97.2 \times 19.6\% \fallingdotseq 98 \times 20\% = $**19.6**、平成27年度
は$97.3 \times 18.0\% \fallingdotseq 98 \times 20\% = $**19.6**、平成28年度は$99.1 \times 15.1\% \fallingdotseq 100 \times 16\% = $
16.0となり、合計は$19.6 + 19.6 + 16.0 = $**55.2**となるので、実際より多めに計算し
ても56.7を下回ることがわかります。よって、平成26年度から28年度までの3か年
度の献血者数の年度平均は、25年度の献血者数を上回っていません。

❹◯　❸解説で明らかにした献血者総数の数値を用いて計算するとよいでしょう。
400mL献血の献血者数は平成25年度が$100 \times 60.9\% = $**60.9**、平成27年度がきりの
いい数で少なめに概算して$97.3 \times 63.5\% \fallingdotseq 97 \times 63\% = $**61.11**です。実際より少なめ
に計算しても平成25年度を上回ることがわかります。よって、平成27年度の献血者

数は、25年度の献血者数を上回っています。

❺✕ ❸解説で明らかにした献血者総数の数値を用いて計算するとよいでしょう。200mL献血の献血者数は26年度が**97.2×5.8%**、27年度が**97.3×4.5%**で求めることができます。両者は総数が97.2と97.3でほぼ同じ数値ですから、構成比だけで検討すればよいでしょう。構成比は5.8（％）から4.5（％）で1.3（％）減少しています。このとき、5.8（％）の10％は0.58（％）ですから、30％は少なくても0.5×3＝1.5（％）以上であることがわかります。つまり、1.3（％）は30％未満であることがわかります。よって、1.3（％）の減少は**減少率でいうと30％未満**だということがわかるので、平成26年度の献血者数を100としたとき、27年度は70を下回っていないことになります。

問題3　　　　　　　　　　　　　　　　　　　　　　　　　　　　正解 **❶**

　どちらも漁獲量ですが、一方は地域別、もう一方は魚種別です。この両者の関係を正しく把握することと、特に❶のように、ここからも読み取れることがありますので、くれぐれも注意しましょう。

❶○　一見すると表2からはA地域だけのキハダの漁獲量がわからないので判断できないと思ってしまいがちですが、**少なくともどれくらいの量がA地域のキハダなのか**は判断できます。そこで、それを踏まえて検討してみましょう。

　2008年について、まず表2よりキハダ以外のマグロ類の漁獲量の合計は1,806,346－1,140,914＝**665,432（トン）**であり、仮にこれがすべてA地域での漁獲量だとしましょう。そうだとすれば、表1よりA地域のマグロ類の漁獲量は966,970トンですから、966,970－665,432＝**301,538（トン）が少なくともA地域におけるキハダの漁獲量**だということになります。マグロ類の漁獲量は966,970トンで、きりのいい数で多めに概算しても1,000,000×30％＝300,000（トン）ですから、**301,538トンは966,970×25％を間違いなく上回ります。**よって、25％を超えているといえます。

❷✕　表1から判断しましょう。「C地域が最も高く約35％」という記述ですが、これに明らかに反していそうなのがF地域ですね。1990年→2000年で87,549→176,787で、一見して2倍近くになっていそうです。実際に確認してみると、概数で87,500→177,000として2倍すると、87,500×2＝175,000ですから、**F国の増加率は100％程度**になってしまいます。よって、C地域が最も高く約35％であるとはいえません。

❸✕　「マグロ類に占めるメバチの漁獲量の割合」とあるので、表2から分数を作って検討することもできますが、割合の数値を実際に検討する選択肢なので、分数を作らず、そのまま検討してみましょう。

　まずは1980年→1990年について検討します。1980年のマグロ類の漁獲量は1,056,681トンで、そのうちメバチの漁獲量は229,131トンです。1,056,681トンの10％

は約105,668トンですから、**229,131 は割合でいうと20%以上**になります。一方、1990年のマグロ類の漁獲量は1,546,282トンで、そのうちメバチの漁獲量は258,645トンです。1,546,282トンの10%は約154,628トンですから、**258,645 は割合でいうと20%未満**になります。つまり、そもそも割合は増加しているどころか減っていることになります。よって、少なくとも1980年から1990年は15%ポイント以上増加しているとはいえません。

❹✕ まずは表1よりF地域の増減幅を確認しましょう。最高値は2000年の176,787、最低値は1980年の22,022なので、増減の幅は176,787 − 22,022 = **154,765（トン）**となります。これより増減の幅が少なそうなところを探すと、例えばC地域などが挙げられます。最高値は2000年の238,410、最低値は1980年の109,618なので、増減の幅は238,410 − 109,618 = **128,792（トン）**となり、F地域より少ないことがわかります。よって、増減の幅が少ないのはF地域ではありません。

> 補足
>
> そもそも、この選択肢には「最も」などの記述がないので、何をもって「少ない」といえるのかが不明です。本試験の問題はたまにこういうものが混じることもありますが、どちらにせよ「確実にいえる」ものにはなりません。

❺✕ 表2から減少率を判断しましょう。1980年から1990年のクロマグロの減少率を見ると、1980年→1990年で67,309→39,571と減少しており、減少数は67,309 − 39,571 = 27,738（トン）です。67,309の半分（50%）は概算で67,300 ÷ 2 = 33,650となるので、27,738の減少は**減少率でいうと50%（半分）**まではいかないでしょう。

もっと減少率が大きそうなところとして、半分程度になっていそうなミナミマグロに着目しましょう。1980年→1990年で13,517→6,746と減少しており、減少数は13,517 − 6,746 = 6,771（トン）です。6,771トン減って、減ったあとが減少数よりも小さい6,746トンしかないということは、要するに半分以下になったということですね。したがって、**減少率でいうと50%以上**だということになります。よって、減少率が大きいのは1980年から1990年のクロマグロではありません。

問題4 正解 ❹

単位量当たりの項目も含め、多くの項目が並んでいます。それぞれの数値をどう計算すれば選択肢が判断できるか、よく考えてみましょう。

❶✕ 「1世帯当たりの人数」は $\dfrac{人口}{世帯数}$ で表すことができるので、この分数を作って考

えてみましょう。資料より「2008年3月末＋8＝1,772」が成り立つので、2008年3月末におけるG町の世帯数は1,772－8＝**1,764**（世帯）、資料より「**2008年3月末－51＝5,311**」が成り立つので、人口は5,311＋51＝**5,362**（人）であることがわかります。以上より、2008年3月末におけるG町の「1世帯当たりの人数」は$\dfrac{5,362}{1,764}$となります。同様に資料より2009年3月末現在の「1世帯当たりの人数」は$\dfrac{5,311}{1,772}$で、これがちょうど3.00なので、これと比較するのが便利でしょう。$\dfrac{5,362}{1,764}$と$\dfrac{5,311}{1,772}$を比較すると、分子は5,362→5,311で減少しており、分母は1,764→1,772で増加しています。**分子が減少し、分母が増加しているということは、分数全体の値としては減少している**ことがわかるので、$\dfrac{5,362}{1,764} > \dfrac{5,311}{1,772}$となります。つまり、$\dfrac{5,362}{1,764}$ ＞3.0となるので、3人台であることがわかります。よって、2人台ではありません。

❷✕ 2009年3月末における世帯数について見ると、E町、F町、G町の合計は2,067＋583＋1,772＝**4,422**（世帯）となります。P市全体は49,727世帯で、P市全体の1割は4,972.7≒4,973世帯ですから、**E町、F町、G町の合計はP市全体の1割未満**であることがわかります。

しかし、人口について見ると、E町、F町、G町の合計は5,557＋1,845＋5,311＝**12,713**（人）となります。P市全体は121,497人で、P市全体の1割は約12,149.7≒12,150人ですから、**E町、F町、G町の合計はP市全体の1割以上**であることがわかります。

よって、2009年3月末の世帯数と人口を見ると、E町、F町、G町の三つの町の合計は、世帯数、人口ともにP市全体の1割未満であるとはいえません。

❸✕ 2009年3月末までの1年間で見た世帯数の「**増加割合**」という表現ですが、増えた量の割合ですから「**増加率**」と同様に考えればよいでしょう。

Y地区について見ると、2008年3月末時点での世帯数は7,037－24＝**7,013**（世帯）です。7,013の0.1%は約7ですから、24の増加は大きくても**0.4%未満の増加率**です。一方、P市全体について見ると、2008年3月末時点での世帯数は49,727－244＝**49,483**（世帯）です。49,483の0.1%は約50ですから、244の増加は少なくとも**0.4%以上の増加率**です。Y地区の増加率よりもP市全体の増加率のほうが大きくなっていますね。

よって、Y地区の世帯数の増加割合は、2009年3月末までの1年間で見ると、P市全体の世帯数の増加割合に比べて大きいとはいえません。

❹○ ❶同様、1世帯当たりの人数は$\dfrac{人口}{世帯数}$で求めることができます。F町を除いたA町からG町について見ると、1年間の増減はすべて世帯数（分母）がプラス、人口（分子）がマイナスです。ということは、計算しなくても1年間で1世帯当たりの人

数（分数全体）としては減少していることがわかります。そこで、世帯数も人口も減少しているF町について検討しましょう。2008年3月末は$\dfrac{1,845+23}{583+5}=\dfrac{\mathbf{1,868}}{\mathbf{588}}$、2009年3月末は$\dfrac{\mathbf{1,845}}{\mathbf{583}}$です。

$\dfrac{1,868}{588}\rightarrow\dfrac{1,845}{583}$で、分母について見ると588→583で588−583＝5の減少です。588の1％は5.88ですので、5の減少は**減少率でいうと1％未満**です。一方、分子について見ると1,868→1,845で1,868−1,845＝23の減少です。1,845の1％は18.45ですので、23の減少は**減少率でいうと1％以上**です。したがって、分母は減少率が小さく、分子は減少率が大きいので、分数全体の値としては減少していることがわかります。つまり、$\dfrac{\mathbf{1,868}}{\mathbf{588}}>\dfrac{\mathbf{1,845}}{\mathbf{583}}$です。

　よって、2008年3月末よりも2009年3月末のほうが小さいので、X地区およびY地区のどの町においても、2009年3月末までの1年間に、1世帯当たりの人数は減少したといえます。

❺✕　X地区およびY地区を除くP市全体の人口は、2009年3月末現在では121,497−18,438−19,974＝**83,085（人）**となります。また、X地区およびY地区を除くP市全体の人口の減少量は1,003−203−235＝**565（人）**であり、X地区およびY地区を除くP市全体の人口は2008年3月末現在で83,085＋565＝83,650（人）となります。83,650の1％は約837ですから、565の**減少は減少率でいうと1％未満**であることがわかります。よって、X地区およびY地区を除くP市全体の人口の減少割合は、2009年3月末までの1年間で見ると、1.0％を超えているとはいえません。

問題5　　　　　　　　　　　　　　　　　　　　　　　　　　　　　正解 ❸

　本問は異なる総数と構成比の資料がセットになった問題ですが、「**複数回答を含む**」というのが隠れたポイントになっています。ここに惑わされないように検討しましょう。また、本問では**最小値の集合**についての考え方も必要です。判断推理の「集合」のテーマで学習することになります。特に国家系の試験で問われることが多いので、ここも学習しておきましょう。

❶✕　この選択肢は「総数×構成比」の計算をすることなく、**構成比のままで検討することができます**。まず、これまで社会保障の知識を得た手段として「調べたことがない」と回答した者は5.1％ですから、これらを除く全員、つまり100−5.1＝**94.9（％）**に着目します。「新聞」、「テレビ・ラジオ」と回答した者は，どちらも**66.0％**です。ということは、もし仮にこの66.0％の人全員が「新聞」と「テレビ・ラジオ」を両方とも複数回答した者だったとすれば、残りの94.9−66.0＝**28.9（％）**はそれ以外の手段を答えていることになってしまいます。よって、これまで社会保障の知識を得た

手段として「調べたことがない」と回答した者を除く全員が、これまで社会保障の知識を得た手段として「新聞」または「テレビ・ラジオ」と回答したかどうかは不明です。

❷✕　これはそのまま概算で計算するのがよいでしょう。まず、これまで社会保障の知識を得た手段として「インターネット」と回答した者の人数は1,342×26.1%≒1,340×0.261≒**350**（**人**）で、その8割は350×0.8＝**280**（**人**）です。ここから20歳代〜50歳代の者の人数を計算して検討することもできますが、かなり手間がかかりそうです。そこで、全体の350人から60歳代・70歳代の合計人数を引いて280人以下になれば、20歳代〜50歳代の者の割合が8割を下回っているといえるので、むしろ**60歳代・70歳代の人数を検討してみましょう**。

　60歳代の人数は297×14.8%なので、きりのいい数で多めに概算して300×0.15＝**45**（**人**）です。70歳代の人数は218×6.4%なので、これもきりのいい数で多めに概算して220×0.07＝15.4≒**15**（**人**）です。つまり、60歳代・70歳代の合計人数は多く見積もっても45＋15＝**60**（**人**）であることがわかります。全体の350人から60歳代・70歳代の合計人数を引くと350－60＝**290**（**人**）で、これが20歳代〜50歳代の合計人数となります。前述のとおり、「インターネット」と回答した者の人数の8割は280人ですから、8割を下回ってはいません。

　このように、該当するものを求めるのが大変な場合、全体から該当しないものを引くことで該当するものを裏から求めていくことができます。「**余事象の発想**」と呼ばれるものですので、ぜひ覚えておくとよいでしょう。

❸◯　これも直接計算して検討してみましょう。70歳代の者のうち、緊急に見直しが必要だと思われる分野について「医療制度」と回答した者は、きりのいい数で少なめに概算して218×60.1%≒210×0.6＝**126**（**人**）、「介護制度」と回答した者は、きりのいい数で少なめに概算して218×71.6%≒210×0.7＝**147**（**人**）です。また、「わからない」と回答した者は、きりのいい数で少なめに概算して218×1.8%≒210×0.015≒**3**（**人**）ですから、「わからない」と回答した者以外で70歳代の人数は218－3＝**215**（**人**）となります。

　ということは、「医療制度」と「介護制度」の両方とも回答した人数は、以下の線分図で示すとおり、少なくとも（126＋147）－215＝**58**（**人**）はいることがわかります。よって、50人以上いることは確実にいえます。

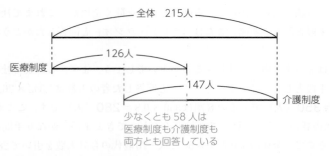

全体　215人

医療制度　126人

介護制度　147人

少なくとも 58 人は
医療制度も介護制度も
両方とも回答している

❹✕　例えば、**最も総数の少ない20歳代**に着目するとよいでしょう。20歳代の者で緊急に見直しが必要だと思われる分野として「貧困対策」と回答した者は、きりのいい数で多めに概算しても $146 \times 30.8\% ≒ 150 \times 0.3 = \mathbf{45}$（**人**）しかいません。よって、「貧困対策」と回答した者は、少なくとも20歳代は50人を超えていません。

❺✕　この選択肢は「総数×構成比」の計算をすることなく、**構成比のままで検討することができます**。40歳代の者のうち、これまで社会保障の知識を得た手段として「新聞」と「テレビ・ラジオ」と回答した割合は、**62.6%**と**63.0%**です。ここから確実にわかるのは、以下の線分図のとおり、少なくとも両方回答した者が $(62.6 + 63.0) - 100 = \mathbf{25.6}$（**%**）存在するということです。

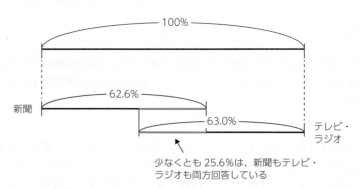

100%

新聞　62.6%

63.0%　テレビ・ラジオ

少なくとも 25.6%は、新聞もテレビ・ラジオも両方回答している

　同様に、40歳代の者のうち、緊急に見直しが必要だと思われる分野として「年金制度」と「子育て関連制度」と回答した割合は、**71.7%**と**43.9%**です。ここから確実にわかるのは、以下の線分図のとおり、少なくとも両方回答した者が $(71.7 + 43.9) - 100 = \mathbf{15.6}$（**%**）存在するということです。

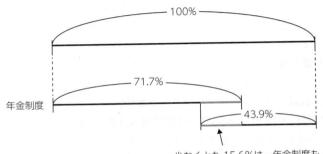

少なくとも 15.6％は、年金制度も
子育て関連制度も両方回答している

　しかし、社会保障の知識を得た手段として「新聞」と「テレビ・ラジオ」の両方とも回答した25.6％の人と、緊急に見直しが必要だと思われる分野として「年金制度」と「子育て関連制度」の両方とも回答した15.6％の人が必ず重なるとは限りません。以下の線分図のように、**両方とも一切重ならない可能性もあります**。

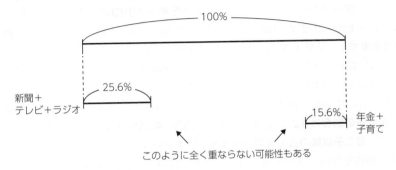

このように全く重ならない可能性もある

　よって、最低でも36人いると確実にはいえません。

正解 ⑤

問題6

　本問は複数の資料の形式になっていますが、選択肢を実際に検討してみると、両方とも同時にチェックが必要な部分はほとんどありません。

❶✕　「出生数に占める出生順位が第一子の子どもである割合が高い年」は、図Ⅰによれば**出生数が少ない一方で第一子の子どもの割合が大きい**2000年や2004年などが該当することを読み取ることが可能です。しかし、「出生順位ごとにみた母親の平均出産年齢」については、図Ⅱによれば2004年しか掲載されていませんので、**他の年との関係は本問の資料だけでは不明**です。よって、出生数に占める出生順位が第一子の子どもである割合が高い年ほど、出生順位ごとに見た母親の平均出産年齢は高くなっているかどうかは判断できません。

❷✕　出生数しか題材になっていないので、図Ⅰだけで判断することができます。「増

加率が高い」、「減少率が高い」ということは、前の年と比べて次の年が一気に増加している、減少しているということですから、折れ線グラフの場合は、その**傾き**から判断することができます。

　まず、**増加率が最も高い年**を探しましょう。最もグラフが右肩上がりになっている年を探せばよいので、該当するのは1965年であるといえるでしょう。他に候補として考えられるとすれば、唯一他の年で増加している1970年しかありません。**1960年→1965年で161→182、1965年→1970年で182→193**です。増加数は1960年→1965年のほうが大きく、基準となる値は1960年→1965年のほうが小さいですから、こちらのほうが増加率は大きいことがわかります。やはり増加率が最も高いのは1965年でよいでしょう。

　次に、減少率が最も高い年を探すと、最もグラフが右肩下がりになっている年なので、1990年よりも1980年のほうが傾きは急になっているように見えます。ここを検討してみましょう。**1975年→1980年で190→158**で、減少数は190－158＝32です。190の10％は19、1％は1.9ですから、32の減少は**約16％の減少率**です。計算すると、32÷190≒0.168…ですね。一方、**1985年→1990年で143→122**で、減少数は143－122＝21です。143の10％は14.3、1％は1.43ですから、21の減少は**約15％の減少率**です。計算すると、21÷143≒0.146…ですね。

　よって、出生数を前回調査年と比較した場合、増加率が最も高いのは1965年ですが、減少率が最も高いのは1990年であるとはいえません。

❸×　「全出生児に対し第二子以降の占める割合」は、図Ⅰから判断しましょう。1985年以降の**第一子の割合は42.1％、43.5％、47.8％、49.0％と増加**していますから、裏を返せば、**第二子以降の占める割合は減っている**ということです。

　よって、1985年以降、全出生児に対し第二子以降の占める割合が徐々に大きくなる傾向が見られるとはいえません。

❹×　「母親の結婚年齢別の、第一子の平均出産年齢」は、図Ⅱから判断しましょう。しかし、すぐにおかしいことはわかります。例えば母親が19～20歳で結婚した場合の第一子の平均出産年齢は21.07歳ですから、**結婚後遅くても2年程度で第一子を出産している**ことになります。これは他の結婚年齢においても同様です。

　よって、母親の結婚年齢別に第一子の平均出産年齢を見ると、概ねどの結婚年齢においても、結婚後3～4年で第一子を出産しているとはいえません。

❺○　「平均出産年齢の間隔」については、図Ⅱから判断できます。まず母親の結婚年齢が32歳以下の場合を見ると、例えば母親の結婚年齢が15～18歳だと出産年齢の間隔は第一子と第二子の間が22.40－19.48＝**2.92（歳）**、19～20歳だと23.96－21.07＝**2.89（歳）**、31～32歳だと35.16－32.89＝**2.27（歳）**となっていることがわかります。一方、母親の結婚年齢が33～34歳だと出産年齢の間隔は第一子と第二子の間が36.72－34.68＝**2.04（歳）**、35歳以上だと37.50－36.57＝**0.93（歳）**となっており、平均出産年齢の間隔は短くなっていることがわかりますね。

　よって、母親の結婚年齢が32歳以下の者においては、平均出産年齢の間隔が約2～

3年ですが、結婚年齢が33歳以上になると平均出産年齢の間隔は短くなっているといえます。

問題7

> 国家公務員系の資料としては定番の、最小値の集合の選択肢も含まれた複数の資料です。多くの問題を解いていくと、同じような問い方を繰り返していることに気づくと思います。この形式に慣れていくことが大事です。

❶✕ 図Ⅰから判断することができます。「対策をとっていない」と回答した者は、全体636名のうちの35.4%ですから、きりのいい数で少なめに概算すると、630×30%＝189（名）となります。これの50%は189×0.5≒180×0.5＝**90（名）**ですね。

　一方、39歳以下の回答者数は、29歳以下＋30歳台で求めることができ、56×44.6%＋128×36.7%となります。きりのいい数で多めに概算すると、60×50%＋130×40%＝30＋52＝**82（名）**となり、**90名は超えない**ことがわかります。

「対策をとっていない」と回答した者の数を少なく、39歳以下の回答者数を多く計算しても50%を超えないわけですから、実際に計算して超えることはありません。よって、50%は超えません。

❷✕ 図Ⅰから判断することができます。29歳以下で「対策をとっている」と回答した者は**56×42.9%**となり、50歳台で「分からない」と回答した者は**150×6.7%**となります。そのまま計算しても大した手間にはなりませんが、ここでは「**実数の倍率＝総数の倍率×構成比の倍率**」を使ってみましょう。

　まず総数について見ると、56→150ですが、50×3＝150ですから、56から150への増加は**3倍までいかない程度**です。一方、構成比について見ると、42.9（%）→6.7（%）ですが、$42 \times \frac{1}{3} = 14$ですから、42.9（%）から6.7（%）の減少は$\frac{1}{3}$**未満**（**≒0.3倍未満**）です。つまり、全体の倍率は3×0.3＝**0.9未満**であることがわかります。

29歳以下 「対策をとっていない」	56	×	42.9（%）
	3倍 未満		$\frac{1}{3}$未満（×0.3未満）
50歳台 「分からない」	150	×	6.7（%）

　よって、29歳以下で「対策をとっている」と回答した者よりも50歳台で「分からない」と回答した者のほうが少ないといえます。

❸✕ 調査に回答した者全体は図Ⅰより636名であり、636の10%は約64ですから、30%は64×3＝**192（名）**です。一方、「避難所までのルートを確認している」と回

答した者は図Ⅱより**217名**ですから、30%を上回っていることがわかります。よって、30%より少ないとはいえません。

❹**✗** 「対策をとっている」と回答した者は、図Ⅰより636×59.7%です。きりのいい数で少なめに概算すると、600×60％＝360（名）です。そして、「あてはまるものはない」と回答した者は、図Ⅱより29名ですから、「あてはまるものはない」と回答した者以外は360－29＝**331（名）**いることがわかります。

　では、この人たちが全員複数回答をするかどうか考えましょう。ここでは最小値の集合の考え方を使うことになります。それぞれの回答者を線分図で表して、複数回答をしていない人がいる可能性がないか、図を描いてみましょう。線分図が1本、他と全く重ならないように描いてみればよいわけです。例えば、以下のように線分図を描くことができます。

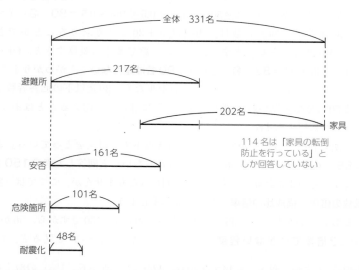

　このような回答の仕方であれば、**「家具の転倒防止を行っている」と回答した202名のうち、331－217＝114（名）は一つの回答しかしていない**ことになります。よって、全員複数回答をしているとはいえません。

❺**◯** 「対策をとっている」と回答した者は図Ⅰより636×59.7%であり、❹解説同様に大きめの数で概算すると、640×60％＝384（名）であり、その半数は384×0.5＝**192（名）**です。一方、「家具の転倒防止を行っている」と回答した者は図Ⅱより**202名**です。よって、半数以上が回答していることがわかります。

問題8

正解 ❶

　そもそも資料から判断できるのかどうか、で悩ませてくる問題です。資料相互の関係がわかりにくいことが多いので、丁寧に検討することが求められます。

❶◯ 「男性の家事の総平均従事時間」については、2011年であれば図Ⅲから判断できます。総平均従事時間ですから、合計を求めると $10 + 10 + 9 + 2 + 5 = 36$ （分）ですね。では、これが1986年だと何分になるのかを図Ⅱから求めましょう。家事の総平均従事時間は、1986年を 1 とおいたときに、2011年だと4.11であることがわかります。つまり、「**1986年×4.11＝2011年**」という式が成り立つので、1986年の家事の総平均従事時間は、$36 \div 4.11$ で求めることができます。$36 \div 4 = 9$ （分）ですから、$36 \div 4.11 = 9$ （**分**）未満であることがわかります。よって、10分以下であるといえます。

❷✕ 育児については、どの資料にも総平均従事時間が示されていません。よって、10分以上であるかどうかは、判断ができません。

❸✕ 2011年に男性が「食事の管理」に従事した総平均時間は図Ⅲより10分であることがわかりますが、1986年については「食事の管理」だけを計算できる項目がどの資料にもないので、求めることができません。

❹✕ 2011年に育児および家事に従事した男性の割合の最大値はそれぞれ100％なので、図Ⅰより、1986年に家事に従事した男性の割合は $100 \div 4.34 \fallingdotseq 23.0\%$ 以下となります。しかし、2011年に育児に従事した男性の割合が23.0％より小さく、1986年に家事に従事した男性の割合よりも低い可能性もあるので、確実にはいえません。

❺✕ 非常にややこしい記述ですが、これも求めることはできません。図Ⅲには**男性全体**での家事の総平均従事時間が示されており、図Ⅱは**男性全体**での家事の総平均従事時間の推移が示されているので、❶解説のとおり、2011年が36（分）、1986年が $36 \div 4.11$ （分）だということがわかります。そして、**男性全体**での家事の総合計従事時間は、「平均×人数＝合計」より、1986年の男性の人数を a （人）とおけば1986年は $a \times (36 \div 4.11)$ （分）、同様に2011年の男性の人数を b （人）とおけば2011年は $b \times 36$ （分）と表せます。しかし、このうち、**家事に従事した男性だけでの家事の総合計従事時間は資料に明示がないため、求めることができません。**したがって、**家事に従事した男性だけでの家事の平均従事時間**も判断ができないことになります。

問題9

正解 ❹

> ❹や❺のように、最小値を問う記述は国家公務員系の資料解釈では定番といえるでしょう。このタイプの記述は非常に検討しにくいので、特に国家公務員の志望度が高い受験生は、ある程度演習を積んで慣れておくことが必要です。ただし、本問の資料自体は数値も小さく、計算の手間はほとんどかからないと思います。複数の資料の王道といえる問題でしょう。

❶✕ 金メダルの獲得数は図から判断できます。「**メダル獲得数×金メダルの割合**」を計算するとよいでしょう。まず1996年の男女の金メダルの獲得数を確認すると、男性は $7 \times 28\%$、女性は $7 \times 15\%$ ですから、確かに**男性のほうが多い**といえます。

では、2000年以降に女性より男性の金メダルの獲得数が大きくなることがないか

を確認します。なるべくメダルの獲得数、金メダルの割合が男性のほうが大きそうな年を探すと、メダルの獲得数は少ないですが、金メダルの割合がかなり大きい**2000年**に目星をつけることができます。2000年の金メダルの獲得数は、男性が**7×43%＝3.01（個）**、女性は**13×15%＝1.95（個）**ですから、2000年も男性のほうが金メダルの獲得数は大きくなっています。よって、2000年以降は一貫して女性のほうが多かったとはいえません。

❷× 「獲得したメダル数に占める銀メダルの割合」なので、$\dfrac{\text{銀メダルの数}}{\text{獲得したメダルの数}}$ で確認してみましょう。「最も低かったのは1996年」とありますが、1996年は $\dfrac{6}{14}$ です。これより低いところ、つまり獲得したメダル数が多く、銀メダルの数が少ないような年がないか探してみると、例えば2004年が挙げられます。2004年は $\dfrac{9}{37}$ ですので、$\dfrac{6}{14}$ と $\dfrac{9}{37}$ の大小を比較しましょう。分子について見ると、6→9で1.5倍です。一方、分母について見ると14→37で明らかに2倍以上になっています。分母のほうが増加率が大きいので、$\dfrac{6}{14}>\dfrac{9}{37}$ であることがわかります。よって、最も低かったのは1996年であるとはいえません。

❸× ❶と同様に金メダルの獲得数を問う記述ですから、❶とほぼ同様の検討の流れで判断できます。例えば男性について検討してみましょう。2016年の男性の金メダルの獲得数は23×22%≒5.06（個）ですが、これより多そうなところがないか確認してみます。獲得したメダルの数がある程度少なかったとしても、金メダルの割合がそれなりに大きければ、金メダルの獲得数は多くなります。例えば2004年について見ると、20×35%＝7（個）ですから、2016年よりも多いことがわかります。よって、少なくとも男性については2016年が最も多かったとはいえません。

❹○ 表に男女全体の獲得数は示されていますから、**まずは男性の金メダルの獲得数を求めて、獲得したメダル数から金メダルの獲得数を引くことで、銀メダルと銅メダルの獲得数の合計を求めましょう。そこから女性のメダル獲得数の最小値（少なくとも何個獲得しているか）**を検討してみます。

まず、2000年の男性の金メダル獲得数は7×43%＝3.01で、メダルの個数は整数ですから、細かいグラフの読み取りはできなくても男性の金メダル獲得数は3個だということがわかります。ということは、**男性の銀メダルと銅メダルの獲得数の合計は7－3＝4（個）**ということになります。それを踏まえて検討してみましょう。

仮に**男性のこの4個がすべて銀メダル**だったとすると、2000年の銀メダルは男女合わせて8個ですから、**女性は少なくとも8－4＝4（個）は銀メダルを獲得している**ことがわかります。同様に、**男性のこの4個がすべて銅メダル**だったとしても、2000年の銅メダルは男女合わせて7個ですから、**女性は少なくとも7－4＝3（個）**

は**銅メダルを獲得している**ことがわかります。このように、男子の銀メダルと銅メダルの獲得数の合計4個の内訳がどうであれ、女性は必ず銀メダルと銅メダルを少なくとも3個以上は獲得していることがわかります。

❺✕　これも❹と同様の検討の流れで判断できます。まず、2012年の女性の金メダル獲得数は$17 \times 23\% = 3.91$で、メダルの個数は整数なので、女性の金メダル獲得数は4個だとわかります。ということは、**女性の銀メダルと銅メダルの獲得数の合計は**$17 - 4 = 13$（**個**）ということになります。それを踏まえて検討してみましょう。

　仮に**女性のこの13個がすべて銀メダル**だったとすると、2012年の銀メダルは男女合わせて14個ですから、**男性は少なくとも**$14 - 13 = 1$（**個**）**は銀メダルを獲得している**ことがわかります。同様に、**女性のこの13個がすべて銅メダル**だったとすると、2012年の銅メダルは男女合わせて17個ですから、**男性は少なくとも**$17 - 13 = 4$（**個**）**は銅メダルを獲得している**ことがわかります。ここから、女性の銀メダルと銅メダルの獲得数の合計13個の内訳次第では、男性の銀メダルと銅メダルの獲得数は5個未満になってしまうことがあるため、少なくとも5個以上は獲得しているとはいえません。

TAC出版